Orientação Filosófica

Orientação Filosófica
Marcel Conche

Prefácio
ANDRÉ COMTE-SPONVILLE

Tradução
MARIA JOSÉ PERILLO ISAAC

Martins Fontes
São Paulo 2000

Esta obra foi publicada originalmente em francês com o título
ORIENTATION PHILOSOPHIQUE, por
Presses Universitaires de France, Paris.
Copyright © Presses Universitaires de France, 1990.
Copyright © Livraria Martins Fontes Editora Ltda.,
São Paulo, 2000, para a presente edição.

1ª edição
junho de 2000

Tradução
MARIA JOSÉ PERILLO ISAAC

Revisão da tradução
Márcia Valéria Martinez de Aguiar
Revisão gráfica
Ivete Batista dos Santos
Ana Maria de O. M. Barbosa
Produção gráfica
Geraldo Alves
Paginação/Fotolitos
Studio 3 Desenvolvimento Editorial (6957-7653)

Dados Internacionais de Catalogação na Publicação (CIP)
(Câmara Brasileira do Livro, SP, Brasil)

Conche, Marcel
  Orientação filosófica / Marcel Conche ; prefácio André Comte-Sponville ; tradução Maria José Perillo Isaac. – São Paulo : Martins Fontes, 2000. – (Mesmo que o céu não exista)

  Título original: Orientation philosophique.
  ISBN 85-336-1223-0

  1. Ceticismo 2. Destino e fatalismo 3. Filosofia 4. Niilismo (Filosofia) I. Título. II. Série.

00-2307   CDD-194

Índices para catálogo sistemático:
1. Conche : Obras filosóficas   194
2. Filosofia francesa   194

Todos os direitos para a língua portuguesa reservados à
Livraria Martins Fontes Editora Ltda.
Rua Conselheiro Ramalho, 330/340
01325-000 São Paulo SP Brasil
Tel. (11) 239-3677 Fax (11) 3105-6867
e-mail: info@martinsfontes.com
http://www.martinsfontes.com

Sumário

Prefácio de André Comte-Sponville 9
Advertência 27
Prólogo 29
Preliminares 37

1. O sofrimento das crianças como mal absoluto 55
2. Existência e culpa 81
3. A questão do homem 107
4. A morte e o pensamento 135
5. O mundo e a sabedoria 165
6. O homem e o tempo 179
7. A sabedoria trágica 211
8. A-teísmo e a-cosmismo 247
9. Ordem e desordem 295
10. A noção de "ordem do mundo" 321
11. A aparência 349

Origens 389

Para François

Prefácio

Árdua tarefa, para o aluno, a de prefaciar o Mestre! Afinal, trata-se de um filósofo; de um poderoso mestre universal, pois, mas sem poderio: a verdade comanda, e só ela. Devo explicar que aprendi isso com um céptico; e que talvez esse niilista me tenha mesmo salvo do niilismo. E salvará outros. Filósofo para nosso tempo, carente deles, e para os tempos que virão, se vierem.

Do homem ou do docente, nada direi: pouco seria demasiado pouco, e muito seria demais. Ao contrário de Montaigne, de quem tanto gosta, ele não tem a mínima vontade de se tornar conhecido, e isso também deve ser respeitado. Depois, evocar minhas recordações de aluno nos afastaria demais deste livro, ao qual eu gostaria antes de reconduzir – tanto foi ele ignorado. Foi publicado pela primeira vez há dezesseis anos. Talvez tenha chegado o momento de ser lido.

De que se trata? De uma coletânea de artigos? Sim; mas isso é apenas a superfície, a forma exterior, e de certo modo, contingente. Mais essencial é a descontinuidade (os ensaios de Montaigne ou os escritos de Nietzsche, sem serem coletâneas de artigos, também são descontínuos, e por razões ligadas à sua própria natureza: onde nenhum sistema é possível, de que serve a continuidade simulada ou factícia de um livro?), e mais essencial ainda é a progressão. Foi só pouco a pouco que Marcel Conche se tornou ele mesmo: os artigos aqui reunidos foram produzidos ao longo de mais de vinte anos, o que é perceptível. Como ele era pascaliano em seus primeiros textos! E como se afasta de Pascal nos últimos! "Orientação", diz ele. Mas isto foi se fazendo progressivamente. Como poderia ser de outra maneira, se já não há ordem do mundo, já não há cosmos, *e se só restou – "numa região desolada da história" –, este quase-mundo (o nosso) que traz em si a insensatez e a morte? O céu do tempo está sem estrelas, ou as estrelas estão desordenadas. Deus morreu, e também o mundo e o homem. Não há mais do que crenças sem razão, fenômenos sem princípio, indivíduos sem essência... É o real, diria Clément Rosset, mas mesmo assim é demais (uma vez que "não há uma unidade real do real", p. 278, nem realidade absoluta ou em si). Há apenas a aparência, escreve Marcel Conche, mais nada. Não há, pois, Oriente para o espírito senão o próprio espírito; e não há espírito senão em seu caminhar (enquanto se revela a si mesmo: como consciência) e na lembrança deste caminhar. É de um caminho de pensamento que se trata, em que a* orientação *resulta menos de um objetivo perseguido (nesse caso, não bastam nem a felicidade nem a verdade como objetivos) do que da sucessão marcada das etapas. "Avançamos de ré", escreve Marcel Conche, "sem saber para onde ir nem para o que íamos, no fundo de nós mesmos, mas sabendo, em todo caso, para onde não podíamos ir e que caminhos não poderiam ser os nossos" (p. 47). Há impossível para o pensamento, e só aqueles que o encontram ou com ele se chocam – duramente, às vezes – sabem o que é pensar. Esse impossível não é o impensável, mas aquilo que o pensamento deve recusar de si mesmo para ser um pensamento. O espírito sempre nega, e toda filosofia, apesar do que se tem dito, define-se antes de tudo por suas recusas. A maioria dos filósofos (Platão, Aristóteles, os estóicos, Descartes, Leibniz, Kant, Hegel..., portanto o idealismo, enquanto* ideologia de justificação: *neste sentido, os estóicos são idealistas) recusam (metafisicamente) o pior e, para tanto, vão ter de justificar (moralmente) o mal. Toda a grandeza de Marcel Conche (bem*

PREFÁCIO

próximo aqui dos materialistas, contudo mais radical do que a maioria deles) está em recusar (moralmente) o mal – o mal absoluto – e em obrigar-se, para tanto, a pensar (metafisicamente) o pior – a realidade irredutível, injustificável, insuperável, irracionalizável do mal absoluto. É o contrário de uma teodicéia: Marcel Conche aposta, se é que assim podemos dizer, na moral contra a religião, na certeza do mal contra a suposição do Bem. E, com certeza, a religião seria mais fácil, e o otimismo, mais confortável. Mas, que importam a facilidade ou o conforto? Não filosofamos para passar o tempo. Marcel Conche, um dia, deve ter sido nos anos 50, disse não, um não bem claro, bem definitivo, e isso mudou seu pensamento, sua vida, seu mundo. Afastou-se de estetas e fraseólogos. O que importa, no seu caso, é apenas o destino do ser ou a verdade. Importa apenas a filosofia.

Deste caminhar que foi o seu, Marcel Conche resume, em sua advertência, o essencial: romper radicalmente com uma tradição, diz ele, e redescobrir, por meio da razão (moral) moderna, a razão filosófica como razão grega. É necessário explicitar um pouco isso. Com que tradição rompeu Marcel Conche? Com a tradição filosófica cristã, com essa longa Idade Média que, conforme Marcel Conche me explicou certa vez, estendia-se, segundo ele, no que concerne à filosofia, "de Santo Agostinho a Hegel, inclusive". Filósofos teólogos, filósofos ideólogos (na medida em que colocam o pensamento a serviço de uma ideologia, aliás, já constituída), filósofos do sentido e do ser – num tempo, e essas épocas eram felizes segundo Marcel Conche, em que ainda era possível acreditar nisso. Esse tempo já não é o nosso, e seria tão absurdo ser hegeliano hoje quanto teria sido, na opinião do próprio Hegel, ser aristotélico sob Napoleão... Quanto ao "otimismo de certo pseudomarxismo", Marcel Conche viu claramente que ele não passava "de uma sobrevivência da teodicéia hegeliana" (p. 281), por isso infiel à "dialética trágica" que, segundo ele, é a de Marx. Nesse aspecto, eu não concordaria inteiramente com ele, mas isso pouco importa. O que me interessa são as recusas, e estas são bem nítidas. A teodicéia, o otimismo, o discurso da justificação (portanto, o idealismo, que não é senão a sistematização desse discurso), numa palavra, a religião e tudo o que está ligado a ela, eis o que Marcel Conche recusa, eis aquilo com que rompeu, e que o obrigou, uma vez que já não tinha doutrina de referência, a filosofar de verdade. O que lhe custou esse rompimento, só ele poderia dizer, mas não consente em fazê-lo. Quanto às razões que a isso o obrigaram, é mais explícito: são indissoluvelmente morais e filosóficas, e é neste nó que começa tudo.

Trata-se, pois, de uma filosofia para o nosso tempo. Mas o que é que o torna diferente dos outros? Dois acontecimentos, responde Marcel Conche, marcam-lhe a singularidade: os campos de concentração nazistas e a bomba atômica. Auschwitz, se quisermos, e Hiroshima. Por um deles, a humanidade se reconhece como capaz do pior; pelo outro, como capaz do nada. "Nós, civilizações, sabemos agora que somos mortais", dizia Valéry pouco depois de finda a Primeira Guerra Mundial[1]. Mas, uma coisa é dizer isso a respeito das civilizações, como fez Valéry, e outra coisa, a respeito da própria humanidade, como Hiroshima nos obriga a fazer. "Vemos agora que o abismo da história é grande o bastante para todos", continuava Valéry[2]. Quanto a nós, sabemos que ele é grande o bastante para o próprio mundo. Marcel Conche pertence à primeira geração filosófica que, desde o início, teve de pensar isso: a possibilidade estrita de um fim da história, não como realização mas como desaparecimento, não como perfazimento mas como nada. O fato de se poder falar, tanto depois como antes de Hiroshima, de um sentido da história, *e exatamente do mesmo modo, diz muito sobre a capacidade que alguns têm de não enxergar.*

---

1. Paul Valéry, "La crise de l'esprit", Œuvres, tomo 1, Bibl. de la Pléiade, p. 988.
2. *Ibid.*

PREFÁCIO

Capacidade que Marcel Conche não tem, e ele integrou tranqüilamente o nada último (a mortalidade, não só dos indivíduos, mas da humanidade, não só das civilizações, mas do espírito) às suas hipóteses. Digo "tranqüilamente" porque os gritos não fazem parte do seu modo de ser; mas nesse momento se fecharam, definitivamente, algumas portas. Exit *a comédia do sentido ou do otimismo;* incipit tragœdia.

No entanto, era apenas uma tragédia possível: a humanidade pode escapar também ao holocausto nuclear... Provavelmente. Observemos que ela escapará mais dificilmente à extinção do sol, mas isso não é o essencial: a morte sempre é, por definição, apenas um pior possível, e, aliás, não é o pior. O pior – aquilo que Marcel Conche chama de mal absoluto – é o sofrimento, no que ele tem de intolerável, de injustificável, o sofrimento sem remissão, sem mediações, sem defesas: o pior é o sofrimento das crianças.

É esse o ponto de partida de Marcel Conche, seu alicerce de granito: "Nosso 'ponto de Arquimedes' é, tem sido, o fato incontestável do mal absoluto" (p. 358). Mas, o que é um mal absoluto? É, Marcel Conche responde, na esteira de Kant, um mal tal "que uma sabedoria não pode permitir ou desejar, nem como fim, nem como meio" (ao passo que um mal relativo ou condicional pode, ao menos como meio, conciliar-se com uma vontade sábia) (p. 62). Ora, é precisamente o sofrimento das crianças, quando atinge os graus atrozes de que é capaz, que é, evidentemente um mal absoluto: que crianças sejam torturadas, diladeradas, queimadas vivas..., isso é o que nenhuma vontade moral (a fortiori nenhuma vontade sagrada e onipotente!) pode – nem mesmo como meios – querer ou aceitar. Poder-se-ia dizer que o mesmo vale para a dor dos adultos e, no fundo, eu estaria pronto a concordar. Marcel Conche julga no entanto que, contra a atrocidade, um adulto sempre pode criar para si remédios, proteções, e que, pelo menos, a coragem e a grandeza da coragem podem interpor-se entre seu sofrimento e ele, fazendo, de certa forma, que o sofrimento fique a distância, mesmo que não seja abolido. Mas e a criança? "Nesse caso, a dor atinge em cheio. Desprovida dos recursos fornecidos pelo orgulho, pelo ódio, pela inteligência, pela fé, só ela está totalmente exposta à dor... " (p. 56). Crianças mártires, crianças de Hiroshima, crianças de Auschwitz... E quem não vê que o sofrimento das crianças, num campo de concentração, de certo modo, é realmente mais intolerável ainda que o dos adultos (e não, observemos, porque as crianças seriam "inocentes": os adultos também o eram), mais atrozmente intolerável.

É certo que este mal absoluto não começou com o nosso tempo. Mas o nosso tempo o percebe melhor e, moralmente, já não pode aceitá-lo. É neste sentido que a razão moderna é, desde Kant, uma razão moral – e, desde Auschwitz, uma razão enlutada, inconsolável e que assim deve ser. "No fundo", escreveu-me um dia Marcel Conche, "não tenho feito outra coisa senão 'pensar Auschwitz', como dizem agora (= o mal absoluto), e tirar, desse fato, todas as conseqüências". O mal absoluto não começou aí, mas foi aí, talvez, que se tornou impossível esquecê-lo. A experiência de Auschwitz, a crucial, a atroz, a irrecusável experiência de Auschwitz (e de Dachau, e de Treblinka, e de Mauthausen...) proíbe pensar como se Auschwitz não tivesse acontecido – e, nessa medida, introduz, na história do espírito, um abismo que seria indecente querer tapar. Quem acreditaria na providência, em Auschwitz, quando lá crianças gritam ou gemem? Quem suportaria o otimismo obsceno de Leibniz (o melhor dos mundos possíveis! com Auschwitz!), quem ousaria cantar, diante de uma criança torturada, a glória de Deus e a bondade insuperável de sua criação? Dirão que nem sempre estamos em Auschwitz. Mas o pensamento, enquanto é filosófico, não pode submeter-se a nenhuma geografia. O universal não é um cantão do espírito: uma verdade que pudesse ser verdadeira em toda parte, exceto em Auschwitz, não seria verdadeira em parte alguma. Mas, então, como ser, hoje em dia, crente e filósofo? Como, por exemplo, ser leibniziano? E, também, como ser kantiano (considerar moralmen-

te *necessária a crença num Deus moral – quando ela é moralmente indigna!), ou hegeliano (considerar que Deus, ou a Idéia, "governa o mundo", e pretender elaborar a teodicéia desta história universal – quando Auschwitz exclui este governo e proíbe esta pretensão!)? Já se disse muitas vezes que não era mais possível filosofar depois de Auschwitz, e, evidentemente, era uma tolice. Mas está bem claro que já não se pode filosofar como antes, e cada um de nós vê muito bem o que Auschwitz proíbe: o otimismo, a celebração beata da história do mundo, a crença numa providência, a adoração de um sentido ou de uma ordem últimos... Cavaillès, em 1929, já recusava "toda a glória de Deus leibniziana, a meu ver repugnante"³. Mas o que dizer depois de Auschwitz? Que só o homem é culpado? Mas foi Deus, por hipótese, que criou esse mundo em que Auschwitz era possível, e também o homem, e o sofrimento... e que não venham dizer que o homem devia ser capaz do pior pelo fato de ser livre – porque, então, o Cristo não teria sido livre, nem Deus! Aliás, Auschwitz não é senão o nome contemporâneo do mal absoluto, a sua imagem, ousamos dizer, perfeita. Mas quantas crianças, em todos os tempos, não foram dilaceradas por animais selvagens, torturadas pela doença, esmagadas nos terremotos, queimadas vivas, afogadas, não morreram de frio ou de sede, de fome, de medo, ou de esgotamento? Miséria do homem, miséria ainda maior da criança: crueldade da natureza! Pelo menos disso, o homem não tem culpa; pelo menos disso, Deus não pode ser inocente. "Não ousaríamos falar do 'Deus de amor e de misericórdia' diante de uma criança torturada? Neste caso, não se deve jamais falar dele" (p. 80), pois nem a distância nem o tempo alteram o caso. Ao contrário, importa lembrar-se de Auschwitz (ser razoável hoje é ter*

---

3. Jean Cavaillès, Carta a G. Friedmann, de 27 de novembro de 1929, citado por Gabrielle Ferrières, *Jean Cavaillès, Un philosophe dans la guerre*, reed. Seuil, 1982, p. 55.

memória: ser filósofo é "lembrar-se de tudo", p. 319), e pensar o horror, esse é nosso quinhão, no seu mais alto grau.

Há nisso, reconhece Marcel Conche, "uma espécie de experiência mística negativa" (p. 60), que basta para "nos fornecer a revelação da ausência de Deus" (ibid.). A teofania. Nesta experiência funda-se um ateísmo axiológico (em oposição a um ateísmo dogmático, que sempre carecerá de provas). Acreditar na existência de um criador moral do mundo seria admitir que o suplício das crianças, em Auschwitz, ou em outro lugar, pudesse ser, no final das contas, legitimado; ora, isso é moralmente impossível aceitar. "Assim, de um ponto de vista moral, não tenho o direito de acreditar... Uma vez que a noção de um Deus culpado e mau se mostra contraditória, há que se concluir que Deus não existe" (pp. 75-7). Aqui a prova ontológica se reverte: se Deus existisse, ele seria imperfeito (uma vez que permite existir um mal absoluto); mas, então, já não seria Deus. Por conseguinte, da própria idéia de Deus, como ser perfeito, resulta – pela mediação do mal absoluto – que ele não pode existir: "Se 'Deus' existe, ele não é Deus" (p. 79); se é Deus, não existe.

Desse ateísmo axiológico ou prático, há que tirar as conseqüências. Se é "moralmente necessário negar a existência de Deus" (p. 75), o que se conclui? Conclui-se que a totalidade do real não pode ser considerada ordenada, sensata ou racional, ou melhor (pois o mal absoluto basta para impor isso), que, por seu próprio princípio, nada escapa à desordem e à morte. A desordem, mesmo com Deus, seria irremediável (uma vez que o mal absoluto está fora de qualquer ordem racional possível); sem Deus, ela não tem limites. "A desordem absoluta, que, em nossa época de barbárie racional, tornou-se impossível negar (não poderíamos negá-la senão com as palavras de Santo Tomás, de Leibniz, etc., isto é, com palavras que já não são adequadas), obriga a ver o mundo, ao menos de um ponto de vista filosófico, como sem unidade, nem sentido, nem ordem verdadeiros e, se 'mundo' (cosmos) significa 'ordem', não mais como mun-

do, mas como um conjunto discordante" (p. 317). Deus morreu, e em sua mortalha arrasta o mundo, o sentido e o homem (pelo menos o homem enquanto essência humana: já não há senão "vidas singulares vividas na singularidade" (p. 386). É certo que há pontos isolados de ordem, pontos isolados de racionalidade. Mas a experiência do mal, pensada até o extremo (até o ateísmo), ensina-nos que "o fundo das coisas é desordem" (p. 347), que não estamos destinados senão à morte e que, até lá, só viveremos num quase-mundo "desolado e cheio de angústia" (p. 33). Mística negativa: trata-se, em primeiro lugar, não de um discurso, mas de uma experiência espiritual. Como a rosa de Angelus Silesius[4], "o mal é sem porquê: existe por nada, pelo efeito da causalidade cega e do acaso" (p. 347). Mas ele está presente, e isso basta: princípio de desrazão. *"O mal absoluto é sem porquê, é puro absurdo. Ele é, pois, suficiente para constituir a realidade em seu conjunto como injustificável, irracional, absurda (uma vez que o comporta)" (p. 293). Podemos chamar de* trágica *a filosofia que se desenvolve nesta proximidade sem razão do pior – e, então, é claro que somente uma filosofia trágica pode ter sentido em nosso tempo. Filosofar depois de Auschwitz é filosofar dentro da memória de Auschwitz, e, para nós, é a única filosofia válida. Marcel Conche, filósofo trágico, filósofo intempestivo (não é ele discípulo, à sua maneira, de Heráclito e de Pirro?), é absolutamente moderno.*

Mas, como lembrar-se de Auschwitz? Como conservar o que já não existe? O que é o passado? O que é o tempo? É onde a moral se torna metafísica. Marcel Conche, a exemplo de Montaigne, é um filósofo do tempo, da absolutez do tempo, ou seja, do aniquilamento real de tudo: no tempo, nada permanece, e (se tomarmos "ser" no sentido de Parmênides ou de Platão) nada é. Heraclitismo incorrigível: o ser – o que os mortais cha-

---

4. Ver Heidegger, *Le principe de la raison*, cap. 5 ("La rose est sans pourquoi"), trad. fr. A. Préau, Gallimard, col. "Tel", pp. 97 ss.

mam de ser! – não é senão a aniilação perpétua de si mesmo, e esta aniilação é o tempo. Porque o tempo existe (mas, evidentemente, não é um ser!), e existe absolutamente (não depende de nós: somos nós que dependemos dele), não há ser(es), não há senão devir – uma vez que aquilo a que chamamos "ser(es)" não é senão a denegação, dentro da linguagem e por meio dela, da perpétua aniilação de tudo. Heráclito contra Parmênides, Montaigne contra Descartes. E porque não há Deus, também não há memória absoluta, portanto nem ponto de vista absolutamente eterno ou verdadeiro sobre o devir. Se entendermos por "verdade" uma verdade eterna, então não há verdade, ou esta (como Marcel Conche, em nossas discussões muitas vezes me objetou) é somente uma abstração sem conteúdo nem significação. Se não há ser(es), como haveria uma verdade absoluta? E o que é uma verdade que já não é verdadeira para ninguém? "O seu Spinoza", disse-me ele, "ainda é uma religião!" Talvez. "No fundo", acrescentou um dia (tinha acabado de ler Le mythe d'Icare*), "vocês poderiam ter a mesma filosofia se não morrêssemos. Mas nós morremos..." Foram-me necessários vários anos para aceitar a objeção e para compreender que, conseqüentemente, eu já não era spinozista... É outra história e, no entanto, é a mesma. Tudo muda, tudo desaparece e nada permanece – nem mesmo, ou durante tão pouco tempo, a lembrança do que foi (ou melhor, do que veio a ser) depois desapareceu. Não há museu do devir, ou este (o espírito?) está destinado apenas ao devir sem memória e, portanto, à morte apenas? Não há ser: há o devir. Não há eternidade: há o tempo. Não há essência: há o acontecimento. Não há verdade: há a aparência.*

Este último ponto deve ser lido como "não há verdade absoluta", pois, sem dúvida, é verdade que esta aparência se mostra a mim, e uma outra (ou a mesma) a um outro... A verdade continua, pois, sendo possível como discurso da aparência, e o pensamento, como memória da aparência. Mas, se não há senão devir, e sem ponto de vista absoluto ou fixo (sem Deus), não há nada além da aparência: se tudo tem o seu devir, tudo parece. Então, a aparência não pode ser aparência de alguma coisa (uma vez que só existe aparência) nem para um sujeito (o cepticismo de Marcel Conche, tanto quanto o de Pirro, não é um fenomenismo, nem, a fortiori, *um idealismo), mas aparência pura, aparência absoluta, aparência sem substrato nem exterior! Mundo fechado? Não é um mundo, e ele não é fechado; simplesmente o aberto só abre sobre si mesmo, e esta abertura é a aparência. E certamente isso pode ser dito como verdade; mas até este discurso procede dela. A aparência é tudo o que existe do real e do verdadeiro – a razão pela qual não há nem Realidade absoluta, nem Verdade eterna, nem Totalidade sensata ou estruturada. Pirro contra Platão, Nietzsche contra Hegel. É neste aspecto que Marcel Conche se aproxima dos materialistas (ser materialista, observa ele pertinentemente, é afirmar a primazia da matéria, como princípio de morte e de esquecimento, sobre o espírito vivo e fiel), mas logo se afasta deles. É que o materialismo é um monismo, um substancialismo – uma ontologia. Ora, se não há ser(es), não há substância, e a unidade material dos seres, apesar de Engels, não pode ser uma unidade* real *(p. 276). A* não-ontologia *de Marcel Conche é um pluralismo – e não um monismo – do devir (e não do ser); pensamento – e não sistema – da diferença (e não do mesmo), da aparência (e não da essência ou da matéria). Heráclito, Pirro, Montaigne... Ou melhor (pois os trabalhos – admiráveis – que consagrou a estes três autores foram escritos na ordem inversa, como num retorno às origens)*[5], *Montaigne,*

---

5. *Montaigne ou la conscience heureuse*, Seghers, 1964 (ver tb. *Montaigne et la philosophie*, Éd. de Mégare, 1987); *Pyrrhon ou l'apparence*, Éd. de Mégare, 1973; Héraclite, *Fragments* (édition, traduction et commentaire), PUF, 1986. As obras sobre Lucrécio (*Lucrèce et l'expérience*, Seghers, 1967) e sobre Epicuro (*Épicure, Lettres et maximes*, Éd. de Mégare, 1977; reed. PUF, 1987), também notáveis, procedem menos da filiação trágica do que da proximidade desta com o materialismo (ver *infra*, pp. 240-1). Notemos de passagem que, sobre estes cinco "autores" que lhe são ca-

Pirro, Heráclito... Retorno aos gregos! Podemos, então, compreender o que Marcel Conche escreve nos preliminares, e que resume, melhor do que eu poderia fazer, o seu caminho: "Tendo, para começar, excluído a idéia de Deus, vimo-nos enredados numa desconstrução que, afinal, não deixa subsistir nada mais... a não ser o nada da aparência. Não havíamos, de modo algum, previsto, nem querido isso; bem ao contrário, pensávamos que, abolindo Deus, restaria o mundo, ou a natureza, estávamos propensos ao 'materialismo' – mesmo sendo um tanto penoso defini-lo. Entretanto, tendo abandonado a idéia de Deus, tivemos de abandonar a idéia de Verdade (absoluta), a idéia de Homem (de homem-essência), a idéia de Mundo, correlativamente à idéia de Todo e à idéia de ordem (no plano da totalidade), e finalmente, a idéia de ser. Encontramo-nos então num desnudamento, numa pobreza que nos trouxe à memória a lição dos cínicos e, mais ainda, dos pirrônicos..." (pp. 42-3) Pobreza do espírito, exuberância da aparência: no maior desnudamento, a maior riqueza!

Mas, qual é, então, o ponto crucial da filosofia? O fato de já não haver ser define um niilismo ontológico, que Marcel Conche assume resolutamente (neste aspecto, ele está muito próximo de certas linhas de pensamento orientais, principalmente do budismo e de um certo Lévi-Strauss). Mas como, então, escapar ao niilismo lógico (que recusasse toda pertinência à oposição entre o verdadeiro e o falso) e ao niilismo prático (que negasse qualquer valor e desqualificasse qualquer ação)?

No que diz respeito à verdade, é claro que todo pensamento a supõe, senão como absoluta, pelo menos como diferença. De outra forma, não poderíamos nem raciocinar, nem mentir,

---

ros (há que colocar "autores" entre aspas, uma vez que Pirro não escreveu nada), Marcel Conche publicou pois o que se fez de melhor, que eu conheça, em francês. Os filósofos, quando isso se propõem, são formidáveis historiadores da filosofia (nem sempre o inverso é verdade).

nem ser sinceros: nem o pensamento, nem a moral sobreviveriam. Mas a aparência não só autoriza, como também impõe que haja uma verdade (relativa): que aquilo que me aparece me apareça (esta luz da manhã, a força deste argumento, o horror de Auschwitz...), eis o que não posso negar sem mentir, nem deixar de reconhecer sem o ignorar. Dizer a verdade é, então, dizer o que aparece, da maneira como parece[6]; isso é necessário a toda filosofia, mesmo a céptica, sendo-lhe igualmente, porém, suficiente (se renunciar, como nosso tempo impõe, às construções dogmáticas). É neste aspecto que Marcel Conche, mesmo rompendo com os grandes sistemas do passado, não se ilude com Nietzsche nem com os sofistas na moda. Por certo, não podemos aceitar que não haja "fato, mas somente interpretações"[7], uma vez que a aparência se impõe, apesar dos vários pontos de vista, qualquer que seja a interpretação. *Aqui, poderíamos apoiar-nos em Marcel Conche, historiador da filosofia: a hipótese de todas as interpretações de uma mesma filosofia poderem ser legítimas, de constituírem, mesmo, o único conteúdo efetivo desta filosofia (o que proíbe julgar que uma interpretação seja mais verdadeira que outra, a*

---

6. Ver *Le fondement de la morale*, Éd. de Mégare, 1982, cap. 2 ("Dire la vérité"), pp. 34-5. Notemos mesmo que, para os dogmáticos, acontece exatamente o mesmo: chamam simplesmente de evidência a aparência que não podem recusar, seja esta evidência sensível (Epicuro) ou intelectual (Descartes). Mas como a evidência não prova nada (uma vez que só é aquilo que me aparece assim: não o contrário de uma aparência, mas aquilo que aparece mais nitidamente), são os cépticos que têm razão. Poder-se-ia dizer que isso refuta os cépticos (uma vez que ao menos o cepticismo escaparia ao cepticismo), mas não, pois a força da argumentação céptica só é força da aparência. É verdade, no entanto, que o cepticismo é a única filosofia que pode, sem petição de princípio, dar conta de sua própria verdade (aqui como verdade *aparente*). Ver, a respeito, a seguir, o desenvolvimento decisivo (se assim podemos dizer, para um texto de tal intensidade) nas pp. 132-4.

7. Como escrevia Nietzsche, ao menos no fim da vida: *La volonté de puissance*, § 133 (trad. fr. G. Bianquis, Gallimard, reed. 1935, t.1, p. 239).

fortiori que seja a única exata), eis o que Marcel Conche, como historiador e como filósofo, sempre recusou, e recusou de verdade. É certo que uma aparência só se oferece de certo ponto de vista,; mas isto não significa que todas elas sejam equivalentes: a melhor interpretação, em história da filosofia, é a que reconstitui, tanto quanto possível, o ponto de vista do filósofo estudado e explica, o máximo possível, as mesmas aparências que ele percebeu e cuja racionalidade quis mostrar – ou negar. Mas esqueçamos. Que haja uma verdade das aparências, isto é também, e principalmente, o que nos ensina Auschwitz. Que esta atrocidade tenha aparecido, eis um fato que não pode ser negado – salvo por ignorância ou má-fé. A verdade desta aparência permanece (continua a se revelar, embora de maneira diferente) por intermédio da história, e importa que assim seja durante o maior tempo possível: o nada prevalecerá sobre ela, como sobre tudo, mas doravante é nossa responsabilidade, e até o último homem, fazer com que ele só alcance a vitória após ter-nos aniquilado. Fidelidade à aparência, fidelidade à memória! "A razão, em seu uso pirrônico", dizia Enesidemo, "é uma espécie de memória das aparências"; a filosofia, acrescenta Marcel Conche, é, nesse aspecto, a memória do mundo (pp. 319 e 340), e pensar é o oposto do esquecimento. O cepticismo, pelo menos o de Marcel Conche, em nada altera isso, pelo contrário. Ser céptico, e filósofo céptico, é submeter-se às aparências; é neste aspecto que o cepticismo é o contrário da sofística (que quer submetê-las) e do niilismo lógico (que quer esquecê-las). A filosofia de Marcel Conche pretende ser simplesmente a mais fiel às aparências; e é nisso que – para Marcel Conche – ela é a verdadeira.

Já o niilismo prático consiste em negar a diferença, não mais entre o verdadeiro e o falso (entre o que parece e o que não parece), mas entre o que é válido e o que não é. O tempo certamente leva a isso: no tempo, tudo está destinado somente à morte, e esta inelutabilidade do nada invalida, de certo ponto de vista, qualquer projeto, qualquer ação e qualquer vontade.

PREFÁCIO

Lógica do Eclesiastes. Querer é sempre querer o nada (uma vez que, seja o que for que eu queira, seu destino é o nada). Mas, então, para que querer? Certo. Mas nós estamos vivos. Ora, a vida é, em si mesma, vontade de diferença: nega a igualização e a uniformidade, a indiferenciação, a renúncia – nega aquilo que a nega, recusa aquilo que a recusa. "A vida", já dizia Bichat, "é o conjunto das funções que resistem à morte." Mas esta resistência, embora sempre vencida, em última instância, pelo tempo, é mais ofensiva do que defensiva, mais ativa do que reativa. Esta é, pelo menos, a vida do sábio, que não é senão a própria vida, liberta da ilusão, do medo e do ressentimento, a vida "no estado bruto", como diz, por vezes, Marcel Conche, a vida plenamente viva, a vida auto-afirmativa (p. 176). De fato, a vida só é possível pela afirmação da diferença (e, em primeiro lugar, de si mesma, como diferença da morte). Portanto, nem tudo "é igual" (p. 175), nem tudo é equivalente. Ser fiel à vida é "levar a melhor vida possível. Porque a vida é vontade de diferença, e da maior diferença" (p. 176). A sabedoria trágica que propõe Marcel Conche é, neste aspecto, o contrário do niilismo. Se o sábio trágico é aquele que "afirma a diferença na visão do nada" (p. 176), aquele para quem "aquilo que tem o mais alto valor é também aquilo que perece ineluctavelmente" (p. 240), ele se encontra diametralmente oposto ao niilista que, vencido antecipadamente pelo nada (morto, pode-se dizer, enquanto vivo!), "nega o valor daquilo que o tempo destrói" (p. 237) ou soçobra na ideologia cansada do "para quê?" (p. 243). É verdade que, no final, a morte o levará e que "a opção pela vida, de preferência à morte, não pode de modo algum ser fundamentada" (p. 244). Mas a vida não precisa de fundamento: ela é, por si mesma, a sua própria fundação, sua própria afirmação, e, nisso, o sábio trágico não é senão aquele que aceita a vida em todas as suas dimensões – nascimento e morte, amor e desamor, felicidade e infelicidade –, aquele que busca não o repouso, mas o *combate* (ou o repouso somente *dentro* do combate), não a eternidade, mas a beleza dilacerante – e qual é a beleza que não *é dilaceração? – daquilo que é dado, olhar ou ternura, e que vai morrer.*

Filosofia da coragem, se quisermos, do esforço de viver, da tensão (neste ponto, ao menos, há certo parentesco com o estoicismo, mas é, talvez, por aquilo que os estóicos haviam tomado emprestado de Heráclito), e que vai dar precisamente numa sabedoria: sabedoria trágica, sabedoria na perspectiva da morte, sabedoria para o nosso tempo. Há uma nota, no rodapé, que me fere cada vez que a leio. É a seguinte: "Talvez nos perguntem: 'a sabedoria trágica é uma sabedoria da alegria?' O que dizer? Em nossa época de extrema miséria humana, uma sabedoria da alegria seria um tanto incongruente..." (p. 246, nota 64) Como ser alegre depois de Auschwitz e quando tantas crianças, pelo mundo, sofrem e morrem? Dirão que isso não é de hoje. É evidente. Mas Marcel Conche vê que o desenvolvimento sem precedentes dos meios de informação subverte totalmente os dados do problema, sendo que o problema é precisamente o das razões atuais, e atualmente admissíveis, de estar alegre. Quem se alegraria diante de uma criança que sofre? E quem, portanto, se alegraria, ao ler em seu jornal ou ao ver na televisão que uma criança está sofrendo, é verdade que em outro lugar, muito longe talvez, mas agora? Hoje, cada um é o contemporâneo de seus contemporâneos, de todos os seus contemporâneos, o próximo dos mais distantes. O que resta de nossa alegria, perante a miséria do mundo, perante a infinita angústia dos homens, perante o insondável sofrimento das mães ou das crianças? Marcel Conche acrescenta, contudo, na mesma nota: "Naturalmente o que importa não é estar triste. A noção de felicidade trágica coloca-se para além da oposição alegria-tristeza" (ibid.). Cabe a cada um julgar, segundo a quantidade de alegria de que se sente capaz ou que se permite. Talvez o essencial mesmo não esteja aí. Quantos imbecis ou quantos egoístas são normalmente mais alegres do que jamais o foram Heráclito ou Marco Aurélio, Montaigne ou – perdão, meu Mestre – Spinoza? A Ética *ou os* Ensaios, *livros de sabedoria, e dos perfeitos, não são muito parecidos com uma gargalhada... Mas uma felicidade trágica (a expressão não é forçosamente contraditória) continua sendo possível, e, diria talvez Marcel Conche, unicamente ela nos é permitida – certamente não prometida – sem mentira nem egoísmo.* "Importa, hoje, poder olhar todas as coisas sem ilusão alguma e, especialmente, o nada em que tudo se acaba, e extrair, contudo, desta teoria [contemplação] do nada, certa felicidade – entendendo-se por 'felicidade' aquilo que nos faz sentir uma inesgotável coragem" (p. 178).

De tudo o que li sobre a felicidade, e não foi pouco, esta última expressão é talvez a que me fala mais alto.

E uma vez que a coragem não pode ser suficiente para a felicidade, não me resta senão desejar-lhe boa sorte[8], leitor: que a sua felicidade possa ser suficiente para a sua coragem.

André COMTE-SPONVILLE

---

8. Porque, como a vida, a filosofia de Marcel Conche dá seu lugar à sorte: o destino decerto é mais forte que nós, mas o destino é apenas outro nome para o acaso (ver *infra*, p. 346, bem como *Temps et destin*, Éd. de Mégare, 1980 e *L'aléatoire*, Éd. de Mégare, 1989).

Advertência

De que trata este livro? Não é da fenomenologia do "Espírito", mas da fenomenologia do *meu* espírito, ou do movimento pelo qual cheguei ao repouso. Este movimento foi o rompimento com uma tradição e a redescoberta da razão filosófica, como razão grega (foi a própria razão moderna, como razão moral, que me libertou dos sistemas tranqüilizadores da filosofia moderna – mais ideologia do que filosofia –, e me levou de volta à razão grega[1]).

Montaigne me diria: "É a ti que pintas." Talvez, mas involuntariamente, neste caso, pois jamais me preocupei senão com a verdade, e não comigo, e penso não ser "eu-mesmo a matéria de meu livro" – felizmente para este! Outro é o caminho, outro o viajante. Aquilo de que se trata, nesta Orientação, é de meu "caminho de pensamento ", não de mim mesmo – que não sou, diferentemente de Montaigne, nem um pouco "ávido de me fazer conhecido", muito ao contrário. Por mais pessoal que seja o olhar do filósofo, o que ele tem em vista não é sua pessoa (por mais implicada que esteja neste olhar), mas somente a verdade. O que me interessa não é de que maneira vejo o mundo, mas vê-lo como deve ser visto, em verdade.

---

1. E à sabedoria, isto é, à dureza grega, dureza não do coração, mas da vontade, correlativa da dureza implacável do mundo – resumida na noção de destino.

E, por "verdade", não entendo somente a minha, mas, em direito, a de todos e de cada um. Faço-a minha porque ela é, a meu ver, *a* verdade, não o contrário.

Janeiro de 1990

Prólogo

"Quisera que estas vacas me ensinassem a sua sabedoria", diz, em *Assim falou Zaratustra*, o "mendigo voluntário". O animal é sábio e razoável, no sentido de que não tem de viver de modo diferente do que vive, que se comporta "de uma maneira que não se pode censurar" (Lalande, *Vocabulaire*, para a palavra "razoável"). O homem não é sábio, mas filosofa; não é razoável: tem de sê-lo. O homem filosofa porque lhe falta algo. O quê, então? Digamos simplesmente: o *sentido*. Distinguiremos a falta-*de* e a falta-*quanto a*: a falta-deficiência e a falta-exigência (em primeiro lugar, exigência a respeito de si). A falta filosófica não é a falta *de* algo *diferente* (de um objeto), é uma falta que não pode ser suprida senão pela fala e por uma fala *nossa*: é, pois, uma falta *quanto à* fala. O animal é sábio, razoável e perfeito em seu gênero; eis por que ele não fala. A fala não acrescentaria nada à sua candura vital, mas destruí-la-ia. Aquilo que falta ao homem, enquanto filósofo, nós chamamos "o sentido": e, de qualquer modo que seja preciso entender esta palavra, para o filósofo, uma coisa é certa: o sentido não lhe virá do mundo exterior. Só pode vir-lhe de si mesmo, e por meio da fala. Isso não significa que será preciso falar indefinidamente. Ao contrário: a filosofia, como busca do sentido, coloca-se, desde o início, como devendo ter um fim. O filósofo está a caminho, não para continuar sempre, mas para chegar e parar, ele fala para e com vistas àquele momento em que a fala já não será necessária: não porque ela ceda forçosamente lugar ao silêncio, mas poderia fazê-lo (há sábios silenciosos), e seja como for, ela já não procederá da necessidade, mas do *dom*. Mas, se, em princípio, a filosofia visa a realizar-se e a finalizar-se (num fim-perfeição), isso não significa que tal realização seja possível em todas as épocas. Seria possível hoje? Ou a filosofia não é, hoje, essencialmente inacabável, e portanto contrária a si mesma, contrária à sua própria definição? Assim era ela para Montaigne, assim, achamos, ela deve parecer a nós. Então, não se deve parar, por enquanto, de perseguir o inatingível, e fazer todo o possível para conduzir com retidão a própria busca (como sempre aberta), colocar o fim não mais no objetivo, mas na intenção, e tentar, desde já, esta modificação da fala por meio da qual ela se torna dom? Isso é possível, decerto, quando a fala se torna indissociável da vida, quando se torna carne e sangue.

Por que aquilo que é possível em certas épocas não o é em outras? A carência que constitui o filósofo não pertence a ele enquanto indivíduo. É uma carência que se encontra inscrita no próprio mundo humano. A filosofia não nasce em quaisquer condições históricas, mas no ponto onde se formou uma carência específica (a carência não *de* algo que *existe, para* algo que ainda não existe, cuja possibilidade, porém, está latente no homem). A carência originária que constitui o filósofo como tal se reproduz, se repete em cada filósofo; e os filósofos estão unidos pela carência, neles, de algo que é a mesma coisa – o sentido. Mas como tal repetição, ou renascimento (pois a filosofia não pode ter continuidade senão renascendo sempre) ocorre em condições históricas diferentes, a carência filosófica não é sentida do mesmo modo e não conduz aos mesmos gestos criadores. É por isso que não só a carência que se forma hoje não pode ser satisfeita, por exemplo, pelas *Meditações metafísicas* de Descartes, mas a própria possibilidade de uma perfeição e de uma satisfação completa não existe hoje. Uma vez que a carência filosófica tem sua raiz no próprio mundo humano, as "carências", segundo os filósofos, na medida em que estes vivem em "mundos" diferentes (pertencem a épocas diferentes da história), não são as mesmas.

Quando o indivíduo sente uma carência no plano do sentido, é porque – pode-se dizer de maneira geral – o mundo não o satisfaz. Ele não se sente à vontade, não encontra, nele, o *seu* lugar sem problema. Mas a não satisfação não é "relativa ao indivíduo", "subjetiva", etc., não reflete dificuldades pessoais de adaptação, nem nada que seja de ordem estritamente psicológica. A carência que o filósofo sente não é apenas sua, é inerente ao próprio mundo, traduz uma desmundanização ou destotalização do mundo em seu conjunto. Não tem nada de arbitrário ou de subjetivo, pelo contrário, é totalmente legítima e justa, e não é indício, no filósofo, de nenhuma fraqueza, mas denota a profunda intuição que o filósofo tem daquilo que o rodeia.

O que falta é o sentido. Podemos dizer também: o que falta é um *Mundo* fonte de sentido; temos de entender que o que falta a todas as coisas não é nada em particular, mas *tudo*: fazer parte de um Todo, de um verdadeiro Mundo – onde todos os seres têm seu exato lugar, onde nada é demasiado, onde há precisamente um lugar para cada um (ficando entendido que a noção de "lugar" não está de modo algum ligada à noção de "hierarquia"). Então, podem apresentar-se três casos. Dependendo daquilo que é o mundo humano do qual faz parte o pensador (e em particular dos traços sociais de sua época histórica), a filosofia oferece três soluções:

1ª *Há* um mundo, fonte de sentido. Eu estava insatisfeito com *meu* mundo. A filosofia me leva a saber que o verdadeiro mundo, onde tenho toda a possibilidade de estar satisfeito, já *está aí*. Ela me reconcilia com o mundo, seja por ensinar-me de que maneira meu mundo, atualmente destotalizado, pode voltar a ser um Mundo sem falha, reconstituído, novamente completo, igual a si mesmo (pois o Princípio, a Idéia é sempre inabalavelmente real), seja porque me ensina a descobrir, apesar da decomposição de meu mundo, e por sob esse mundo que desaba, um Mundo mais real (por exemplo, enquanto o mundo da cidade grega desmorona, posso descobrir-me cidadão de um mundo mais vasto).

2ª *É possível* haver um mundo fonte de sentido, onde, se minha exigência for suposta razoável, terei a satisfação, e comigo, todos. Este mundo, é preciso simplesmente merecê-lo, ou conquistá-lo – merecê-lo significa conquistá-lo. O mundo presente não é satisfatório, mas a satisfação está no seu horizonte. A razão não está atualizada, no entanto encontra-se presente, como tendência e progresso.

3ª *Não há* mundo fonte de sentido, e não há, para o indivíduo, esperança de semelhante mundo. Tudo se dissolve, se esmigalha numa multiplicidade de sentidos parciais e próximos, que, juntos, não se organizam num mundo coerente, real ou virtual, mas formam uma pseudototalidade que não pode ser reunida, que é desarmônica. O indivíduo pode, então, refugiar-se de modo alucinatório em mundos inatuais e inatualizáveis; nesse caso, renuncia a ser seu próprio contemporâneo. Ele pode elaborar novas concepções da liberdade, que se tornariam a fonte do seu sentido, mas como há uma multiplicidade de liberdades, cada uma das quais é aberrante em relação à outra, isso não constituirá mais *um* sentido: ora, o sentido, como tal, é *uno*.

Estamos situados numa época em que não há, no plano da totalidade, nem sentido, nem esperança de sentido. É verdade que há sempre sentidos parciais, mas o conjunto não leva a nada. Não há um único mundo (comum), onde resplandeça o sentido; ao contrário, todas as zonas de sentido (e as totalidades parciais: a totalidade familiar, a totalidade amical, etc.) inscrevem-se no pano de fundo de uma insensatez universal. Isso resulta (ao menos imediatamente) do fato de ter a humanidade sofrido, em 1945, um traumatismo que ainda não foi "aceito", nem superado. Desde que os dois grandes impérios antagonistas dispõem da arma nuclear, a história universal se encontra numa espécie de "impasse". A esperança de uma era razoável, que ela trazia em si, voltou a ruir. As contradições já não podem ser solucionadas, como fariam ao seguir seu desenvolvimento normal (as guerras duram ou se repetem sem finalização, etc.). Alguma coisa de radicalmente artificial veio interromper o curso natural da história do mundo. Uma espécie de sentimento de impotência e de paralisia atinge os indivíduos, os partidos, os povos. Uma vitória – ou derrota – total, como a de Iena, já não é possível. A guerra muda de sentido, e as antigas filosofias da guerra, da revolução e da história já não valem para a nossa época.

Onde ficamos? O sentido não *existe*, não *existirá* (deve-se entender que ele já não é o objeto de uma esperança real). Ele *existiu*. Mas, em que isso pode nos ajudar, se não queremos fugir para o passado, mas queremos ser os rigorosos contemporâneos de nosso mundo e de nós mesmos? Seria preciso que o passado estivesse presente. Ora, esse passado-presente, constitutivo de nosso presente e de nós mesmos, existe. É o que chamamos de infância. Cada homem, pela infância nele, tem uma relação com o sentido, pois a infância se desenvolve, ou geralmente se desenvolveu, para ele, num verdadeiro mundo fonte de sentido. É certo que isso não muda nada no fato de que ele se encontra, agora, num mundo (num quase-mundo) desolado e cheio de angústia; e, por outro lado, não é o caso de ficar mergulhado na nostalgia. Mas a infância representa, em cada ser humano, aquilo que ele tem de verdadeiro e de primitivo, aquilo a que pode voltar como para uma fonte de força ou como um novo ponto de partida. Porque ele foi criança, viveu no elemento do incontestável, do insuperável, do sagrado; dispõe, portanto, de uma espécie de ancoragem original, em que pode sempre encontrar a força de entrar o mínimo possível no mundo dos adultos em que não existe nada, a força de representar o menos possível a comédia e de ser ele mesmo. (Podemos lembrar-nos das três "metamorfoses do espírito" de que fala o Zaratustra de Nietzsche: o espírito se transforma em camelo, que assume, carrega e prolonga; o camelo se transforma em leão, que conquista e se ergue sobre aquilo que conquistou, numa liberdade em expectativa; o leão se transforma em criança: inocência, criação, novo começar – sendo a criança aquilo que, no ser humano, por antecipação, sempre já supera o homem, ou que, no ser humano, sinaliza para o super-humano, porque unicamente ela tem futuro.)

Por que a nossa época requer particularmente a virtude da força? Quando o indivíduo não está como que sustentado e carregado pelo caráter sensato do mundo, quando se encontra remetido a si mesmo pelo vazio universal que o isola como um átomo, ele tem, cada vez mais, necessidade dos tesouros de sua energia própria. Ora, para o filósofo, mais do que para qualquer outro, a força se faz necessária, uma vez que ele pretende, ao recusar os sistemas tranqüilizadores, liberar seu olhar para o nada e para a insensatez. Muitos homens, em todos os setores, nos dão o exemplo da força atuante (ao passo que o filósofo, este, com muita freqüência, parece não a ter). Mas, a respeito deles, há que perguntar: primeiro, em que mundo vivem? num mundo reduzido e particularizado pela estreiteza de uma perspectiva e de uma preocupação, ou num microcosmo que carrega, em toda a sua extensão, o caráter da época[1]? Em segundo lugar, *que* vida desejam? Em relação a quê a *avaliam*? onde colocam suas vitórias (e qual é sua experiência fundamental? sua tentativa? seu risco?); em terceiro lugar, onde se encontra o princípio de sua força? neles mesmos ou noutra coisa? – em algum ponto de apoio exterior? qual é a chave da sua coragem? – Pois, se o filósofo precisa particularmente da força (e de fazer dela sua maior virtude) é porque seu risco é o maior. O que importa é: primeiro, ao recusar a tranqüilidade das totalidades parciais e dos mundos fechados, pensar e viver em relação com o mundo universal, com a vida

---

1. Cf. indicado a seguir, pp. 166 ss.

em seu movimento universal, ou seja, hoje, no vazio e na insensatez de um quase-mundo que traz em si a abstração e a morte, e de uma região desolada da história; segundo, viver em conformidade com a essência da vida como vontade de diferença (em relação a si – rumo à altura); terceiro, não extrair sua força da obstinação absolutizante e das ilusões de todos os tipos, mas de si, e, no limite, somente de si. Lou Salomé disse que importava perceber "*toda* a vida espiritual de Nietzsche" à luz de sua "solidão interior", aquela solidão "que ele não deixou de ampliar ao seu redor, como para obrigar-se, cada vez mais, a tirar tudo de si mesmo"[2]. Naturalmente, o filósofo teria muito mais força (aparente) se optasse por condições de vida menos difíceis. Se, afinal, ele está alquebrado, não é por fragilidade sua, mas em decorrência da extrema dificuldade de suas condições de vida e do destino.

Dezembro de 1973

---

2. *Nietzsche*, trad fr. de Benoist-Méchin, Paris, Grasset, 1932, p. 18.

Preliminares

Se os filósofos conseguiram, outrora, edificar "sistemas", isso se deveu à relativa estabilidade do seu mundo. A estabilidade dos edifícios intelectuais refletia a relativa estabilidade do edifício social e político. Entre o momento em que eram escritas as primeiras linhas de um livro e aquele em que se escreviam as últimas, o mundo humano não mudara de tal forma que as primeiras linhas se tivessem tornado "falsas" (com relação ao mundo humano). As primeiras "verdades" percebidas podiam, muito mais tarde, servir para os alicerces do edifício. O que se escrevia podia esperar, pois, se os corpos talvez envelheciam mais depressa, no plano do espírito, tudo envelhecia mais lentamente do que hoje. É verdade que havia tempos de crise, mas estes não faziam mais do que separar e delimitar épocas "orgânicas". Era raro que um filósofo vivesse toda a sua vida filosófica, como Montaigne, num tempo de crise.

Hoje, os filósofos sentem profundamente, na intimidade de sua reflexão, a instabilidade do mundo. Eis por que a época é favorável à história da filosofia, pois se o presente e o futuro não nos dão garantia de nada, o passado, por sua vez, continua sendo o que é: é nele que se encontra a estabilidade. É verdade que podem aparecer novas interpretações de Descartes, mas, de qualquer maneira, existe o que Descartes disse – e as condições em que ele o disse. É possível "dar continuidade" a um *mesmo* trabalho sobre um tema determinado da história da filosofia, por adição, acumulação, ordenação, etc., e isso, quaisquer que sejam as mudanças do mundo (contanto que não sejamos diretamente seu objeto...). Podemos dizer, é verdade, que aquilo que chamamos de "histórias da filosofia" consiste apenas de estudos *preparatórios* a uma verdadeira história da filosofia, não fazendo mais do que preencher as condições necessárias (não suficientes) dessa história, que deve ser pensada filosoficamente e, portanto, supõe uma filosofia; é certo também que os trabalhos de história da filosofia, com seu caráter parcial, estritamente delimitado, e por isso mesmo com sua cientificidade possível, dão ao pesquisador uma impressão de certeza, de estabilidade, digamos de segurança que a filosofia não dá.

Se, em todo caso, devem-se encontrar em filosofia a certeza, a segurança, somos tentados a buscá-las não na filosofia do presente, mas nos sistemas e nos métodos que, de algum modo, "foram comprovados", que chegam até nós fortalecidos por toda uma tradição, bem estabelecidos (no sentido em que nós "nos estabelecemos"), respeitáveis, dignos de crédito. Não perguntamos se o mundo que suscitou a filosofia de São Tomás, aquele que se refletiu no kantismo, aquele ainda que foi pensado na filosofia de Hegel não são diferentes do nosso a tal ponto que a filosofia que neles teve sentido já não o tenha para nós. Se, para ser hegeliano, tornamo-nos contemporâneos de Hegel, somos ainda contemporâneos de nós mesmos? Nosso mundo, que traz em si a "morte de Deus", não é, por isso mesmo, radicalmente diferente de todos os mundos antigos que encontraram sua expressão nas filosofias do passado?

Nossa tentativa filosófica encontra sua raiz na convicção de que cada filósofo que vive num mundo que difere de qualquer outro (mesmo que apresente analogias com outros mundos humanos) não pode contar senão consigo mesmo para elevá-lo ao pensamento. Contentar-nos com uma filosofia que não seja a que nasceu de nós será sempre contentar-nos com uma roupa já confeccionada. Se tivéssemos o sentimento de viver num mundo estável e sensato, certamente nossa filosofia teria assumido um caráter sistemático. Mas, hoje, só falamos de *ensaios*, cada um dos quais encerra um caráter de tentativa. Hoje, a filosofia consegue ser apenas uma tentativa sempre recomeçada. O filósofo, de modo geral, pensa mais do que fala, fala mais do que escreve, escreve mais do que publica. Pode-se ser filósofo sem ter publicado, sem ter escrito e quase sem ter falado. Quantas coisas Sócrates não teve de guardar para si! Montaigne disse que seus melhores pensamentos lhe vinham de maneira imprevisível, "a cavalo, à mesa, na cama, porém mais a cavalo", que esquecia, que eles poderiam ter constituído tantos outros "ensaios". Se La Boétie não tivesse morrido tão cedo, talvez não tivéssemos os *Ensaios*: a presença, junto a Montaigne, de um amigo com quem pudesse "conversar" constantemente teria tornado inúteis os *Ensaios*; ele se lançou sem entusiasmo ao trabalho de escrever, talvez nem se tenha lançado. A obra filosófica supõe uma matéria verbal muito mais ampla, em forma de "pensamentos" (que podemos "ruminar" por muito tempo sem os comunicar ou escrever), de conceitos, de notas. Os "ensaios" publicados são a parte visível do *iceberg* da matéria verbal. Todavia, a comparação não é totalmente justa: a matéria verbal (o "pensamento no estado bruto", para repetir uma expressão de Jean Paulhan) não é apresentada tal qual, ela passou por uma elaboração secundária. Para o filósofo, uma elaboração não consiste em dar ao ensaio a forma artística, mas simplesmente a forma lógica: é uma logicização. A coerência deve reinar dentro dos limites de um ensaio; pode não ser perfeita de um ensaio a outro – mas então deve dar lugar a uma coerência de tipo diferente: uma coerência na evolução. Uma natureza de filósofo não dá saltos: debaixo das oposições, das contradições aparentes, uma profunda lógica segue o seu curso.

Uma razão, pois, de termos escolhido a forma de ensaio é que ela nos parece imposta pela época. Mas há uma outra (ligada à primeira, pois não se trata de um simples traço psicológico, mas de um traço que nos pertence porquanto trazemos em nós o caráter de nossa época): nossa desconfiança. Trata-se de uma dupla desconfiança: a respeito de nós mesmos, a respeito de tudo o que é artifício – construções artificiais, análises demasiado sutis em que a evidência se perde, jogos com as palavras, "habilidades" de todo tipo, logicização forçada, excesso de intelectualização. Desconfiança em relação a nós mesmos: qualquer que seja nossa certeza, nossa segurança quando vemos algo, conhecemos nossa fraqueza; por isso, quando chegamos a uma "verdade", não queremos construir sobre ela; em vez disso, submetemo-la a um exame reiterado, e é só depois de a ter verificado diversas vezes que a incorporamos a nós mesmos, à nossa natureza intelectual e espiritual. Desconfiança em relação ao artifício. As idéias que se confirmaram na experiência, que correspondem àquilo que sentimos fundamentalmente (isto é, à nossa sensibilidade profunda para o mundo e para a vida), pelo efeito da intelectualização tendem a formar sistemas, conjuntos estacionários em que não há a presença da vida; então, a verdade que elas encerravam inicialmente se obnubila, se dilui, se perde. Eis por que não se deve logicizar além do necessário, e é preciso romper com o processo de intelectualização que nos faz abandonar o campo da experiência viva, voltar à intuição primeira, ou encontrar numa intuição nova (independente das precedentes, mas complementar a elas) o ponto de partida de um novo impulso, de uma outra "tentativa".

Os ensaios, ou esboços, que vêm a seguir não têm, pois, entre si, vínculo dedutivo, pelo menos intencional (de primeira intenção). Cada um deles pretende expressar (independentemente do anterior) apenas aquilo que estamos vendo no momento. Serão eles, por isso, sem vínculo? Interrompemos, a cada vez, nosso juízo a respeito do valor dos juízos precedentes, esforçamo-nos para tomar pé, para encontrar um novo ponto de partida no zero da experiência, e se, contudo, voltamos a antigas conclusões, é porque as verificamos novamente: também não deixa de ser verdade que, de um esboço a outro, somos sempre os mesmos, simplesmente modificados. As experiências antigas e amiúde repetidas são pressupostas pelo próprio fato de terem servido para formar a nossa sensibilidade e o nosso olhar. Devemos nos desculpar aqui por falar de nós, por fazer de nós mesmos o objeto de nosso discurso? Não falar de si: há mais mal do que bem nesse remédio, diz Montaigne: "como se, para não assoar uma criança, lhe arrancássemos o nariz" (II, VI). E se o objeto da filosofia é a verdade, não devo de modo algum excluir-me dessa verdade que digo – senão essa verdade já não seria total. O discurso filosófico não deve deixar-*me* de lado. Falo de tudo, portanto de mim também: sempre de tudo e sempre de mim. Ademais, o filósofo é aquele que diz aquilo que vê – tudo o que ele mesmo vê, nada além do que ele mesmo vê (e neste aspecto, ele é diferente do sábio). Então, o filósofo *tem um olhar* – porque só é possível vermos alguma coisa se tivermos o olhar formado para ver precisamente aquela coisa. Existe uma correlação entre o olhar e aquilo que é olhado. O filósofo não é um *espectador* que perceberia uma verdade "objetiva". Uma verdade somente "objetiva" não seria, aliás, a verdade, uma vez que deixaria de lado o "subjetivo". Qualquer pessoa – um adolescente, uma criança – pode chegar ao que chamamos de "exatidão" nas ciências, mas as verdades propriamente ditas, em que o que está em jogo somos nós mesmos, o nosso todo, só se entregam a um olhar diuturnamente formado. O intelectual-espectador, que analisa tanto uma coisa quanto outra, cujo olhar vai de relance de um objeto a outro sem que isso o tire da indiferença, este intelectual produzido pelo mundo moderno não pode – como tal – ser filósofo. Ele cai ou no objetivismo abstrato ou no subjetivismo abstrato, enquanto a verdade está na ligação indissolúvel entre o olhar e a coisa vista, na unidade orgânica de ambos. De certo modo, o filósofo não tem jamais de cuidar de si mesmo, de voltar o olhar *somente* para si; contudo, ele está sempre presente por inteiro, e não só pela inteligência, não só por seu lado de analista e de observador. Porque a filosofia exige que se recorra a todas as forças da alma: não apenas à razão, mas à inspiração, à intuição, à vidência (sendo esta palavra empregada certamente sem alusão alguma ao "conhecimento sobrenatural" ou ao dom da profecia). Não se trata de "estabelecer" verdades que *qualquer pessoa* possa julgar "inatacáveis", mas, sim, de chegar a concepções que tenham força aos olhos dos sábios – entendendo-se aqui, por este termo, aqueles cujo olhar foi formado por uma longa experiência da vida e do pensamento. A correlação do olhar com a coisa vista não implica nenhum "subjetivismo", mas significa apenas que as verdades da filosofia não são entregues a um olhar despreparado, mas a um olhar amplamente formado, a um julgamento amadurecido. Seria dizer que atribuímos a nós mesmos esse "olhar formado", esse "julgamento amadurecido"? Não, não temos certeza a esse respeito; um ensaio, repetimos, é uma *tentativa*: os nossos são frágeis e insuficientes; no máximo, dão uma idéia do pouco que podemos fazer.

É precisamente, dissemos, a desconfiança a respeito de nós mesmos, acrescentando-se à instabilidade do mundo em que vivemos, que explica nosso método: não prosseguir no caminho uma vez definido e ir sempre mais longe do mesmo lado (pois, neste caso, se houve erro inicialmente, ele não será jamais corrigido), mas antes, ao romper aparentemente com nossa preocupação anterior (e quase esquecidos de nós mesmos), tomar outro ponto de partida, confiar-se a uma nova intuição. É possível que nossas tentativas isoladas formem um conjunto discordante, mas não é o que ocorre, pois o que quer que faça o autor, ele não se abandona, mas pressupõe a si mesmo. A linha quebrada de nossa busca conserva uma mesma direção. Através da descontinuidade aparente, há a continuidade de uma queda. 'Tendo, para começar, excluído a idéia de Deus, vimo-nos enredados numa desconstrução que, afinal, não deixa subsistir nada mais... a não ser o nada da aparência. Não havíamos, de modo algum, previsto nem querido isso; bem ao contrário, pensávamos que, abolindo Deus, restaria o mundo, ou a natureza, estávamos propensos ao "materialismo" – mesmo sendo um tanto penoso defini-lo. Entretanto, tendo abandonado a idéia de Deus, tivemos de abandonar a idéia de Verdade (absoluta), a idéia de Homem (de homem-essência), a idéia de Mundo, correlativamente à idéia de Todo e à idéia de ordem (no plano da totalidade), e, finalmente, a idéia de ser. Encontramo-nos então num desnudamento, numa pobreza que nos trouxe à memória a lição dos cínicos e, mais ainda, dos pirrônicos. Aliás, semelhante evolução (ou involução) se deu lentamente, e mais contra a nossa vontade. Muitas razões se conjugavam para excluí-la: políticas (quem não quer o progresso? ora, uma filosofia do desnudamento e do nada não estaria sempre mais próxima do tradicionalismo, do "conservantismo" do que das filosofias do progresso, uma vez que, convidando-nos a uma simplificação extrema de nossa vida, sempre irá aconselhar-nos mais a redução de nossas necessidades do que a luta para satisfazê-las?), ideológicas (na época em que as ciências e a filosofia das ciências são tão importantes, o que convém ao filósofo não é o saber e a reflexão sobre o saber? o que pode significar voltar para aquém do saber? que "revelação" se pode esperar do não-saber?), e, enfim, o temor, *talvez*, de que nossa própria evolução pareça ter fornecido uma espécie de prova *a contrario* do valor da idéia mesma que havíamos contestado (se, já que Deus não existe, tudo se resolve na aparência, não é verdade que Deus existe? onde a premissa menor seria que "nem tudo se resolve na aparência", o que é precisamente toda a questão). Mas é preciso deixar a lógica em que estamos seguir seu curso. Dizemos: "lógica em que se *está*" – em que *estamos* –, pois certamente a distância entre o primeiro ensaio, sobre o "mal absoluto", e o último, sobre a "aparência", pode ser percorrida bem depressa pelo raciocínio, mas uma coisa são as etapas de um raciocínio, outra coisa são as etapas de uma vida (pensante). No primeiro caso, ficamos limitados a uma compreensão exterior; no segundo, reconhecemos que o caminho seguido é, para nós mesmos, o caminho inevitável.

A filosofia é um percurso em que a conclusão não deve ficar separada da maneira como se chegou a ela, pois ela é inevitável somente para quem percorreu certo caminho, e é a totalidade do caminho, ou melhor, neste caso, as etapas disjuntas de que se compõe, que prepara para esta conclusão. Percorrer – no sentido de "correr de um extremo a outro" – é ir de um ponto a outro ponto. Um percurso é orientado. Diferentemente de uma orientação-*dentro*, falaremos de uma orientação-*para*. Orientamo-nos dentro do espaço, uma planta "orienta-se" para a luz. A orientação-*dentro* se faz a partir de outra coisa (qualquer que seja a importância das condições subjetivas: sentimento da diferença entre direita e esquerda, etc.), a orientação-*para* a partir de si mesmo (qualquer que seja a importância das condições objetivas: por exemplo, possibilidades oferecidas a um estudante que se orienta "para" estudos superiores, etc.). Num caso, o conhecimento do ambiente espaço-temporal permite orientar-se no espaço e no tempo; no outro, só o conhecimento do objeto não permite orientar-se: no conhecimento do objeto encontra-se o princípio da orientação de nós mesmos como objeto (objeto entre os objetos), não como sujeito. Há um texto de Kant que se intitula: "O que é orientar-se dentro do pensamento (*in Denken*)?". Para responder a essa pergunta, Kant analisa o modo como nos orientamos dentro do espaço para depois transpor o resultado obtido para o problema da orientação dentro do pensamento. Mas a analogia é enganosa. A orientação geográfica é mesmo uma orientação *dentro do* espaço, mas a orientação "dentro do" pensamento é, para a razão, uma orientação-*para*. A razão, segundo Kant, encontra seu princípio de orientação em si mesma como *necessidade*. A necessidade da razão em seu uso prático obriga-a a postular a existência de Deus. Por quê? porque, sem a afirmação da existência de Deus, ela não poderia – para usar a expressão de M. Philonenko, na Introdução à sua tradução deste texto kantiano (Ed. Vrin, 1959) – "tender *para* sua própria realização" (p. 72, sublinhado por nós). A razão, observa o mesmo comentarista, "é necessidade e desejo do Ser, porque ela é desejo de si" (p. 73), é "a exigência de um mundo inteligível, isto é, da liberdade", ela "não *deixa jamais de tender para a liberdade*" (*ibid.*, sublinhado por M. Philonenko); assim, "*a liberdade é... o termo da orientação kantiana*" (*ibid.*, sublinhado por M. Philonenko). "Continuamente a consciência irá projetar-se, irá orientar-se para uma liberdade mais alta" (*ibid.*, sublinhado por nós). Vemos então que: a orientação "dentro" é, no fundo, uma orientação-*para*. A razão tem direito de orientar-se dentro do pensamento – isto é, no espaço supra-sensível, incognoscível, somente pensável – unicamente segundo sua própria necessidade, há que entender: unicamente segundo a necessidade que ela *é* de ser razão real, razão realizada.

A diferença que estabeleceríamos entre orientação-dentro e orientação-para depende da diferença entre o conhecimento e o pensamento. Orientamo-nos facilmente *dentro* de uma cidade que *conhecemos*, orientamo-nos *dentro* do espaço geográfico de acordo com certos dados objetivos (posição do Sol, das estrelas, direção do vento, etc.), orientamo-nos, de modo geral, dentro do mundo e a partir do mundo – porque, para tanto, o mundo fornece pontos de apoio, referências. Em resumo, orientamo-nos *dentro* do cognoscível, mas não nos orientamos "dentro do" pensável devido ao trabalho (unicamente o trabalho) do conhecimento. Há orientação no pensável, como o deseja Kant, somente pela orientação que trazemos em nós mesmos como orientação-*para*. Mas o objeto da filosofia é o pensável, não o cognoscível. O filósofo, já o dissemos, "pensa, mas não conhece"[1]. A orientação filosófica é, pois, orientação-*para*.

---

1. Cf. a seguir, p. 154.

ORIENTAÇÃO FILOSÓFICA

Se a totalidade fosse cognoscível (como totalidade com sentido), seria possível orientar-se *na* totalidade. A filosofia, ao dar ao homem o conhecimento de seu lugar no Todo (em relação a Deus, à natureza e aos outros seres), daria uma resposta fundamentada à pergunta outrora formulada talvez por Heráclito: "Que caminho da vida devemos tomar?" (fragmento 138 em Diels-Kranz, *Vors.*). Sabendo qual é o sentido do homem, saberíamos qual é o sentido da nossa própria vida. Mas não é assim. O problema da conduta da vida não é *resolvido* pela filosofia. Sabemos ao menos como orientar-nos na busca filosófica? Certamente, quando estamos na busca, ainda não sabemos. Mas não podemos, em todo caso, deixar-nos guiar por uma Idéia do Todo? De forma alguma, pois há duas idéias da totalidade: positiva, como Todo estruturado e com sentido, negativa, como aquilo que não deixa nada de lado. Ora, não se *sabe* se a totalidade é ou não é um Todo. Poderíamos, ao menos, dizer, com Kant, que a razão se orienta a si mesma, que ela é necessidade, exigência de sua própria realização? Mas como, por sua vez, esta orientação da razão requer, para conservar o seu sentido, a postulação da existência divina (da identidade da razão e do Ser), tal confiança no acordo fundamental da razão e da realidade não podia ser nossa, uma vez que a constatação, no real, de um absurdo insolúvel erguia aí, desde o início, um obstáculo invencível.

Nossos diferentes ensaios, ou tentativas, manifestam uma orientação, uma inclinação. Certamente estávamos orientados, desde o início, pelo abandono da idéia de Deus, para o termo final, a aparência. Entretanto, não sabíamos disso, e, na verdade, só poderíamos sabê-lo depois de ter percorrido o caminho. "É por sermos este ou aquele homem que escolhemos esta filosofia", diz Fichte (citado por A. Philonenko, *op. cit.*, p. 62). Concordo! mas que homem somos? Não ficamos sabendo senão depois de percorrido o caminho. O filósofo é, desde o início, orientado para si mesmo, mas ele ainda não sabe o que isso significa. Mesmo que o caminho a percorrer fosse antecipado pelo raciocínio, isso forneceria um saber exterior, não um saber vivo. O caminho, em todas as suas etapas, suas estações, deve ser vivido e sofrido. O que podíamos fazer se nos encontrávamos no todo como num lugar de que nada sabíamos e *dentro* do qual, por conseguinte, não podíamos orientar-nos, incapaz de fundamentar nossa conduta na vida cotidiana e também de fundamentar o método de nossa pesquisa, por outro lado, perdendo a esperança (uma vez que estávamos convencidos da absolutez do mal) na racionalidade do real e, conseqüentemente, lançando um olhar de desconfiança sobre nossa razão (uma vez que ela poderia ser suspeita de conduzir-nos às ilusões do Ideal)? Avançamos de ré, sem saber para onde ir nem para o que íamos, no fundo de nós mesmos, mas sabendo, em todo caso, para onde não podíamos ir e que caminhos não poderiam ser os nossos. Assim, o rato, no labirinto, não sabe que caminho tomar, mas quando se encontra num beco sem saída, sabe que caminho não deve tomar e volta atrás. Tendo "experimentado" (posto à prova) as idéias filosóficas de "Deus", de "Verdade", de homem-essência, de "Mundo", de "ordem", de "Todo", e a idéia de "ser", tivemos de abandoná-las uma após outra (como maneiras de pensar a totalidade ou a relação com a totalidade) e, finalmente, chegar à pura e simples cotidianidade aliviada de suas ilusões (da Ilusão absolutizante) transformada em Aparência. Os poucos estudos sobre a história da filosofia a que nos arriscamos também podem ser considerados ensaios em que nos obrigamos a enxergar com os olhos alheios, a fim de melhor definir nosso próprio olhar.

Em resumo, nosso método foi, no conjunto, negativo, reativo e – já o dissemos acima – descontínuo.

A palavra "orientação", que remete à filosofia como percurso, designa também a filosofia como resultado. Na verdade, não se trata de propor uma doutrina ou um sistema, mas simplesmente aquilo que os cépticos, em oposição à Seita (*haï-*

résis) ou ao sistema, chamavam precisamente uma "orientação" (*agôgbè*)[2]. Poderíamos dizer: "um método" – mas um método de vida. Definitivamente, a filosofia não tem conteúdo próprio, não fornece novos conteúdos, não faz senão permitir uma modificação global da vida – uma modificação de forma. Opera-se uma espécie de transmutação que alivia a vida (o que não significa de modo algum que as penas particulares, especialmente as dores de participação, são menos sentidas, mas, sim, que são sentidas de outra maneira). A cotidianidade permanece, a princípio, a mesma: torna-se simplesmente a "Aparência". Mas a modificação filosófica da vida, ou modificação de forma, vem acompanhada necessariamente de uma modificação de conteúdo. A filosofia só não pode dizer o que deve ser esta modificação de conteúdo: por certo a redução à aparência acarretará a *simplificação* da vida, mas isso não diz em que irá consistir essa simplificação. Cabe a cada um encontrar sua própria definição da vida sábia. Assim, a filosofia não orienta positivamente, não indica a cada um o caminho que deve tomar, não faz senão orientá-lo para o lugar do sentido, para o lugar onde ele deve se colocar para poder orientar-se por si mesmo. O sentido não está em "buscar", não é uma conquista da inteligência e não se encontra em nenhuma "doutrina". Convém mais voltar para ele, pois ele já está presente, na esfera vital essencial (está, por exemplo, para Scarlett O'Hara, na terra vermelha de Tara, que ela amassa na mão com uma paixão indômita, e onde encontra a força de "não se deixar jamais abater"). Todavia, quando distinguimos, com os cépticos, a *haïrésis* e a *agôgbè*, não o entendemos naquele sentido em que certas filosofias seriam doutrinas ou "seitas" e, como tal, ilusórias, e outras seriam "orientações". O que queremos dizer é que as filosofias, quaisquer que sejam elas, valem não por seu lado doutrinal e absolutizante (por seus *dogmas*), mas como "orientações". Há, pois, em toda filosofia pro-

---

2. Cf. Sextus Empiricus, *Hypotyposes pyrrhoniennes*, I, 4, 7, 11, 16, etc.

fundamente meditada e vivida, uma verdade, na medida em que ela orienta para certa forma de vida e de pensamento.

Então, quanto mais as filosofias se opõem no plano dos dogmas, menos elas se opõem na maneira de conceber a vida. Por certo um Epicuro, um Montaigne, um Hegel, um Nietzsche, um Pascal tinham maneiras bem diferentes de passar o tempo e de preencher seus dias. Mas a diferença não é oposição. Uma sociedade de filósofos viveria em estado de paz, e, por si só, este ponto é de uma importância infinita. Mas, o que significa o que chamamos de "Aparência"? Aquele que opera a modificação filosófica de seu mundo, que faz do mundo, como esfera de vida concreta, uma esfera da aparência (cf. cap. 11), encontra-se necessariamente em estado de paz. Isso quer dizer que o soldado filósofo recusar-se-á a lutar? Não se trata, há que repetir, de determinar o que deve ser o conteúdo de vidas diferentes da nossa, mas somente da forma (que, é verdade, acarreta uma modificação de conteúdo, mas que somente aquele que operou a modificação de forma deve, por si mesmo, julgar). O estado de paz resulta do questionamento da idéia de "ser", da não-reificação e da não-absolutização daquilo que aparece e vale para nós na aparência. Mas, dirão, como nossa vida, em seu curso cotidiano, conservará seu sentido, se não há mais Ser e Verdade? Ao que é preciso responder que a vida encontra precisamente seu sentido, todo o seu sentido, pela queda dos Engodos que são hipostasiados e colocados acima do curso cotidiano. Não é de modo algum necessário, para que minha vida tenha seu pleno sentido, que o sol *seja*, basta que ele *valha* como sol, nem que a mentira *seja* um erro, basta que, no mundo de minha vida, na esfera da aparência em que minha vida decorre, não haja lugar para a mentira. Tenho "razão"? Estou "errado"? de que lado *está* o direito? O que *é* a justiça? Qual *é* o sentido da vida? O que é que *é* "verdadeiramente"? Deus é?, etc. O filósofo da aparência já não faz semelhantes perguntas. A respeito das doutrinas e dos dogmas, quer se trate das filosofias, das religiões ou das morais tradicionais, ele já não afirma, já não nega, já não duvida. A verdade é vida, e nada mais – e a vida é orientada por valores que não devem ser separados da totalidade viva, em que valem e significam, para ser colocados à parte, reificados em "seres", absolutizados em "verdades" (como se a verdade pudesse ser coisa de julgamento e de discurso), em "princípios", em dogmas, em "regras", etc. O sol, este campo, estas árvores e estas flores, esta casa e minha família, se eu sou camponês, simplesmente valem, não *são*, não se colocam para um olhar "objetivo", mas só têm valor para um olhar como meu olhar de camponês (de camponês que se sente sob a proteção dos "gênios bons da terra", como disse Hesíodo); teriam, para outro olhar, valores que não posso ver, que definem um outro "mundo", uma outra esfera de existência que não se opõe à minha, não a nega, não a contradiz, a menos que caiamos, de um lado ou de outro, na ilusão do "ser". E quando dizemos: este campo, esta casa..., podemos também dizer: este gesto, este costume, este uso das coisas, etc., pois aquilo que "é", aquilo que se faz, também são valores, significações e revelam e esgotam seu sentido no curso do cotidiano da vida. Quando os pirrônicos definem seu modo de viver como conformando-se às leis, aos costumes, aos usos, às formas tradicionais, trata-se de conformismo? De forma alguma. Porque o conformismo suporia uma relação externa com as formas tradicionais. Ora, o pirrônico percebe plenamente os valores de sua própria esfera de existência; simplesmente recusa-se a reificá-los fora desta esfera. O homem tem sempre uma determinada ancoragem, um determinado lugar onde se encontra a chave de sua felicidade, de seu apego à vida e de sua força. Esse lugar se define por valores – mas que não se entenda por isso nada que se oponha ao que habitualmente chamamos de "realidade". Citamos o sol, a casa, poderíamos citar os pais, os hábitos que constituem o ritmo dos dias, a chuva, o rio, a pátria e também aquele gesto, aquele sorriso. Os valores não são matéria de "julgamentos de valor", não devem ser separados da esfera em que valem e não dependem da justificação. Aquilo que é o solo primordial e a substância da nossa vida, não importa que "seja" bom ou mau para quem julga conforme critérios externos! aquilo que é a substância de nossa vida é necessariamente a própria bondade. Mas seria uma ilusão associar um *ser*, uma substância qualquer aos valores fora da esfera em que valem. Se o sol vale para mim como um deus, estou dentro da verdade; se julgo: "o sol é um deus", excluindo, com isso, que ele seja uma "pedra" (como acreditava Anaxágoras), caio na ilusão de que as diferenças entre os homens tornam-se contradições, conflitos, guerra. A guerra tem sua origem na ilusão do "ser".

Diríamos que ao ligar os valores (e entre os valores compreendemos os "seres") a uma esfera de validade fora da qual perdem seu sentido, caímos no "relativismo"? Mas, na esfera da aparência, não há nem "sujeito" nem "objeto", nem lugar para essa cisão; não há, pois, nada com relação a que os valores possam ser "relativos". Aliás, a aparência é o todo, portanto, absoluta.

Seremos acusados de "particularismo"? É verdade que toda vida verdadeiramente viva supõe uma ancoragem definida: num determinado solo, num determinado povo, numa determinada língua, etc., que representam sedes de vida concreta. Não vivemos todas as vidas ao mesmo tempo – temos de nos definir – e não vivemos na humanidade em geral. Não temos de "buscar" nossa definição: ela já está em nós mesmos; porque nascemos em algum lugar, de uma determinada "raça", de um povo com sua linguagem e sua visão de mundo e da vida. Ali, no povo, na língua, no *a priori* – ou no insuperável – que delimita de antemão nosso horizonte, está o sagrado. A inteligência não tem de tentar romper a insuperável ancoragem original, mas submeter-se a ela, para elevá-la ao pensamento. Mas, se o monoteísmo se opõe ao politeísmo, os deuses aos outros deuses, já o sagrado não se opõe ao sagrado. A religião fundamental que todo homem traz em si é atéia.

O sagrado insuperável e sem origem não deve se alienar na religião dos deuses. Os deuses-seres representam a divisão dos homens, mas o sagrado presente em toda parte, nos valores de origem, nas oferendas primeiras, opera sua reconciliação. Ou, em outros termos, uma vez que recusamos aceitar a ilusão do "ser", qualquer pretensão de submeter o vasto mundo a uma única medida e qualquer exclusivismo, somos homens de paz, que oferecem a paz. Os particularismos vividos no sentimento do limite (isto é, da finitude e do nada) fazem com que o verdadeiro universalismo não seja vazio, mas concreto e vivo.

Enfim, acusar-nos-ão de "conservantismo" anti-histórico, uma vez que a contradição, o conflito, a guerra parecem, para nós, apoiar-se na ilusão ontológica, de forma que, longe de ser o meio, para a razão, de atingir seus fins na história universal, fazem mais da história o lugar, certamente não da aparência (sabemos de que maneira abrupta ela vem subverter o curso cotidiano da vida), mas da ilusão? Mas os filósofos não sonharam sempre ter rompido com a história? O sábio, com muita freqüência, não se coloca à margem ou fora dela? Dizemos simplesmente que é preciso viver segundo a verdade e os valores de origem, sem transformá-los em dogmas, "seres" e verdades exclusivas. Assim ficamos em paz. Mas, nem por isso a história nos deixa em paz. Os povos se encarnam ainda em Estados, etc. Denunciar um estado de coisas em que a verdade do povo e da vida popular é pervertida em ilusão do Estado e da história como enfrentamento dos Estados (na ilusão) nada muda em semelhante estado de coisas. O filósofo deve mais limitar-se àquilo de que é capaz: a modificação de si mesmo. Não é que ele seja conservador, é muito mais a própria história que é "conservadora". Ele não tem de preocupar-se em "transformar o mundo" quando o mundo a tal não se dispõe; deve antes, sabendo que tem sua ancoragem na instabilidade, não lutar contra a corrente (o indivíduo não pode ir em sentido contrário ao de sua época), mas deixar-se levar pelo Rio.

PRELIMINARES

Pensar até o fim a significação da filosofia no caso privilegiado de si mesmo não tem, de modo algum, o sentido de uma operação limitada a si, uma vez que não se trata de nada de que seja nosso privilégio, mas daquilo que cada um pode fazer. A hora é da sabedoria individual, como no tempo de Pirro, de Zenão, de Epicuro, e, de modo geral, nos tempos de impotência (em que a potência, por não poder se desenvolver no exterior, interioriza-se); e contra isso, nada podemos: a história não permite outra coisa ("por enquanto"? Concordo! Mas este momento é o de nossa vida, o único que nos é concedido).

Outubro de 1973

1
O sofrimento das crianças como mal absoluto

I

Segundo Dostoiévski, toda teodicéia deve ser julgada pela capacidade de fornecer a justificativa dos sofrimentos de crianças. Mas não seriam eles injustificáveis por natureza?

Comparada ao incalculável sofrimento dos homens, irrisória é a piedade que ele suscita. É porque é difícil "concretizar" o sofrimento alheio. Se isso ocorresse só por falta de imaginação, bastaria um esforço para imaginá-lo; mas, no caso presente, o esforço tem efeito contrário, o de empedernir a alma. A imaginação só tem força de empréstimo. É em outro lugar, no mais profundo da pessoa, que se forma uma decisão. Ou nos abrimos ou nos fechamos: ou participamos ou não. Cada um, embora sendo ele mesmo, dentro da esfera de seus interesses, existe ao redor e mais além de si, porém não tanto. A alma (entendendo por esta palavra aquilo por meio de que o eu *sente* os outros seres, os outros eu, sente o mundo, e tem deles uma percepção aconceptual, muda) tem suas distrações, seus eclipses, seus hábitos e suas fadigas, tem também suas revelações. Os momentos em que podemos "avaliar" o sofrimento das crianças são raros e não podemos prepará-los. Porque são sofrimentos inauditos: como o das crianças mártires, torturadas, queimadas vivas, quer sejam vítimas dos homens, das casualidades ou dos elementos.

ORIENTAÇÃO FILOSÓFICA

Por que privilegiar o sofrimento das crianças? Os adultos não passam também por sofrimentos atrozes? Entretanto, existe (embora seja insensivelmente que a criança se torna homem) uma diferença radical. É que, pela atitude que adota em relação ao sofrimento, o adulto mantém o seu a distância. Assume uma "postura corajosa" perante a dor ("orgulho em contrapeso a todas as misérias", diz Pascal, Br. 405) ou "suporta-a" pacientemente, "sofre-a" com revolta, usufrui dela, "abandona-se a ela" com desespero, despreza-a, "desvencilha-se" dela, "aceita-a" com alegria. Numa palavra, dispõe de um leque de atitudes possíveis. A dor o torna capaz de proporcionar-se meios de se proteger. Para ele, tudo serve como ajuda: a idéia que tem a respeito de si mesmo, a preocupação com os outros, o pensamento de Deus, as próprias angústias e os sofrimentos morais (que deslocam o centro de gravidade da dor) e, talvez principalmente, o entendimento das suas causas. Porque se um campo interior se abre para ele, e lhe é concedida liberdade para manter um "comportamento" perante a dor, é porque ela se revela a ele, de antemão, como uma coisa estranha e circunscrita. Por saber-se vítima das circunstâncias ou dos homens, compreende-a e, pela atitude passional que adota ante sua causa, sente-se aliviado. Assim, à afetividade primária dolorosa sobrepõe-se uma afetividade segunda que a equilibra, que a torna suportável.

Mas consideremos a criança. Nesse caso, a dor atinge em cheio. Desprovida dos recursos fornecidos pelo orgulho, pelo ódio, pela inteligência, pela fé, só ela está totalmente exposta à dor. Não se entrega, é entregue, abandonada a ela. Incapaz de "lidar" com a dor, só sabe fugir dela; mas quanto mais se foge, mais perto ela chega. O adulto, que parece ter sempre mais ou menos reservado algum artifício secreto, jamais é totalmente digno de compaixão. Mas a criança que sofre, nua, inerme, dependente, confiante, perplexa, desperta uma piedade infinita. Habituada a ser salva do mal pela força do amor, pelo qual se sente protegida, e a ver as dificuldades se resolverem milagrosamente, é apanhada de surpresa pela dor. Faz-lhe falta ter tido seus percalços fora do círculo materno, ter caído e, na solidão e no abandono, ser recuperada, ter renascido, egoísta e secreta, voluntariosa e livre, criadora de si mesma. Tendo seu centro ainda fora de si mesma, desvairada de dor, não sabe a que recorrer. Aceitar o frente-a-frente com a dor seria circunscrevê-la, limitá-la. Ao contrário, a criança deixa-se sorver por ela como pelo ilimitado.

Existe um sentido no sofrimento? Mesmo que as grandes dores sentidas pelo adulto lhe pareçam tão gratuitas e inúteis quanto atrozes, é possível que elas tenham um sentido, ou, pelo menos, não é moralmente inaceitável que o tenham. Porque, dentro da alma humana existe uma chama que sofrimento algum pode apagar: a liberdade, e isso é o bastante. Por causa dela, existe sempre a possibilidade de que o mais extremo sofrimento assuma, para nós, um sentido. Não é, pois, proibido pensar que, para Deus, ele sempre o tenha. É possível até que seja, por vezes, a melhor sorte para um ser humano, a quem aniquila a ponto de separá-lo de tudo no mundo, reduzindo-o a si mesmo, à sua exígua parcela de eternidade.

Quando se trata das crianças, o problema é totalmente outro. Do sofrimento delas, não de sua morte, pois o aniquilamento imediato de todas as crianças da terra, por algum gênio maligno, constituiria um escândalo menor do que o de uma única criança torturada. Também não se devem associar "criança" e "inocente", pois não é permitido, neste caso, subordinar nossa reprovação e nosso horror à solução de alguma outra questão como a seguinte: seria a criança culpada? Aliás, o sofrimento de um inocente pode ter sentido (Jó, o Cristo).

No que diz respeito à criança, até mesmo essa possibilidade está excluída. Ouvimos dizer que o mal é só privação, que é ilusão, devido ao caráter parcial e injusto de nosso ponto de vista sobre o Todo, que é dissonância necessária à harmonia universal, sombra num quadro, momento dialético. É necessária toda a inconsciência dos homens sistemáticos para escamotear assim os sofrimentos das crianças. Porque são dissonâncias absolutas e que rompem a harmonia.

Poderiam eles servir para algum fim que nos escapa, mas que Deus conhece? Não, pois são, em princípio, incompensáveis. Kant distingue o mal condicional, que pode ser um meio e não um fim, e o mal absoluto, que não pode ser nem fim nem meio. De fato, o fim só justifica os meios quando estes não implicam a negação do valor que ele representa. É permitido fazer o mal quando este deve ter como conseqüência um bem maior, ou melhor, se nossa abstenção devesse ter como conseqüência necessária um mal maior. Mas, pode existir um mal maior do que o sofrimento gratuito de uma criança? Aquele que, por uma única vez, o "avaliou" sabe que foi colocado em presença do mal absoluto.

De nada serve limitar o papel de Deus a subordinar a dor das crianças à culpa dos pais e, originalmente, à de Adão. De fato, admitir que, com isso, a aparente injustiça de Deus esconde uma justiça mais alta e, para nós, insondável, é considerar, ainda, o sofrimento das crianças, em princípio, justificável, o que é contraditório à experiência irrecusável que temos dele como de um mal absoluto. Esta experiência, aliás, deixa em nós uma susceptibilidade moral que nos torna sensíveis ao lado inadmissível de toda atitude que vise a conformar-se, de qualquer modo que seja, com o sofrimento da criança.

Seria necessário apagar o próprio fato. Por que não? Deus não pode fazer que os sofrimentos das crianças não tenham existido? Neste caso seria preciso dizer também que eles não existem: negação impossível do fato mais cruelmente evidente.

Resta a hipótese de que Deus não seja onipotente. Ele seria, então, como todas as pessoas, que fazem o que é possível. É verdade que ele não deveria ter criado um mundo em que as crianças são queimadas vivas. Mas, será que ele previra isso? Talvez tenha sido superado pelos acontecimentos (pela liberdade do homem, iniciadora de tais acontecimentos). Então, já não se trata de Deus.

Quanto a dizer que o mal seria o "preço de resgate" da liberdade, não é possível fazê-lo. A liberdade, como tal, não implica a possibilidade do mal, uma vez que o cristão a atribui a Deus. Trata-se somente da liberdade finita (humana)? Mas, a liberdade e a capacidade do mal estão, antes, em relação inversa. Não só há graus de liberdade, como tornar-se mais livre é tornar-se menos capaz de mal. Concebemos que o homem razoável, em última análise, possa até perder a capacidade de fazer mal. Mas, admitamos que a liberdade humana implique a possibilidade do mal. Nesse caso, seria preciso dar conta não só do mal como possibilidade, mas também do mal como realidade. Deus poderia ter optado por um mundo em que os homens se contentassem em sonhar com más ações sem as cometer. Além disso, e principalmente, se até explicássemos que exista *mal*, não explicaríamos que existam *tais males*. Ora, o que estamos considerando aqui não é o mal em geral, mas *uma determinada forma* do mal, em que ele se mostra como "absoluto", injustificável, de qualquer ponto de vista que nos coloquemos, excluindo, pois, qualquer idéia de compensação ou de "preço de resgate".

Se fosse preciso existir o mal, por que semelhantes males? Concebemos facilmente mundos menos maus do que o nosso – mesmo que continuem sendo maus. Por que não um mundo com alguns horrores a menos? Numa palavra, se Deus é onipotente, como não seria ele culpado?

Mas, neste caso, é preciso rebelar-se? Ivã Karamazov recorta, no jornal, relatos de torturas de crianças a fim de ter provas contra Deus e acrescentar, a cada vez, uma nova peça aos seus autos de acusação: trágica desatenção para o que, sendo insuperável por essência, não deve "servir" para nada, nem mesmo para incriminar a Deus.

Cabe a nós, aliás, representar o papel de acusadores? Não somos, também nós (de certo modo), culpados? Culpados por responder apenas por uma dor medíocre e quase convencional à dor infinita da criança (da criança mártir, da criança dos campos de concentração), por negá-la pelo simples fato de existirmos e de perseguir os mais diversos objetivos, por podermos estar ainda alegres, por sermos, em todo caso, incapazes de abismar-nos – esquecendo todo o resto – na consciência desse escândalo inaudito?

Mas, se o sofrimento das crianças não pode se tornar uma arma nas mãos do adversário de Deus, em contrapartida ele tem o direito de nos barrar o caminho que conduz a Deus, ou até, numa espécie de experiência mística negativa, fornecer-nos a revelação da ausência de Deus. O crente continua tendo o direito de acreditar? Decidir não questionar Deus, aconteça o que acontecer na terra, contar com ele para colocar tudo em ordem (ou pensar que, em suma, tudo já está em ordem) e acomodar-se assim, por antecipação a tudo, inclusive ao horror extremo, permite evitar a inquietação: atitude prudente, confortável, por certo, mas cheia de um imoralismo inconsciente. É necessário que a própria fé seja abalada. Não basta que ela atravesse a dúvida para tornar a cair sã e salva do outro lado. É necessário que permaneça na dúvida, que arda de dúvida. Enquanto estiver queimando, ela viverá – mas dentro do absurdo[1].

1956

II

O sofrimento das crianças deveria ser suficiente para confundir os advogados de Deus. Porém, quando muito, eles o levam em conta. Santo Agostinho quase chega a constituir uma exceção: "Quando se chega às penas das crianças", escreve a São Jerônimo, "fico num grande embaraço e não sei o que responder... Não são elas derrubadas pelas enfermidades, dilace-

---

1. A razão e a fé são, pois, incompatíveis (diz a razão): há que se decidir entre ambas.

radas pelas dores, torturadas pela fome e pela sede, fragilizadas nos seus membros, privadas do uso dos sentidos, atormentadas pelos espíritos imundos?... Deus é bom, Deus é justo, Deus é onipotente, não podemos duvidar disso sem que estejamos loucos, mas, que nos digam por que justo motivo as crianças são condenadas a sofrer tantos males."[2] Gostaríamos de ter sabido qual foi a resposta de Jerônimo, mas ela não veio. Talvez até mesmo ele tenha ficado embaraçado.

É que o sofrimento das crianças é um mal absoluto, mácula indelével na obra de Deus, e seria suficiente para tornar impossível qualquer teodicéia. A distinção entre o mal absoluto e o mal relativo encontra-se em São Tomás[3], mas ficaremos com as definições kantianas: o mal absoluto é "aquele que uma sabedoria não pode permitir ou desejar, nem como fim, nem como meio", ao passo que o mal "condicional" "não

---

2. Carta a São Jerônimo sobre a origem da alma, escrita em 415 (*Œuvres complètes*, trad. fr. Péronne, Écalle, Vincent, Charpentier e H. Barreau. Com o texto em latim e as notas da edição beneditina, Éd. L. Vivès, Paris, 1869-78, t. V, p. 461).

3. "Acontece, de vez em quando, que, se sofremos prejuízo num bem menor, é para obtermos vantagem num melhor... Tais perdas não são então, para o homem, um mal absoluto, mas um mal relativo. Não têm, pois, o caráter puro e simples de verdadeiras penas, mas o de medicamentos, porque também os médicos mandam os doentes tomarem poções amargas a fim de lhes devolver a saúde. (*Somme théologique*, quest. 87, art. 7, trad. fr. R. Bernard, Éd. de la Revue des Jeunes). "Absoluto" é tradução de *simpliciter* e "relativo", de *secundum quid*. Se uma coisa é má *simpliciter* "quando ela o é de qualquer ponto de vista que nos coloquemos" (P. Foulquié, na revista *L'École* de 18 de novembro de 1961, p. 259), podemos fazer nossa, tomando-a em todo o seu rigor, semelhante definição de "mal absoluto". Um mal assim conserva seu caráter em qualquer contexto em que o consideremos. Não é porque ele possa ter boas conseqüências (decerto não há nenhuma desgraça neste mundo de que não decorra nenhum bem), mas o bem que resulta é, em comparação, tão perfeitamente irrisório, tão radicalmente incomparável, que é totalmente impotente para mudar uma letra que seja em sua significação.

pode jamais ser um fim, mas..., como meio, pode conciliar-se com uma vontade sábia"[4]. Kant vê, no pecado, um mal absoluto, e na dor, um mal condicional. Mas, teria pensado na dor das crianças? Nada indica.

Aliás, nem todas as dores de crianças são males absolutos. Não se devem colocar no mesmo plano as que acompanham uma correção merecida – e cujo sentido a criança pode perceber claramente – e, por exemplo, aquelas com que a Alemanha de Hitler fez sucumbirem dezenas de milhares de crianças. Sabemos que não só inúmeras crianças foram asfixiadas nas câmaras ou nos furgões de gás, ou queimadas vivas, mas que outras sofreram, nos campos de concentração alemães, o calvário dos prisioneiros adultos – enquanto outras ainda pereciam de morte lenta nas cidades famintas.

Uma deportada escreve: ao ir de Auschwitz para Birkenau, "encontramos um comboio de velhos e de crianças. Lá estavam, terrificadas, dispostas em fila de cinco; cada bebê nos braços era considerado um. Lembro-me... daquele menino de dois anos e meio, de calça de esqui azul-marinho, igualzinha à minha"[5]. Vejamos agora as crianças do gueto de Varsóvia: "inúmeras crianças cujos pais pereceram continuam sentadas seminuas nas ruas. Seus pobres corpinhos são medonhamente magros, vemos os ossos por sob a pele amarela, que tem o aspecto de um pergaminho. É o primeiro estágio do escorbuto; no final, esses mesmos corpinhos ficam totalmente inchados e cobertos de úlceras. Algumas dessas crianças já não têm os dedos dos pés, arrastam-se pelo chão a gemer. Nada mais têm de humano, mais parecem macacos do que crianças. Já não pedem pão, mas a morte"[6].

---

[4]. *Sur l'insuccès de tous les essais philosophiques de Théodicée*, 1971, trad. fr. Festugière, em *Pensées successives sur la théodicée et la religion*, Vrin, 1931, p. 141 (2ª ed., 1963, p. 197).

[5]. *Témoignages sur Auschwitz*, Éd. de l'Amicale des déportés d'Auschwitz, Paris, 1946, p. 24.

[6]. *Journal de Mary Berg*, Albin Michel, 1947, p. 98.

Mais um testemunho: "Não longe de nós, subiam chamas de um fosso, chamas gigantescas. Um caminhão aproximou-se da vala e despejou nela a sua carga: eram criancinhas."[7] Porque havia "valas profundas onde eram queimadas discretamente, em fogueiras, sem que tivessem passado pela câmara de gás, as crianças vivas de até quatorze anos de idade"[8].

Hoje existem a Biafra, o Vietnã...

As somas de sofrimento que essas palavras representam são, é verdade, devidas a calamidades desencadeadas pelos homens; mas, como observa Stuart Mill, a natureza também tem suas crueldades: "A natureza empala os homens, arrebenta-os como sob a roda, entrega-os como pasto às feras, queima-os vivos como se fez ao primeiro mártir cristão, fá-los morrer de fome, gelar de frio, envenena-os com suas emanações, como por venenos fulminantes ou lentos. Mantém de reserva, às centenas, hediondos tipos de morte que a engenhosa crueldade de um Nábis ou de um Domiciano jamais sobrepujou."[9] Em resumo, a natureza não é menos cruel do que o homem.

Não se pode, aliás, buscar argumento na liberdade humana para inocentar Deus. Por que, dizem, o mal no mundo humano não seria o preço a pagar pela liberdade do homem, se a liberdade implica o poder de fazer mal? E isso não é aceitável na medida em que o mal só está ligado *aleatoriamente* à liberdade, de forma que dependeria precisamente da própria liberdade que não fosse cometido e que não houvesse tão alto preço a pagar? Solução que, a bem da verdade, destrói a si mesma. De fato, nesta hipótese, o mal não resulta necessariamente da liberdade. Poderia, mesmo sendo possível, não existir. Qual foi a vontade de Deus? Não foi, com cer-

---

7. Elie Wiesel, *La nuit*, Paris, 1958, p. 57.
8. Pelagia Lewinska, *Vingt mois à Auschwitz*, Paris, Nagel, 1945, p. 177.
9. *Essais sur la religion*, trad. fr. Cazelles, Paris, 1875, p. 27.

teza, que o mal resultasse da liberdade, entretanto, ele permitiu que viesse a existir um mundo em que o mal resulta dela. Ora, se o que está ligado à liberdade é a *possibilidade* do mal, não o próprio mal, Deus poderia ter desejado um mundo em que houvesse a liberdade sem o mal (pelo menos o mal como sofrimento infligido). Os seres humanos seriam livres, no entanto seriam justos. Teriam formado, desde sempre, uma sociedade eqüitativa. Ora, bastou que pudessem fazer o mal para que Deus escolhesse um mundo onde o fizessem. Ou, em outros termos: uma vez que o pecado original foi livre, e não necessário, Deus poderia ter escolhido um mundo onde houvesse a liberdade sem a queda.

Não queremos com isso, de maneira alguma, negar ou atenuar a culpa dos homens. Limitamo-nos simplesmente a examinar a causa de Deus. Se Deus existe, ele é, absurdamente, o grande Cúmplice, ele que, necessariamente (diferentemente do homem), sempre sabe o que faz. Dizem-me que, quando se trata dos homens, este "fazer" se limita a deixá-los fazer, mesmo sabendo o que vão fazer. Risível desculpa. Uma vez que ele poderia fazer que o mal não existisse, é por ele que o mal existe.

Mas por que privilegiar os sofrimentos das crianças? Por que eles constituiriam, e não os sofrimentos dos adultos, um mal absoluto? É que o adulto, ao conferir à sua dor, quando privada de sentido natural, um sentido sobrenatural, tem o estranho poder de transformar o mal em bem. Perante a sua dor, adota certa atitude, e para ele sempre é possível, em princípio, comportar-se como herói, como sábio, como santo. Para a criança, essa possibilidade não existe. Não imaginamos uma criança suportando os suplícios com a calma de um estóico, ou sofrendo-os com alegria. Impossível pedir-lhe que seja sábia, ou que opere aquela "maravilhosa transfiguração do suplício em triunfo", de que fala Amiel.

Por quê? É que ela ainda não tem o uso da liberdade que confere sentido. Falta-lhe a capacidade de tomar uma distância em relação a si mesma e de, ao confrontar-se consigo mesma, superar-se. O adulto suporta o presente a partir do futuro e, tendo refletido sobre aquilo que conta para ele e aquilo por que decide definir-se, age ou reage de acordo com uma unidade de direção que imprimiu à sua vida. Pode sempre decidir sofrer ou que sofreu em troca de alguma coisa. Mas a criança sofre em troca de nada. Sentindo a dor como um mal indubitável, não é possível vir-lhe à mente que essa dor possa não ser um mal, que depende dela que não o seja, não pode pensar em fazer disso uma ocasião e a matéria de uma vitória (por exemplo, do orgulho ou da fé). Para a criança, a dor não pode jamais ser uma boa possibilidade para o que quer que seja[10].

Como compreender, então, que o sofrimento das crianças ocupe um lugar num mundo feito por Deus? Não é ele um mal absoluto, isto é, sobre o qual é impossível pensar que exista uma justificativa? Os ensaios filosóficos de teodicéia se resumem precisamente em pretender que não exista o mal absoluto. Entretanto basta estudá-los mantendo o pensamento fixo nas crianças dos campos de concentração para vê-los como são, em sua trágica insuficiência.

Diremos que o mal é uma privação? (*privatio boni debiti*) – o que desculpa Deus que apenas cria o ser? Mas sofrer no momento da extração de um dente é totalmente diferente de

---

10. F. Heidsieck objetou-nos: "A criança sabe, se não for covarde, e desde cedo, suportar a dor física; mesmo insuportável, bem pequena ela sabe, e aos cinco anos certamente ou por vezes antes, que se pode gritar covardemente ou gritar sem covardia; parece-me, pois, que se abriu para ela uma sabedoria, certamente mais vivida do que pensada, mas já solidária a uma reflexão" (*Revue de l'enseignement philosophique*, outubro-novembro de 1958, p. 4). O sr. Heidsieck tem razão decerto, mas ele e eu não estamos pensando na mesma espécie de sofrimentos. Nada se pode pedir à criança que nos retrata Mary Berg, que já não tem dedos nos pés, e que se arrasta no chão a gemer e clama pela morte: nem coragem, nem fé, nem sabedoria – estóica ou não.

estar simplesmente privado de um dente: a dor é um "estado psicológico muito positivo"[11]. "Não é uma sombra, uma ilusão, uma miragem; é uma *realidade*."[12] É verdade que, para os tomistas, "a positividade da dor em nada prova a positividade do mal"[13]. O mal é a lesão ou a falta, mas o sentimento da lesão ou da falta é um bem. A que título? "a título de informação psicológica, de advertência e de defesa"[14]. Mas de que vale ser advertido do mal quando não há nenhuma defesa possível? Ora, é nas crianças indefesas que estamos pensando.

Diremos que o mal é o que faz realçar o bem, que serve para fazer sobressair, por efeito de contraste, a beleza do universo? "Algumas desordens nas partes", diz Leibniz "... realçam maravilhosamente a beleza do todo; assim como certas dissonâncias, quando devidamente empregadas, tornam a harmonia mais bela"[15], ou como "as pintas artificiais, que nada têm de belo em si mesmas, e que o belo sexo considera apropriadas para embelezar o rosto inteiro"[16]. Este ponto de vista, encontrado em Arnauld, depois de Agostinho[17], é repelido por Malebranche como "abominável"[18]. Não é dizer demais. Explica-se que ele pudesse ter sido sustentado devido à incons-

---

11. Sertillanges, *Le problème du mal*, Aubier, 1949, t. I, p. 266.

12. G. Marcel, em *Dialogues avec la souffrance*, Éd. Spes, s. d., p. 87.

13. A. D. Sertillanges, em sua edição do Traité de la *Création* (São Tomás, *Somme théologique*, Éd. de la Revue des Jeunes), pp. 44-9, apêndice II, p. 275.

14. *Ibid*.

15. *Théodicée. Abrégé de la controverse*, rép. à la Ve. Objection (Éd. J. Jalabert, Aubier, 1962, p. 387).

16. *Ibid. Remarques sur le livre de l'origine du mal publié depuis peu en Angleterre*, § 27 (ed. cit., p. 441).

17. *De ordine*, I, cap. VII (*De ordine* foi escrito *sub finem* 386: Santo Agostinho tinha só 32 anos).

18. *Recueil de toutes les réponses du* P. Malebranche à M. Arnauld. Paris, 1709, 3e lettre, t. III, p. 271 (Ed. A. Robinet das *Œuvres complètes*, t. VIII, p. 769).

ciência de suas implicações, no entanto evidentes (isto é, que a pequena comungante queimada viva é uma dissonância que ofende o ouvido porque só ela é ouvida)[19], ou então, por uma cegueira estranha, uma espécie de miopia da alma.

É a miopia dos homens sistemáticos, e Malebranche não escapa a ela. O seu deus poderia, por certo, ter evitado as "irregularidades" e as "desordens" do mundo, mas ao preço da "simplicidade" de seus caminhos. Ora, não só a obra realizada, mas também a maneira de realizá-la devem trazer a marca da sabedoria. Compreenderemos que ele não possa multiplicar as leis do movimento a fim de poupar uma criança, pois não pode querer "que seus desígnios o honrem e que seus caminhos o desonrem"[20]. O divino geômetra (como bom cartesiano) não se preocupa somente com o resultado, mas com a elegância da solução. Sem dúvida, ele poderia ter feito algo em favor daquelas crianças que arranhavam o concreto das câmaras de gás, mas isso teria sido pouco "honroso".

Deus, diz o R. P. Petit, quer tornar possíveis a ciência e a técnica. Ora, se ele tivesse, "no momento da bomba de Hiroshima, revertido as leis da fissão dos átomos, teria impossibilitado ao homem apropriar-se da energia nuclear"[21]. Eis por que, crianças de Hiroshima, vocês foram queimadas na fornalha: Deus, nos céus, não está cheio de atenções para a humanidade e preocupado com o seu progresso?

O malebranchista Jaquelot reconhece a dificuldade que existe em "pôr de acordo as penas e as dores que as crianci-

---

19. É um ponto de método o fato de que convém substituir constantemente o abstrato pelo concreto, e sob as noções abstratas, ver os casos concretos (e, principalmente, os casos extremos). Por essa substituição metódica, o pensamento verifica, gradativamente, sua própria validade.

20. *Traité de la nature et de la grâce*, Ier Discours, art. XIII, add. (ed. cit., t. V, p. 28).

21. *Le problème du mal*, Paris, A. Fayard, 1958, p. 83.

nhas sofrem com a bondade e a justiça de Deus"²². Contudo, há que refletir que Deus não pode suspender os efeitos das leis naturais "senão muito raramente, e por razões singulares e muito importantes". Então, de que serve a "infinidade de milagres" que seriam necessários para salvar e consolar as criancinhas atingidas pela peste? "É uma desgraça... para as criancinhas, mudar de estado e de vida, uma vez que é para o benefício delas?"²³ Quem sabe, já perguntava Agostinho, "o que Deus lhes reserva de feliz compensação no segredo de seus desígnios?"²⁴. Pensamento que conforta o advogado de Deus, mas unicamente ele, porque a criança permanece a sós com sua dor, sem consolo. Seja o que for que o futuro reserve para ela, se este pensamento do futuro não lhe servir de apoio enquanto sofre, seu sofrimento continuará sendo um mal absoluto.

A dor tem de ser encarada subjetivamente, é inseparável do sujeito que sofre. Ela mesma não é nada, mas assume uma significação infinita quando nos deixamos afogar por ela como por um mar. É isso que a concepção totalizante, que visa a anular o mal, ao atribuir-lhe um lugar em seu contexto cósmico, não reconhece. Então, o mal só é mal quando considerado separadamente: ao obter um lugar no conjunto das coisas, encontra-se abolido. Segundo Leibniz, o mal que atinge o ser humano é compensado pela imensidão do universo e pelo número incalculável dos mundos²⁵. É dele uma frase admirável: "Santo Agostinho, por desconhecer as descobertas modernas, ficava embaraçado quando se tratava de desculpar a prevalência do mal"²⁶, ele não dispunha de tantos "mundos"

---

22. *Conformité de la foi avec la raison*, 1709, p. 205.
23. *Ibid.*, p. 207. Cf. a refutação de Bayle nas *Réponses aux Questions d'un Provincial*, t. III, cap. 155.
24. *De libero arbitrio*, livro III, cap. 23, escrito por volta de 390 (ed. cit., t. III, p. 415).
25. *Théodicée. Essais sur la bonté de Dieu*, etc., § 19 (ed. cit., p. 119).
26. *Ibid.*

para servir de contrapeso ao martírio das crianças; donde resulta que os sofrimentos das crianças supliciadas são apagados quando, beneficiados com as descobertas modernas, queremos considerar o universo através do telescópio do Monte Palomar. É que, explica Leibniz, se as criaturas racionais têm mais valor, "as outras são incomparavelmente mais numerosas; e é possível que a proporção do número e da quantidade sobrepuje a do preço e da qualidade"[27].

Contra esse confusionismo axiológico, será preciso repetir, com Pascal, que "todos os corpos, o firmamento, as estrelas, a terra e seus reinos não valem o menor dos espíritos"?[28] Tantos "mundos", tão numerosos quanto quisermos, colocados na balança com uma alma de criança, são iguais a zero. Na natureza, uma acumulação puramente quantitativa pode até mesmo provocar uma mudança qualitativa, mas, no âmbito dos valores, nenhum acréscimo quantitativo irá determinar o salto de uma ordem a outra.

Quiséramos que os sofrimentos das crianças pudessem ser tratados, em certas condições, como quantidades insignificantes; estamos à espera dessas condições. É certo que estes sofrimentos são um mal, mas há, dizem, outra coisa no universo que é preciso levar em conta: não se pode julgar o todo pela parte. Um pedaço do universo nos oferece tão pouco da imagem do universo quanto um detalhe do rosto nos oferece a expressão do rosto. Seria preciso efetuar o total algébrico de todos os elementos positivos e negativos do mundo. Quem pode fazê-lo senão Deus? Esforcemo-nos, pelo menos, para não nos deixarmos obnubilar por um ponto negro do universo. Saibamos ver as coisas de mais alto. "Para o homem que sabe olhar de bastante alto, toda realidade é venerável, todo acontecimento é aproveitável", diz-nos o padre Sertillanges[29].

---

27. *Ibid.*, *Abrégé de la controverse*, rép. à la 2ᵉ obj. (ed. cit., p. 381).
28. *Pensées*, Éd. Brunschvicg, fr. 793.
29. *Le problème du mal*, t. II, 1951, p. 80.

Ou ainda: "É (a) visão da unidade que falta a nossos pobres escândalos. Um espírito de contemplação devota nos livraria deles. Faria que ouvíssemos, como os antigos, a Música dos Mundos."[30] As pobres crianças, de rosto avolumado pelo medo, não devem nos impedir de ouvir a música dos mundos! A mãe de que fala Dostoiévski, em *A confissão de Stavroguin*, grita batendo no peito porque sua filhinha se enforcara. Como falta a ela a visão tomista da unidade!

Mas, se o sofrimento das crianças é um mal absoluto, isso significa que não podemos mudar-lhe a significação comparando-o com outra coisa – seja ela qual for. A dor isola. Um abismo intransponível separa a criança que morre na câmara de gás de toda a humanidade e de todo o universo. Sua dor não pode ser considerada isoladamente, não é separável dela, é absolutamente inapreciável como ela mesma; por estar além de qualquer medida, não pode entrar, a título de grandeza, em cálculo algum.

Vemos que é impossível, por qualquer das concepções precedentes, justificar Deus. Este parece indesculpável por ter se resignado a fazer, em sua obra, a parte que cabe ao mal, quando esse mal atinge em cheio as crianças. Dizem que ele não quer o mal, mas utiliza-o como um meio, ou permite-o como conseqüência acidental da realização do bem. Mas, se o sofrimento de uma criança é um mal absoluto, ele é, por princípio, incompensável.

Mas, não seria ele merecido? Não é o castigo por alguma culpa absoluta como ele? Não seria o pecado original essa culpa absoluta? Para que a justiça de Deus seja incontestável, diz Agostinho, é preciso que haja "nas crianças, um princípio de mal" cuja "justa punição" é o "jugo" que pesa sobre elas[31]. Em

---

30. *Ibid.*, p. 83.
31. *Six livres de Saint Augustin contre Julien, défenseur de l'hérésie pélagienne* (escritos por volta de 421), liv. VI, cap. 5 (*Œuvres complètes*, ed. cit., t. 31, p. 389).

seus livros polêmicos contra os pelagianos, volta continuamente a isso, repetindo, à exaustão, o mesmo raciocínio[32]: sabemos que Deus é justo; ora, as crianças sofrem (e, quando morrem sem ser batizadas, são destinadas à danação eterna), logo são culpadas; mas sabemos que são inocentes de toda falta voluntária; devemos, pois, acreditar que nascem com o pecado original. Assim, o pecado original, "*atestado* pelos sofrimentos das crianças"[33], parece expressamente concebido para justificar Deus.

A carta a S. Jerônimo, acima citada (e que é da mesma época), leva-nos a pensar que Agostinho não tenha conseguido convencer nem a si mesmo. Efetivamente, sem falar das penas eternas, como explicar que certas crianças passem uma infância feliz enquanto outras morrem nos suplícios? E se elas sofressem da mesma forma, e se estivesse aí a justiça de Deus, como não conceber uma repulsa invencível por este "Deus" horrível? Certamente a moral nos impõe o dever essencial de recusar uma religião que implicasse semelhante "justiça": "... o que existe de mais contrário às regras de nossa miserável justiça do que condenar à danação eterna uma criança, incapaz de vontade, por um pecado em que ela parece ter pouca participação, que foi cometido seis mil anos antes que ela viesse a existir? Certamente nada nos choca mais duramente do que esta doutrina..."[34], porque se há uma regra evidente de justiça, esta é que ninguém deve ver-se atribuir uma falta que não cometeu, e, como não conhecemos outra justiça e outra moral senão as

---

32. Por exemplo: "com esse acabrunhante jugo que oprime as crianças, como pode Deus ser justo se ninguém nasce culpado?" (*Ouvrage inachevé contre Julien*, ed. cit., t. 32, p. 80); "negar o pecado original na presença de tantos e tão grandes males que pesam sobre as crianças seria, ao mesmo tempo, negar a justiça de Deus" (*ibid.*, p. 498). Para Pelágio, Adão só fez mal a si mesmo, e as crianças estão, ao nascer, no estado de Adão no momento da criação.
33. *Ibid.*, p. 262.
34. Pascal, *Pensées*, Éd. Brunschvicg, fr. 434.

nossas, se optarmos pela religião cristã, com o dogma do pecado original, esta opção religiosa também será, muito necessariamente, uma opção imoralista.

Não esqueçamos, porém, o outro caminho: não o do Deus implacável, mas do Deus de amor e de misericórdia que sofreu por nós. Talvez só o pensamento de "que o próprio Deus sofreu livremente por amor a nós, e de que assumiu o lugar do homem ao sacrificar-se" possa levar-nos a "uma teodicéia mais profunda do sofrimento"[35]. "O Cristo justifica tudo", diz Sertillanges: "o mundo, o pecado, a dor, e a morte... tudo é bom, uma vez que Ele existe"[36]. Mas como justificar os sofrimentos das crianças pelos de Jesus? "... Sofrer na comunidade da cruz, com o Cristo e no Cristo"[37], as crianças são incapazes de fazê-lo. Será preciso dizer que, na criança que sofre, é o próprio Cristo que sofre e, então, que ele é imolado e crucificado novamente? Mas a criança não sabe nada disso e não está menos só e sem ajuda por causa disso. Aliás, é de duvidar que o sofrimento do Cristo possa ser igualado ao da criança: é verdade que foi imenso, por causa de seu amor infinito pelos homens, mas tinha também um sentido extraordinário, e ele o sabia. "Jesus é o único na terra", diz Pascal, "não só a sentir e compartilhar sua pena, mas a conhecê-la: só o céu e ele participam desse conhecimento."[38] Mas Jesus sabe que o céu sabe, e a criancinha não sabe de nada. "Sofre essa pena e esse abandono no horror da noite": isso não é ainda mais verdadeiro no que diz respeito à criança?

A dor da criança continua sendo um escândalo puro e simples. Naturalmente pensaram em enfraquecer Deus a fim de o desculpar. Procuram, ao limitar seu poder, torná-lo sábio

---

35. Max Scheler, *Le sens de la souffrance*, trad. fr. Klossowski, p. 12.
36. *Le problème du mal*, t. II, p. 68.
37. Scheler, *ibid.*, p. 66.
38. *Pensées*, fr. 553.

e bom[39]. Trabalho perdido: se Deus sabia o que estava fazendo, ele continua sendo indesculpável por ter criado – porque a criação inteira não é nada em comparação com o sofrimento gratuito de uma criança[40].

Parece não haver mais do que uma saída: transformar em solução a própria ausência de solução e a impossibilidade radical de a fornecer, isto é, reconhecer que estamos na presença de um mistério. Por que o sofrimento? "Não me cabe nem responder a esta pergunta: por quê?, não me cabe nem mesmo fazê-la."[41] É que o sofrimento "implica um mistério insondável"[42]. Falaremos de um "mistério do mal".

Mas o que se deve entender por isso? Que Deus tem suas razões para permitir o mal – razões que, simplesmente, estão escondidas de mim para sempre? – Neste caso, admito como possível existir uma justificativa para o sofrimento das crianças, isto é, que seja legítimo um mundo onde ele tenha seu lugar, admito, em suma, que ele pode ser compensado por outra coisa (embora, desta vez, eu não possa dizer o que é), isto é, que pode haver algo que sirva de contrapeso a esse sofrimento. O suplício das crianças é sempre concebido como aceitável "em certas condições" (que, agora, são um X sobre o qual não posso formular nenhuma hipótese). Ora, semelhante idéia repugna à alma inteira.

Ademais, não é preciso um senso moral muito delicado para sentir o que há de intolerável na atitude que consiste em

---

39. "Uma vez que supomos o poder de Deus limitado, nada contradiz mais a suposição de um conhecimento perfeito e de uma sabedoria absoluta" (St. Mill, *op. cit.*, p. 168).

40. É claro que a humanidade deveria preferir à vida o suicídio coletivo se um Gênio Maligno tivesse posto como condição de sobrevivência dos homens que uma criança, em algum lugar, sofresse o martírio até o fim do mundo.

41. G. Marcel em *Dialogues avec la souffrance*, p. 92.

42. *Ibid.*, p. 91.

conformar-se com o sofrimento das crianças (e pensar que ele tem, talvez, um lado bom que, como a outra face da lua, nós nunca enxergamos, não é dar a ele um lugar no mundo, isto é, aceitá-lo?). De maneira geral, já não é permitido resignar-se facilmente com o sofrimento dos outros. Por certo, é isso que se faz (há exceções: Rosa Luxemburgo, digamos, e as mulheres e os homens de sua raça – uma raça dispersa em todas as outras raças, em todos os povos, em todas as Igrejas, em quase todos os partidos): os homens têm uma admirável facilidade para suportar os golpes que atingem os outros e são, então, hábeis em produzir pensamentos consoladores, mas isso é sinal de sua falta de abertura para os outros (quando esses "outros" não lhes dizem respeito de perto) e para além de si mesmos (e do círculo privado). Reconhecemos que um homem é algo humano por sua capacidade de atenção para com o outro, qualquer que seja esse outro. É o seu respeito pelos outros que lhe proíbe fazer-se cúmplice, pela indiferença, pelo silêncio, pela atitude interior apenas, de uma injusta ordem das coisas (respeitar o outro é também querer que ele seja respeitado; amá-lo, querer que ele seja amado).

Nesse caso, já não julgará ele inadmissível simplesmente pensar que a dor *alheia* possa ter uma razão de ser? Por que dissociar daí o caso das crianças? Admitir que as dores dos cancerosos, dos tabéticos possam ter uma justificativa – embora incompreensível – e aceitar, assim, em seu nome, uma dor que eles não aceitam (isso é mais fácil para nós do que para eles, pois não é para nós que ela é insuportável), não é desconsiderar a personalidade deles, dispor dela para outra coisa, sem seu parecer? Não é uma forma de não levar em conta os outros, de olhá-los sem os ver, como se fitássemos um ponto atrás de suas costas?[43]

Parece necessário, contudo, estabelecer aqui uma diferença entre os adultos e as crianças. De fato, em princípio, o

---

43. De tratá-los "simplesmente como meios", diria Kant.

adulto tem sempre o poder de se engrandecer pela dor. Não é pois proibido pensar que sua dor possa ser uma boa coisa. Posso dar um sentido à dor da pessoa gravemente enferma se isso significar que o próprio enfermo pode, por uma transformação radical, por uma conversão de sua liberdade[44], vê-la sob uma luz nova, dar-lhe um sentido sobrenatural.

Mas as crianças não têm, sobre sua vida natural, esse domínio que lhes permitiria transfigurá-la. Como o seu sofrimento não pode assumir um sentido para elas, a mim não é permitido atribuir-lhe um. Colocar-me no lugar delas, considerar aceitável que seu suplício tenha razão de ser, seria faltar ao meu dever essencial, que é não só tratá-las e respeitá-las como pessoas, enquanto ainda não o são[45] (e que seu devir-pessoa depende precisamente de mim, o que constitui para mim, perante elas, uma responsabilidade infinita[46]), mas recusar qualquer aprovação, ainda que implícita, àqueles que não reconhecessem este dever. Devo, pois, recusar admitir a possibilidade da legitimidade do suplício das crianças. Mas acreditar na existência de um Deus criador do mundo seria admitir a possibilidade dessa legitimidade. Assim, de um ponto de vista moral, não tenho o direito de acreditar, não posso acreditar em Deus. É, pois, moralmente necessário negar a existência de Deus[47].

Mas como foi que chegamos a essa conclusão? Não foi por termos admitido certa definição de mistério? Chamamos de

---

44. De que Ivan Ilitch dá um exemplo na novela de Tolstoi.

45. Cf. Max Scheler, *Le formalisme en éthique*, trad. fr. de M. de Gandillac, pp. 477 ss.

46. "Infinita" porque trata-se da criança em seu todo. E enquanto uma espécie de lei de responsabilidade recíproca divide a responsabilidade entre os adultos, não se divide a responsabilidade entre os adultos e as crianças: a criança é o nosso próximo sem reciprocidade.

47. Cf. Kant: "é moralmente necessário admitir a existência de Deus" (*Critique de la raison pratique*, trad. fr. Picavet, reimp. 1949, p. 135). Sobre esse ponto, impõe-se inevitavelmente deitar por terra o kantismo.

"misterioso" aquilo cuja razão está oculta e cuja explicação é impenetrável. Era ainda perseguir um sonho de justificação. Talvez tenha sido preciso renunciar não só a compreender, mas até mesmo a supor que existisse algo a compreender – já não sendo o misterioso aquilo cujas razões são por nós desconhecidas (e impossíveis de conhecer), mas aquilo que exorbita a toda razão, como de uma outra ordem que não a razão.

Mas esta fuga pura e simples no mistério não vem no momento oportuno para eludir uma experiência decisiva? A noção não é demasiado cômoda? O "mistério" permite pôr um termo ao "problema" e abafar o "escândalo". Já não temos de examinar nossas convicções na raiz, não temos de voltar a questioná-las. Invocar o "mistério" serve para resistir à modificação. Por um curioso mecanismo, graças à falta de resposta, temos resposta para tudo. O que significa isto, senão que a noção de mistério se esvazia completamente? Ela se reduz a assegurar uma função protetora. Digamos que protege certas almas contra o risco de mudar. Mas uma alma que não aceita a possibilidade permanente de uma renovação radical, que não está na expectativa do extraordinário, não é, de alguma forma, uma "alma morta"?[48] Uma alma "morta" seria aquela que, depois de ter avaliado as dimensões do escândalo de um mundo onde as crianças são torturadas e queimadas, continuasse a ser o que era antes. Seria preciso que estivesse profundamente incrustado nela o medo das faces ameaçadoras do mundo, da morte e de Deus, "senhor da morte"![49]

Admitamos que possa existir um uso legítimo da noção de mistério, mas as condições desse uso ainda estão por ser

---

48. E isto é válido também para o que não crê. Qualquer que seja sua segurança, deverá manter a inquietude. Sua convicção não está adquirida de uma vez por todas: a cada dia ele a prova (põe-na à prova), verifica-a de novo.

49. A expressão é de Paul Valéry (*Traité du vrai Dieu*, texto publicado pela *Revue de l'enseignement philosophique* de fevereiro-março de 1956, p. 47).

fixadas⁵⁰. Se recorrermos sem razão ao "mistério", poderemos dizer qualquer coisa, portanto não diremos nada (se existe legitimidade, nem tudo é permitido; mas se tudo é permitido, não há legitimidade). E se não quisermos recorrer sem razão ao mistério, a instância legitimante não poderá ser senão a própria razão. É justo que a razão se submeta, diz Pascal, mas "quando ela julgar que deve submeter-se"⁵¹. Ora, a razão não pode admitir que se recorra ao "mistério" para desmenti-la no próprio domínio que depende de sua jurisdição. "Os desígnios de Deus são incompreensíveis", dizem. Isso não dá o direito de obscurecer o compreensível. O mistério não pode servir legitimamente para tornar obscuro o que está claro. Não se pode invocá-lo para rejeitar uma solução que se impõe claramente à consciência e à razão: "se submetermos tudo à razão, nossa religião não terá nada de misterioso e de sobrenatural", mas, "se entrarmos em choque com os princípios da razão, nossa religião será absurda e ridícula"⁵², e se ferirmos a consciência, ela será indecente. Ora, no caso de que tratamos, vem à nossa mente, naturalmente, uma única solução que corresponde às exigências da consciência moral, da razão prática: é que não existe Deus. De fato, é indubitável que o suplício das crianças existiu, e que devia não ter existido, e que Deus podia fazer que não existisse. Como Deus não se manifestou nas circunstâncias em que, moralmente, deveria tê-lo feito, se existisse, seria culpado. Uma vez que a noção de um Deus culpado e mau se mostra contraditória, há que se concluir que Deus não existe. O fato do sofrimento das crianças – como mal absoluto –, por eliminação da hipótese contrária, funda o ateísmo axiológico.

---

50. "A extensão abusiva da noção de mistério não deixaria de ser perigosa, tanto para a filosofia como para a religião" (Jean Lacroix em *Le mystère*, Semaine des intellectuels catholiques, 1959, p. 142).

51. *Pensées*, fr. 270. Acrésc.: "e que não se submeta quando julgar que não deve fazê-lo".

52. Pascal, *ibid.*, fr. 273.

Entretanto, por que não aceitar que Deus deva se mostrar culpado aos nossos olhos, conforme nossa moral, se a fé implica um salto para além da moral, uma opção imoralista? Isso não é possível: esse "além" seria um "aquém". Há um imoralismo supramoral (por excesso ou superabundância) e um imoralismo inframoral (por falta). Deus, se existe, não está além da moral, mas aquém dela: se estivesse além, não poderia se mostrar a nós como culpado; uma vez que se mostra a nós como culpado, está necessariamente aquém. Porque quando há uma "superação" da moral, a moral não é abolida, mas conservada. É satisfeita *a fortiori*. Podemos pensar no super-homem nietzschiano. O super-homem encarna a "vitória da moral sobre si mesma"[53]; é por probidade ("esta virtude, a única que nos restou")[54], pudor, amor ("um amor novo")[55], audácia, força (uma força inimiga da violência), e por ódio da tibieza, do mais-ou-menos, da complacência para consigo mesmo, das astúcias da alma, do espírito de cálculo e das mil hipocrisias da vida "virtuosa" que o super-homem busca o ar livre, "além do bem e do mal". Não negação da moral exterior a ele, mas auto-superação da moral. A moral, levada totalmente a sério, pensa Nietzsche, nega-se a si mesma; há uma dialética imanente à moral pela qual, contanto que seja vivida autenticamente, ela tende a suprimir-se e a superar-se. O super-homem nega a moral "por probidade"[56], e assim a herda e cumpre-a: "Queremos ser os *herdeiros* de toda a moralidade anterior, *não pretendemos* começar sobre novos ônus. Toda a nossa ação não é senão moralidade em revolta contra a sua forma anterior."[57] O super-homem deverá ter transpos-

---

53. *Par-delà le Bien et le Mal*, § 32 (trad. fr. G. Bianquis, Aubier).
54. *Ibid.*, § 227.
55. *La volonté de puissance*, trad. fr. G. Bianquis, Gallimard, t. II, p. 18.
56. *Ibid.*, p. 128. Cf. *Ecce homo*, trad. A. Vialatte, Gallimard, p. 166.
57. *La volonté de puissance*, trad. cit., t. II, p. 156 (os grifos são do próprio Nietzsche).

to as três etapas do "caminho da sabedoria"; ora, a primeira consistirá em "venerar melhor (e obedecer melhor e aprender melhor) que qualquer um", a "reunir em si tudo o que é digno de veneração", a triunfar sobre as inclinações mesquinhas e malévolas, a conquistar "pelo amor"[58]. Não se trata, pois, de substituir os valores tradicionais por antivalores, mas por valores mais altos, mais exigentes, mais delicados. Introduzir novos graus de exigência – apesar do que se deva pensar, aliás, de nossa exegese de Nietzsche – não é abolir os graus precedentes. Não se pode censurar aquele que faz mais do que é necessário por não fazer o que é necessário, aquele que dá mais do que deve por não dar o que deve. Para aquele que está além da moral, a moral é um mínimo que é óbvio.

Concebemos um Deus que seria um ser supramoral nesse sentido – ainda que "eminentemente"; ou melhor, Deus é precisamente um ser supramoral nesse sentido (por ser ilimitado, por ser ilimitação do amor, está infinitamente além da estreiteza – da limitação – da obrigação e da lei)[59]. Mas este Deus não existe, uma vez que as crianças são deixadas ao abandono. Da própria idéia de Deus resulta que ele não pode existir, pois ele já não seria Deus, mas o contrário[60]. Se "Deus" existe, ele não é Deus, mas um Gênio Maligno, um "Grande Farsista"[61], ou um "não-sei-quê" com inumeráveis antenas acaçapado na eternidade como um inseto monstruoso – exatamente o oposto de Deus. Não está além, mas aquém – e com certeza muito aquém – da mais elementar moral. Mas, o que dizer

---

58. *Ibid.*, p. 133.
59. Mas: "Não julgueis que vim abolir a lei e os profetas. Não vim para aboli-los, mas para fazê-los cumprir" (Mateus, 5, 17).
60. Aqui o argumento ontológico cai por terra: o mal no mundo, por ser "absoluto", é incompatível com a existência do Ser perfeito; por ser o mal irrefutável, o Ser perfeito não existe (se existisse, seria imperfeito).
61. A expressão é de William Faulkner.

do fiel que, enquanto as criancinhas ardem como tochas, canta a glória de Deus? De um lado, a criança que sofre, no abandono, sua dor inumana, cheia de infinita humildade, não sendo mais que um infinito lamento; de outro lado, a prece ardente, o acesso de fervor, a fé exaltada, os cânticos de entusiasmo: "ó Tu acima de Tudo!", "Deus é alegria! Deus é amor!". Juntos, num mesmo mundo, o horror extremo e a ação de graças. O fiel não vê que esta é a aceitação do outro (mesmo que se trate de uma aceitação "em Deus")? E se tem consciência disso, como não é sensível à culpa moral? Não ousaríamos falar do "Deus de amor e de misericórdia" diante de uma criança torturada? Neste caso não se deve jamais falar dele, pois cabe a nós compensar o efeito da distância no tempo e no espaço, deixando que as crianças acabrunhadas de males povoem nossa imaginação como se estivessem presentes.

1958

2

Existência e culpa

I[1]

Assim como o cristão deveria viver como se o Cristo agonizasse a dois passos dele, cada um de nós deveria sentir, julgar e fazer como se o pior sofrimento humano estivesse ali, debaixo de nossos olhos. Mas, se cada um assim se posicionasse a todo instante na presença dos mais negros aspectos do mundo e soubesse encontrar, em seu coração, uma resposta à altura do horror extremo, todos os fios que nos prendem à vida se romperiam, as existências se partiriam de dor. A existência só é possível por causa da insensibilidade: para viver, é preciso, até certo ponto, não ter coração, e daí resulta que cada um de nós é fundamentalmente culpado.

Suponhamos que o outro estivesse sofrendo bem perto de nós e que não pudéssemos fazer nada em seu favor. Essa impotência nos justificaria por deixarmos nossos pensamentos derivarem para outras preocupações? Não. Mas deveríamos não deixá-lo só com sua dor e sofrer com ele, isto é, fazer a

---

1. Temos de confessar: este texto, que reelaboramos após doze anos, surpreende-nos, *abala*-nos mesmo (no sentido antigo), mostrando-nos o quanto nossa *sensibilidade*, desde então, se modificou (todavia modificou-se por interiorização, por passagem do explícito ao implícito, e sem se renegar).

dor que é dele se acompanhar de uma dor que é nossa, colocar dor em cima de dor. Que não nos venham dizer que isso não faz mais do que aumentar a soma de dores que há no mundo, porque, se é uma exigência moral que a dor dos homens vá diminuindo, também é uma exigência que a dor provocada pela visão da dor vá aumentando (seria oportuno nos lembrarmos desta lei das dores de sinal contrário para definir o progresso moral). Mas, se é intrinsecamente bom sofrer pelo outro (e até mesmo sofrer cada vez menos por si mesmo, e cada vez mais pelo outro), então é mau deixar de sofrer e de participar quando a dor do outro continua constante. Entretanto, é isso o que ocorre: há sempre tantas e tantas dores no mundo (a massa de mal não faz muito mais do que se deslocar – aliás, basta que uma única criança agonize para que a medida se complete), mas, como na maioria das vezes, estão fora de nossas vistas, causam em nós pouco efeito ou logo deixam de atormentar nosso coração (tanto a nossa imaginação, orientada, manobrada pela necessidade e pelos interesses próprios, voltada para o futuro e para a vida, está pouco disponível para este lado das coisas e preguiçosa).

Se assim não fosse, o que ocorreria? A todo instante, em algum lugar, há homens suportando a fome, a enfermidade, a tortura, o desespero, e nós suspeitamos ou sabemos disso. Se a sua dor, se o escândalo do aniquilamento do humano no homem (e na criança!) repercutisse em nós por uma dor, por um horror proporcionais, se, ao colocar-se devidamente diante dos casos-limite (representativos, *a fortiori*, de todos os outros), nossa sensibilidade fosse capaz de uma resposta adequada, não ficaríamos acabrunhados pela dor a ponto de morrer, ou de deixar-nos morrer, ou perder a razão? Seria preciso chegar até aí, qualquer outra resposta seria demasiado frágil. Amar é querer compartilhar a sorte até o extremo. As mães que vêem o filho morrer querem "ir atrás dele" (não raro só vivem por obrigação). É que o amor da mãe é menos um tipo particular de amor do que o próprio amor, a essência pura do amor. E se, em relação aos outros seres, fôssemos capazes de um amor puro e simples, encontraríamos, na presença do mal absoluto, a justa resposta, que não pode ser senão a dor mortal. Quando outros sofrem e morrem, não temos o direito de, paralelamente, conhecer a alegria da vida. Diversas pessoas sentiram isso: Mary Berg recrimina-se por ter escapado ao gueto de Varsóvia, outras pessoas preferiram não ser salvas[2]. Pelo simples fato de vivermos (mais exatamente, de existirmos) somos culpados em relação a todos aqueles que sofrem, pois nossa própria existência implica que nos afastemos continuamente de sua dor. A existência supõe, como sua condição fundamental, um esquecimento cheio de culpa.

Mas onde está a culpa, se o esquecimento está ligado à própria estrutura da existência, se não somos capazes de outra coisa senão de esquecer? É essencial para a existência incluir abertura, solicitação e acolhida ao sempre outro, à novidade sempre recomeçada, portanto, correlativamente, libertar-se, desprender-se, voltar as costas, encouraçar-se no esquecimento: o esquecimento possibilita e protege a disponibilidade. É essa, aliás, a estrutura temporal da existência, que cada "agora" só possa aparecer e entregar-se ao deslocar o precedente; o fato de "desviar-se de" é, pois, tão natural quanto o de deslizar de um presente para outro presente, e não forma senão um com ele. O homem é condenado a viver só aos poucos, e não pode lutar contra isso. Além disso, a existência sempre é existência de alguém, ela é inconcebível sem um "eu" que se torna a cada instante a parte essencial das coisas, que as limita na exigüidade de uma perspectiva; ele não pode evitar fazer que todas as coisas "olhem" em sua direção e sujeitar a si o mundo, o todo: ele é, pois, sempre injusto "em si" e como que de nascença[3].

---

2. *Journal de Mary Berg*, ed. cit., pp. 243, 254, 263-4.
3. Cf. Pascal, *Pensées*, fr. 455: o eu "é injusto em si, no que ele se faz como centro do todo", fr. 477: "nascemos, pois, injustos, pois tudo tende a si" (Éd. Brunschvicg).

Mas, precisamente, um "eu" nunca nasce de uma vez por todas: renasce continuamente a partir de si mesmo. Se é injusto, é porque não pára de se colocar nas condições em que não pode deixar de ser. Sua culpa é, pois, a de *repetir-se* na existência, é de manter-se nela por uma decisão constantemente renovada. O homem pode acreditar ou persuadir-se de que a vida para ele é uma carga, um ônus que ele suporta, mas, na verdade, ele não a sofre, ele a dá a si mesmo, pois todo homem existe complacentemente. Por recuar diante da capacidade ilimitada de negação que existe em si, envolve-se no casulo de suas crenças (e das palavras familiares) a fim de tornar possível sua própria vida; e então opõe uma resistência incomensurável a tudo aquilo que possa desviá-lo de si mesmo. A existência é como uma mão fechada – e mantida fechada por uma decisão. Se a mão se abrisse, se a alma pudesse dilatar-se absolutamente, já não haveria lugar para "nós" em nós. Já não seríamos uma personalidade diferenciada e que se diferencia continuamente. Mas cada um de nós limita-se prudentemente, recua diante da tentação do ilimitado – da recusa ilimitada, da compaixão ilimitada, do amor ilimitado. O movimento cerceante da personalização impede-o de abandonar-se (sem realismo!) às exigências infinitas e o retém no círculo do cotidiano em que, correlativamente, os outros, ao mesmo tempo, se fecham (sendo cada um o carcereiro de todos, e todos o de cada um). A nossa pouca preocupação com aquilo que nunca aceitaríamos perder de vista, com a única coisa que nos pareceria importante se fôssemos justos, nossa pouca pressa de vencer pela imaginação a distância *protetora*, são apenas o avesso de nossa decisão de existir, da decisão pela qual cada um se fecha, se confina em si mesmo. Ele se afasta *de* porque se volta *para*, seu "não" é apenas a outra face de seu "sim", seu erro é dizer incansavelmente "sim" a si mesmo, recusar-se a não ser, preferir o ser ao não ser (ou ainda, seu erro é não ter coração – entendendo por "coração" aquilo que nos coloca na ordem pascaliana da caridade).

EXISTÊNCIA E CULPA

É impossível que a existência seja continuamente preenchida (como deveria sê-lo) pelos lamentos dos homens, é pois impossível viver sem viver *mal*: toda existência é culposa, envolve uma falta essencial. Certamente numerosos são aqueles que *sabem*, mas saber não é nada quando o coração esqueceu, quando a memória e a imaginação do coração não fazem *ver e ouvir*. Ora, o coração esquece por uma lei inelutável: um hábito que vontade alguma controla torna-o progressivamente covarde e surdo, em pouco tempo ele se torna incapaz de encontrar a pureza do horror primeiro, os gritos só chegam a ele através de quilômetros de algodão. Se fosse diferente, o pensamento e a ação, constantemente bloqueados, seriam impossíveis (não há eficácia, em nenhum domínio, sem alguma frieza), a existência seria entorpecimento, êxtase doloroso.

Certamente é preciso estabelecer alguma diferença entre os homens de acordo com sua atitude perante a miséria do mundo. Alguns a mediram e, por isso mesmo, encontraram a medida de todas as coisas, e a partir de então seu pensamento e sua ação são eminentemente comandados pela revelação que tiveram, no mínimo sabem que assim deveria ser, vivem na proximidade do essencial, por conseguinte são reais. Outros, para quem (*no máximo* – porque decerto é uma caricatura que traçamos) a vida se resume àquilo que acontece com sua pessoa, que estão totalmente despreocupados com a única coisa que daria à sua vida um sentido universal, isto é, com o essencial, são, com todo o rigor, *irreais* (não são homens de verdade), e a única maneira de vê-los é enxergá-los como aparências. Entretanto, consideremos os primeiros. O pensamento das crianças famintas, cujos olhos suplicam que não se paralise a mão que lhes segura o garfo, a preocupação com aqueles a quem ninguém ensina a ler não os impede de ir beber na "fonte grega". Estão, portanto, também estes, carregados de culpa.

Será então preciso renunciar a nutrir-se, a ler, e será preciso buscar a vexação, a humilhação do espírito e do corpo?

Será preciso, sistematicamente, procurar punir-se por estar vivo? Mas devemos recear que privações, mortificações, vontade de aniquilamento, de abjeção, procedam de uma supervalorização de si mesmo, de um orgulho às avessas. Ademais, procurar a infelicidade porque há infelizes não é padecer mais *da* infelicidade deles, portanto não é compartilhar. É preciso sofrer-com, mas é vão *procurar* sofrer. Toda vontade de sofrer é secretamente viciosa e falsa. O sofrimento não tem maior valor porque o procuramos, e os amantes de desgraças não atingem necessariamente o seu objetivo porque já não sofrem com o sofrimento alheio, mas por estarem envoltos por uma couraça de ferro (o que acontece com eles é tão importante!). Seria também vão procurar morrer, porque o que tem valor é morrer de dor, não é procurar morrer por ter compreendido isso. No primeiro caso, só se pensa nos outros, e o que os destrói nos destrói; no segundo, só se têm olhos para si.

Assim, parece vão tentar reduzir ou anular a culpa existencial. Trata-se de uma culpa mais primitiva do que qualquer ato de vontade, anterior a qualquer decisão particular e invencível como o eu humano. O fato de não podermos desvencilhar-nos voluntariamente dela não nos torna inocentes. Somos culpados pelo modo como existimos, porque nosso endurecimento não é senão o avesso da decisão pela qual nos lançamos na existência e nos confinamos dentro dos limites de "nós mesmos". Cada um pode, aliás, surpreender, em si mesmo, momentos em que aquilo que era, até então, natural torna-se desejado, em que a inconsciência, a negligência, a descura, a cegueira, a ignorância que a existência implica se tornam recusa a ver, a informar-se, a acreditar, em que o esquecimento se torna "vontade de esquecimento"[4]. Então transparece simplesmente aquilo que sempre fomos: sentimos que nossa culpa não

---

4. Cf. A. Béguin, "Lettre du 6 juin 1946 sur la volonté d'oubli de l'horreur des camps de concentration nazis" (*Nouvelles épîtres*, 1945-1946).

se limita àqueles momentos em que a alma se torna expressamente reticente diante do apelo infinitamente brutal da caridade, mas que é preciso remontar a uma culpa primordial, e que esta, embora seja devida à nossa própria origem, ainda nos pertence, ainda é nossa.

Há, pois, uma culpa ligada ao próprio fato de existir, porque ninguém pode viver mais de um instante sem ser culpado de *a-versão* (*aversio*) para com todos os viventes. O homem não consegue dar um passo sem ser infiel a seu irmão (se todo homem, em qualquer parte do mundo, é seu irmão), infiel ao homem. Então, que ele se considere como uma culpa viva, que tenha vergonha de existir[5]. Se a vida, ou melhor, a existência, lhe parece comportar a culpa, ele poderá então ver a morte de outra maneira: não como escandalosa e absurda, mas como justa e merecida, e, assim, se encontrará reconciliado com sua condição (porém se sua morte for uma morte verdadeira, um nada, e não uma falsa morte, como no cristianismo). Se o vínculo entre a vida (biológica) e a morte é um simples vínculo natural (entre contrários), o vínculo entre a existência (humana) e a morte é um vínculo de direito, uma justificando, autorizando a outra.

O pensamento do mal absoluto, uma vez que fornece um critério para distinguir o que é importante e o que não é, pode servir como ponto de Arquimedes para julgar tudo: Deus (cf. cap. I), o mundo (voltando as costas ao espetáculo do universo que nos distrai, aos pretensos grandes eventos e a tudo aquilo que geralmente nos ilude, para nos voltarmos ao *essencial*), o homem, enfim, quer se trate de cada um de nós ou do homem como tal, cuja condição se revela como legitimamente mortal.

---

5. "Nós que escapamos ao inferno do gueto, temos vergonha de olhar-nos. Tínhamos direito de fugir?... Eu coro de vergonha à idéia de que estou respirando este ar puro, enquanto os nossos perecem asfixiados pelos gases ou queimados vivos pelas chamas. Por quê?". (*Journal de Mary Berg*, p. 254).

II

As "pessoas honestas" (segundo a voz do povo) não praticam o mal e fazem o bem *como convém*. Reconhecem, de bom grado, que não são "perfeitas": cometeram erros e ainda os cometem; mas vêem esses erros como eventos acidentais e evitáveis: bastaria não "ceder à tentação..." Em outras palavras, poderiam evitar o erro, mesmo vivendo "plenamente" como antes, ou seja, *sem mudar de vida*. No essencial, parece-lhes, não vivem *mal*, e a idéia de um erro que seria a própria matéria de sua existência não lhes vem à mente. É possível perturbar essa tranqüilidade essencial da consciência, sustentar que a vida deles – a nossa vida –, de certo ponto de vista, é inteiramente má, que há uma culpa ligada ao próprio fato de existir? É assim que pensamos. Mas, para prevenir qualquer confusão, convém primeiro estabelecer a distinção entre a culpa ligada à existência e as outras formas de culpa do homem "honesto": a culpa do ter, a culpa na ordem do fazer, a culpa da imaginação e do desejo.

Existe uma culpa "do ter" porque o homem dito "honesto" não tem medo de possuir, de apropriar-se dos bens sem se preocupar, na maior parte do tempo, em saber se esses bens não são o equivalente exato de outros bens mil vezes mais necessários a outros. Ele é, pois, culpado de *ter* – quando outros não têm. Mas a viúva indigente do *Evangelho*, citada como exemplo por Jesus, deu "*tudo* o que possuía para viver" (Lucas, 21, 4). É possível "privar-se de tudo". A culpa ligada ao ter não é, pois, invencível.

Existe uma culpa na ordem do fazer: o "homem honesto" é culpado por pensar quase só no seu círculo familiar e em si mesmo, de não fazer nada, ou quase nada, pela humanidade, *considerada no seu conjunto* e enquanto *corpo padecente*. "As ações morais" são acidentes de sua vida, cujo fio elas vêm romper de tempos em tempos, mas sua vida não é um Ato único inspirado pela preocupação com a sorte do gênero humano. Contudo, é verdade que houve homens que sacrificaram seu bem-estar, suas ambições pessoais, sua carreira, sua vida numa luta incerta cujo escopo era exatamente a felicidade dos homens. Se a sua vida foi comandada pelo único Desígnio de servir a todos os homens, quando se consagraram a esta única missão, então fizeram verdadeiramente aquilo que deviam (e que é exigido de todos). Assim, a culpa fundamental na ordem do fazer, a exemplo da anterior, pode deixar de existir (chamamo-la entretanto de "fundamental", porque, por não implicar "má ação" alguma, é compatível com a "honestidade").

Existe uma culpa da imaginação e do desejo. Naturalmente, estamos pensando numa passagem de S. Mateus (5, 28): "E eu vos digo, alguém que olhar para uma mulher com cobiça já cometeu adultério com ela em seu coração." Platão falara dos desejos desregrados que, mesmo no homem honesto, despertam durante o sono e se realizam fantasticamente nas visões monstruosas dos sonhos (*Rep.* IX, 571 c). Mas o amor, para os cristãos, a razão, no caso de Platão (porque os desejos desregrados "podem, por meio da razão, ser inteiramente extirpados em alguns homens", *ibid.*, 571 b, trad. fr. de Chambry), são princípios de purificação e de pureza, de forma que a culpa da imaginação e do desejo nada tem de inelutável.

Mas com a culpa "do ser", que é o nosso tema, é diferente. Ela não é simplesmente possível, é real, efetiva em todo homem e, por ser indissociável da existência, é invencível. Por que somos culpados de ser – ou de existir – se a maneira pela qual o homem "é" é a "existência"? Porque a existência implica que voltemos continuamente as costas à desgraça alheia, ao sofrimento do próximo, sempre presente em algum lugar (cf. cap. 2, I). Só esta presença do outro que sofre em algum lugar do mundo já nos torna culpados. Não podemos nem mesmo alegar ignorância, pois, se não conhecemos o detalhe dos sofrimentos particulares, com certeza sabemos que os deserdados são inumeráveis e fazem da humanidade um vasto corpo padecente (cada um sabe que o sofrimento vai se repetindo concentricamente em torno de si até as extremidades da terra).

Não podemos tampouco alegar impotência. Esta, quando reconhecida, pode até desculpar a inércia, a abstenção, a negligência prática, não a negligência do coração. Mesmo que nada possamos fazer para mitigar as angústias do outro, por não haver nada a ser feito, resta-nos compartilhar sua dor (que não digam que essas dores de participação são inúteis: seria querer que as consciências, fora as relações de utilidade, fossem reciprocamente externas e indiferentes como coisas. Aliás, sentimos muito bem, quando a aflição do outro está debaixo de nossos olhos, que a impotência prática não autoriza, de modo algum, a indiferença do coração. O fato de ela estar ou não debaixo de nossa vista não deveria fazer diferença alguma. Em outras palavras, deveríamos sofrer com os que sofrem do mesmo modo que o cristão (segundo Pascal) deveria compartilhar continuamente os sofrimentos do Crucificado[6].

E é para fazer isso que somos impotentes, e não o fazemos. Não há nada em que queiramos pensar menos ou de que queiramos falar menos do que da angústia de grande parte dos homens: o espírito de caridade das "pessoas honestas" não conhece quase nada, exceto aquilo que não pode evitar ver[7]. Há uma verdadeira fuga diante da caridade que ameaça aniquilar nosso bem-estar, os projetos que nos são caros, e toda vontade própria (voltada para nosso próprio bem). Existe no homem uma reticência fundamental perante a caridade, um temor, um ódio da caridade[8] – que exaspera, e este

---

6. "Devemos nos unir só a seus sofrimentos" (Pascal, *Pensées*, Éd. Brunschvicg, fr. 554. Cf. Sainte-Beuve, *Port-Royal*, Éd. de la Pléiade, t. II, pp. 304 ss.).

7. Cf. Sainte-Beuve, *ibid.*, p. 249, nota.

8. Que se torna, na penitência e na piedade cristãs, "ódio de si mesmo", como diz Massillon (Sermon "sur le danger des prospérités temporelles", *Carême* em 4 vols., 1746, t. II, p. 50. Cf. p. 12: "Devemos, pois, odiar a nós mesmos: de outra forma, seríamos injustos...").

discurso exaspera. Porque a caridade é dura e intratável para o "velho homem"; e o triunfo da caridade no homem significaria a ruína de todos os projetos nos quais o eu se compraz, pelos quais ele se tece a si mesmo lentamente, isto é, a destruição, o aniquilamento do eu, o total despojamento, a absoluta pobreza interior. Cada um sente que a caridade, se triunfasse nele, não deixaria subsistir nada de tudo aquilo que o motiva a lutar, nada daquilo que lhe torna a vida aprazível, dissiparia em vãs fumaças seus belos projetos (que faria parecerem absolutamente inconsistentes, irrisórios, fúteis); em outras palavras, faria dele um crucificado (uma vez que os sofrimentos da humanidade o pregariam na cruz a cada instante). Eis por que existe uma resistência de todo homem diante da imperiosa exigência da caridade. Na exata medida em que tem sede das alegrias da terra e da vida (daquilo que é a "vida" segundo a verdade da terra), recusa-se a ouvir o apelo contrário da caridade, ensurdece e protege a alma, encasula-a em mil justificativas (e se pudesse ver-se à luz da caridade, pareceria inteiramente "falso" – falso porque susceptível de "criar para si a ilusão", mas sem autenticidade e sem valor.

Se a consciência moral é aquilo que faz que o homem ouça o apelo da caridade, quer ele o queira, quer não (porque mesmo para recusar-se a ouvi-lo é preciso antes tê-lo ouvido – ah! bem sabe ele, no fundo, de que o acusam!), pode-se dizer que existe no homem um verdadeiro recalcamento da consciência moral, donde um mal-estar, uma falta de paz interior, de felicidade profunda, um descontentamento consigo mesmo, ligados ao sentimento mais ou menos abafado de ser culpado, de não ser justificado; e este mal-estar vai crescendo dentro do homem moderno à medida que os meios de informação tornam a distração da alma, quanto ao julgamento mais secreto de si sobre si, mais difícil de justificar. Feliz o tempo em que os jornais e o rádio não levavam a nosso conhecimento nada sobre o que se passava atrás das colinas! Então, quando os tempos não eram duros demais, podíamos, no isolamento e na quietude de uma perpétua hibernação, conhecer a felicidade. Mas hoje, quando os gritos se elevam de toda parte, para viver, é preciso conter incessantemente o coração. O "não" que o homem dá como resposta ao apelo da caridade tornou-se transparente, e o homem se deixa ver numa luz mais severa e mais justa. Vemos melhor o que ele vale, isto é, aquilo que é (porque o homem *é* – merece ser dito ser – na exata medida em que *vale*)[9]. Mas, o que acontecerá quando *ele mesmo* estiver consciente desse "não" que contrapõe à caridade? Não ficará tentado a *escolher* esse "não", isto é, escolher a dureza? (Não é isso que já pôde ser tentado?)

Mas o homem, como podemos concebê-lo hoje, a partir do presente vivo que tem o nome de "hoje", não rejeita, *em princípio*, a caridade; limita-se a recusá-la de fato. Esta recusa se confunde com o movimento de fechar-se em suas vontades próprias e de ser "ele mesmo". A caridade significaria uma explosão da existência que habitualmente se fecha sobre a singularidade do eu, mas o eu recusa-se a renunciar a si mesmo. A culpa de cada homem é separar-se dos outros, concebendo sua sorte como distinta da deles (concebendo particularmente seu futuro como separados do futuro do gênero humano), separação essa que ele renova, reaviva constantemente apenas pelo fato de persistir em seus projetos, de devolver-lhes a vida a cada instante (seus projetos são, de fato, concebidos na perspectiva da *separação*: vocês de um lado, eu do outro). Em outras palavras, não se *julga* solidário com os outros, de maneira que não sofre pelos outros como por si: a dor dos outros é problema dos outros (mesmo que tenha pena deles). Separa sua sorte da dos outros, pode mesmo julgar prudente e "razoável" não se preocupar senão consigo (e com seu círculo familiar, isto é, com aqueles que quase já não distingue

---

9. Num dia em que rezava, Santa Catarina de Siena ouviu Jesus dizer-lhe: "Saiba que tu és aquela que não é, mas que Eu sou Aquele que é" (Sigrid Undset, *Catherine de Sienne*, trad. fr. Metzger, Bruxelas, 1953, p. 53).

de si mesmo), muito pouco com os outros, e menos ainda com o gênero humano. Se socorre o próximo, suas ações só têm um caráter acidental, ocasional; suscitadas pelas circunstâncias, nada alteram na intenção orientadora de sua vida. Esta continua sendo animada (mesmo que o egoísmo propriamente dito – que consiste numa preferência *intencional* por si – seja mais raro do que se pensa) por uma vontade estritamente pessoal. Enfim, quando até mesmo ele trabalha pela felicidade de todos, ou seja, do gênero humano, poderemos dizer que, em sua vontade íntima, ele tenha se despojado de toda preocupação consigo?

Irão dizer-nos: "O que quer você de mim? Não é natural que cada um pense em si?" Natural, sim, mas a caridade é contra a natureza. Dizemos "caridade" e não "compaixão" ou "piedade" (embora nosso ponto de partida seja o sofrimento alheio). Há uma diferença essencial. A piedade não implica em nada a consciência de uma comunidade de destino. Percebo o indivíduo (o termo "indivíduo" é empregado aqui para excluir os animais) de quem tenho piedade como abandonado a si mesmo ante o mundo, ao curso inexorável das coisas, ou seja, num estado de isolamento, de separação. Sem estímulo, sem orgulho, sem revolta, incapaz de ajudar-se a si mesmo, abismado numa silenciosa ausência de esperança, ou esperando contra toda esperança, sem outro horizonte além de sua angústia, sozinho com ela, ele se mostra a mim, por sua dor impartilhável, como rejeitado, distanciado de tudo. Uma criança que sofre, que se torna um pequeno mundo de sofrimento, sofre por si; o sofrimento que a consome coloca-a a uma distância infinita de todo o resto, e é assim que a vejo na piedade. Longe de me levar a descobrir, para além de uma individuação que seria apenas uma aparência, a identidade fundamental de todos os seres, a piedade me revela cada um deles como absolutamente distinto dos outros, encerrado em sua subjetividade estanque, impenetrável. Então, compreendo o que significa a palavra "outrem", coloco-me "no lugar dos outros", represento para mim sua pena, mas permanecemos irredutivelmente separados. Padeço da dor alheia, mas não sinto a dor deles como *minha* (não perco de vista que é *ele* quem está sofrendo, sinto-me poupado). Não acredito absolutamente que sua sorte seja a minha.

Mas a caridade, esta supera a separação. "Faz-me amar o próximo como a mim mesmo", isto é, como *sendo* eu mesmo, como se, nele, fosse de mim que se tratasse, como se a distinção entre mim e ele não tivesse fundamento algum. Mas o próximo não é somente o homem comum, o primeiro que aparece, aquele que os acasos da vida colocam no meu caminho. Esta interpretação, a que podemos chamar "distributiva", não é suficiente. É preciso entender, por "próximo", a *totalidade* dos homens que existem neste mundo, sem exceção de nenhum. E, então, a caridade exige que todos os homens juntem, confundam seus destinos num único destino, que se recusem a conceber-se separados uns dos outros, como se uns pudessem obter sua salvação sem os outros. Ela exige que a dor de um só seja a dor de todos e que a humanidade inteira sofra em cada um de seus membros como se fosse um corpo vivo.

Mas a vida em caridade é a morte do eu. O eu é, pois, o inimigo natural da caridade, pois não tem a mínima vontade de se libertar de si mesmo. Sua "complacência para consigo"[10] é sua culpa geratriz, ou seja, pela qual ele se engendra continuamente. Aniquilar-se no fogo universal da caridade seria (parece-lhe) perder a vida antes de ter vivido. Não quer morrer antes mesmo de ser (o que chama de "ser"), pois, se não for *ele mesmo*, o que será? Se renunciar aos projetos pelos quais quer *distinguir*-se no mundo, quem o *reconhecerá*? Deus? Mas tudo se passa como se cada um estivesse persuadido de que nada pode dispensá-lo de "fazer-se", isto é, de forjar ele pró-

---

10. A expressão é de J. Nabert, *Essai sur le mal*, PUF, 1955, p. 61.

prio sua singularidade. "Se eu não pensar em mim, ninguém pensará por mim, se eu não fizer minha vida, ela não se fará sozinha, se eu não desenhar meu próprio rosto, serei sem rosto e nada serei": esta é a convicção do homem moderno, isto é, do homem tal como se mostra a nós, como pode e deve se mostrar a nós hoje. A desconfiança em relação a Deus entrou nele, aprendeu a contar apenas consigo mesmo; movido pela secreta convicção de ter de criar-se, coloca, antes de qualquer outra coisa, a iniciativa, a decisão, a ação; antes mesmo de saber o que quer, tem a vontade de querer. Assim, seu movimento natural é voltar as costas àquilo que quebrasse nele a força da vontade própria.

Aliás, mesmo que o eu quisesse morrer para si mesmo, não poderia fazê-lo por suas próprias forças. O eu não pode eliminar-se espontaneamente. Constitui-se incessantemente como horizonte de si mesmo, é para si mesmo seu próprio horizonte, seu limite sempre fugidio e renascente. Como se anularia, como renunciaria a si mesmo? Não pode desligar-se desse elo que ele é para si mesmo sem se ligar novamente. Assim, qualquer que seja o esforço que fizer para desfazer-se de si mesmo, ele sempre sobreviverá. "Não sou e consinto em não ser", diz a humildade[11]. Orgulhosa humildade! Porque o eu tem, entretanto, a última palavra: devolvo-me o ser que eu me tiro ao tirá-lo de mim. Ressuscito o eu a cada vez que me proponho extingui-lo para sempre, penso nele para dele não falar[12], nele penso para nele não pensar. Sou para mim mesmo uma luz tão próxima que ela me torna cego. Se ela se desvanecesse, se extinguisse, então haveria lugar em mim para a verdadeira claridade. Eu não só me tornaria melhor, mas veria as coisas como elas são (isto é, sob sua luz verdadeira). Mas

---

11. S. Weil, *La connaissance surnaturelle*, Gallimard, p. 48.
12. Segundo Pascal, está dito na *Logique de Port-Royal* (terceira parte, cap. XX, § 6): "Um homem honesto devia evitar dizer seu nome e até mesmo utilizar as palavras *eu* e *me*."

é vão, para mim, procurar libertar-me de mim mesmo. A libertação não pode vir de mim. Não posso ser livre, desprendido: na melhor das hipóteses, eu *me* desprendo. Mas o próprio fato da perpétua reflexão pela qual me ligo a mim mesmo me interdiz qualquer pureza verdadeira.

Assim, o eu em mim coloca-me na impossibilidade de fazer outra coisa senão apropriar-me da caridade. Então, não existe mais caridade. O eu busca sempre seu triunfo. Mas a caridade e o eu não podem triunfar ao mesmo tempo. Quando o eu triunfa na caridade, no fato de amar, faz da caridade uma aparência. "Eu amo": quando se trata de amor, o que vem fazer o "eu"? Se eu amasse, não haveria mais lugar em mim para "eu". Eu já não diria "eu", não porque tivesse perdido o poder de dizê-lo, mas porque não haveria mais "eu". "Eu amo" é uma proposição contraditória (o amor materno que – por mais limitado que seja em seu objeto – já participa do Amor não se reflete a si mesmo). O eu não pode amar. Se eu amo verdadeiramente, não sou "eu" que amo. A caridade é o fogo universal em que as diferenças desaparecem. Fazê-la *sua* é destruí-la, rejeitá-la, pois, se ela não ocupa em nós o lugar todo, não tem em nós lugar algum.

A culpa é, pois, para o homem, o fato de engajar-se, de aprisionar-se continuamente na existência subjetiva. A subjetividade o isola de tudo, por meio dela ele só tem a ver consigo mesmo. Tudo aquilo que lhe acontece, acontece-lhe por sua própria causa, ele só se deve a si mesmo, constitui-se perenemente como se não tivesse outra raiz além dele mesmo, faz-se autor de si mesmo, causa de si. Ora, existir como se fôssemos continuamente, para nós mesmos, a nossa própria origem e, por um retorno a si perpétuo, a cada instante, nos tornarmos livres em relação a tudo, é existir na *"liberdade"* (o que chamamos assim, mas que poderia ser o contrário...). Sou livre "com relação a tudo": as coisas não têm poder sobre mim – ou só têm poder sobre mim através de mim; uma espécie de "não" primordial sempre me precede: um "não" pelo qual interrompi, desde a origem, qualquer circuito entre mim e o resto das coisas, de forma que, desde então, não haverá mais relação entre mim e qualquer outra coisa a não ser que eu *me coloque* em relação, isto é, por minha operação. Estou continuamente rompendo com tudo e estou, originalmente, sem vínculo (assim, os vínculos devem ser incessantemente restabelecidos e sustentados). A liberdade supõe, pois, uma ruptura pela qual o mundo e os outros (e até Deus) são lançados para longe de nós, perdem todo poder imediato sobre nós, isto é, não podem agir sobre nós senão através de nós. Nesta e por meio desta ruptura, engendra-se o homem – como absoluto (separado) e in-finito (uma vez que não é limitado senão por si mesmo).

Assim, quando remontamos do eu singular à sua condição de possibilidade, encontramos a ruptura inicial que faz nascer a liberdade. Esta ruptura não nos interessa aqui enquanto ruptura com o "Ser", com o mundo, com Deus, mas enquanto ruptura com os outros. Porque é esta ruptura com os outros que, incessantemente repetida, ao constituir os outros precisamente como *outros*, encerra-nos correlativamente na singularidade do eu. E esta diferença inicial se repete numa vontade de diferença que sustenta o eu e o faz repelir tudo o que comportasse o risco de sufocar sua singularidade.

Nisso, a ruptura originária é certamente um mal, uma vez que está no princípio da potência de contestação, de tergiversação, de oposição que se produz no homem desde que se trate de resistir ao apelo da caridade – aquele apelo terrível, humanamente insustentável, que se resume nisto: "não só tens deveres, mas tu *te* deves, tua vida, tu a deves; e os múltiplos deveres que te tomam de assalto não são senão a própria essência de tua vida como *dívida*, de forma que finalmente tu só podes justificar-te pelo sacrifício completo de ti mesmo". Mas o homem não é capaz desse sacrifício: basta que esteja *consciente* de sacrificar-se (que reflita seu sacrifício) para que a impureza permaneça, basta que *saiba* para que diga a si mesmo, no recôndito de seu coração, o "sim" que o justifica. Ineliminável complacência! Quando o eu triunfa em sua própria destruição, sua destruição é puramente aparente. O pecado permanece, simplesmente tornou-se mais secreto, mais interior.

Se a ruptura constitutiva da liberdade é um mal, a liberdade traz em si o mal como aquilo que a torna possível. Isso significa que a liberdade não é inocente antes de ser culpada, que não é neutra ou indiferente antes de escolher entre o bem e o mal, mas já culpada em sua essência, originalmente. Não se lança na culpa depois de ter estado fora dela, sempre foi culpada e como que feita propositadamente para pecar (se bem que para sermos exatos, ela não foi "feita") – de modo que tudo o que resultar da liberdade trará em si, de uma forma qualquer, como uma marca indelével, o traço do pecado.

Se o mal originário está ligado à liberdade, conclui-se que ele não atinge, que de modo algum diz respeito às crianças. A criança, que está aquém da liberdade, é essencialmente inocente, apesar de suas "culpas", ao passo que o homem é essencialmente culpado, apesar de sua "inocência" (no caso em que nenhuma culpa *determinada* lhe pode ser censurada). Quanto ao "devir-adulto", é a transformação de um inocente em culpado e isso sem nenhuma culpa particular, unicamente por uma modificação íntima da qualidade da existência. A criança que desperta para a liberdade entra, ao mesmo tempo, "no universo da culpa".

Pode parecer estranho que sejamos culpados sem ter, como se diz, "feito nada para sê-lo", e principalmente porque nada há a fazer para não o ser – se é verdade que o eu não pode se desfazer de si mesmo, que o coração do homem não pode mudar a si mesmo. É o homem responsável pelo mal originário, pelo mal de ruptura pelo qual se lança na existência subjetiva? É verdade que ele não pôde lançar-se voluntariamente nela, uma vez que se trata da malícia sem a qual não existe nem mesmo vontade. Ela é escolhida voluntariamente? Não, porque não há vontade sem malícia. No entanto, o homem é responsável por esse mal que está na origem dele mesmo, porque o mal só engendra o homem, o eu humano, quando este assume o mal – e ele o assume desde que se faça autor de si mesmo, pois é no próprio ato de fazer-se homem, ou seja, livre e autocriador, que ele rompe com tudo o que não é ele e que dele se separa. É verdade que o mal de ruptura engendra o homem, fá-lo vir, a cada instante, ao mundo, mas, se existe ruptura, existe o ato de romper, e este ato é o do homem, ou melhor, é o próprio homem. Assim, o mal não se introduz de fora para dentro no homem. Eis por que este mal é pecado. O pecado é a própria mola da existência do homem. Sem o pecado, fulminado pela caridade, ele não existiria nem mesmo por um só minuto (porque não resistiria ao sofrimento da cruz).

O homem é, pois, ao mesmo tempo, o autor e o resultado da ruptura pela qual ele rompe incessantemente com tudo, e especialmente com os outros. Esta ruptura é o seu ato, o que vale dizer que o homem não pode viver, acolher a vida senão voltando as costas aos outros, afastando-os de si, de seu pensamento, de seu coração. Particularmente a miséria humana não pode habitar constantemente nele. Cada um de nós é, pois, culpado, a cada momento, perante todos (todos, e não só perante os que sofrem, pois volta as costas *indistintamente* a todos os homens). Existe não só uma "responsabilidade" – como é de hábito admitir-se[13] – mas também uma *culpa* recíprocas universais.

Entretanto, esta culpa mesma une todos os homens com um nó inextricável. O pecado ou a culpa são realmente aquilo que há de mais pessoal no homem. O pecado pelo qual o homem existe é absolutamente próprio dele. Ninguém pode

---

13. Cf. p. ex. Max Scheler: em virtude do *"princípio da solidariedade de todos os seres morais"*, "cada um é responsável pelo valor moral dos outros, e todos pelo valor moral de cada um" (*Nature et formes de la sympathie*, trad. fr. M. Lefebvre, Payot, 1950, p. 245).

"tirar isso dele" sem despojá-lo de si mesmo. Então, cada homem está ligado ao outro por aquilo que nele existe de mais íntimo, por aquilo que faz que ele seja precisamente ele mesmo. Como conceber esse vínculo? A culpa de cada um pode ser caracterizada como *aversio hominis ab homine*. Isso equivale a dizer que cada qual está essencialmente ligado aos outros pelo próprio ato de voltar-lhes as costas. Seu vínculo com os outros não faz senão um com seu perpétuo movimento de refluxo em direção a si mesmo, que é seu ato de existir. É no próprio fato de ser para si que ele se liga aos outros, porque ele não é "para si" senão afastando os outros. Assim, a culpa que está ligada aos atos pelos quais os homens voltam as costas uns aos outros apenas pelo fato de existirem nos dá a certeza do vínculo indissolúvel que, por isso mesmo, une os homens – uma vez que está ligando os eus singulares no que eles têm de singular.

Mas os culpados não gostam que os saibamos culpados nem de saber que o são. A culpa recíproca torna todos os homens cúmplices em dissimulação. Assim, nasce entre eles, quando se trata de ajudar-se mutuamente a esquecer, a não ver, a passar em silêncio... um entendimento tácito, um acordo duvidoso. Nós comemos, outros passam fome, nós vivemos no conforto, outros, na miséria, nós temos acesso às obras-primas da cultura, outros nem mesmo aprendem a ler, nós somos honestos, outros tornam-se maus em conseqüência dos desesperos acumulados; estes são contrastes que, se lhes medíssemos o alcance, nos tornariam insuportáveis a nós mesmos. Assim, contestamos a sua significação (substituindo por *nossas* medidas – nossos critérios de apreciação, a medida única, fixada de uma vez por todas, irrefragavelmente, que tem o nome de caridade) ou então – e é quase uma lei da vida cotidiana – fazemos como se não existissem: poderíamos, por exemplo, "permitir-nos" ponderar que aquela coisa cara representa o alimento de uma criança da África ou da Ásia durante uma semana, um mês, um ano (e que coisa não é, para aqueles que nada têm, "uma coisa cara"?)? Seria "inoportuno"... Assim, as relações humanas parecem condenadas – pelo menos em nossa época e em nossas repúblicas – a manter-se à margem do real, a manter-se no convencional, no ilusório, e cada um condenado a participar, de algum modo, da obra de desconhecimento do essencial (daquilo que, do ponto de vista da caridade, é a única coisa que conta).

Contudo, o homem comum não é mau: na verdade, a maior parte do tempo, ele não pensa suficientemente nos outros para desejar-lhes mal. O mau, ao contrário, pensa nos outros, mas para odiá-los e destruí-los. A maldade é, pois, a antítese exata da caridade. Se a recusa da caridade, de que todo homem se torna originalmente culpado, não basta para fazer dele um "mau", o que existe a mais na maldade, além desta recusa? E por qual ação, em sentido inverso, a maldade ameaçadora pode ser combatida, de maneira que, se o homem repelir a caridade, possa também repelir o contrário dela?

Consideremos, em primeiro lugar, que, se o "homem comum" não é mau, é porque ainda não teve ocasião de tornar-se mau. Não se pode duvidar muito disso: assim como qualquer homem poderia tornar-se louco em certas circunstâncias, qualquer homem poderia tornar-se mau. Isso é contestável? Deve-se, ao menos, considerar que ninguém pode, no que lhe diz respeito, estar seguro do contrário. Ninguém sabe se situações atualmente inimagináveis não teriam feito dele uma pessoa cruel (assim, cada um está numa incerteza essencial a respeito daquilo que mais lhe importa). Pode, então, suspeitar de que existe nele um fundo obscuro, absoluta e absurdamente negativo. Existem, aliás, sinais disso: o homem honesto não está isento da tentação de ser mau "a troco de nada" (mesmo que reprima seus pensamentos, ou, em todo caso, suas palavras ou, em todo caso, seus atos). Se esta tendência a aborrecer, a prejudicar gratuitamente (isto é, sem outro proveito além de uma alegria maldosa), em vez de ser combatida e recalcada, for novamente sentida e assumida por uma vontade cúmplice, teremos um homem mau. Como compreender esta disposição natural para a maldade (Pascal fala da "malignidade que está escondida e impressa no coração do homem", Br. 446)? Neste ponto, é preciso voltar ao ato inicial de ruptura pelo qual o homem cava incessantemente um distanciamento entre si mesmo e o outro e se faz existir. Assim, ele se convence continuamente de que o outro tem um *outro* destino, está persuadido de que a vantagem do outro não é a sua própria. Donde um "ciúme existencial"[14] que o faz enxergar no outro um *rival em existência*. Em tudo, ele se compara e rivaliza: quando o outro se encontra rebaixado, ele se sente elevado correlativamente; se ele se eleva, o outro lhe parece estar correlativamente rebaixado. Como, neste caso, resistir à tentação de rebaixar, de humilhar, de fragilizar os outros? O mau não é capaz de fazê-lo. A força, a felicidade, o brilho, a simples existência deles fazem-lhe sombra. Os outros o incomodam, queria que os outros *não existissem*. Possuído pelo ciúme existencial, isto é, enciumado por ver os outros existirem (numa forma, num tipo de existência de que se sente incapaz e que é como um espelho de sua própria inferioridade), visa a diminuí-los, quebrá-los, destruí-los (de uma forma mais exterior – por exemplo, pela tortura –, ao passo que a caridade destrói o eu humano de dentro; porém, nos dois casos, o que é visado é o próprio eu e aquele "orgulho da vida" que lhe serve de base) e encontra a alegria nessa mesma destruição. Assim, a maldade se apresenta a nós como a repetição, no plano do querer, da ruptura espiritual que nos engendra incessantemente no plano do ser. Para ser mau, basta, pois, coincidir com aquilo que já é nosso movimento natural, numa palavra, "seguir a natureza" (diríamos em termos antigos), querer ser aquilo que se é (como tendência). Existe uma *inclinação original da liber-*

---

14. Servimo-nos da expressão de Peter Wust, *Incertitude et risque*, trad. fr. Geneviève du Loup, Éd. de la Baconnière, Neuchâtel, 1957, p. 124.

dade que basta seguirmos para caminhar rumo ao abismo (e para soçobrar na inumanidade).

Ao contrário, a experiência moral é aquela de um esforço a contracorrente, de um esforço contra si (porque a "inclinação" da liberdade, que pode conduzir aos excessos da maldade, *inicialmente* é apenas "inclinação para si"[15]), isto é, para conceder lugar ao outro, para proibir o eu de nos separar dele. Mas o inelimínável eu ressurge incessantemente de maneira que tudo deve ser sempre refeito. Tudo se passa como se todo homem tivesse, para com os homens, uma dívida infinita, impossível de se extinguir para sempre. Assim, não é de causar espanto que os deveres cheguem continuamente a ele, vindo preencher as horas, um imediatamente atrás do outro, não lhe dando trégua, ocupando-lhe o tempo. Certamente o homem pode rejeitar seus deveres, mas, em primeiro lugar, não pode jamais rejeitá-los todos (pois a completa e constante inumanidade é um limite inatingível), e depois, na medida em que os rejeita, já não leva uma vida de homem. Torna-se leviano, inconsistente, já não tem o peso de um homem, já não "conta". O homem, ao caminhar para a frente, vê avançarem para ele deveres sempre novos, a cada hora é associado o *dever da hora*. Cada dever cumprido dá lugar a outro. Só se deixa o dever pelo dever. O dever não nos deixa, pois, jamais. Preenche todo o tempo; em outras palavras, o tempo não nos pertence. É dado a nós para alguma coisa, para uma tarefa (mas que tarefa? Invocar o dever não é o bastante: importa saber o que a caridade exige de nós a cada hora. Discernir o verdadeiro "dever da hora" é o mais grave dos problemas). A hora em que não fazemos nada além de gozar é roubada (e isso, aliás, nos dá uma alegria – chamemo-la de "alegria de evasão" – cuja intensidade atesta que, em nós, a caridade está como numa terra estranha). Impossível conseguir cumprir nossos de-

---

15. "... a inclinação para si é o *começo* de toda desordem...", diz Pascal (Br. 477, o grifo é nosso).

veres, pois o próprio tempo os traz consigo. Unicamente os mortos estão em paz. Impossível deixar de ser devedor, aliviar, por pouco que seja, o fardo da dívida. Esta permanece sempre igual a si mesma, sempre presente. Pensar extingui-la fazendo o dever equivaleria mais ou menos a querer apagar uma reta ponto por ponto.

A origem desta dívida não pode ser buscada naquilo que os outros (ou "a sociedade") nos têm efetivamente dado, que é variável e, não raro, pouca coisa, enquanto o débito original é invariável e infinito. Este débito significa que o homem existe por pura graça, sem direito algum, injustamente. A culpa original, já o vimos, consiste no voltar-se sobre si mesmo, que faz que sejamos nós e que possamos dizer "eu sou". Assim, é pelo próprio fato de ser que somos culpados. O homem é o ser em que o fato de ser é acompanhado de uma culpa (esta é a "existência"). Eis por que cada um tem obscuramente a consciência de existir por arrombamento e por roubo. A existência é como se fosse furtada: "tanta coisa pilhada", dizemos, quando nos contentamos de gozar a vida sem preocupação com o dever; ora, sempre há em nós um lado que se apropria da existência em vez de fazer dela dom (do contrário não seríamos "nós"). O dever é pesado para o homem, exaspera-o; no fundo, ele permanece um rebelde, um insubmisso; em seu foro íntimo, constantemente escapa, pesa em sentido contrário, faz de modo a não pertencer senão a si; no próprio seio do dever, está longe do dever e perto de si[16]. Não existe, aliás, no fato de existir, um júbilo que o homem dissimula (e, mais ou menos, se dissimula)? Por que essa dissimulação, senão por uma sorte de vergonha, porque se sente culpado em sua pró-

---

16. Jansenius fala de "um desejo de independência gravado no fundo da alma e escondido nos mais recônditos meandros da vontade pelo qual ela se compraz em ser só de si e não ser submissa a outro, nem mesmo a Deus" (*Discours de la réformation de l'homme intérieur*, trad. fr. Arnauld d'Antilly, 1659, pp. 54-5).

pria existência e inteiramente? Numa palavra, o débito original do homem é exatamente igual a ele mesmo, de maneira que, faça o que fizer, como jamais se libertará de si mesmo, não se libertará jamais de seu débito.

A libertação, no entanto, vem, mas de fora: é a morte, e a dívida se extingue com a morte. Esta não tem, portanto, o trágico e o absurdo que habitualmente lhe atribuem. Se o homem é culpado por essência, a morte é merecida; se é merecida, já não é trágica. Acusar o homem de uma culpa que não pode apagar senão pela morte é fazer da morte a justa sanção da vida, é reduzi-la à dimensão de um castigo. A morte deixa de ser incompreensível, ininterpretável, injustificável; não é nem trágica, nem absurda, não é senão a punição merecida da vida (e não é, para nossa concepção da culpa original, um singular apoio, que ela torne a morte inteligível e como que necessária – a dos adultos, é verdade, pois nada disso é válido para a morte das crianças – ?).

Então, é preciso deixar de ver um escândalo no fato de que a morte atinge indistintamente os justos e os injustos, os bons e os maus, porque, se uns e outros *repetem*, pelo próprio fato de existir (ou seja, inseparavelmente, pelo fato de apropriar-se da existência), a culpa original, os "bons" não são melhores que os maus. Ser bom, ser justo ("Jesus Cristo, o Justo", diz São João, *Primeira Epístola*, 2, 1), o homem é originariamente incapaz de sê-lo (não cria raízes na bondade). Porque, por "bom" que seja, o homem não chega a *acreditar* que *ele mesmo* seja despojado, maltratado, ameaçado, torturado, desesperado, traído, no *outro*; não traz em si, como a constituir *seu próprio destino*, toda a desgraça do mundo; no segredo de seus pensamentos íntimos, separa o seu destino do destino dos outros, não é um crucificado. A distinção do bom e do mau tem um sentido no plano empírico em que a multiplicidade das consciências já está constituída, sua secessão, já consumada, porque os homens podem adotar atitudes diferentes diante dessa própria secessão; no plano originário, ela desaparece: não há mais do que culpados, isto é, homens reciprocamente autores da ruptura primordial pela qual efetuam, operam a separação das almas que pretendem depois *encontrar* já feita (enquanto são eles que a fazem).

Finalmente, os homens são bastante sensíveis ao apelo da caridade para retificar seu julgamento, isto é, para tornar-se capazes de julgar de tudo e de si mesmos a partir da caridade, única medidora, suficiente para ajudar os outros e até mesmo para dar o que possuem e para trabalhar pela felicidade alheia, até mesmo para empenhar a vida inteira em empreendimentos que têm por fim o bem e a felicidade de todos os homens, mas não o bastante para se tornarem *outros*, isto é, para que o próprio coração seja, no seu fundo, mudado. Qualquer que seja sua "boa vontade", permanecem a uma distância imensa do Modelo – ou melhor, a uma distância inexcedível e infinita[17]. Sim, o que quer que façamos, nosso coração, preso aos valores deste mundo, resiste à caridade, permanece como que atado, e esse nó somos nós que o atamos incessantemente (e nós para os outros, e os outros para nós). Impossível libertar-nos a nós mesmos; nossa liberdade não nos liberta, ou se quisermos, ela nos liberta de tudo, mas para nos ligar a nós mesmos. Não é senão uma auto-escravidão. É uma força cujo princípio não reside no homem em si mesmo, que é necessária para desatar seu coração, libertá-lo de sua liberdade ilusória.

1963

---

17. Uma vez que se trata da distância de uma ordem pascaliana a outra (cf. Br. 793).

3

A questão do homem

No horizonte de todas as questões filosóficas, encontra-se a questão da sabedoria: por que viver? Por que viver de um modo e não de outro? (Dizemos questão "da sabedoria", não "da moral", porque a moral está ligada à noção de "dever", e não é esse o caso da sabedoria: o sábio pode admitir que não tem *senão* deveres, que não tem *somente* deveres ou que *não* tem deveres.) Subentenda-se: quando se é homem. O filósofo é o homem que, sendo "homem", descobre que não sabe exatamente o que isso significa. Isso equivale a dizer que ele não pode saber se faz bem em viver como vive durante o tempo em que não respondeu à pergunta: o que é viver como homem? Ou: o que é o homem? A "questão do homem": é essa a questão inicial em filosofia. "Mas, o que é que pode ser isso: um homem? Para uma natureza semelhante, o que pode convir fazer ou sofrer que a torne diferente das outras?" É isso que procura, no dizer de Platão, "aquele que passa a vida a filosofar"[1]. Uma vez que Aristóteles marca o que se chamou "o momento histórico de Sócrates" como aquele em que os filósofos, ao deixar de preocupar-se com pesquisas sobre a natureza, voltaram a atenção para o homem[2], poderíamos achar

---

1. *Théétète*, 174b (trad. Robin).
2. "Com Sócrates, houve progresso, mas as pesquisas sobre a natureza foram então deixadas de lado e os filósofos voltaram a atenção para

que tal questão é propriamente socrática. Mas isso não é verdade. A inscrição "Conhece-te a ti mesmo!" já se encontrava no templo de Delfos antes de Sócrates. Era a saudação do deus aos que chegavam: compara-te a mim, tomando-me por padrão, conhece-te (antes de mais nada: conscientiza-te da distância entre os imortais de um lado e, do outro, os mortais – de que fazes parte). Ou: olha para mim, verás a ti mesmo e, se te mantiveres dentro de teu limite, estarás agindo bem. Então, na realidade, o que o autor da inscrição diz a todo homem que entra é: "Sê sábio."[3] A meditação sobre o homem remonta, pois, às origens da sabedoria grega. Isso seria facilmente mostrado pela obra dos poetas[4]. Um deles, Teógonis (século VI), propõe, pela primeira vez, o problema do mal – sob a forma do problema do sofrimento dos justos (v. 373-85, 742-58). Mas os filósofos pré-socráticos, por sua vez, não são, de modo algum, puros filósofos da natureza. Podemos pensar nas noções de "injustiça" em Anaximandro, de "sabedoria" em Heráclito, nas purificações pitagóricas, na Amizade como sorte do homem em Empédocles, na moderação e no contentamento democritianos.

Entretanto, não pretendemos subtrair nada à originalidade de Sócrates. Há, na história da filosofia, períodos em que o que constitui o problema prioritário é outra coisa que não o homem, e outros, em que é o próprio homem. Ora, não há dúvida de que, para Sócrates, o homem é realmente o problema principal, digamos, o único[5]. O que ele procura é saber

---

as virtudes úteis e a política" (*Parties des Animaux*, I, 642 a 28-31, trad. fr. Le Blond, Éd. Aubier-Montaigne).

3. *Charmide*, 164 e (trad. fr. Chambry). Cf. P. Aubenque, *La prudence chez Aristote*, PUF, 1963, p. 166.

4. Cf. R. Schaerer, *L'homme antique et la structure du monde intérieur d'Homère à Socrate*, Payot, 1958.

5. "Meu único trabalho é ir pelas ruas para persuadir-vos, jovens e velhos, a não vos preocupardes nem com vosso corpo, nem com vossa fortuna tão apaixonadamente quanto com vossa alma para torná-la tão boa quanto possível" (*Apologie de Socrate*, 30 ab, trad. fr. M. Croiset).

A QUESTÃO DO HOMEM

se é possível ou não dar um fundamento à idéia de que o homem se faz por si mesmo. Nossa proposta seria distinguir duas espécies de filósofo: os dogmáticos e os problemáticos. Os primeiros dão ao homem o conhecimento de si mesmo, situando-o na totalidade, os outros procuram menos responder do que aprofundar a questão e valem menos pelas respostas que propõem do que pelas dúvidas que levantam e pelos abalos que provocam. Contam-se entre os primeiros: Aristóteles, São Tomás, Descartes, Kant, Hegel; entre os segundos, Sócrates, Santo Agostinho, Montaigne, Marx, Nietzsche. Não há filosofia – não há "metafísica explícita"[6] – de Sócrates. Entretanto, Sócrates marca toda a história da filosofia ocidental, porque o que ficou dele é a instauração da própria questão do homem como questão *de direito*.

Podemos ver o que é um filósofo problemático perguntando a que se deve o fato de Kant não ser um deles. Ele nos diz claramente que a pergunta "O que é o homem" é a questão última da filosofia[7], e sabemos que, para ele, o domínio da filosofia se resume nas seguintes questões: "O que posso saber? O que devo fazer? O que me é permitido esperar? O que é o homem?", sendo que as três primeiras se relacionam com a última[8]. Mas o que causa espanto é mais o fato de que ele não questiona:

1º O conhecimento. Ele não pergunta: "posso saber?", porque as ciências são realmente dadas, o conhecimento é um fato. Mas "o conhecimento é mesmo um fato"?[9]

---

6. "... neste sentido, ao contrário do que sustentaria mais tarde Zeller, Hegel não estava errado quando contestava a existência de uma filosofia de Sócrates" (Yvon Belaval, *Socrate*, em *Histoire de la philosophie*, Gallimard, t. I, 1969, p. 454).

7. Cf. B. Rousset, *La doctrine kantienne de l'objectivité*, Vrin, 1967, p. 409.

8. *Logique*, trad. fr. Guillermit, Vrin, p. 25.

9. Nietzsche, *La volonté de puissance*, trad. fr. Bianquis, t. I, p. 94.

2º A moral. Ele não pergunta: "*devo* fazer?". "Leis morais puras" determinam o que se deve e o que não se deve fazer. Temos deveres. Mas... temos deveres?

3º O valor da esperança. A religião dá a esperança de obter a felicidade. Mas *quem* tem necessidade da esperança? Não é o "insensato"? O sábio, livre em relação ao futuro e à morte, ainda tem necessidade da esperança?[10]

4º Certa concepção da razão. Há "interesses" da razão, o que significa que a razão tem seus fins próprios, ou tem seu princípio de orientação em si mesma. Mas o fim último da razão não pode ser senão a realização do razoável: a razão se orienta a si mesma, tomando-se a si mesma por fim. Dizer que o interesse supremo da razão é a realização do razoável, isto é, a realização de si mesma, é dizer que seu interesse supremo é o interesse prático[11]. A razão é, pois, proposta *ab initio* como razão *finita*, uma vez que traz em si a exigência (portanto a falta) de sua realização. Entretanto a razão, enquanto exige realizar-se, postula a possibilidade desta realização, logo uma bondade e uma sabedoria fundamentais do Ser (aquilo que se entende pelo nome de "Deus"), sem as quais sua exigência de se realizar não seria razoável, uma vez que sua realização seria impossível. Em outras palavras, a razão foi concebida de maneira a nos conduzir a postular Deus, o que significa que a idéia de Deus já interveio sub-repticiamente na concepção da razão.

---

10. Cf. p. ex. Platão, *Philèbe*, 12 d: "o insensato... tem prazer, por loucas que sejam as opiniões e as esperanças de que está cheio, ao passo que o homem sensato encontra seu gozo em sua própria moderação" (trad. fr. Diès); Epicuro: "A vida tola é sem gozo e inquieta, dirige-se inteira para o futuro" (trad. fr. Solovine, conforme Sêneca, *Ep.*, 15, 9), etc.

11. "... afinal, todo interesse é prático..." (*Critique de la raison pratique*, trad. fr. Picavet, reed. 1949, p. 131). Para uma análise da natureza da razão na filosofia crítica, cf. P. Burgelin, "Kant et les fins de la raison", *Revue de métaphysique et de morale*, janeiro-junho de 1953, pp. 130-52.

Daí – podemos acrescentar a título de corolário – o caráter circular do caminhar filosófico. Como observa P. Burgelin, "a prova filosófica sempre... tem uma espécie de caráter circular, que já implica o que ela deve fundar", e a razão "... quando se trata de seus fins essenciais, cuida de palavras e constrói sobre um círculo a ciência por excelência"[12].

Nesta circularidade, Kant vê, segundo a expressão de P. Burgelin, uma "dificuldade" ligada "à própria natureza da pesquisa filosófica" (*ibid.*). Mas não seria algo completamente diferente de uma simples "dificuldade"?

5º A concepção tradicional do homem como *animal racional*. Nas três primeiras questões de Kant, de que se trata? Do conhecimento, da ação razoável, da esperança razoável, portanto, do homem enquanto razoável. Como para os gregos, a razão é, no homem, aquilo que o *separa* do animal (e de si mesmo enquanto animal), aquilo que o coloca *à parte*. Mas, com que direito o homem se dissocia assim da "multidão das criaturas" (como diz Montaigne)? É que unicamente ele é um ser religioso[13]. "Que outro animal tem uma alma capaz de reconhecer a existência dos deuses?", pergunta o Sócrates dos *Memoráveis* (I, IV, 13). Deus é, por excelência, o ser razoável; o homem, que tem a capacidade de "reconhecer Deus", tem uma faculdade de essência divina: a razão ou o intelecto[14]. É

---

12. *Loc. cit.*, p. 133.
13. Cf. Max Scheler, *L'homme et l'histoire*, trad. fr. Dupuy, Aubier, p. 29. Os elefantes, diz Montaigne, "têm alguma participação de religião, tanto que após diversas abluções e purificações, nós os vemos, erguendo a trompa como braços e mantendo os olhos fixos para o sol nascente, postar-se demoradamente em meditação e contemplação a certas horas do dia..." (*Essais*, II, XII, p. 468 Villey). Mesmo fazendo uma brincadeira sobre o fato – ele não acha mais do que nós, nem é preciso dizer, que os elefantes estejam rezando –, Montaigne, com a expressão mais inocente do que nunca, lança uma bomba destinada a atingir, em seu princípio, o dogma da superioridade do homem.
14. Assim, em Aristóteles, a atividade teorética é aquilo que há, ao mesmo tempo, de divino e de mais verdadeiramente humano no homem.

por ela que ele é a imagem de Deus. E é exatamente isso que é o homem para Kant: a imagem de Deus[15]. O homem pensa ir de si a Deus, mas, na realidade, na concepção tradicional do homem, a idéia de Deus já está pressuposta na idéia de homem. Kant faz sua, sem a questionar, a noção de homem que ele recebe da tradição. Como diz Eric Weil: "Consta que o fundamento último da filosofia kantiana deve ser procurado na sua teoria do homem... Mas Kant não faz desse fundamento o tema de sua reflexão, não o tematiza."[16] Portanto, na verdade, Kant não levantou o problema do homem. Então, a crítica kantiana só podia *fundar de outro modo* certa idéia que o homem fazia de si mesmo, isto é, não podia senão confirmá-la. Kant não podia dar ao homem uma nova idéia dele mesmo.

Mas, não basta constatar que Kant não é o que chamamos de filósofo "problemático"; é preciso compreender por quê. Para tanto, há que sublinhar o correlato do termo "homem", ou seja, "Deus". Na verdade, perguntar "O que é o homem?" é admitir uma essência[17] ou uma verdade do homem (o que significa *uma* maneira universalmente definível de ser verdadeiramente homem). Isso supõe que exista uma medida em relação à qual o homem se encontra definido em sua verdade. É este ser-medida que é chamado "Deus". Para os sofistas da linha de Protágoras, "o homem é a medida de

---

15. "O homem não é senão a imagem de Deus: donde se conclui que Deus é o original do homem..." (E. Weil, *Problèmes kantiens*, Vrin, 1963, p. 47).

16. *Ibid.*, p. 33.

17. Dizemos uma "essência", não dizemos um "conceito". Um conceito pode ser dito "empírico", e então corresponde ao que são efetivamente as coisas de que há um conceito; mas a essência corresponde sempre àquilo que elas são por direito. É mesmo evidente que, embora não admitamos fundamento da questão do homem (como questão de direito), falaremos dos "homens" e do "homem". Teremos, pois, um conceito, mas este conceito só servirá para designar os homens de que há experiência, não encerrará de forma alguma um "conhecimento" do homem em sua verdade.

todas as coisas" – o homem, e não os deuses. Não há, pois, verdade do homem. Por exemplo, o que é justo se confunde com aquilo que, para cada indivíduo ou para cada grupo de cidadãos, parece sê-lo, porque não há verdade quanto ao modo de agir. Para Sócrates, ao contrário, existe uma verdade a respeito da maneira, para o homem, de viver e de conduzir-se na vida. Há uma essência do homem que permite definir um ideal do homem, um homem de direito. O homem pode, portanto, perguntar legitimamente o que ele é (na sua verdade); e a resposta é que o homem não pode se conhecer senão ao olhar para o divino. Ouçamos o que diz Sócrates a Alcibíades: "Se agirdes justa e sabiamente, tu e a república, vossas ações serão agradáveis aos deuses..., vós agireis com os olhos voltados para o que é divino e luminoso... E então, ao olhardes para esta luz, vós vos vereis, e conhecereis a vós mesmos, assim como os bens que vos são próprios."[18] Ou então: "É olhando para Deus que encontraremos o mais belo espelho das coisas humanas para reconhecer a virtude da alma, e é assim que poderemos ver-nos da melhor maneira e conhecer a nós mesmos."[19] O que é esse Deus de quem o homem necessita para que haja uma verdade dele mesmo? Platão e Aristóteles dirão: o Inteligível (ou, acima do Inteligível, o Princípio da Inteligibilidade). Então, correlativamente, viver uma vida verdadeiramente humana será viver, antes de tudo, a vida da inteligência. Com Santo Agostinho, instaura-se uma nova idéia do homem, que doravante orientará a meditação filosófica. É certo que é sempre com relação a Deus que a questão do homem é proposta, mas agora é uma questão pessoal, e é a Deus que ela é dirigida: "O que sou eu, pois, meu Deus? Qual é a minha natureza?"[20] É de mim que se trata: não da alma

---

18. Platão, *Premier Alcibiade*, 134 d (trad. fr. Chambry, Éd Garnier).
19. *Ibid.*, 133 c.
20. "Quid ergo sum, deus meus? Quæ natura sum?" (*Confessions*, X, cap. XVII). Cf. B. Groethuysen, *Anthropologie philosophique*, Gallimard, 1952, cap. VI.

e de Deus, mas de *minha* alma e de *meu* Deus. Deus agora é alguém a quem falar. O que quer que me aconteça e o que quer que eu seja para os homens, sou uma pessoa para um Deus que é, ele mesmo, uma Pessoa. Ora, esse Deus de Santo Agostinho, o Deus cristão, também é o de Kant. Kant, que não o coloca em questão, não podia tampouco colocar em questão o homem, que é o seu correlato. Eis por que, no nosso entender, ele não é um filósofo problemático[21].

A idéia de homem voltou a tornar-se uma idéia nova com Marx. Mas como o cristianismo era, para Marx e também para Hegel, a "religião absoluta", como era inconcebível que a noção cristã de deus fosse ultrapassada, o homem só podia, então, tornar-se novamente um problema para um filósofo cujo pensamento se desenvolveria a partir do postulado do ateísmo. Entretanto Marx não podia limitar-se a substituir a antiga concepção da essência do homem por uma nova. Teria sido aceitar a própria posição da questão, o que significa que, correlativamente, teria sido aceitar manter formulada a questão de Deus. Na verdade, Sócrates percebera – e esta intuição havia até então dominado a filosofia ocidental – que, em última aná-

---

21. Um exemplo do estilo dogmático (a *nosso* ver) de Kant: (não podemos esperar encontrar um dia demonstrações evidentes das propostas: existe um Deus, existe uma vida futura) "Mas também é apodicticamente certo que não se poderá jamais encontrar alguém que possa afirmar o contrário com a mínima aparência de razão..." (*C. R. Pure*, trad. fr. T.-P., 1963, p. 509). E entretanto! (A consideração do mal absoluto não dá uma fortíssima razão para rejeitar a hipótese teísta?) – Ao contrário, Montaigne: "Fazem-me odiar as coisas verossímeis quando mas colocam como infalíveis. Gosto destas palavras que abrandam e moderam a temeridade de nossas propostas: *Ao acaso, De modo algum, Algum, Dizem, Penso*, e outras que tais. E se eu tivesse de educar crianças, ter-lhes ia posto na boca essa maneira de responder inquiridora, não resolutiva: O que dizer? Não entendo. Poderia ser. É verdade? Para que conservassem mais o modo de aprendizes aos sessenta anos do que parecessem doutores aos dez anos, como fazem" (*Essais*, ed. cit., III, XI, p. 1030).

lise, o homem só se conhece por reflexão sobre o divino. Dizíamos que a questão do homem fora instaurada por Sócrates como questão de direito, o que, em outros termos, significa que a questão do homem e a questão de Deus haviam sido ligadas como questões exatamente correlativas. Então, o ateísmo de Marx não podia consistir em fundar uma resposta negativa à questão de Deus. Essa questão devia ser tratada de imediato como uma pseudoquestão, vazia de sentido (embora o próprio fato de a formular não seja vazio de sentido), ou como aquilo a que chamamos uma questão ideológica. E, por sua vez, a questão do homem – como questão de direito – tornava-se, também, uma questão ideológica. Não há essência ou verdade do homem, não há mais do que os homens reais criadores de si mesmos no processo imprevisível e inantecipável da história. Não existe, de modo geral, um problema "do homem", porque não existe problema eterno, existem apenas os problemas do momento.

Porém, não menos essencial do que a ligação entre "Deus" e "homem" é a ligação entre a idéia de "Deus" e a idéia de "verdade" (portanto também com as idéias de "ciência" e de "conhecimento"). Pensar que há uma verdade a respeito do que existe é admitir que há uma única forma "verdadeira" de ver as coisas, que exprime a realidade "tal como ela é". Mas o que é a realidade "tal como ela é"? A expressão remete, idealmente, a um conhecimento absoluto. A realidade "tal como ela é", quer dizer, tal como ela se oferece a um olhar absoluto, o de Deus – porque Deus é precisamente o ser para quem o que é é como é. Inversamente, o pensamento divino é pensamento "verdadeiro" porque, nele, a própria realidade se pensa. A verdade é sempre, no fundo, "desvelamento", no sentido em que o véu já está sempre tirado para Deus, e que ver as coisas tais como são "verdadeiramente" seria vê-las do ponto de vista de Deus. Kant, é certo, insiste no lado ativo do conhecimento. Mas esta atividade não é de modo algum essencial ao conhecimento como tal. Não é senão a condição do conhecimento num ser para quem o tempo é a forma necessária de todas as representações. O estatuto do entendimento discursivo só é determinado correlativamente ao estatuto de um entendimento intuitivo, ou "arquétipo" que, sem usar de conceitos e sem a receptividade da intuição sensível, intui as coisas em si mesmas. É tomando como fundamento a idéia de um outro entendimento além do entendimento humano que são afirmados a relatividade e os limites de nosso conhecimento. Assim, em Kant, o conhecimento (como tal – não o conhecimento humano, mas o Conhecimento) ainda é compreendido como percepção imediata e intuitiva, como olhar (mesmo se o que é olhado é, por isso mesmo, criado). Isso significa que uma verdade do ser precede sempre a verdade humana (há o que a realidade é de verdade, e depois há o que ela é para o homem). Mas, se "Deus morreu"[22], a verdade-desvelamento deixa de ser a medida da verdade humana. Em particular, o progresso do conhecimento científico não pode de modo algum ser compreendido como tendendo a nos revelar, enfim, a coisa mesma. Porque não há "coisa mesma", imutável à espera do conhecimento. Tudo o que existe vem a ser, não há ser que não esteja seguro de seu nada. Conhecer é "apropriar-se" de um mundo instável, é retê-lo, interiorizá-lo "reproduzindo-o" no pensamento[23]. Mas o que será retido? Aquele que conhece não é um "sujeito do conhecimento" anistórico, é um homem ligado a outros homens, engajado numa prática social. E o mundo teórico desses homens atuantes está necessariamente ligado ao mundo de sua "prática", quer tenham eles consciência disso ou não. Como conceber esta ligação? Prática é ação,

---

22. O que Nietzsche constatará como um "evento *recente*" ("O maior dos grandes eventos recentes – a 'morte de Deus', o fato, em outras palavras, de que a fé no deus cristão foi despojada de sua plausibilidade – já começa a lançar sua sombra sobre a Europa", *Le gai savoir*, § 343, trad. fr. A. Vialatte).

23. Cf. *Introduction générale à la critique de l'économie politique* (1857), *Œuvres de Marx*, Gallimard (Pléiade), t. I, pp. 255-6.

e agir é mudar o mundo (um mundo que muda, por sua vez): prática é transformação do mundo. Mas um mundo que muda deve ser continuamente repensado, e a missão do "teórico" é repensá-lo. Se a tarefa não está jamais acabada, não é porque ele esteja se aproximando indefinidamente da "coisa mesma", que, nesse caso, teria de ser suposta imutável, é que a própria realidade, por não estar feita de uma vez por todas, mas por estar em perpétua gestação, dá-lhe incessantemente uma nova matéria de que deve apropriar-se pelo conhecimento (hoje, a tarefa de um teórico marxista consiste certamente em "ler *O capital*", mas para pensar o mundo real – aquilo para que *O capital* não pode bastar –, isto é, não o que o mundo *foi* há um século, mas o que ele *é*). Ora, esta apropriação, ou conhecimento, não consiste em reter todos os dados, e sim em selecionar o essencial (a fim de integrá-lo na memória da humanidade). Mas, o que é "essencial"? O que é que os homens devem saber? Isso depende da idéia que se tem das tarefas do momento (um momento da história do mundo, que pode ser longo...). Ou: a idéia que os homens fazem daquilo que deve ser conhecido (daquilo que merece ser sabido)[24] depende da idéia que os homens têm da maneira de ser homem, e esta mesma idéia depende da maneira como produzem e reproduzem sua vida material e de sua situação real no processo de produção. Estamos vendo: é mais uma vez o homem que vamos encontrar, ou melhor, não o "homem", mas os homens criadores-destruidores (e apropriadores) do mundo e, correlativamente (uma correlação que substitui a antiga correlação "Deus"-"homem"), criadores-destruidores de si mesmos[25].

---

24. Por exemplo, e embora ele tivesse sondado essa possibilidade, as ciências que nos tornam "como senhores e possuidores da natureza" não podiam interessar ao homem da era pré-industrial, que ainda não pensa numa "dominação" qualquer sobre a natureza, uma vez que se sente nela como numa Providência.
25. Cf., por exemplo: "Dizemos aos operários: Vocês devem atravessar quinze, vinte, cinqüenta anos de guerra civil e de lutas nacionais,

Mas, se não há essência ou verdade do homem, e portanto nenhuma medida em relação à qual julgar o que um homem vale ou não, a moral volta a tornar-se um problema, o que deixara de ser desde Sócrates (porque o desacordo tivera por objeto a maneira de instituir a moral, não a possibilidade de fundá-la)[26]. Esse foi o problema de Nietzsche. Nietzsche, dizem, não foi um filósofo "muito original"[27].Talvez. Podemos achar que suas melhores idéias não são originais (como a sua dia-

---

não só para mudar as condições, mas para mudarem a vocês mesmos..." (*Enthüllungen über den Kommunisten Prozess zu Köln*, Éd. Mehring, p. 52, citado por S. Hook, *Pour comprendre Marx*, trad. fr. Mario Rietti, Gallimard, 1936, p. 224; o texto é de 1850).

Nota: Assim, o postulado do ateísmo acarretava uma modificação dos conceitos de "verdade", de "conhecimento", de "ciência". Em particular, uma vez que a realidade, em vez de já estar feita, estava perpetuamente em processo de constituir-se, era preciso conceber a essência da própria ciência, não de acordo com as ciências da natureza, cujo objeto só muda muito lentamente, mas de acordo com a nova ciência das formações sociais e de seu desenvolvimento, o materialismo histórico. (Mas, no sentido lato, ou como diz Marx na *Introduction générale...*, ed. cit., p. 266, "o termo *natureza* designa tudo o que é objetivo, inclusive a sociedade", toda ciência é ciência da natureza; as próprias matemáticas não são uma ciência que prescindem de sua relação à natureza.) É nela que podemos ler, como por efeito de uma ampliação, os traços essenciais de toda ciência que, com as ciências da natureza e da vida, permanecem na sombra. Antes de tudo, é evidente que uma ciência não é de modo algum conhecimento "puro", é, para os homens atuantes, uma forma fundada de apropriar-se do real pelo pensamento. Contra o positivismo, é preciso concebê-la como "teoria". E o correlato da "teoria" é a prática – a prática como critério da teoria. Porque o critério do valor da teoria não é de modo algum teórico (por exemplo, a "universalidade" e a "necessidade" que pensamos terem as nossas concepções não provam absolutamente que estas sejam "reais").

26. O próprio sábio epicurista tem todas as virtudes morais, embora não acredite, porque o interesse da sabedoria comporta-as.

27. "Nietzsche certamente não é um filósofo muito original" (E. Faguet, *En lisant Nietzsche*, Paris, 1904, p. 319).

lética da aparência – segundo a qual, ao abolir o "mundo verdade", estamos abolindo também o mundo das aparências)[28], que suas idéias originais têm uma "credibilidade" muito fraca. Mas o que importa é que ele as tome sempre em sua significação vital. As idéias já não estão confrontadas com uma realidade que deviam nos dar a compreender. Nietzsche só as experimenta em si mesmo: a supô-las verdadeiras, o que resulta em sua vida? Dão a ela maior ou menor intensidade? Nietzsche faz de si mesmo um laboratório de experimentação antropológica. Mas experimentação que é própria de um alquimista, não de um cientista. Ele persegue um sonho de transmutação. Para ele, questionar é colocar-se na questão: ele opera uma transmutação dos problemas em sofrimento, depois do que procura a fórmula mágica que transmutaria todo esse sofrimento em alegria (o "eterno retorno" é essa fórmula mágica: a idéia, em si mesma, não tem nenhuma solidez diante do pensamento). Mas os alquimistas nunca ensinaram coisa alguma a ninguém. O resultado de Nietzsche é tornar o homem mais só do que antes. O problema moral não pode ser eludido, pois não podemos viver sem que tenhamos um fundamento para viver como vivemos. Mas, se "Deus morreu", se "o conceito de verdade é absurdo"[29], se não há mais homem "universal" ou "ideal"[30] – mas somente singularidades livres –, não resta ao homem senão ser um artista da existência. "Redução da moral à estética!!!"[31] Com que direito, neste caso, dizer a uma criança: "Não matarás"? Não que Nietzsche caia no indiferentismo axiológico. As morais se julgam pela qualidade dos

---

28. Cf. *Le crépuscule des idoles*, trad. fr. H. Albert, Mercure de France, p. 109, *La volonté de puissance*, ed. cit., I, p. 102, etc.

29. *La volonté de puissance*, ed. cit., t. II, p. 102.

30. "O que é novo é que nossa probidade nega a existência do homem em geral, ela não quer prática moral universal, nega os fins comuns" (*ibid.*, t. I, p. 148).

31. *Ibid.*, t. II, p. 136. Cf. p. 252: "... a moral é questão de gosto".

homens que tornam possível. Mas quem decidirá sobre esta qualidade? "Superioridade de Petrônio sobre o Novo Testamento", diz Nietzsche. Eis que ele está, pois, reduzido a nos comunicar seus gostos e seus decretos arbitrários. A humanidade se divide em múltiplas espécies. Mas então, com que direito querer que nossos filhos se assemelhem a nós (em nossos ideais)? O homem já não tem direito algum de ser educador.

Ora, o problema de Nietzsche é eminentemente atual. Propomo-lo assim: existe ou não uma verdade do homem? Ou: a palavra "homem" corresponde apenas a um conceito empírico e, neste caso, exprime somente o fato de que os indivíduos têm caracteres comuns (por exemplo, o de poder integrar-se em sociedades de determinado tipo), ou corresponde a uma essência, ou seja, significa que há entre estes indivíduos, enquanto participam da idéia de "homem", relações de direito? Dirão que um homem nunca reconhecerá simplesmente outro homem como reconhece uma lanterna ou um coelho: irá constatar: "É um homem", mas não será mera constatação, pois todo homem se apresenta como um ser *que-tem-direitos*; é precisamente isso que é um homem: um ser através do qual aparece imediatamente a diferença do fato e do direito. Admitimos isso, mas a questão é: existem entre os homens *verdadeiras* relações de direito? Ou: existem entre eles outras relações de direito além das que abrangem apenas relações de força, ou seja, simples relações de fato? Em Atenas, o escravo estava, em princípio, fora do direito, não tinha capacidade jurídica[32]. Podia, pois, ser visto como uma coisa, um ser sem direitos. Juridicamente é o que ele era. Somente o olhar humano reconhecia nele, apesar de tudo, um homem. Era um homem escravo. Mas o que significa "homem escravo"? Há que enten-

---

32. Na verdade, esta regra geral da incapacidade foi logo atenuada. Cf. L. Gernet, Introduction aux *Lois* de Platon, "Les Belles Lettres", t. I, pp. CXIX ss.

der "homem, *mas escravo*", ou "escravo, *mas homem*"? Os dois termos da alternativa designam duas morais, duas políticas, dois tipos de filosofia. Para Aristóteles, o escravo é um homem – mas escravo: "aquele que, por natureza, não pertence a si mesmo, embora sendo um homem, mas é a coisa de um outro, esse é escravo por natureza; e é a coisa de outro, todo homem que, *apesar de sua qualidade de homem*, é uma propriedade, uma vez que uma propriedade não passa de um instrumento de ação e separado do proprietário"[33]. Para os sofistas, sem dúvida, o escravo é escravo, mas homem em primeiro lugar: "Apesar de sermos escravos", diz uma personagem de comédia (no caso, o porta-voz deles), "*não somos menos homens do que tu*, meu amo; somos feitos da mesma carne. Ninguém é escravo por natureza; é o destino que torna escravo o corpo."[34] Platão censura a democracia por conduzir àquilo que lhe parece o cúmulo do abuso: a anarquia dos escravos, "quando os homens e as mulheres que se compram não são menos livres do que aqueles que os compraram"[35]. Porque a Atenas democrática era genialmente sensível à contradição, no escravo, entre a sua humanidade e o seu estado de escravidão, e a percepção dessa contradição se traduzia por um comportamento espantosamente contraditório em relação ao escravo, ao qual, apesar de sua incapacidade jurídica, era assegurada uma proteção legal – proteção "contra o senhor, contra terceiros e contra o próprio Estado"[36]. Indignavam-se os adversários da democracia. Platão também. Também o autor (Tucídides?) da *República dos atenienses*: "Quanto aos escravos e aos metecos, em Atenas, eles gozam da maior liberdade: não temos o direito de bater-lhes, e o escravo não se curvará à

---

33. *Politique*, I, 4, 1254 a 13-7 (trad. fr. Tricot).
34. Philémon, fr. 94 Kock, citado por G. Glotz, *La cité grecque*, reed. Albin Michel, 1968, p. 267.
35. *République*, VIII, 563 b (trad. fr. Chambry).
36. G. Glotz, *op. cit.*, p. 398.

nossa passagem"[37]; certamente há uma boa razão para esse costume (a indistinção na indumentária dos escravos e dos homens livres do povo), mas é verdade que seres consagrados à não-liberdade gozam de uma liberdade singular (em particular da liberdade da palavra, I, 12). O que significa, para um escravo, ser "homem"? Sendo "homem", deve ele continuar sendo escravo? Certos sofistas (Licofronte, Alcidamas...), a partir de certa idéia das relações naturais (ou de direito – de outro direito que não o das convenções, do interesse e do arbitrário) entre os homens, reclamaram a abolição das distinções sociais e a igualdade. A noção de "homem", ao revelar, no direito social, um simples direito *de fato*, põe em questão qualquer ordem humana. Introduz a questão do fundamento e, com isso, divide os homens (ou serve como reveladora para as suas divisões), isso até que deixe de existir o desacordo através do conhecimento filosófico do homem. Mas quem pode pretender que tenhamos dado um passo em direção a esse conhecimento? O que significa reconhecer num ser, num vivente, a qualidade de "homem"? Mais do que nunca, é difícil dizê-lo; porque o homem nunca foi tão problemático quanto hoje. "Nenhuma época acumulou, sobre o homem, tão numerosos e tão diversos conhecimentos quanto a nossa", escreve Heidegger, e acrescenta: "Mas também, nenhuma época soube menos o que é o homem."[38] Marx e Nietzsche permitiram considerar aquilo em que não se pensava – pelo menos se nos restringimos à tradição filosófica clássica: a antítese da afirmação de uma essência ou de uma verdade humana, portanto, permitiu radicalizar a questão do homem. Hoje os termos da aporia se apresentam nitidamente, e a concepção tradicional do homem pode ser objeto de um exame aporético. Outrora, não

---

37. I, 10, trad. fr. Chambry (nas *Œuvres* de Xenofonte: *Anabase*, etc., Garnier, 1954, p. 511).
38. *Kant et le problème de la métaphysique*, trad. fr. de A. de Waelhens e W. Biemel, Éd. Gallimard, p. 266.

escapávamos a um domínio definido de postulação (e os pensadores radicais, como Montaigne, não viam sua importância reconhecida); hoje, podemos dizer, nada mais é evidente: a escolha a respeito do homem nunca foi tão grande.

Isso no plano do pensamento, porque, na verdade, encontramo-nos continuamente às voltas com novos dogmatismos, particularmente no âmbito da moral. Hoje, para o pensador, pesa uma dúvida essencial sobre a moral em sua justificação final. Mas por outro lado, os filósofos são, em geral, homens que desejam a justiça. Todavia, como voltam as costas às questões fundamentais[39], principalmente sob influência do marxismo, sua vontade de justiça se apresenta dogmaticamente. Para eles, está claro que é preciso querer a justiça, portanto, querer a revolução, se a revolução da justiça passa pela revolução, etc. Mas o filósofo deve perguntar: *por que* desejar que os homens tenham possibilidades iguais de viver humanamente (questão que diz respeito à origem radical do homem e de nós mesmos)? Por que (se as duas questões estão ligadas) querer a revolução? Trata-se de "interesse"? Mas esse interesse é duvidoso para os adultos, quem quer que eles sejam. O interesse dos operários é lutar por uma jornada de trabalho menos longa, por um ritmo de trabalho menos rápido, lutar contra a tendência à redução do valor do salário, etc. Mas, o que lhes traria a igualdade das possibilidades, uma vez que, por terem passado da idade em que se aprende, por estarem, com freqüência, prematuramente envelhecidos e desgastados, não podem mais obter proveito disso? É evidente que, se a revolução se impuser, isso só poderá ser em prol das crianças. Ora, agir em prol das crianças não é a essência da atitude moral? Quando o adulto é frágil e precisa de ajuda, é acidentalmente,

---

39. "A idéia de que a filosofia possa ter algo a fundar é uma das idéias fundamentalmente estranhas ao que chamamos de filosofia marxista" (L. Althusser, *Bulletin de la société française de philosophie*, outubro-dezembro de 1968, p. 176).

porque isso acontece por causa da injustiça social, das casualidades e dos acidentes da vida, etc. Mas as crianças são essencialmente frágeis, e é por causa delas que a moral (se a vida moral consiste, em suma, em não viver só para si) continuará a ser humanamente essencial. O imperativo da revolução é um imperativo moral.

Mas, a questão é saber se existe "imperativo". *É necessário* desejar a justiça?[40] Existe uma "justiça" que seja preciso desejar? Depois de decorridos vinte séculos, voltamos aos sofistas e a Sócrates (exceto por podermos acreditar no progresso? concordo!, com a condição de acrescentar aquilo que sabemos desde algumas décadas: que toda vontade de progresso é, à sua revelia e a despeito dela mesma, vontade de retrocesso, que querer o progresso é também querer o contrário). Marx concebe os operários trabalhando enfim "nas mais dignas condições, nas mais conformes à sua natureza humana"[41]. Isso nos coloca no centro do problema do homem (se pelo menos pensamos ter de compreender o sentido das palavras). Então, se deve existir uma "moral marxista", esta não pode extrair seu fundamento senão de uma certa idéia do homem. Mas, se o homem alienado é aquele que "perdeu o seu ser, a sua essên-

---

40. A própria questão tem algo de chocante, de tanto que a resposta é, em geral, evidente. Até agora, diz Nietzsche, "os moralistas consideraram sagrada e verdadeira a moral respeitada pelo povo, e não procuraram senão sistematizá-la, isto é, vesti-la com as vestes da ciência. Nenhum moralista ousou examinar-lhe a origem: ela era da competência de Deus e de seus mensageiros" (*La volonté de puissance*, ed. cit., t. I, p. 115). É chegado o momento de "examinar a origem", de perguntar *por que*: "Que consideceis esta necessidade de um por que, de uma crítica como a forma *atual* de vossa moralidade como a mais sublime moralidade..." (*ibid.*). Convém não fazer como se *fosse evidente que*... "O que é a moeda falsa em moral? Pretender *saber* o que são 'o bem e o mal'" (*ibid.*, p. 116). Mas então "esse bem e esse mal existem"? (*ibid.*).

41. *Le capital*, Éd. Sociales, t. VIII, p. 199.

cia", e se o comunismo é a "realização do ser do homem"[42], esse fundamento encontra-se, de maneira extremamente tradicional, na noção de um ideal do homem, de um homem *de direito*. Mas, "alienação" em relação a quê? Em relação ao homem tal como deveria ser, tomado como medida. Ora, o homem "tal como deveria ser" é aquilo a que chamamos o homem "de direito". Vimos, no entanto, que o marxismo consiste antes de mais nada na rejeição dessa concepção do homem, e que Marx, a respeito da noção de uma "alienação do ser humano", fala de "palavrório filosófico"[43]. Então, em qual idéia do homem deitará raízes a moral marxista? Ou não existe "moral marxista"? Mas, neste caso, por que aquele cujo olhar atravessa o véu de Maia das ilusões ideológicas iria complicar a própria existência ao desejar a revolução? Por que o operário, cuja alienação econômica como trabalhador (a que está descrita em *O capital* – alienação do proletário, não do "ser humano") seria, então, acidental, não essencial, não se "desalienaria" por um processo de liberação puramente individual, por exemplo, meditando sobre as *Máximas fundamentais* de Epicuro?[44]

A questão do homem não pode, pois, ser eludida. É verdade que já não é possível perguntar "o que é o homem" como se fosse evidente que existe uma essência do homem, e é isso mesmo que está em questão. O que deve ser indagado é: o que vale a questão do homem (como questão de direito)? Existe ou não uma verdade do homem? É o que chamamos de forma aporética da questão. Mas, não se trata mais uma vez, sob esta forma nova, de uma questão "ideológica"?

---

42. R. Garaudy, *Qu'est-ce que la morale marxiste?*, Éd. Sociales, 1963, pp. 129 e 155.

43. *Manifeste Communiste*, trad. fr. Rubel, em *Œuvres* de Marx, ed. cit., t. I, p. 187.

44. Se nos limitarmos a satisfazer as necessidades "naturais e necessárias" (no sentido epicurista), o salário mínimo, em nossos países, permite adquirir muito mais bens do que necessita um sábio.

De modo algum, uma vez que o objeto da questão é se ela é ou não "ideológica". Para que a questão "O que é o homem?" possa ser examinada aporeticamente[45], há que se interrogar sobre o que ela significa. Torna-se claro, então, que encerra múltiplas significações, que abrange diversas questões. Estamos, pensamos, neste ponto, nas questões kantianas. Entretanto não é por aí que se deve começar, pois as questões de Kant são propostas *para* que a resposta seja a filosofia transcendental, são questões que vêm no final. Mas, se interrogarmos ingenuamente, à maneira socrática, não como alguém que sabe, mas como alguém que não sabe[46], somos conduzidos a perguntar: aquilo que distingue o homem, aquilo que o constitui, aquilo que o significa (o que representa ser "homem", no real), aquilo que o espera.

1º A questão da diferença: por meio de quê se distingue o homem do resto? O que o define? O que tem ele de próprio? Foram múltiplas as respostas, o que mostra que o princípio que preside à determinação do caráter próprio do homem não é de forma alguma empírico. De fato, empiricamente, a sociabilidade, ou a fala, podem ser constatadas, tão bem, ou tão mal, quanto a liberdade, a religiosidade, o trabalho, a inteligência refletida, o recalcamento ("o homem é o animal que recalca a si mesmo", diz Norman Brown), a criatividade artística, o senso moral, etc. Não haveria, neste plano, razão alguma para escolher. A escolha entre esses caracteres supõe, então, que estejamos nos referindo a um critério de escolha não empírico. É sobre o fundamento de uma idéia do homem

---

45. O termo é considerado em sentido aristotélico (cf. Lalande, *Vocabulaire*, art. *"aporie"*, sentido A). Mais adiante, a expressão "aporia do ser" é considerada em sentido moderno (Lalande, sentido B).

46. Segundo Festugière, "a maneira de Sócrates era inocente": Sócrates "realmente não" sabe. (*Socrate*, Flammarion, 1934, p. 97). Cf. Y. Belaval, *loc. cit.*, p. 455.

previamente proposta que se escolhe o caráter distintivo, que se torna então caráter "essencial", e que se opera a passagem do fato ao direito que se traduz pela noção de uma essência do homem. Foi assim que os gregos escolheram a razão para distinguir – separar – o homem do animal porque, para eles, a razão parecia ser a faculdade pela qual o homem tem conhecimento do divino. O que presidiu à escolha da definição foi certa idéia do lugar do homem no real, mais precisamente, a idéia de uma relação privilegiada do homem com aquilo que há de mais real no real. Então, por direito, a definição do homem como *animal racional* não se impõe mais do que a representação do real que pressupõe. Ela repousa numa escolha livre, o que quer dizer "arbitrária" para quem faz outra escolha.

2º A questão da constituição (ou estrutura): o homem é um composto? Neste caso, qual das "peças"[47] que o constituem é a principal? Qual delas importa em primeiro lugar e merece os seus "cuidados"?[48] Até aqui, o ser humano foi dividido em dois lados (mesmo que separemos os dois lados para, imediatamente depois, dizer que é preciso uni-los): um, que permaneceu mais ou menos constante desde os pitagóricos – o corpo –, o outro, cuja concepção muito tem variado – o espírito (ou a alma, a consciência, etc.). Até Kant, o problema da constituição do homem foi proposto como um problema de "composição", em termos de "alma" e de "corpo", de "relações da alma com o corpo", com prioridade de um sobre o outro, ou de igualdade, ou de identidade: o homem é sua alma (ou seu espírito, ou seu intelecto) e tem um corpo[49], ou

---

47. Como diz Montaigne.
48. Como diz Sócrates.
49. Por exemplo: "o que faz de cada um de nós aquilo que ele é não é nada mais que sua alma, ao passo que o corpo é uma aparência de que cada um de nós está individualmente acompanhado". Platão, *Lois*, XII, 959 ab (trad. fr. Robin).

é a união (ou a identidade) de uma alma com um corpo[50]. Depois de Kant e Rousseau, a noção de "alma" cedeu decididamente o lugar à noção de "consciência", com a dupla disjunção: "consciência transcendental-consciência empírica", "consciência psicológica-consciência moral"; e a noção de "consciência" devia trazer, por sua vez, a noção de "inconsciente". A substituição da "alma" pela "consciência" exprime uma transposição de significação. Porque a noção de alma (espiritual) significava que o homem estava fundamentalmente *não ligado* ao mundo, isto é, ao perecível, ao devir, à morte, enquanto a noção de "consciência" manifestou-se, com as noções de "intencionalidade", de "abertura", de "ser-no-mundo", etc., como significando exatamente o contrário. Todavia, até este ponto, a dissociação inicial do homem em duas partes não foi questionada. Mas esta dissociação, ou divisão, corresponde a uma constatação empírica? De modo algum, porque os dois termos estão longe de ser sempre observáveis. Em particular, se o corpo pode ser observado, a "alma" não pode sê-lo. A noção de alma é, na origem, uma noção visivelmente religiosa. Sabemos que os homens pré-históricos (que bem cedo inumaram os mortos provendo-os de mobiliário funerário), os dos primeiros tempos históricos, bem como os primitivos atuais, não pensam de modo algum o morto como morto (aliás, a religião é o grande obstáculo para a tomada de consciência da morte), mas como vivendo no além-túmulo. Foi este homem do além-túmulo que se tornou "alma". A recusa fundamental do devir e do perecível exprimiu-se pela distinção, no homem, entre aqui-

---

50. Por exemplo: "E quando dizes, alhures, Platão, que será à parte espiritual do homem que caberá gozar as recompensas de outra vida, tu nos dizes coisa de tão pouco de aparência. Porque, por conta disso, não será mais o homem, nem nós, por conseguinte, a que tocará esse gozo, pois somos feitos de duas peças principais essenciais, cuja separação é a morte e a ruína de nosso ser" (Montaigne, *Essais*, II, xii, ed. cit., p. 519).

lo que morre e aquilo que não morre. Hoje, a origem da distinção foi esquecida, os termos da relação mudaram. Entretanto a cisão continua. Vemos colocarem em paralelo a "consciência" (ou a "vida psíquica") e o "corpo". É verdade que esses conceitos podem ser considerados empíricos, mas neste caso, como (quanto à estrutura do ser humano) se efetuará a passagem do fato ao direito, do conceito à essência? Não se trata, doravante, de uma questão vazia?

3º A questão do estatuto: o que é o homem no real? O que ele é entre os seres? Mas, antes de tudo: o que é o real (em seu conjunto)? E o que é que é real? Ou tudo o que há "existe" do mesmo modo, ou admitimos graus, ou níveis no real. Nesta última hipótese, em que "nível" se situa o homem? Pode ser num nível intermediário ou num nível mais alto? No primeiro caso, o lugar do homem é determinado, na hierarquia dos seres, a partir de certos seres-de-referência e, antes de tudo, a partir do ser "verdadeiro" ou "absoluto" que serve de medida (metafísica do ser); ou, ao contrário, os componentes fundamentais do real são determinados por análise do ser do homem enquanto este os implica quando, ao menos, queremos compreendê-lo (metafísica do sujeito). No segundo caso, em que o homem está no nível mais alto, e é o que na realidade há de mais rico, a separação Deus-homem desaparece, e o mundo-do-homem se identifica com o mundo real. Como escolher, justamente, uma solução em vez da outra? Isso é impossível, uma vez que cada parte se alicerça sobre um direito que a outro não reconhece.

Diremos que não há perspectivas? Mas como sabê-lo? O estatuto da perspectiva só pode estabelecer-se em correlação com certa concepção do ser, a respeito da qual se apresenta novamente a questão de saber se ela é apenas uma simples "perspectiva". Ou suporemos que existe uma verdade do Ser e, neste caso, uma vez que as perspectivas se contradizem, de duas coisas, uma: ou as perspectivas estão ligadas por uma contradição simples, anulam-se e o perspectivismo se destrói a si mesmo, ou seja, a contradição se resolve pela escolha de uma perspectiva, escolha unilateral que exclui as outras; ou estão ligadas por uma contradição dialética, e a realidade não é então nada mais que o conjunto dos aspectos pelos quais ela se manifesta (tese ontológica). Ou suporemos que existe, não uma única maneira de pensar o Ser em sua "verdade", mas uma ambigüidade essencial do Ser: o texto do Ser pode ser lido assim ou de outro modo, e não há leitura privilegiada; as perspectivas, nesse caso, já não se distinguem (e já não se opõem) do ponto de vista da verdade, mas do valor, segundo a qualidade da vida que possibilitam; as maneiras de ver o real se encarnam em diferentes tipos humanos entre os quais, afinal, não há comunicação possível, e elas não são, umas para as outras, senão simples fatos.

4º A questão da destinação: se existe um sentido em falar de um "destino" do homem, como concebê-lo? O homem está destinado à eternidade? Ou, ao contrário, se tudo o que é "finito" deve ter um fim, o que é humano está, em sua totalidade, fadado à destruição? Há que dizer que, em última análise, nunca existiu nada! Deve-se viver sem perder de vista, por um momento, esta "infalível nulidade final" (Valéry)? Mas, como conceber a vida perfeita, se a morte do indivíduo é o aniquilamento? Se a sobrevivência através das obras é ilusória, porque as civilizações são mortais, e as obras são um dia destruídas? Se a própria humanidade não passa de uma aventura muito efêmera e insignificante no tempo imenso?

São estas, ao que parece, as questões nas quais se explicita o sentido da questão do homem. Ora, fica claro que estas quatro questões não são exatamente equivalentes: há uma, a terceira, à qual as outras remetem, e que é, pois, a questão fundamental, porque a idéia que fazemos daquilo que o homem é especificamente, daquilo que ele é principalmente ou antes de tudo, e daquilo que o espera, depende da idéia que temos de seu lugar no real. A questão antropológica fundamental é, pois: o que é o homem no real? Então, a questão do homem está ligada à questão filosófica suprema: o que é o real? Esta, por sua vez, se decompõe em duas:

1º A questão da totalidade. Podemos formulá-la assim: o mundo é o todo? Se não é o todo, o que existe que não é o mundo? Conforme ele seja ou não o todo, como conceber o mundo? Porque não podemos apoiar-nos no mundo como num termo conhecido. Ao contrário, a maneira de conceber o mundo já supõe sempre certa idéia de seu lugar no todo e do modo de sua relação com o todo: os que deduzem Deus a partir do mundo já se proporcionaram um mundo tal que conduza a Deus.

2º A questão do ser: o que significa "ser"? (O que é "ser"?). Mas só se pode perguntar o que significa "ser" em relação àquilo que é, àquilo cujo ser afirmamos. Entretanto, como saber que razões temos para afirmar o "ser", se não sabemos o que é o "ser"? É essa a aporia do ser. Em particular, o mundo "é" da mesma maneira pela qual Deus é ou não é? Certamente não[51], porque, se ele é o todo, ele determina, por isso mesmo, o sentido da idéia de ser. Toda resposta à questão do ser depende

---

51. Aqui, estamos pensando na relação do ser do mundo e do ser "verdadeiro", no caráter "verdadeiro" ou não do ser do mundo. Semelhante questão suporia resolvida a questão de Deus. Deixando em suspenso esta última questão e, portanto, também a questão da "verdadeira" significação do ser, pareceu-nos possível outrora elucidar o sentido do "ser" do mundo (não: o mundo é "verdadeiramente"?, mas simplesmente: o que significa "ser" no caso do mundo?) *em correlação* com o sentido do pensamento, isso apoiando-nos no privilégio que o mundo possui (em relação a Deus) e que é de *aparecer* (cf. nossa comunicação sobre *O "ser" do mundo e sua significação*, Atos do XIII Congresso Internacional de Filosofia, México, 1964, t. IX., pp. 59-66). A aporia: "para poder afirmar que o mundo 'é', é preciso saber o que significa 'ser' – para saber o que significa 'ser' no caso do mundo, é preciso saber se o mundo *é*" não se apresentava, pois parecia-nos que bastava a *aparência* que o mundo tem de ser, para orientar a interrogação sobre a significação do "ser" do mundo.

de uma resposta à questão da totalidade e reciprocamente. Se há, pois, "resposta", é porque houve, num momento ou em outro, uma passagem do fato ao direito, uma decisão fundadora imotivada que, para aquele que não a faz sua, é abusiva.

O fato de a questão do homem estar ligada à questão do real, ou: o fato de a maneira pela qual o homem se pensa (enquanto "homem" e levando uma vida "humana") ser correlativa do modo pelo qual ele concebe o real e a significação do homem no real não faz mais do que confirmar e generalizar o que vimos, ou seja, que a questão do homem, como questão de direito, foi proposta em correlação com a questão de Deus, sendo a noção de uma essência do homem (de um homem de direito) correlativa com a noção de Deus. Podemos agora acrescentar: a negação de Deus, ou, mais profundamente, de uma ordem de direito no real (a afirmação de que não há senão ordens de fato) e, por outro lado, a negação de uma essência ou de uma verdade do homem, então a negação também da possibilidade de alicerçar a conduta da vida humana em princípios universais, são solidárias. Em particular, não vemos como, no materialismo, a moral poderia ser outra coisa que não um fato. Foi o que compreenderam os epicuristas que, por uma decisão profundamente subversiva, das diferentes formas do mal que se costuma distinguir, não mantiveram senão a dor (mas, por eliminação da moral, deixaram o espaço todo para a sabedoria).

Concluindo: 1º A questão do homem não pode ser eludida, pois todo homem vive sua vida na dependência de certa idéia daquilo que é ou não é uma vida "humana". A força ou a fraqueza do homem, sua felicidade ou sua infelicidade, procedem, ou não (para não excluir o caso do sábio) do que lhe acontece, das alegrias ou das tristezas que sente, mas, em todo caso, dependem essencialmente (e unicamente no sábio) daquilo que diz a si mesmo. Se compararmos a personalidade a uma árvore, examinada em seu corte transversal, com suas camadas concêntricas, a mais externa correspondendo ao bem-estar e ao mal-estar, à dor e ao prazer físicos (que podem ser muito intensos, não profundos), a mais interna, às alegrias ativas (amar, fazer o bem, criar), o que corresponde ao cerne da árvore, ao ponto mais central da pessoa, e que, como viram os gregos, é o lugar da felicidade, é o pensamento – compreendendo por isso um discurso de si para si, para cada um, a respeito de sua própria vida e de seu sentido. Porque sofrer ou não sofrer, gozar ou não gozar, ter tido "êxito" ou não, ser estimado, amado ou não, etc., são coisas secundárias quando podemos dizer que sabemos qual é o sentido de nossa vida e que vivemos conforme esse sentido.

2º Uma resposta à questão do homem caminha, correlativamente, paralela a uma resposta à questão do real, a uma filosofia (portanto a ciência não pode dar, nem propor resposta, uma vez que sempre tratou apenas de uma parte – de um setor determinado – do real, sem ser capaz de estabelecer a relação entre esta parte e o todo). Ora, uma resposta filosófica se apresenta como justificada, fundada em direito. Como o direito não pode se separar do fato, não se pode justificar senão a partir de um direito preexistente. O direito sempre precede a si mesmo. Daí decorre que toda filosofia repousa numa decisão fundadora, sendo ela própria não fundada. E toda filosofia dogmática (entendendo com isso: que dá suas respostas não como verdadeiras-para, mas pura e simplesmente como verdadeiras) envolve uma passagem do fato ao direito (do "isso é evidente" ao "isso é verdade", do "é o que penso" ao "é o que é preciso pensar") inconfessável (do contrário, não se falaria mais de "verdades", mas de "opiniões") e, por princípio, injustificável (pois qualquer tentativa de justificação, que supusesse um direito preexistente, supõe essa justificação já dada). A filosofia dogmática existe pelo desconhecimento do mecanismo de sua própria produção, portanto por uma ilusão radical a respeito de si mesma; e o filósofo só pode pretender dissipar as ilusões a respeito do real se não dissipar uma ilusão primordial sobre si mesmo e sobre a natureza de seu discurso. O que o filósofo que quer dizer a verdade não pode deixar de admitir é que a evidência signifique "verdade", e entretanto não pode prová-lo (nem se dispor a provar sem cair num círculo vicioso). Não será preciso ver, nesta conversão da evidência em "verdade", o pecado original do dogmatismo (oposto aqui ao pensamento problemático)? A idéia de verdade não é, para o filósofo, a mais enganadora, uma vez que o leva a considerar a si mesmo como um inessencial em relação a seu discurso, o qual, por ser "verdadeiro", poderia muito bem ser dito por um outro, é um discurso de direito acidentalmente emitido de fato, como se não fosse ele, o indivíduo vivo, que pensasse (com a substância de sua vida e de seus sonhos), mas o Pensamento nele, ou, se preferirmos (e hoje preferimos), a linguagem? Não será preciso, então, como Montaigne, limitar-se à evidência (preservando-se de fazer dela um critério de "verdade")? Não dizer, talvez, o "verdadeiro" e o "real", mas, simplesmente, a maneira de ver o real (e, correlativamente, compreender o homem) que é consubstancial a nós? Mas, se a idéia de verdade é "a mais enganadora", não significa que é preciso, enquanto filósofo, renunciar à idéia de uma verdade do Ser e, portanto, à idéia de uma verdade do homem? Perguntas que fazemos, não como se as respostas fossem óbvias, ou mesmo como se fossem suscetíveis de respostas *absolutas*, mas para indicar *correlações* (aliás, não vemos que outro método, além do *método das correlações*, poderia ser o método *universal* dos filósofos), e sem esquecer que a natureza de uma questão filosófica pode muito bem ser menos a de solicitar uma resposta do que conduzir a questões mais profundas.

1969

4

A morte e o pensamento

Em geral, a morte é considerada um *objeto* possível do pensamento: em primeiro lugar, um objeto, em segundo, um objeto *possível*. Ou pensamos na morte, ou não pensamos. O pensamento está de um lado e a morte, do outro. Com isso, o pensamento fica, como tal, preservado da morte. O pensamento depara com a morte como com um objeto doloroso, de que é preciso se afastar se quisermos ser felizes: "Os homens, por não terem podido livrar-se da morte, da miséria, da ignorância, permitiram-se, para tornarem-se felizes, *não pensar nela*."[1]

Mas a concepção vulgar da morte e de sua relação com o pensamento, como relação de mútua exterioridade, em que a morte é um objeto que o pensamento se permite ou não, portanto um objeto acidental do pensamento, esta concepção esbarra numa dificuldade bem estranha. É que o pensamento não consegue, de modo algum, desviar-se da morte como de um objeto qualquer. Como mostrou Montaigne, ele não o consegue senão deixando-se descambar para a "incúria animal", para a "estupidez brutal"[2], ou seja, para a ausência de consciência e de pensamento; em outras palavras, não faz abs-

---

1. Pascal, *Pensées*, fr. 168 Brunschvicg.
2. *Essais*, I, xx, p. 84, 86 Villey.

tração da morte senão fazendo abstração de si mesmo. *Não deixamos de pensar na morte senão deixando de pensar.* O que concluir, senão que, em si mesmo, na intimidade de sua essência, o pensamento está relacionado com a morte? A morte não é, para o pensamento, algo de *estranho*: ao contrário, de certa maneira, ele a encontra em si mesmo. O pensamento da morte não é um pensamento *particular*, como se existissem pensamentos diferentes, e, entre eles, entre outros, o pensamento da morte, mas a morte é proposta ao mesmo tempo que o pensamento, e todo pensamento é, como tal, pensamento (da) morte. Isso equivale a dizer que o pensamento não é pensamento humano acessoriamente: é, como tal e em si mesmo, pensamento *humano*, pensamento de um mortal.

Mas, o que sabemos sobre a morte?

Para nos limitarmos ao discurso comum (isto é, ao discurso que o homem natural liga a si mesmo) – e, neste ponto, é preciso, com Sócrates, Montaigne e Pascal, dar razão ao discurso comum –, há três coisas que sabemos de maneira absolutamente certa: 1º, que morremos, 2º, que não sabemos o que isso significa, 3º, que nenhum homem jamais o saberá.

A. SABEMOS QUE VAMOS MORRER. Essa é, para todo homem, a verdade primeira e fundamental que comanda toda a sua vida. Mesmo quando todo o resto é incerto, resta a certeza de morrer. "Não há nada de certo para o homem, a não ser, para aquele que nasceu, o morrer", diz Crítias[3]. "Morrerei": esta é, na verdade, para cada um, no fundo de si mesmo, a mais indubitável de todas as coisas. Se pensarmos na oposição entre as filosofias, podemos ver aí a primeira verdade *pascaliana*, o "Penso, logo existo" sendo a primeira verdade *cartesiana*.

Dirão que se trata de uma certeza antropológica, certamente primordial, para falar claramente, não de uma "verda-

---

3. E, acrescenta, para aquele que segue o caminho da vida, a impossibilidade de não se perder.

de": não sabemos, com perfeito *conhecimento de causa*, que morreremos. Concordo! "Morrerei", eu sei, e, no entanto, não o sei com "perfeito conhecimento de causa", nem por demonstração. Mas, que importa, uma vez que qualquer ciência rigorosa, qualquer demonstração me daria uma certeza mínima disso? Aquele que tem certeza da existência de Deus pela demonstração de Descartes tem menos certeza dessa existência do que de sua própria morte. As certezas que nos vêm das demonstrações não são de modo algum as maiores. Porque as demonstrações supõem a fiabilidade do espírito humano. Não podem, pois, engendrar uma confiança superior à que o espírito humano tem em si mesmo. E, com certeza, não há nenhum homem que não esteja muito mais certo de sua própria morte do que do valor de seu espírito (de sua capacidade de atingir a verdade).

Não temos "demonstração" de nossa morte, mas ninguém acha que precisa dela. Para cada um, o fato de que vai morrer é uma convicção íntima, que está no fundo de tudo o que faz e de tudo o que diz. Se age, se fala, é para, de um modo ou de outro, afastar a morte (por exemplo, é para que a memória dos outros, ou a memória coletiva, o façam sair, por um tempo, do nada).

De onde vem esta "convicção íntima"?

Em primeiro lugar, observemos o seguinte: a convicção que cada um tem de sua morte como de uma verdade primeira está ligada a um *insuperável* sentimento de impotência. Sabemos que vamos morrer *e que nada podemos fazer*. A morte é a "onipotente", como diz Píndaro. Qualquer que seja a nossa potência, sabemos que, diante da morte, ela nada *pode* (o que, aliás, em última análise, torna inútil toda aquisição de potência). No fundo de todo ser humano, o que encontramos é o sentimento primordial de uma impotência radical e absoluta. Nenhuma "vontade de potência" e nenhuma aquisição de potência podem jamais afastar esse sentimento. Nietzsche julga compreender o homem por meio da noção de "vontade de potência"; vê nisso uma noção *última*: "Nossos instintos são redutíveis à vontade de potência. A vontade de potência é o fato último até onde possamos descer."[4] Mas a vontade de potência exacerbada procede mais de um esquecimento de nossa impotência originária e constitutiva – uma vez que aquilo que é esquecido é recalcado, e não apagado.

Impotência diante de quê? Não diante *disto* ou *daquilo* – pois, ao contrário, podemos nos sair bem disto ou daquilo. Nem mesmo diante de *um ser*, porque a potência de qualquer ser nada tem de absoluto e de definitivo. Podemos escapar a qualquer potência hostil *particular*. Mas há aquilo a que não podemos escapar: o nosso destino. Nossa impotência originária e invencível não é uma impotência em relação a uma potência particular qualquer, mas em relação a algo que não é nada de particular, mas diz respeito a toda coisa particular. Digamos que seja uma *lei*, a lei universal da natureza, aquela de que falam Anaximandro e Heráclito, e que, mesmo sendo particular, associa-se ao fato de sermos obrigados a perecer.

Porque, ao mesmo tempo em que nos sentimos impotentes, de uma impotência definitiva e invencível, sabemos muito bem que, neste aspecto, nossa condição nada tem de excepcional. Sabemos que os outros seres, e particularmente todos os homens, estão exatamente na mesma condição. Daí, por certo, o sentimento, inteiramente primordial, no homem que vive próximo às coisas essenciais, de uma fundamental *igualdade* entre todos os seres, e em particular entre todos os homens – o sentimento de que a natureza não conferiu privilégio a ninguém. A velha idéia popular de que hierarquia alguma subsiste no momento da morte (de que a idéia de *condição humana*, como condição mortal, não é senão a repetição no plano filosófico) sempre serviu para afirmar, pela evocação de sua igualdade perante a morte, a igualdade

---

4. *La volonté de puissance*, trad. fr. G. Bianquis, t. I, p. 207.

natural de todos os homens, quaisquer que sejam suas diferenças sociais[5].

Portanto, nossa impotência, uma vez que se trata de uma impotência irremediável por princípio, não é de modo especificamente nossa, mas de tudo o que existe na natureza. Nosso sentimento de impotência está ligado ao sentimento de fazer parte da natureza e de compartilhar do destino comum. Tudo o que é "natural" encontra-se num estado de dependência radical em relação à Lei na natureza. Esta "Lei", desde os pensadores jônicos, é a lei do nascer e do perecer, do devir. De fato, foram eles que associaram, parece que de uma vez por todas, as noções de "natureza" (*phusis*) e de "mudança". A dependência de tudo aquilo que é "natural" em relação à lei da natureza se manifesta pelo fato de que, de certa forma, ele está condenado a uma *mudança* de que não é absolutamente senhor. Opera-se nele uma mudança pela força das coisas. Um dia ou outro, essa mudança chega a seu termo, e isso é irremediável.

Entretanto a lei da natureza associa vida e morte, não as separa. A noção de "natureza" não significa apenas dissolução e morte, mas também, e mesmo principalmente, vida, fecundidade, crescimento, desenvolvimento normal de um ser, mudança orientada e ordenada. Quando *isolamos* o princípio de dissolução, ele tem um nome particular: *matéria*. Ser *material* é estar num estado de dependência radical em relação a um princípio de dissolução. Dizer que se trata de um "princípio" é dizer que se trata daquilo que mantém constantemente seu poder sobre nós, de tal modo que toda potência particular que pudermos adquirir, por grande que seja, irá desenvolver-se no âmbito governado pelo princípio e, portanto, não poderá nada contra o princípio. O sentimento de nossa im-

---

5. A idéia de "homem" em geral protesta contra as diferenças que as desigualdades sociais estabeleceram entre os homens. Neste aspecto a ideologia humanista está ligada a um velho fundo popular.

potência, finalmente irremediável, diante da morte está ligado ao sentimento de estar inteiramente implicado pelo princípio de dissolução, isto é, ao que podemos chamar de uma *consciência de materialidade*.

"Sabemos que vamos morrer", dizíamos. Em outras palavras, sabemos que estamos na dependência de um princípio de dissolução. Esta dependência é *total*. Nada do que possamos fazer irá mudar alguma coisa. Nesse aspecto em particular, o fato de falar e pensar é, enfim, uma atividade tão vã quanto qualquer outra.

"Sabemos" que vamos morrer: o termo "saber" não deve ser entendido como um saber "objetivo", como um *conhecimento*, mas como um saber *constitutivo*, não como um saber adquirido, mas como um saber que sempre esteve presente, que é um só conosco mesmos. Não posso me conceber não "sabendo" isso. Eu já não seria um ser humano, mas um animal talvez, ou um anjo. Uma vez que sou consciente – e é isso que me torna diferente do animal e da criança antes da linguagem[6] –, por exemplo, quando acordo pela manhã, eu *me* penso, e isso significa: eu me penso *mortal*. Não posso pensar sem ter consciência disso e não posso estar consciente sem me pensar. Então, pensar-me e me pensar mortal são a mesma coisa. Por conseguinte, todo pensamento se desenvolve sobre o fundo de um saber da morte. A morte é, como tal, o horizonte do pensamento.

Voltamos a uma espécie de *Cogito*, mas de forma que o corpo, em vez de ser excluído do saber, nele se acha incluído. Não existe pensamento de mim mesmo que não seja pensamento de mim mesmo como mortal (não penso meu *ser* isoladamente, como se o *não-ser* não me dissesse respeito, mas

---

6. Que, também eles, são conscientes, uma vez que dormem e despertam (sendo a consciência o que distingue o estado de vigília do estado de sono), mas não *se* pensam.

penso-o ligado a mim, como o elo necessário do ser e do não ser). Ora, o princípio de morte é o corpo. Segundo Descartes, a alma é mais fácil de conhecer do que o corpo. Na realidade, não há nenhuma prioridade do conhecimento da alma (deve-se entender, neste caso, o princípio espiritual) sobre o do corpo, porque se não posso pensar-me sem me pensar mortal, isso significa que me penso como originalmente ligado ao princípio de dissolução, isto é, à matéria ou ao corpo. Todo homem que *se* pensa = se pensa *mortal* = se pensa *corporal*. Um homem que nunca houvesse tido nenhuma representação de seu corpo saberia, contudo, que está exposto à morte, e, ao conceber o princípio pelo qual se expõe à morte, conceberia precisamente o corpo. Uma experiência irrefutável nos ensina que estamos na dependência de um princípio de morte, e isso antes mesmo de qualquer representação sensorial do corpo. Há nisso uma espécie de proto-experiência, uma experiência primordial da qual tiramos a convicção totalmente primitiva de nossa mortalidade.

Descartes pretendia isolar um pensamento puro e uma pura inteligência. Mas o pensamento do homem não é jamais pensamento puro, é inteiramente pensamento *humano*, pensamento de um mortal. O caráter do pensamento de ser pensamento humano está inscrito na natureza do pensamento. Não é a "alma" que pensa, é o homem.

Nunca pensamos como se não tivéssemos corpo. Nossa corporalidade sempre intervém na maneira como pensamos. Intervém de que modo? O corpo, como tal, não pensa, é o oposto do pensamento. Conseqüentemente, não há, para o homem, pensamento possível que não esteja relacionado, em si mesmo, com o oposto do pensamento. O pensamento traz em si a relação àquilo que o nega. O corpo se manifesta negativamente no pensamento: em particular, pelo fato de que este último está continuamente correndo o risco de perder-se quando não nos esforçamos por conservá-lo. O esquecimento vem, com freqüência, interromper o pensamento[7]. Não há pensamento sem memória, sem luta contra o esquecimento e sem o risco do esquecimento. Mas, o princípio do esquecimento é o princípio da dissociação de si para consigo, é um princípio de desagregação, de dissolução, e o princípio de dissolução é o corpo. Pensar é sempre pensar no-sentido-oposto-a (a tudo o que é facilidade, força da gravidade, letargia, sono). Não pensamos deixando-nos levar, mas fazendo esforço. No fundo da experiência do pensamento, há um sentimento de esforço contra uma resistência. O pensamento que se abandona à facilidade, ao deixar-se levar, é negado e dissolvido. É, pois, no próprio centro da experiência do pensamento que encontramos a experiência daquilo que se opõe a ele – o corpo, a matéria. O espírito não encontraria jamais a matéria – só teria contato com uma *idéia* de matéria – se não a encontrasse em si desde o início. Aquilo que as observações precedentes contradizem é, pois, o *idealismo* – a tese segundo a qual a matéria nunca é, para nós, mais do que uma idéia. Na realidade, o discurso do idealista – que se baseia, por exemplo, na idéia de matéria – como discurso *humano* está continuamente implicado num princípio negador e não existe senão negando aquilo que o nega. Traz em si mesmo a matéria e a morte e as supera.

O conhecimento que o homem possui de sua dependência radical em relação a um princípio de dissolução e de morte é inerente ao próprio ato de pensar – em vez de ser algo que vem mais tarde. Uma vez que se trata de um princípio, o sentimento dessa dependência implica o da precariedade final de tudo o que está na dependência desse princípio, ou seja, de todas as coisas humanas, inclusive mesmo, enquanto não isento da condição material, de tudo o que é pen-

---

7. "Pensamento que me escapou, queria escrevê-lo; escrevo, em vez disso, que me escapou" (Pascal, *Pensées*, Br. 370).

samento, fala significante. A última palavra não pode deixar de pertencer ao princípio. Assim, é ao próprio fato de pensar, à própria maneira como ele pensa, que está ligada, para cada homem, a absoluta convicção de sua morte. Não é um saber "objetivo", dissemos, e sim *constitutivo*, isto é, pelo qual ele se constitui como *homem* (e não como "alma", "entendimento", ou "razão"). O saber que o homem tem de si mesmo como de um ser pensante destinado à morte confunde-se com a autoconstituição humana.

B. Vamos morrer, mas NÃO SABEMOS O QUE ISSO SIGNIFICA.

O que é, para um homem, "morrer", estar "morto"? É ou não ser aniquilado (enquanto homem, mais precisamente, enquanto ser homem, significa também *ser si*)? O fato é impossível de decidir. Não podemos, no caso, ir além de um *talvez*. Então, toda vida humana se passa sob o signo de uma primordial e absoluta incerteza a respeito de si mesma.

Admitamos que eu esteja convencido de que a morte é um nada (de que a morte significa o aniquilamento do meu ser em sua unidade). Em primeiro lugar, até que ponto estou convencido? A pedra de toque da força de uma convicção, diz Kant[8], é a *aposta*. Estou pronto para apostar qualquer coisa no fato de que não existe em mim nada de indestrutível, e que, no sentido absoluto, deixarei de existir na morte? Mas, mesmo admitindo que eu esteja pronto, e seja qual for a intensidade da minha convicção, está claro para todos que esta seria uma aposta desarrazoada, porque o risco não é *avaliável*. Como tão bem o compreendeu Pascal, quando o risco não é avaliável, uma aposta só tem sentido quando o que arrisco no jogo é infalivelmente recuperado, ou seja, quando, na pior das hipóteses, eu não perco nada. Ora, ele pensa com razão que este é um caso em que o risco não é avaliável, pois, qualquer

---

8. *Critique de la raison pure*, trad. fr. Tremesaygues e Pacaud, 3ª ed., p. 554.

que seja a convicção de cada um, ela não vem acompanhada de nenhum *saber*.

Na falta de um saber "objetivo", não podemos falar, como há pouco, de um saber *constitutivo*, isto é, ligado à autoconstituição do homem? De modo algum. Se fosse esse o caso, os homens concordariam sobre o que é a morte. Mas não há acordo algum. Alguns estão convencidos – ou estão "convictos" – da imortalidade da "alma" ou de algum princípio análogo. Assim, Kafka, que, ao universalizar sua própria convicção, nos diz: "O homem não pode viver sem uma confiança apoiada na existência de algo indestrutível em si mesmo."[9] Outros têm a convicção – ou a quase convicção – contrária.

Como é possível semelhante desacordo?

Cada um de nós, já o dissemos, se sente na dependência de um princípio de dissolução e de morte. A morte, portanto, não dá margem a nenhuma dúvida. Mas o princípio de dissolução é o corpo, a matéria, e isto significa que é sentido como sendo estranho a nós. Eu me sinto dependente de alguma coisa *outra*. Certamente, é no próprio ato de pensar que me vejo diante do oposto do pensamento, mas trata-se, precisamente, do *oposto* do pensamento. O pensamento, como tal, não tem nenhuma afinidade com a matéria nem com a morte. Se eu morro, não é em virtude do princípio do pensamento, mas do princípio contrário. O princípio do pensamento está, como tal, na dependência do outro princípio? Nada indica. Isso basta para que haja um problema da significação "objetiva" da morte, e para que, além da morte certa, exista lugar para um *talvez*. Se o princípio da morte e o princípio do pensamento são opostos um do outro, por que a morte não seria, conforme a tradição órfica, retomada pelos pitagóricos e por Platão, uma liberação do princípio do pensamento? Por ela, ficaríamos simplesmente libertos do corpo e da condição material. Não é pos-

---

9. Citado por Max Brod, *Franz Kafka*, trad. fr. H. Zylberberg, NRF, 1945, p. 198.

sível excluir isso, pois não há, nessa hipótese, nada que contradiga o princípio do pensamento. Portanto: a significação da morte permanece indeterminada.

Então, se não sabemos "o que é" a morte, por isso mesmo, não sabemos também "o que é" a vida, ou seja, de que maneira convém viver para levar uma vida "humana", ou qual é o *sentido* da vida. É bastante fácil dizer, negativamente, quais são as condições de uma existência verdadeiramente humana. Marx falou de uma redução de nossa dependência quanto ao "reino da necessidade"[10], e tudo pode ser incluído nesta fórmula. Mas, a questão do "sentido da vida" solicita uma resposta *positiva*. Supomos, com Aristóteles, um homem liberto do lado material da vida, que não tenha outra coisa a fazer senão ser "homem", e perguntamos o que se tem de entender com isso.

Aqui, o "sentido" não é aquilo que nos faz perceber algo, como quando se fala dos sentidos sensoriais, do "bom senso", do "senso moral", nem daquilo que faz que um signo tenha uma significação, mas aquilo que permite orientar-nos. O sentido é princípio de orientação.

É verdade que, de certa maneira, a exemplo dos outros seres, o homem já está sempre orientado. Este princípio de orientação ao qual, podemos pensar, não teríamos senão de nos confiar, é a sua *natureza*.

O que é uma "natureza"?

Para responder a essa questão, podemos tomar como referência a análise de Aristóteles. A natureza de um ser é a força ativa que lhe é imanente. Ela é, para este ser, o princípio (*archē*) interno de seu movimento (ou mudança) e de seu repouso[11]. Ou: aquilo por que a mudança de um ser é ordenada do interior, e que guia um ser para sua realização. A natureza é o princípio do normal e do bem sucedido. Um ser natural se modi-

---

10. *Le capital*, Éd. Sociales, t. VIII, p. 199.
11. Cf. *Phys.*, II, 1, 192 b 8 ss.

fica para atualizar suas virtualidades, para se realizar, para se consumar. Sua realização é a atualização de uma essência (ou natureza, como forma), e é essa essência mesmo que era atuante desde o início. Tudo o que é mudança natural, crescimento, organização é inspirado, governado pela Idéia. Esse é o Idealismo de Aristóteles: a Idéia como *logos* organizador[12] é a verdadeira causa; o sistema se apóia na causalidade da Idéia.

Aristóteles pensa que sua análise é válida tanto no caso do homem como no dos outros seres naturais: "o que cada coisa é, uma vez que atinge seu completo desenvolvimento, dizemos que é essa a natureza da coisa, tanto para um homem, um cavalo ou uma família"[13]. Se o homem é um "animal político", é "por natureza" (*phusei*)[14], e a cidade é um "fato de natureza"[15]: a natureza do homem é tal que ele não pode realizar-se, realizar sua tarefa própria enquanto homem senão numa cidade (*polis*). A noção de "natureza" permite a Aristóteles fundar, em direito, a escravidão, na medida em que há escravos "por natureza", isto é, homens para os quais é preferível e justo serem escravos, e que podem, sem injustiça, ser destinados ao trabalho (um trabalho em que são a coisa de outro). É talvez aqui, onde ela aparece em sua função ideológica, na política, portanto, que se encontra a chave da concepção aristotélica da natureza. Mostrar na ordem social uma ordem natural não é tirá-la do alcance da humana contestação?

Estamos vendo que, segundo Aristóteles, a natureza é princípio de orientação não só de fato, mas também de *direito*, e isso porque a natureza, num sentido, que é o sentido principal, é a forma ou a essência[16]. Mas, se o homem é um ser de liberdade, como o próprio Aristóteles reconheceu, parece ne-

---

12. Cf. *De part. animal.*, I, 1, 639 b 15.
13. *Politique*, I, 2, 1252 b 32-4, trad. fr. Tricot.
14. *Ibid.*, 1253 a 2.
15. *Ibid.*, 1252 b 30.
16. Cf. *Phys.*, II, 1, 193 a 30 ss.

cessário aprofundar, mais do que ele o fez, a diferença que separa o homem dos outros seres naturais. É possível fazer isso estabelecendo a distinção entre a natureza e a essência. O homem já é orientado por aquilo que podemos chamar de sua "natureza", mas, no homem, a natureza é princípio de orientação *de fato*, não de direito.

Antes de começar a refletir e a filosofar, e de interrogar sobre o caminho a seguir, dizemos que ele já é orientado: por sua natureza *animal* (as necessidades são como orientações primitivas do comportamento), *psicológica* (tendências, preferências, gostos "naturais" – porque não os escolhemos – guiam, determinam nossas escolhas, e pouco importa se são "inatos" ou se são o resultado, doravante quase inalterável, da protohistória individual), *social* (a educação se inscreve no indivíduo na forma de hábitos que, a exemplo de uma natureza, serão doravante o pressuposto de seu ser: as escolhas dos pais são a natureza dos filhos).

Mas essas são apenas orientações *de fato*. Descubro-me sempre já orientado, mas isto não me basta, pergunto se estou "bem" orientado para aquilo que é "bom" para mim, ou para aquilo que para mim é "o melhor", ou orientado como "se deve", como "convém", ou como "devo" ser. Estou, pois, referindo-me a um princípio normativo, a uma orientação *de direito*.

A instância que propõe a questão de direito, da função do direito ou do fundamento, é a *razão*. A razão se manifesta negativamente em todo homem na forma de uma insatisfação de que não há exemplo no animal, e que parece constitutiva do próprio ser humano. A necessidade de justificar-se, de dar razão, o sentimento de não compreender, o sentimento do absurdo, do arbitrário, e muitos outros sentimentos negativos são fenômenos da razão. Desde que a razão desperta, nasce, para todo homem, uma insatisfação não a respeito de uma coisa ou de outra, mas de sua vida na totalidade. Se o homem chegar a exprimir essa insatisfação fundamental e de origem não empírica, dirá algo como: o que vale a vida que levo? Ou: como, homem, orientar minha vida de homem? Qual é, homem, o sentido da minha vida? Em suma: o que é viver como "homem"? O que é o "homem"?

Trata-se, nesse caso, de uma questão necessária, inevitável, ou de uma questão contingente (que estabeleço dentro de certo contexto cultural e ideológico, mas que não exprime nada além da minha dependência desse contexto e não tem significação além dele)?

Trata-se de uma questão *necessária*. Porque as orientações de fato são orientações *parciais*: as necessidades são princípios de orientação no âmbito de minha vida de carências, mas que não é toda a minha vida. Os diferentes princípios de orientação governam domínios que se limitam mutuamente. Eles se contrariam em certa medida, e, se "me deixo levar", isto é, se me abandono ao jogo das forças, eles assumem o controle e me dirigem, cada um por sua vez. Como, então, reconhecer uma vida naquilo que não passa de um conjunto de peças e de fragmentos? É verdade que as necessidades ou o instinto, por exemplo, são, para o animal, princípios de orientação e de organização de seu comportamento dentro da totalidade. E o mesmo ocorreria comigo se minha vida se reduzisse à minha vida animal, mas isso é impossível, e assim, aquilo que é orientação total para o animal é apenas orientação parcial para o homem.

As orientações de fato, por serem apenas *partes*, não são senão uma *matéria* à qual tenho de dar a forma do todo[17]. Ser uma matéria para si mesmo é aquilo a que chamamos a *liberdade*. Sou livre = eu me dou forma, dou à minha vida a forma do todo.

O todo não é a soma. Fazer da vida uma soma é precisamente restringir-se às partes, é viver aos poucos, sem visão de conjunto e sem idéia diretriz. É viver sem Idéia alguma do

---

17. "É impossível arrumar as peças, para quem não tem uma forma do total em sua mente" (Montaigne, II, 1, p. 337 Villey).

Fim da vida. É, por isso mesmo, permanecer dependente e temeroso a respeito da morte, porque o que a morte interrompe é a vida como somação, adição de partes.

Dar à vida a forma do todo é subordinar as partes a um fim superior, que não é um fim particular ou outro, mas o fim da vida, como tal, em totalidade. Recusamos reconhecer, para as partes, um direito igual (entenda-se uma igualdade proporcional às suas forças), e introduzimos, na vida, diferenças (diferenças de valor) que a natureza não colocava. A morte não opõe nenhum obstáculo a essa totalização, pois aquilo que encontra, aquilo com o que tem contato é somente a soma e não o todo.

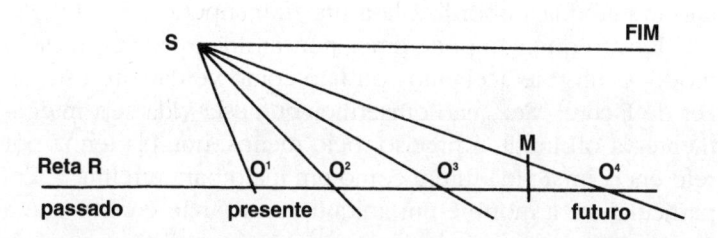

Podemos, neste caso, utilizar um esquema. A vida se passa sobre a reta R do nascimento à morte. O sujeito S persegue objetivos particulares, mais ou menos distantes no tempo, O^1, O^2, O^3. A morte vem interromper esse movimento para a frente: haverá sempre um ou outro objetivo particular que a morte nos terá impedido de atingir. Mas a morte não pode impedir a vida de atingir o seu fim. O único obstáculo, nesse caso, não é outro senão nós mesmos, que não deixamos de perseguir objetivos particulares e que somos incapazes de totalizar nossa vida, isto é, de submetê-la em totalidade a um fim superior não ligado a um ou outro objetivo particular. Enquanto permanecemos na falsa infinitude do movimento paulatino, vivemos na dependência da morte e deixamos que leve necessariamente vantagem sobre nós. Mas, pela totalização, retiramos dela essa vantagem: quando a morte vem surpreender-nos, só nos atinge ali onde não estamos mais.

Isso não significa que vivamos como imortais: ao contrário, mais que nunca, vivemos como mortais (é muito mais aquele que não pára de perseguir objetivos particulares que vive como se nunca devesse morrer). De fato, a consideração da morte intervém de maneira decisiva na própria escolha de nosso "fim superior". E, neste ponto, a ignorância radical em que nos encontramos a respeito daquilo que a morte significa se traduz por uma incerteza a respeito da vida em seu próprio fundamento. O homem está na incerteza a respeito daquilo que o alicerça, e é na insatisfação da razão que deve totalizar sua vida, subordiná-la a um "fim superior".

É claro que não poderemos pensar nossa vida do mesmo modo, conforme aceitemos ou não como verdadeiro este dizer de Fichte: "Se... não quisermos que esta vida seja inteiramente vã ou inútil, é preciso, pelo menos, que ela tenha por referência uma vida futura como um meio para um fim."[18] Em particular, se a morte é um aniquilamento, não é certo que a moral ainda conserve algum sentido. Há que distinguir a moral da ética. A ética é a teoria da totalização da vida (em outros termos, a teoria de uma vida sensata, ou: a teoria de uma vida que seja tal que a morte não possa torná-la absurda). Ela admite ou não que o homem tenha deveres. Mas a moral está ligada à noção de *dever* – entendendo, pelo termo dever: obrigação incondicional. A lei moral nos obriga a ir contra nosso interesse egoísta ou pessoal sem nada nos prometer em troca. Como diz o sofista Antifonte, nas atitudes morais, que ele denuncia como antinaturais, "vemos preferir um sofrimento maior, quando havia possibilidade de um menor, um prazer menor quando era possível um maior, uma desvantagem, quan-

---

18. *La destination de l'homme*, trad. fr. de M. Molitor, Aubier, 1942, p. 179.

do poderíamos evitá-la"[19]. Então, por que atormentar-se a si mesmo? Terá isso algum sentido quando não há sanção alguma a temer? O homem de senso comum (isto é, que tem aquela "luz comum, com a qual nasce a maioria das pessoas", para utilizar a expressão de Littré) não acredita muito nisso: "a sólida fé em Deus continua a ser um grande auxiliar da moral", dizia sentenciosamente o pai de Karl Marx ao escrever ao filho[20]. Nietzsche via um vínculo indissolúvel entre as duas noções de "moral" e de "além": "Ingenuidade em crer que a moral continua quando falta o *Deus* que a sanciona! O 'além' absolutamente necessário se quisermos manter a fé na moral."[21] Quando, ao agir "moralmente", penalizamos a nós mesmos, colhemos, contudo, algo em troca: uma satisfação; e o fundo dessa satisfação é uma esperança. Não existe moral sem esperança – e podemos acrescentar, conforme as opiniões "que estão dentro da doxa", sem uma esperança que vai além da morte.

"Totalizar" a vida é subordiná-la inteira a um "fim superior". Este Fim foi colocado (cf. nosso esquema) numa paralela à reta R para indicar que a morte – que interrompe nossa vida empírica – é algo de exterior a ela, que não pode impedir-nos de atingi-lo. Mas a consideração da morte intervém na definição do Fim. Ora, a significação da morte não é objeto de um saber. Então, a vida, pelo que sabemos, não tem, por si mesma, sentido determinado. A vida não tem sentido e, entretanto, *é preciso* que ela tenha um sentido! A menos que vivamos aos poucos, "como gado"[22], convém viver sabendo

---

19. *Fragments d'Antiphon le Sophiste*, p. 178, na seqüência dos *Discours* d'Antiphon, texto estabelecido e traduzido para o francês por L. Gernet, "Les Belles Lettres", 1954.
20. *Correspondance* de K. Marx e F. Engels, Éd. Sociales, t. I, p. 4.
21. *La volonté de puissance*, trad. cit., t. I, p. 118.
22. Sémonide d'Amorgos, fr. 1 (E. Diehl *Anthologia Lyrica Graeca*, 3ª edição, revista por R. Beutler, Leipzig, Teubner, 1952). A comparação é retomada por Heráclito.

aonde vamos. Para saber aonde vamos, é preciso ter definido um sentido, ter-se orientado. Não basta ter determinado um objetivo particular em relação a outro objetivo particular. Por que, então, de modo geral, enveredar por este caminho (com as etapas que comporta), e não por outro? É preciso saber para o que, para quem acena a nossa vida pensada como um todo (ou pensada à luz da morte). Mas, como "sabê-lo"? É a ignorância, ao contrário, que é o nosso quinhão. E, agora, podemos acrescentar que se trata de uma ignorância *definitiva*. Nenhuma ciência, nenhuma pesquisa poderão jamais suprimir essa ignorância definitiva.

C. Vamos morrer, não sabemos o que isso significa, E HOMEM ALGUM JAMAIS O SABERÁ.

"Quando ouço dizer que um espírito pouco comum destruiu (por seus argumentos) a liberdade da vontade humana, a esperança de uma vida futura e a existência de Deus, tenho curiosidade de ler seu livro, pois espero que, com seu talento, ele possa ampliar meus conhecimentos. Sei perfeitamente, de antemão, e com certeza, que ele nada terá destruído de tudo isso; não é que eu me julgue já possuidor de provas irrefutáveis para sustentar essas proposições fundamentais; mas a crítica transcendental, que me revelou todos os materiais de nossa razão pura, persuadiu-me plenamente de que, se a razão é totalmente incapaz de estabelecer, neste campo, asserções afirmativas, ela não o é menos, é ainda mais incapaz de afirmar algo de negativo sobre estas questões. De fato, onde esse pretenso espírito forte irá buscar, por exemplo, este conhecimento de que não existe Ser Supremo? Esta proposição está fora da experiência possível e, por isso mesmo, fora dos limites de todo conhecimento humano."[23]

"Deus", a "imortalidade" e a "vida futura": entendamos, por isso, a significação da morte. Não existe conhecimento dela.

---

23. Kant, *Critique de la raison pure*, trad. fr. cit., p. 515.

Aquilo de que existe conhecimento: do relativo, não do Absoluto, das partes, não do Todo. A metafísica não é possível como ciência do supra-sensível e do Ser considerado em si mesmo. Quando alguém pretende ter provado algo neste domínio, Kant, apoiando-se na crítica transcendental (isto é, na fixação dos limites do homem segundo um método novo), tem, de antemão, plena certeza de que não pôde fazê-lo. Então, neste caso, o filósofo não faz outra coisa senão encontrar a certeza do senso comum. O papel do kantismo, em seu aspecto fundamental e definitivo, é puramente *negativo*. Ele não faz senão aniilar as pretensões da razão metafísica ao evocá-la à consciência de si como razão *humana*, e voltar ao senso comum. Porque o senso comum sempre esteve certo de que nenhum homem simplesmente homem poderia ter qualquer conhecimento do "além". É por isso que ele não se preocupa com metafísica, porque, "evidentemente, não podemos saber nada"[24]. O senso comum e a filosofia de Kant têm como ponto comum o fato de fixarem o *limite*, o caráter inelimitável do limite (ou, se preferirmos, admitem um exterior da linguagem, uma exterioridade irredutível – cuja forma perfeitamente pura é a morte). Kant não fez senão achar (e fundamentar) o que já "se" sabia, e que os filósofos que haviam permanecido mais perto do senso comum tinham sabido ao máximo: que o destino humano, por princípio, não dá azo a saber algum, que a condição humana é condição de ignorância.

Conseqüentemente, se entendermos por "cepticismo", com o *Vocabulário* de Lalande (quinta edição, sentido B), a "doutrina que nega a possibilidade de atingir uma verdade segura em algum domínio determinado", o cepticismo metafísico parece muito legítimo – mas num certo nível somente, e convém, precisamente, distinguir os níveis:

---

24. A fórmula, relatada por Diógenes Laércio (II, 92), é atribuída aos discípulos de Aristipo.

AA. Não *sabemos* qual é o "verdadeiro" sentido da vida, qual é a "verdadeira" significação do homem, nem mesmo se é o caso de propor tais questões e se existe uma verdade do homem, ou se o homem, a exemplo das outras espécies, só pode ser objeto de um conhecimento científico, entendamos, de um conhecimento de fato. Não existe conhecimento filosófico do homem, isto é, daquilo que seria a "verdadeira" relação do homem com a realidade em seu conjunto, ou com a totalidade. Ou: *não existe* – pura e simplesmente – *conhecimento filosófico*. O cepticismo é, num sentido, perfeitamente fundamentado, e é insuperável[25]. Enquanto houver homens, e que vão morrer, a morte será para eles certa e, ao mesmo tempo, desconhecida em sua significação.

Entretanto, não podemos restringir-nos ao cepticismo. Porque o homem não pode viver uma vida pensante na indeterminação completa do sentido da vida. Deve não deixar este sentido na indeterminação, deve *fixá*-lo. De que maneira? No alicerce de um *conhecimento* (filosófico) não é possível. Entretanto ele pensa e *se* pensa, fala e *se* fala, vive sobre o fundamento de uma idéia de si mesmo (enquanto homem), isto é, de certa idéia da morte e da vida. Há, pois, que distinguir o conhecimento e o pensamento.

O homem, ainda que filósofo, não sabe e não pode saber se o pensamento que tem de si mesmo e de sua relação, enquanto homem, com o Real-em-seu-conjunto encerra a *verdade*. No sentido filosófico, ele não se *conhece*. Mas se pensa. *O filósofo pensa, mas não conhece.*

Daí resulta que "a" filosofia propriamente dita não existe. Não podemos designá-"la" como designamos uma ciência. Ela não é separável do caminhar real do pensamento nos filó-

---

25. A ilusão contrária é a dos historiadores da filosofia que, por se terem limitado a vida toda aos autores de uma mesma tradição, vêem, entre eles, convergências nas quais acabam por reconhecer constantes do espírito humano.

sofos. "A" filosofia não está posta em algum lugar. Sou eu que devo fazê-la existir pelo esforço de meu pensamento. Só será válida para mim a filosofia que eu tiver encontrado, descoberto, ou inventado por uma necessidade interior. A filosofia não se apresentará jamais a mim de maneira autêntica senão sob a forma de *minha* filosofia. *A filosofia é a minha filosofia*[26]. O filósofo autêntico é aquele que não afirma jamais além daquilo que *viu, daquilo que viu com seus próprios olhos.*

BB. Podemos opor os sistemas uns aos outros, e deles extrair uma "lição" de cepticismo. Mas o cepticismo que temos em vista, e que nos parece ser um momento inelíminável da filosofia, é diferente. Significa não a oposição dos sistemas, mas, ao contrário, a recusa daquilo que essa oposição pressupõe: a absolutização dos discursos particulares (a conversão do pensamento em conhecimento). Portanto, não opõe obstáculo ao desenvolvimento dos discursos filosóficos, mas somente à sua redução à unidade. Se o primeiro nível é o do cep-

---

26. Cf. Montaigne: "Se ele abraçar as opiniões de Xenofonte e de Platão como seu próprio discurso, não serão mais as deles, serão as suas. Quem segue um outro não segue nada. Não encontra nada, nem mesmo procura nada" (*Essais*, I, xxvi, p. 151, Villey); Kant: "aquele que aprendeu especialmente um sistema de filosofia, o sistema de Wolf, por exemplo, mesmo que tivesse em sua cabeça todos os princípios, todas as definições e demonstrações, assim como a divisão de toda a doutrina, e estivesse em condição de contar, por assim dizer, todas as suas partes na ponta da língua, só teria, no entanto, um conhecimento *histórico* completo da filosofia de Wolf; só sabe e só julga de acordo com o que lhe foi dado. Contestem-lhe uma definição, ele não sabe de onde tirar outra. Formou-se segundo uma razão estranha, mas o poder de imitação não é poder de invenção, isto é, o conhecimento, nele, não saiu da razão, e embora seja, por certo, objetivamente um conhecimento racional, subjetivamente é apenas um conhecimento histórico. Compreendeu bem e reteve bem, isto é, aprendeu bem, e assim é apenas a máscara de um homem vivo" (*Critique de la raison pure*, ed. cit., p. 560, tradução levemente modificada).

ticismo, o segundo é o do *pluralismo*: os discursos filosóficos são necessariamente diversos e constituem uma diversidade não unificável.

Evidentemente, deve-se distinguir esse pluralismo *lógico-filosófico* do pluralismo *ontológico*, que tem afinidades com o materialismo e não se situa neste nível. O que aqui nos interessa é a pluralidade irredutível dos discursos filosóficos, em outras palavras, dos discursos coerentes da realidade – em que a "coerência" é entendida primeiro no nível das partes (coerência formal), e em segundo lugar no nível do todo (coerência orgânica). Um discurso (organicamente) coerente da realidade fala de *todo* o real – justificando o que diz, quer dizer, não deixa de lado nada do que considera "real", ficando entendido que a definição da "realidade" pertence a ele. Os discursos filosóficos são mutuamente irrefutáveis. De fato, cada um fala da realidade em seu conjunto, sem deixar nada de lado. Não podemos opor-lhe "a" realidade, porque não estamos tratando com "a" realidade; podemos opor-lhe somente um discurso também coerente, e ambos estão em pé de igualdade (porque cada discurso é livre para considerar o que é decisivo para o outro como um nada).

Certamente ainda é preciso que o discurso suporte o exame do ponto de vista de sua coerência interna. Os discursos filosóficos históricos são, em geral, mistos. Sua coerência racional não é perfeita. Contêm rupturas de racionalidade (de que são prova os sofismas). Misturam o discurso verdadeiramente racional e filosófico com o discurso ideológico, que tem aparência de racionalidade (aparenta recorrer somente a razões que se impõem por si mesmas a uma inteligência livre), mas que é falsamente racional, e, no fundo, só tem a função de corresponder a certas necessidades. É duvidoso, por exemplo, que o discurso cartesiano e o discurso kantiano sejam racionais em todas as suas partes. Sua dependência em relação à ideologia cristã poderia mesmo ser responsável por certos sofismas. Mas não concluiremos pelo caráter ideológico do Idealismo como tal. Um discurso coerente da realidade de tipo idealista é possível em princípio – mesmo que, em sua forma pura, deva aproximar-se mais do modelo aristotélico-hegeliano.

Uma filosofia é um modelo de realidade, e há diferentes modelos possíveis. O domínio da filosofia, o da realidade-em-seu-conjunto, está aberto ao pensamento, não ao conhecimento. A filosofia pensa a realidade e não a conhece. Só trata com *possibilidades*.

Irão dizer-nos, talvez: que nos importam simples "possibilidades"! Mas se o homem quer viver sua vida não no plano das partes, mas considerando-a como um *todo*, ele deve, como se diz, determinar-lhe o "sentido", isto é, pensá-la sob uma Idéia. Qual é o sentido "verdadeiro" (se é que existe um sentido "verdadeiro")? Nós o ignoramos. Mas, entre as grandes possibilidades que a filosofia nos oferece, podemos, através de *nossa meditação*, chegar a uma opção sensata. Então, o que era apenas uma possibilidade abstrata tornar-se-á a nossa verdade (entendendo aqui por "verdade" aquilo que fundamenta o homem). *A meditação transforma a possibilidade abstrata em possibilidade real, em possibilidade vivida.*

Conseguiremos um *saber* – é verdade que não um saber "objetivo" (conhecimento), mas um saber "constitutivo", viveremos sobre o alicerce de um "saber" da realidade e do homem dentro da realidade. Não se trata de *apostar* entre as possibilidades. A atitude do apostador não é filosófica, pois aquele que aposta está se limitando a uma relação puramente exterior entre si mesmo e a verdade. Ora, o filósofo, enquanto filósofo, não pode, por princípio, ter acesso a outra verdade que não aquela – para usar o termo socrático – que ele próprio tiver "dado à luz". A verdade só pode ser o fruto de nossas entranhas, e nada mais. Não existe, pois, filosofia sem *meditação filosófica*, e não existe meditação filosófica sem engajamento da alma inteira e sem probidade intransigente, podemos até dizer, sem ascese e sem virtude. Aquele que medita não se deixa guiar senão pela idéia de *verdade*, e nada mais deseja. É somente assim que pode chegar, não ao Conhecimento, certamente, mas a um saber constitutivo de si mesmo. Os filósofos meditantes chegam a "verdades" diferentes: é este o pluralismo lógico-filosófico. Essas "verdades", ainda que diferentes, não deixam de ser, como produtos de uma meditação autêntica, também autênticas. Dizer que elas se "contradizem" é restringir-se a um ponto de vista exterior. A "contradição" das filosofias significa simplesmente que a meditação não pode absolutamente nos conduzir a reconhecê-las como verdadeiras ao mesmo tempo (mas só alternadamente); mas, por esse motivo, e precisamente porque a filosofia é inseparável de uma meditação filosófica, o filósofo, como filósofo meditante, não pode encontrar semelhante contradição (isso, aliás, já era resultado da proposição enunciada acima, AA, *in fine*: "a filosofia é a minha filosofia").

CC. O filósofo meditante visa a determinar-se em relação aos *modelos* possíveis de realidade, às hipóteses filosóficas. Essas hipóteses, se nos ativermos às suas linhas gerais, são em número *finito*. O marxismo, ao retomar uma oposição leibniziana, só reconhece mesmo dois tipos de doutrinas (ou duas grandes orientações ou tendências): o Idealismo/espiritualismo e o materialismo. O que significa esta oposição, atribuída não ao problema da relação do Ser com o pensamento, mas ao problema da morte? Evidentemente, ela se refere ao fato (e então como não aceitá-lo?) de que existem, a respeito da morte, somente *duas* respostas possíveis: a morte é, ou não é, aniquilamento – entendamos: não, por certo, aniquilamento "total" (a morte do vivo deixa subsistir o cadáver, ou seja, a dissolução do todo deixa subsistirem as partes), mas dissolução do ser em sua *unidade* e em sua *identidade*. Ou, depois da morte, já não é o mesmo ser (não existe o nada, mas outra coisa), ou, de certa forma, o mesmo ser subsiste. A morte é um devir-outro ou um tornar-se outra coisa.

Se entendermos como hipótese *espiritualista* (ou hipótese da alma separável) aquela segundo a qual a morte não é um aniquilamento (do ser em sua unidade), podemos definir o *idealismo* (idealismo transcendental, ou subjetivo, ou Idealismo especulativo[27], etc.) como um sistema (ou discurso coerente), *compatível* com a hipótese espiritualista, e o *materialismo*, como um sistema *incompatível* com tal hipótese.

Por certo, a meditação filosófica pode não levar a nada, principalmente por uma incompreensão do que é realmente o pensamento filosófico (por exemplo, se concebermos a filosofia como devendo ser uma ciência), ou porque ela envereda por caminhos aberrantes, secundários, e vai perder-se neles, mas, se chega a um resultado, esse resultado se traduz por uma escolha em relação à hipótese espiritualista, portanto à significação da morte. Se optarmos (estamos falando de uma opção meditada) pelo materialismo, estaremos optando por uma concepção da morte como cessação de ser, como aniquilamento. Mas se optarmos pelo idealismo, optaremos *ou não optaremos* por uma sobrevivência individual, uma vez que o idealismo é *compatível* com tal hipótese, mas não a implica necessariamente (nem Aristóteles, nem Hegel admitem a imortalidade pessoal da alma – e se a tivessem admitido, teria sido apenas uma *opinião dentro do sistema*, considerando-se o caráter de seu idealismo).

Não se trata, neste caso, de dizer por qual das hipóteses *é preciso* optar, porque não existe "é preciso". O pensamento filosófico é *meditação*, o que significa que, contrariamente ao que ocorre nas ciências (em que os resultados valem para to-

---

27. Por "Idealismo", com maiúscula, designamos a doutrina das Idéias (Platão, Hegel). A doutrina de Aristóteles, segundo a qual todo o lado ativo da causalidade pertence à forma (essência ou Idéia), e que Leibniz, por esta razão, designa como *formalismo*, está, evidentemente, ligada ao idealismo.

dos), só contam, para nós, os resultados obtidos pelo esforço de nosso próprio pensamento, e no fundo de nossas evidências constitutivas[28].

Queríamos apenas enfatizar a equivalência fundamental das hipóteses considerando a questão do sentido e, principalmente alertar contra um preconceito segundo o qual a vida não teria sentido (seria "absurda") na hipótese de que se acabasse definitivamente na morte, ou seja, na hipótese materialista.

Para o pensamento filosófico, importa não deixar o sentido da morte e da vida numa indeterminação flutuante, importa *fixá-lo*. Mas, na hipótese materialista, chegamos a um sentido? Não se trata mais de uma ausência de sentido? A réplica é que o risco de faltar o sentido está mais do outro lado. Porque se a vida é radicalmente mortal (se não existe vida imortal), ela é fundamentalmente finita. Então, aquilo que tem um sentido é aquilo que leva a alguma coisa. A noção de sentido implica a noção de termo final, de conclusão. Não há sentido onde não há fim. *O sentido exige o finito*. Os gregos caracterizaram a vida do in-sensato pela sucessão indefinida de desejos e de prazeres sem chegar a uma situação estável ou a uma atividade que tenha seu fim em si mesma (atividade imanente), isto é, a uma felicidade. Não há sentido, diz Aristóteles, em escolher indefinidamente uma coisa, visando a

---

28. Estas evidências fundam – possibilitam – ou a união com os outros ou a separação dos outros, mas não se destinam, por si mesmas, nem a nos unir, nem a nos separar, porque nada nos autoriza jamais a substituirmos o outro para dar respostas no lugar dele; o filósofo só pode seguir seu próprio caminho, com total fidelidade a si mesmo – sendo por si mesmo sem importância o acordo ou o desacordo do outro –, porque nada pode substituir sua visão própria, e se ele teve esta visão, nada pode aboli-la. Enquanto tantas influências diversas disputam o ser humano, o filósofo deve ser o homem de caráter, e a formação do filósofo começa pela formação do caráter.

uma outra, porque, assim, estaríamos buscando ao infinito, de forma que o desejo seria fútil e vão[29].

Certamente não se deve confundir o fim (*télos*) como "aquilo em vista de que" (τὸ οὗ ἕνεκα), ou como *objetivo*, com o fim como *termo*, limite ou interrupção, τὸ ἔσχατον. A morte é termo, nada mais, não é, evidentemente, aquilo em vista de que nós vivemos, e, diz Aristóteles, provoca riso o poeta que é levado a dizer:

"Ele atinge o termo para o qual nascera",

porque, acrescenta, "não é toda espécie de termo que pretende ser um fim (*télos*), é o melhor"[30]. O termo não é, de modo algum, um fim por si mesmo, e o ponto de finalização de um processo teleológico. Mas, inversamente, e é isto que nos interessa aqui, o fim-conclusão ou fim-cumprimento, aquele que dá sentido a um processo, supõe a não-infinidade do processo, ou seja, que o processo tenha um *termo*. Como diz Aristóteles, "nada está concluído (*téleion*) quando não está terminado; ora, o termo é o limite"[31]. Por conseguinte, o que dá um sentido à vida, na hipótese de uma vida radicalmente finita, não é, com certeza, a morte, mas o fato de que a vida, entre o nascimento e a morte, chegue a seu fim, a seu cumprimento. Somente a morte prematura será absurda[32]. Se a morte sobrevém quando um ser atualizou as virtualidades que trazia em si, quando se "realizou", ela é "natural", "normal", não absurda.

Por outro lado, a imortalidade da alma implica a duração sem termo da vida. Então, a hipótese dá margem à objeção de

---

29. *Eth. Nic.*, I. 1, 1904 a 20-2 (trad. fr. Tricot). P. Aubenque fala, a respeito da ontologia aristotélica, de "busca necessariamente infinita" (*Le problème de l'être chez Aristote*, Paris, 1962, p. 198; cf. pp. 189, 250, etc.). Mas essa busca "infinita" teria *sentido* para Aristóteles?
30. *Phys.*, II, 2, 194 a 30-3 (trad. fr. Carteron).
31. *Phys.*, III, 6, 207 a 14.
32. "Pourquoi voit-on rôder la mort prématurée?" (por que se vê rondar a morte prematura?), Lucrèce, V, 221 (trad. fr. A. Ernout).

que, no infinito, não há orientação possível nem sentido. Estar-se-ia afirmando a noção de "progresso infinito"? Mas, existe um sentido em perseguir um objetivo do qual continuamos sempre infinitamente afastados? Podemos, é verdade, renunciar à noção de *objetivo*, falar somente de progresso – e de orientação – pontual. Mas, a noção de "progresso" conserva um sentido quando não há um progresso em *direção* a algo? E se caminhamos somente de um ponto a outro, o que se torna a unidade da vida, a concepção da vida como um todo?

O materialismo é uma filosofia da morte. O homem individual é apenas uma parte da humanidade, e a história humana é apenas um acidente da crosta terrestre. Se, ao fim de um tempo mais ou menos longo, nada restar das obras do homem, e se o sentido da vida tivesse de ser encontrado nas obras da vontade, haveria aí uma insensatez radical, uma vez que só se teria desejado o nada. Isso mostra que, na hipótese materialista, o sentido da vida não pode ser encontrado naquilo que *permanece* (nas obras e na produção das obras), mas só pode estar na própria atividade como tendo seu fim em si mesma, enquanto atividade plenamente bem executada (*práxis*, no sentido de Aristóteles). Se entendermos por atividade bem executada uma atividade feliz (a felicidade na expressão de si mesmo), podemos dizer que o materialismo precisa da idéia de felicidade para evitar a insensatez do nada. Mas o espiritualismo também precisa dela para evitar a insensatez do infinito, de maneira que há, finalmente, quanto ao sentido (em sua capacidade de fundar o sentido) equivalência entre as duas hipóteses.

Resumindo. Ignoramos "o que é" a morte. Mas não podemos evitar pensá-la (porque a significação da vida depende da significação da morte). Há, pois, que distinguir o pensamento e o conhecimento. A filosofia pensa o real, mas não o conhece. Só chega a possibilidades. A filosofia adota uma ou outra dessas possibilidades pela meditação. Existe a equivalência das hipóteses quanto à sua capacidade de fixar a orientação e o sentido da vida. A escolha só pode ser feita pela meditação, sobre o fundamento de nossas evidências próprias e constitutivas[33].

1971

---

33. *Corolário*. O cepticismo, o pluralismo e, por exemplo, o materialismo, por não se situarem no mesmo nível, são compatíveis. O cepticismo significa que não há *conhecimento* filosófico, o pluralismo, que, *em direito*, existe uma pluralidade possível de discursos filosóficos mutuamente irredutíveis e irrefutáveis. Mas, nem por isso, a pluralidade lógica é pluralidade real. Discursos igualmente possíveis são inigualmente reais. O fato de que uns e outros possam, em direito, ser emitidos, não significa que eles tenham *a mesma significação para nós*. Certamente o idealismo hegeliano não é filosoficamente refutável, mas isso não significa que esse sistema ainda tenha para nós uma significação *real*, que corresponda ao espírito do tempo (de um tempo em que existiu Auschwitz – o mal absoluto).

5

O mundo e a sabedoria

Se o mundo "já não é o que era", como viver sabiamente, isto é, de acordo consigo mesmo e com o mundo, neste mundo que "já não é o que era"?

Temos de constatar primeiro que o pensamento, hoje, está separado do conhecimento, a filosofia, da ciência – assim, não há "Ciência", no singular, mas *ciências*, no plural. A ambição final da filosofia: compreender o mundo em sua totalidade não é exeqüível hoje em dia, e isso ocorre porque o filósofo é produto de um mundo que não é um mundo "verdadeiro", de um *quase-mundo*, em outras palavras, de um mundo em que o sentido já está ausente, em que o sentido não é um fato. É verdade que, num mundo como totalidade com sentido, há in-sensatos, não-sábios, cegos para o sentido, e é por isso que Platão e Aristóteles tinham de filosofar para *educar* – para levar os homens, que estavam saindo da caverna, a reconhecer o inteligível como estando *já presente*. É fundamentalmente possível ver o mundo à luz do divino, porque o mundo é efetivamente uma totalidade una cujo princípio é o divino. O que, para Aristóteles e Platão, não dá margem a dúvida: a possibilidade de *ver*, isto é, de pensar à luz da verdade. Mas, se hoje não vemos, não é por sermos insensatos, cegos ou por estarmos ofuscados: nem mesmo o sábio consegue ver porque não há *nada* para ser visto. É certo que há significações, mas são discordantes: falta a unidade. O resultado da filosofia – a sabedoria – não pode apoiar-se na Ciência, ou no saber, na visão da unidade. Todavia, como a sabedoria é a arte de viver no mundo em que estamos, e não em outro, deve haver, de certo modo, identidade, coincidência, entre o princípio da sabedoria hoje possível e o princípio do mundo atual. É este ponto que importa esclarecer, pois o que nos interessa é viver neste mundo – mesmo que se trate de um "quase-mundo" –, e que a filosofia nos seja algo útil para vivermos nele.

O mundo e o pensamento

O que acabamos de dizer supõe que o pensamento é fundamentalmente condicionado pelo mundo humano de que faz parte o pensador. Se entendermos por "transcendental" o princípio originário de limitação das formas de pensamento possíveis, em outras palavras, o princípio que, entre as formas de pensamento logicamente possíveis, define as que têm uma significação real (hoje, certamente podemos ser, em princípio, discípulos de qualquer filósofo do passado, mas todas as opções teriam a mesma significação real?), podemos dizer que, com relação ao pensamento, o mundo é um "transcendental".

Se o filósofo deve pensar de uma forma viva, e não se limitar a dar uma vida artificial a pensamentos mortos (isto é, inatuais – uma vez que os pensamentos dos filósofos do passado são mais ou menos atuais ou inatuais, conforme seu mundo tenha ou não uma analogia mais ou menos nítida com o nosso), ele deve pensar em conformidade com o seu mundo – um mundo em que existiu Auschwitz, onde existe hoje (1972), entre outras coisas, a guerra do Vietnã.

O que significa, para o filósofo, pensar "em conformidade" com o seu mundo? É *conhecê*-lo? Sim e não. De modo geral, a tarefa do filósofo é pensar. Em certas épocas, *pensar* pode significar *conhecer* (a significação do pensamento é, então, o conhecimento), mas não há essa necessidade. O filósofo deve simplesmente refletir seu mundo – no sentido em que falamos da luz refletida em óptica (por causa da luz refletida, os objetos não luminosos por si mesmos tornam-se visíveis: da mesma forma, as filosofias, enquanto refletem o mundo, são significativas de certo mundo humano). Podemos dizer também – utilizando a noção de "expressão": uma filosofia deve ser a expressão de um mundo. Ou: numa filosofia, é um mundo que tem acesso à linguagem. Ou ainda: em toda verdadeira filosofia, um mundo se pensa, esse mundo podendo ser um mundo pleno e acabado, um *Sphairos*, ou, ao contrário, um mundo destotalizado, quebrado, um mundo que se desagrega, de onde o sentido está ausente.

Como pensar? A linguagem habitual do homem é a do interesse ou da necessidade. O interesse e a necessidade são um princípio de separação (daquilo que "nos diz respeito" e daquilo que "não nos diz respeito"), de abstração, portanto de redução do mundo a um aspecto *unilateral*. O mundo real é mais concreto do que o mundo do comerciante, do homem do campo, etc., uma vez que compreende o mundo em todos os seus aspectos. O filósofo tenta superar a abstração dos mundos particulares para pensar o concreto. Ele não deve ser, enquanto filósofo, nem necessitado, nem interessado, pois importa colocar-se na escuta daquilo que existe, e o interesse e a necessidade perturbam a escuta da inteligência. O lugar desta escuta não está separado da vida real. O filósofo deve viver como homem de seu tempo (porque não se é homem de modo geral, só se é homem sendo homem de seu tempo), assumir a sua condição, não se recolher na abstração diante do mundo – por exemplo, desprezando a informação ou fugindo dela –, sendo que a sua diferença com relação ao homem comum é que, por querer levar em consideração *todas as coisas*, ele não vive num mundo particular (ou vive o mínimo possível), mas dentro da totalidade do mundo humano. Sua tarefa é decifração; ele pergunta: o que significa isso? Recusa as perspectivas redutoras e subjetivas dos homens interessados. Seu olhar é essencialmente *livre*, com aquela liberdade que *é liberdade em relação à subjetividade*, isto é, em relação à particularidade do ponto de vista, a tudo o que é visão unilateral, a tudo o que é perspectiva redutora e abstrata (relativamente a isso, o sujeito é não livre: fechado em si mesmo como uma abelha numa redoma, sua liberdade é, para ele, uma prisão). Aquilo em cuja direção o filósofo entende volver o olhar – de maneira direta ou oblíqua: na direção do lugar de origem das perspectivas particulares, na direção do princípio comum do mundo e do homem. E, então, mesmo que fale – ou pareça falar – de outra coisa, é disso que está falando.

O princípio do nosso mundo

Se considerarmos que o mundo moderno (pós-medieval) está numa perpétua oscilação, indefinidamente inacabada, que propõe, tanto aos eruditos quanto aos técnicos, aos empresários ou aos paladinos da moral e da fé, tarefas sem limite determinado e literalmente infinitas, podemos caracterizar, de maneira geral, o princípio do mundo moderno como "princípio do infinito". Mas, de acordo com as épocas, este princípio assume significações diversas.

Durante a idade de ouro burguesa feliz (ou "venturosa"), significou *progresso* infinito (indefinido). Apesar de todas as transformações, cada época, assim pensamos, deixa, para a seguinte, certas aquisições, especialmente certos valores – *duráveis*, que lhe permitem caminhar para a frente. Em suma, um mesmo mundo se transforma e se enriquece. Não estamos imediatamente salvos da morte pelo mundo em que vivemos, pois este muda continuamente, por transformação ou revolução, mas o mundo em que vivemos não é um mundo que vai dar em *nada*: é uma etapa para um mundo futuro para cuja realização vale a pena viver, no esforço infinito e na tensão, e morrer. Esta é a "filosofia" tanto do empresário capitalista, para quem o sentido de sua atividade é a própria atividade econômica como atividade sempre maior, quanto do militante moderno (nos séculos XIX e XX e quase até nossos dias) – com a diferença que o primeiro, ao fazer da atividade econômica a própria substância de sua vida, esquece o *fim* (*telos*) – a humanidade viva – que o segundo não esquece. Semelhante "filosofia" é a expressão da exigência de ampliação indefinida inerente à atividade capitalista como tal. Ela se impõe não só à classe dominante, mas também aos adversários da classe dominante. Ainda é – em 1972 – a filosofia de certo número de militantes (que vêem, no horizonte, a revolução e a sociedade sem classes); entretanto, sem que eles tenham se dado conta, o espírito do mundo se modificou. O *princípio trágico* se manifestou.

Certamente, quando dominava a idéia de "progresso infinito" (e esta idéia, por estar como que no princípio do mundo humano, repercutia em todos os domínios: por toda parte víamos aparecerem esquemas de "aperfeiçoamento indefinido"), cada época social se concebia como devendo ceder lugar a outra, mas também como tendo sua própria *justificação* (fornecida, de forma científica, pela dialética): de acordo com o discurso da época, ela não estava ali inutilmente, pois "contribuía" para o progresso geral da humanidade. Assim, ela se perpetuava em sua significação real, essencial (sua verdade): os próprios indivíduos, em sua significação essencial (isto é, enquanto participavam da vida substancial e da verdade de sua época) não morriam. O otimismo reinava no fundo desta idéia de um progresso geral de uma humanidade imortal. O papel da história, como devir humano, não era tanto relegar ao nada, uma após outra, as formas sociais, quanto recuperá-las sempre novamente, em todos os seus aspectos válidos. A história não era um puro devir, mas, ao contrário, uma negação do devir puro, como implicando o sentido, a acumulação, o progresso.

Hoje, é completamente diferente. "Progresso infinito" significa principalmente fracasso infinito, pois os picos que pensávamos atingir vão ficando mais distantes, a desordem aumenta. A própria noção de "progresso" soa, não raro, como uma idéia desgastada; fora de certos setores bem definidos, como o da técnica, interrogamo-nos sobre seu conteúdo real, discernimos melhor do que o fizéramos até agora, a correlação: progressos parciais – regressões parciais. Aliás, à questão do progresso sobrepõe-se, em termos de atualidade, uma questão mais urgente, a da pura e simples *sobrevivência*. Porque a humanidade já não está segura de ter uma história, ou seja, um longo futuro. Por um lado, ela destrói o meio natural em que residem seu ser e seu progresso. Por outro lado, pode, a qualquer momento, pela arma nuclear, até mesmo por alguma catástrofe nuclear em tempo de paz, destruir a si mesma. O nada e a morte já não dizem respeito apenas aos indivíduos, nem mesmo à forma atual do mundo, mas à totalidade do mundo humano (realidade e possibilidade). Já não é apenas o "homem", mas a humanidade que é mortal. É isso que sentimos em nossa época. Na época burguesa "venturosa", o que existia no horizonte da atividade humana era um mundo melhor; hoje, é mais a incerteza, com o risco do nada. Ora, o "horizonte" é muito importante: é aquele *visando a que*. Como viver, trabalhar, agir, visando à morte?

A questão do nada

Cada época tem suas questões, e por certo não é sem algum engano inicial da pesquisa que colocamos, numa época, as questões de outra época. Certamente podemos fazê-lo, e é isso que distingue as questões filosóficas das questões científicas. Hoje, não nos interrogaríamos sobre o "epiciclo de Mercúrio", mas podemos "repetir a questão do ser". Somente, uma vez que se trata apenas de uma questão logicamente possível, e não de uma questão transcendentalmente possível, não se deve contar com uma resposta[1], pois a pergunta não tem significação real. É esse engano inicial em seu "caminho de pensamento" que parece cometer Heidegger quando, no início de *Sein und Zeit*, "repete" a questão do ser. Porque essa questão não faz parte, reconhece ele, do tom de nossa época: "hoje, a questão do ser caiu no esquecimento, embora nossa época considere um progresso aceitar de novo a metafísica"[2]. Ora, para um homem, deve estar fora de cogitação *condenar* a época de que ele faz parte, pois todo homem é homem de sua época, sob pena de não ser nada. A época sempre tem razão. Pensar no sentido inverso ao de sua época é uma atitude perfeitamente vã. A questão do ser, diz Heidegger, não é arbitrária, pois "inspirou a reflexão de Platão e de Aristóteles, embora se tenha extinguido com eles, pelo menos como tema explícito de uma verdadeira pesquisa"[3]. Ela não é arbitrária e, no entanto, "extinguiu-se" na época helenística – prova de que uma questão em si mesma não arbitrária pode ser uma questão morta. Se nossa época é semelhante à época helenística, como se diz com freqüência, e se pensar concretamente consiste em propor as questões vivas de sua época (em propor explicitamente as questões implícitas de sua época), e não em dar uma vida artificial a questões mortas, então, hoje, a questão não é o que Heidegger entende por "questão do ser".

A questão de Heidegger era tal que, se ele fosse um pensador autêntico – e ele o era –, ele deveria necessariamente não chegar a nada – e foi o que fez. Ele constata que a ontologia medieval discutiu amplamente o problema do ser, na forma legada por Aristóteles, "sem, contudo, chegar a um esclarecimento definitivo"[4]. Palavras que se aplicam perfeitamente a

---

1. Ou, se for dada uma resposta, ela ficará sem eco.
2. *Sein u. Zeit*, p. 2, trad. fr. R. Boehm e A. de Waelhens, Gallimard, 1964, p. 17.
3. *Ibid.*
4. *Ibid.*, p. 3 (p. 18).

ele mesmo. Como seria de outra forma? A época de Aristóteles trazia em si o sucesso de Aristóteles como nossa época trazia em si o "fracasso" de Heidegger. Em nossa época, como diz Waelhens, o "esquecimento do ser", segundo Heidegger, "perpetrou-se totalmente a ponto que ela já nem sabe que é esquecidiça, já não sabe que é erradia"[5]. Isso é reconhecer ingenuamente que a questão do ser é, para nós, no *aqui e agora* da história, sem significação real (embora possa fornecer a intelectuais a matéria de um jogo lógico). "Ao querer fundar a metafísica, Heidegger cai na abstração de um mundo que já não é o mundo real."[6] Sim, mas esta abstração mesma – este fracasso em atingir o concreto – tem sua verdade. É a verdade de um mundo abstrato. Heidegger não podia chegar ao Concreto, pois o Concreto não existe. Ou: o mundo – o nosso mundo – não é verdadeiramente o real. Nele, a abstração tem uma realidade. O nada e a morte afirmam, por toda parte, sua presença. São quase mais reais que o próprio mundo.

Mas reconhecer que a filosofia de Heidegger tem sua verdade em seu próprio fracasso e em sua própria abstração é reconhecer que a questão que ele chama "do ser" também tem sua verdade, com a condição de ser restabelecida nesta verdade como questão do nada[7]. Não se trata ainda de instaurar

---

5. *Chemins et impasses de l'ontologie heideggérienne*, Louvain, Paris, 1953, p. 44.

6. M. Corvez, "L'Être et l'étant dans la philosophie de Martin Heidegger", em *Revue philosophique de Louvain*, maio de 1965, p. 278.

7. Certamente, há um entendimento do ser implícito no discurso e no comportamento do homem comum. Referimo-nos constantemente aos entes, ao que existe. Mas não seria o ser uma ilusão da cotidianidade? É a questão que Heidegger não propõe: a da *legitimidade* da noção de ser. A palavra "ser" tem uma significação *real*? O ser é algo além de uma categoria gramatical? Por que não podemos dizer – a exemplo do niilista ontológico de *La Ville*, de Claudel, para quem "nada existe" – que, num sentido, não há *nada* – não certamente *absolutamente* nada, mas somente aparências sem nada por trás. Em sua conferência sobre a an-

um debate conceitual, de *dissertar* sobre a prioridade do nada ou da negação. O problema do nada, entendido de maneira vital e concreta (e todas as questões filosóficas devem ser entendidas de maneira vital, ou não serão nada – eis por que um filósofo é necessariamente diferente de um puro "intelectual"), não é nada mais do que o problema do aniquilamento ou da morte. E a resposta não pode consistir num simples conjunto de palavras, não pode ser senão uma resposta vivida, uma "sabedoria".

O princípio da sabedoria

Segundo um dilema que, aliás, não tem sentido nas boas épocas, a significação do pensamento, em nossa época, não é o conhecimento, mas a sabedoria. Uma vida sábia é uma vida vivida fundada, uma vida só se passa no mundo, não em outro lugar. Este mundo é sempre o mundo de uma época. Uma vida sábia é uma vida perfeitamente adaptada ao mundo (sem que esteja, com isso, adaptada a um ou outro mundo particular, pois o filósofo poderá perfeitamente ser estranho no mundo dos navegantes, por exemplo, ou no dos camponeses ou no dos financistas, etc.) e isso só é possível quando o princípio sobre

---

gústia, Heidegger diz: "A angústia revela o nada" (*Qu'est-ce que la métaphysique?*, trad. fr. H. Corbin, Gallimard, 1938, p. 31), e com isso ele entende fundamentar a questão: "Por que há ente em vez de nada?" (cf. pp. 34 e 44). Assim, o ente atravessou intato a angústia, passou através da angústia como a salamandra passa através do fogo. Mas o que a experiência metafísica da angústia nos revela é mais a niilidade do ser, ou: que todo pretenso "ente" está intimamente reduzido a nada pela morte, em resumo, o caráter efêmero, fugidio de *tudo* o que existe. O ente da atitude natural, objeto da *reificação*, não subsiste tal qual: a angústia revela o nada, *isto é, a irrealidade do ente* (do pretenso "real"). Ela levanta, pois, radicalmente, se quisermos, o problema do ser, *mas do ser como nada*.

o qual está fundada não é outro senão o princípio do próprio mundo. É preciso perceber o mundo em seu espírito e seu princípio.

Mas o mundo humano hoje está dominado pelo temor e pelo pensamento do nada. E ainda que não "saibamos" o que é a morte e que a morte tenha, por direito, significações múltiplas, hoje a morte significa o não-ser. Ela é a mesma morte "que dá fim a tudo" de que fala Homero. A esta verdade do mundo de hoje, a religião, que não pode associar "morte" e "não-ser", fecha-nos os olhos, satisfazendo assim ao anelo do Desejo. Porque o homem, por instinto de vida e de felicidade, repele uma verdade que incomoda. Mas a filosofia, por desvencilhar-se de todo desejo e todo temor, está aberta a todas as significações. Não há nada que desconsidere. É por isso que nossa época, em que as viseiras da tradição só limitam a visão daqueles que não querem enxergar, nossa época é, pois, propícia à filosofia – na verdade, não ao *conhecimento* filosófico –, por conseguinte, ao pluralismo.

Contrariamente a um mundo verdadeiro, como o mundo da cidade grega, ou ao "outro mundo" do cristianismo, que salvam o indivíduo da morte e do não-ser, o mundo em que vivemos é incapaz de exercer sua função de mundo (e aquilo que é incapaz de exercer sua função não é verdadeiramente o que é). Ele não nos salva de nada. Os indivíduos não têm o sentimento de fazer parte de uma totalidade sensata – e que seja tal que, na morte, cada um de nós possa dizer "e agora, eu posso morrer". Eles se encontram na dispersão e no isolamento. O próprio mundo, em vez de ser o Todo que reúne e acolhe, onde o indivíduo, enquanto vive e pensa sensatamente, toca no real, tem toda a fragilidade de um mundo de Epicuro, dentro de um conjunto que já não é nem mesmo um Todo. A morte atinge os indivíduos não por um lado apenas, mas em tudo aquilo que, para eles, tem sentido e valor – no próprio sentido de sua vida.

É por isso que, em nossa época, o nada, o aniquilamento, têm uma significação trágica. Esta significação nada tem de necessário (não está necessariamente ligada ao nada). A destruição de Sodoma e Gomorra não é trágica, uma vez que é um castigo (e merecido). Se atribuíssemos menos valor ao homem e às obras do homem, ou se, permanecendo na esfera religiosa ou moral, reputássemos a humanidade culpada em seu conjunto, o trágico seria menor. O trágico não provém da destruição como tal, mas da *diferença* entre o valor daquilo que é destruído antes e depois da destruição, ou seja, numa queda de valor. A morte de um velho é menos trágica do que a morte de uma criança, pois uma criança é mais preciosa. O aniquilamento do mundo humano é trágico porque é aquilo que tem o maior valor no universo.

Nosso mundo é um mundo trágico porque aquilo que tem de mais valioso está ameaçado de perecer. Toda vida, toda atividade humanas se apóiam na aceitação, no postulado de diferenças de valor – entre os atos, as obras, etc. Mas a morte ignora radicalmente essas diferenças e iguala tudo. Daí, a tentação do niilismo: para quê? Nada mais tem importância, uma vez que tudo será destruído. Mas, neste caso, não há razão para fazer outra coisa senão dormir. *A vida só é possível pela afirmação da diferença.* Nem tudo é igual.

Por que existe alguma coisa em vez de nada? Atrás desta pergunta clássica, esconde-se uma pergunta mais radical: por que fazer isto em vez daquilo? *Por que fazer alguma coisa em vez de nada?* Julgávamos poder ligar a questão do fundamento da vida e do homem à questão do fundamento do real – porque havia um Real, um mundo, um Todo. Mas hoje, quando a questão da razão de ser do homem esvaziou-se (se a propusermos, só poderemos responder como faríamos num tempo totalmente diferente, e não responderemos como homem deste tempo), a vida não pode obter sua legitimação de uma consideração da ordem das coisas. Ela se apresenta enfim, como, aliás, sempre foi: a saber, como, por essência, colocando a si mesma, ou como auto-afirmativa. Em última análise, nada podemos objetar de válido àquele que nada queria fazer além de dormir. Somente, a partir do momento em que, ao levar uma vida mais ou menos humana, ele aceita a vida, ele não tem outro meio de ser fiel a seu princípio e à essência da vida senão levando a melhor vida possível. Porque a vida é vontade de diferença, e da maior diferença.

Podemos dizer, de maneira geral, que o sábio deseja a maior diferença, pois ele pensa a vida da mais rigorosa maneira, e é aquele que é o mais fiel à lógica da vida. Mas o que distingue o sábio trágico (o sábio moderno, quer exista ou não, é invocado por nossa época) é o fato de que ele afirma a diferença na visão do nada: procura dar o máximo de valor àquilo que vai perecer.

Os microcosmos

Os homens vivem em mundos particulares – mundo do homem do campo, do comerciante, etc. –, mas, no pano de fundo de um mundo comum, o mundo da época, que, relativamente aos mundos particulares é um transcendental, pois, entre todas as significações lógica e humanamente possíveis, limita as significações que, em determinada época, têm consistência e realidade. Pode-se bem ser "bonapartista" hoje em dia, mas isso é um tanto inatual – e quase nada sério. Naturalmente, o mundo transcendental não se relaciona com os mundos particulares como um gênero com suas espécies. Não faz parte da essência deles, pois um mundo particular não pressupõe um mundo transcendental para ser isso ou aquilo, mas somente para existir. O "mundo do homem do campo" é, como tal, comum a épocas bem diferentes, mas, hoje, ele está e só pode estar sobre o pano de fundo do mundo da nossa época.

Há que distinguir os mundos particulares dos microcosmos. Um microcosmo carrega, em sua totalidade, o caráter da época. Não pode ser pensado, sem absurdo, como se fosse o mesmo em qualquer época diferente (mas somente numa época análoga). A "particularidade" de um mundo é um princípio de abstração e de fuga em relação ao mundo da época, o único real (mesmo que esta "realidade" não seja plenamente real). Aqueles que as necessidades da vida (os *anankaïa*) obrigam a viver na particularidade de seu mundo estão à margem da verdadeira atualidade da vida, que, em seu movimento universal, *experimenta* sempre novas formas, faz-se e desfaz-se. Por não terem tempo para a atenção livre, e para a escuta daquilo que, julgam eles, "não lhes diz respeito", nada conhecem além do restrito mundo de suas preocupações, que é apenas um lado abstrato, um estilhaço do mundo universal, pensam e vivem na abstração com relação à vida substancial e à verdade, portanto na insensibilidade de uma vida abstrata, que afastou de si e relegou a um quase-nada aquilo que constitui a riqueza, a variedade, o valor da vida. O sábio, e é isto que o torna um filósofo, reflete (mesmo que não pense esta reflexão como tal) a totalidade do mundo humano. Isso só é possível na medida em que ele não está interessado, azafamado, etc., e não persegue objetivos particulares, mas, por se ter libertado dos limites da perspectiva particular e da subjetividade, é capaz simplesmente de corresponder à realidade múltipla por uma atenção múltipla (e una).

O mundo do sábio, liberto da particularidade, é um mundo total em escala reduzida, um microcosmo. Entretanto, quando o mundo é, como o nosso, um mundo mortal, quase tão frágil, enfim, quanto nós mesmos, só pode ser vivido de maneira feliz graças a uma mudança de signos – aquela que a sabedoria opera. Mudança formal: o conteúdo, diremos, permanece o mesmo. Mas, para o indivíduo, quando os signos mudam (se, por exemplo, a guerra fosse realmente "calma e alegre"), *tudo* não está mudado? Por que, contudo, associar "felicidade" e "sabedoria"? Os apaixonados não são felizes? E o que têm a ver com a sabedoria? Mas vivem num mundo particular, pouco diferente daquilo que foi em todas as épocas, e que nada tem de um microcosmo. A felicidade cuja condição é o que chamamos de "sabedoria" é, naturalmente, a felicidade do *filósofo*. "A filosofia, expressão de um estado de alma extraordinariamente *elevado*"[8], diz Nietzsche. É este estado de alma que temos em mira. Importa, hoje, poder olhar todas as coisas sem ilusão alguma, e, especialmente, o nada em que tudo se acaba, e extrair, contudo, desta *teoria* do nada, certa felicidade – entendendo-se por "felicidade" aquilo que nos faz sentir uma inesgotável coragem.

Isso não é fácil, e para traduzir essa não-facilidade da felicidade num mundo tão profundamente marcado pelo trágico, tão íntima e radicalmente minado por fatores de destruição, utilizaremos a noção estóica de *tensão*. O que faz existir um microcosmo é a tensão. A morte é percebida como um princípio igualador. O que fazia a diferença já não a faz, o que tinha importância já não a tem. Quanto mais real e mais total é a ameaça da morte, mais nos sentimos incitados, por todos os lados, a uma negligência debilitante. Ora, a vida só é possível (pelo menos como vida *humana*) sobre o alicerce de uma negação do valor igual das diferentes escolhas possíveis e das diferentes vidas. A vida nega a igualização e a uniformidade, a indiferenciação; é vontade de diferença. Fora de toda moral, coloca uma distância entre aquilo que é baixo e aquilo que é nobre e elevado. Manter essa distância diante do princípio igualador da morte supõe a tensão. Os microcosmos têm tensões diferentes, e há, decerto, entre o sábio e o não-sábio, muitos graus de tensão (não se trata, aliás, de nos pronunciarmos sobre a existência empírica do sábio, mas de definirmos, através de uma figura ideal como uma figura geométrica, o sentido da vida filosófica).

1972

---

8. *La volonté de puissance*, trad. fr. G. Bianquis, t. II, p. 380.

6

O homem e o tempo

*Esboço de uma interpretação do homem
em relação ao tempo*

O título pode suscitar uma objeção: por que falar "do" tempo? Não há tempos múltiplos? Temos de responder previamente a esta questão. Pode-se falar de "tempos múltiplos"? Sim, se considerarmos não o tempo, mas aquilo que está dentro do tempo – o conteúdo, ou melhor, os conteúdos do tempo. Porque esses conteúdos são múltiplos: são todos os entes e seus modos de ser. Citaremos os corpos inertes, os vegetais, os animais, o corpo humano, a vida psíquica, as sociedades humanas. Haverá um tempo físico, um tempo biológico, um tempo fisiológico, um tempo psicológico, um tempo social. Há ainda que distinguir: o tempo físico, por exemplo, compreende o tempo dos fenômenos astronômicos, o tempo da microfísica, o tempo da termodinâmica, o tempo da mecânica, o tempo da química, etc. Gurvitch insistiu sobre a "multiplicidade dos tempos sociais", tendo cada atividade social o seu tempo próprio. Quanto ao tempo "psicológico", ele se pluraliza imediatamente em toda a diversidade dos tempos vividos: "há o tempo da ira, o tempo da gula, o tempo da hesitação", diz Jean Wahl[1]. E podemos acrescentar: da dor, do prazer, da tris-

---
1. *Bulletin de la société française de philosophie*, julho-dezembro de 1958, p. 117 (Discussão do comunicado de G. Gurvitch, "Structures sociales et multiplicité des temps").

teza, da alegria, do medo, da esperança, do remorso, do arrependimento, da decisão, etc. Ora, não há razão para pararmos nessa enumeração, pois as palavras "dor", "tristeza", "alegria" abrangem uma multiplicidade de dores, de tristezas, de alegrias, etc., qualitativamente diversas. Ademais, cada um de nós tem sua maneira de estar triste, e sua maneira de estar triste neste momento. Existe o momento *daquela* tristeza – que é a tristeza daquela pessoa, naquele momento. Se multiplicarmos, então, os tempos, chegaremos à conclusão de que seu número é *infinito*. Certamente, podemos classificá-los em um número *finito* de espécies. Mas esta classificação será feita a partir dos entes, dos fenômenos, dos eventos, isto é, daquilo que existe ou ocorre no tempo; será uma classificação dos conteúdos do tempo, portanto exterior ao próprio tempo. Feita a abstração daquilo que está no tempo, este é único. Para o ente, enquanto temporal (no sentido de "in der Zeit"), o que significa o tempo? Que antes de ser, ele ainda não era, e que depois de ter sido, não mais será. Ou: a contingência radical de seu ser. Isso supõe três momentos: aquele em que o ente (ou o evento, ou o fenômeno) ainda não existe, aquele em que existe e aquele em que já não existe. A única distinção que é essencial ao tempo é a do passado, do presente e do futuro.

I. Vamos, pois, deixar de lado as variações da experiência do tempo (tempo vivido) – e, também, a noção bergsoniana de duração como uma noção essencialmente impura (confusão entre o tempo e seus conteúdos) para ficarmos atentos à experiência fundamental que o homem tem do tempo como tal. Como caracterizar essa experiência? Diremos que o tempo ocorre como *independente*. A experiência da independência do tempo está bem descrita nesta passagem de uma carta de Benjamin Constant:

"... o sentimento profundo e constante da brevidade da vida me faz cair o livro ou a caneta das mãos todas as vezes que estudo... De modo que passo minha vida numa penosa e inquieta preguiça, com o sentimento de que eu poderia empregar melhor meu tempo, o vago remorso de vê-lo passar e nada fazer, e a convicção de que tudo aquilo que eu fizesse de nada adiantaria, e que, ao cabo de cinqüenta anos, tudo volta ao mesmo... Talvez eu esteja errado em sentir demais... que todas as nossas buscas, todos os nossos esforços, tudo aquilo que tentamos, fazemos, mudamos, não são senão jogos de alguns momentos..., que o tempo, *independente de nós*, segue na mesma marcha, e com ele nos leva, quer estejamos dormindo ou acordados, estejamos agindo ou totalmente inativos. Esta verdade trivial e sempre esquecida está sempre presente em meu espírito e me torna quase insensível a tudo"[2].

O que aqui se encontra expresso é, primeiro, que as variações na maneira como vivemos o tempo não têm importância alguma: o tempo vivido pode ser o do sono ou da vigília, da ação ou da inação, etc.; isso não altera nada no próprio tempo, no próprio curso do tempo. O que quer que façamos ou sintamos, de qualquer modo que nos comportemos, o tempo "segue na mesma marcha" – em nós, mas independentemente de nós: somos a presa de uma potência absoluta, que efetua em nós seu trabalho negativo, seu trabalho de aniilação, sem que possamos fazer nada, e em relação à qual estamos numa dependência radical. O que vem expresso aqui em segundo lugar é, correlativamente a esse sentimento de dependência, o da vaidade radical de todos os nossos projetos, portanto o sentimento paralisante da *vaidade de querer*. Podemos lembrar-nos do Eclesiastes[3]:

"Névoa de névoa   disse o Sábio   névoa de névoas   tudo é névoa.
....

---

2. Carta a Madame de Charrière, 21 de maio de 1791. Citada por Georges Poulet, *Études sur le temps humain*, t. I, p. 226 (Plon, 1950).
3. Citamos a tradução francesa de Henri Meschonnic publicada no caderno 12 (Inverno de 1968) do *Nouveau Commerce*.

Não temos lembrança   dos primeiros homens
           E nem os de depois   que virão
     e não teremos   lembranças   naqueles
que virão   depois
....
Vi   todas as obras   que se fizeram
sob o sol
          E, guardem tudo   é névoa   e pasto
de vento",

ou no que, em *Da visão e do enigma*, o espírito de peso, o espírito paralisante sopra para Zaratustra:

"Ó Zaratustra, pedra da sabedoria, pedra atirada, destruidor de estrelas! Foi a ti mesmo que atiraste para tão alto – mas toda pedra atirada tem de... cair."[4]

Porque, como diz Fink, "todos os projetos dos homens caem necessariamente em definitivo"[5]. No tempo a que nada pode pôr fim, portanto infinito, e que não se cansa de destruir, os projetos humanos não têm sentido. Eis o que significa o tempo: que, em última análise, tudo é vão, que é vão desejar o que quer que seja.

A respeito deste texto de B. Constant, podemos evocar aquilo que Fink, a respeito de Nietzsche, denomina "a concepção elegíaca" do tempo. Por que elegíaca? A elegia é um poema que exprime o lamento, a reflexão triste (aqui, o sentido moderno coincide com o sentido primitivo, pois os gramáticos antigos concordam em apresentar *élégos* como sinônimo de *thrènos*, lamento fúnebre[6]). Trata-se, neste caso, da tristeza de viver no tempo. Porque o tempo (ou a mudança, mas

---

4. *Ainsi parlait Zarathoustra*, trad. fr. H. Albert (Mercure de France).
5. *La philosophie de Nietzsche*, trad. fr. Hildenbrand e Lindenberg, p. 107 (Éd. de Minuit).
6. A. Croiset, *Histoire de la littérature grecque*, t. II, p. 92 (Paris, De Boccard, 1913).

isso vem dar no mesmo) é "destruidor", e "causa, por si, mais destruição do que geração", como diz Aristóteles[7]. Nietzsche admite isso. Não é, a seu ver, a última palavra sobre o tempo, mas é um primeiro aspecto da natureza do tempo[8]. Para Nietzsche, aquilo que sentimos primordialmente é – fazemos nossos os termos de Fink – "o caráter transitório e a niilidade de todo ser no tempo. O tempo aniquila, devora seus filhos, é destruição. Nada pode resistir a ele, as montanhas de granito se desfazem em pó e as luzes do céu se extinguem. Nada pode durar, tudo está submetido à mudança, tudo se consome. O olhar que dirigimos para o tempo, com o modo do sofrimento, não enxerga nele senão a unicidade e a irreversibilidade, o desaparecimento daquilo que existe, a fuga, o caminho para o nada"[9]. O que é o tempo? Feita assim, talvez a pergunta não esteja bem colocada[10]. Mas podemos, em todo caso, perguntar o que significa o tempo para aquilo que está no tempo. E a resposta que corresponde à experiência fundamental que temos do tempo cabe numa palavra: o aniquilamento. Evidentemente, não se trata aqui do nada "absoluto",

---

7. *Phys.*, IV, 13, 222 b, trad. fr. Carteron. Observemos, nesta mesma passagem, uma frase de Aristóteles: "é no tempo que tudo é engendrado e destruído", na qual há que pensar como pensa o próprio Hegel, quando lemos, na *Encyclopédie* (1830), § 258: "não é *no* tempo que tudo nasce e perece, mas o próprio tempo é esse *devir*, esse nascer e perecer, o *abstrair sendo*" (trad. fr. M. de Gandillac, Éd. Gallimard).

8. Segundo Nietzsche, diz Fink, a "experiência elegíaca" da universal caducidade ainda nos dá apenas um "conhecimento... limitado e crispado" do tempo: a alegria tem uma intuição mais profunda do tempo. Conhece, fosse só por pressentimento, a eterna repetição, o eterno retorno do igual" (*op. cit.*, p. 139). Certo, a menos que esse "pressentimento" não seja mera ilusão.

9. *Op. cit.*, pp. 138-9.

10. É esse o ponto de vista expresso por J. Wahl numa discussão sobre o tempo (*Bulletin de la société française de philosophie*, julho-setembro de 1961, pp. 153, 155).

é o nada daquilo que existia ou do como existia. Aquilo que existia e o como existia tornaram-se outra coisa[11].

II. Quem diz "aniquilamento" diz morte. O homem, diferentemente dos seres de que tem até aqui a experiência, tem

---

11. Certamente, Heidegger diria que permanecemos prisioneiros da compreensão "vulgar" do tempo, pela qual o passado, o presente e o futuro caem um ao lado do outro, e que desconhece seu desdobramento a partir de uma unidade originária (o que o conceito de *temporalidade* significa). Os gregos, segundo ele, "conquistaram" a questão do ser (a respeito do ente), mas não dispunham da teoria do tempo que lhes teria permitido ver por que o ser é sempre e necessariamente compreendido sob o horizonte do tempo. Em particular, a concepção aristotélica da natureza do tempo não o permitia. Foi Kant que, decisivamente, foi além do conceito vulgar do tempo, isso na *Analítica*, em que, por sua compreensão transcendental do tempo, abriu o caminho para a teoria da *temporalidade*. Descartes descobrira o sujeito, o "penso". Kant, ao descobrir a temporalidade, ou temporalização inerente ao sujeito, põe em evidência, pela primeira vez, aquilo que é a chave da finitude no homem. Daí a importância que Heidegger atribui à imaginação transcendental em Kant, que, diz ele, "não é outra coisa senão o tempo original" (*Kant et le problème de la métaphysique*, trad. fr. A. de Waelhens e W. Biemel, p. 251), o único que, "enquanto forma originalmente a unidade trinitária do futuro, do passado e do presente, possibilita a faculdade de síntese pura..." (*ibid.*, p. 250). A interpretação do *Dasein* como temporalidade, em *Sein u. Zeit*, permite compreender o papel ontológico do tempo: o tempo sempre governou a compreensão do ser, e é por isso que a verdadeira resposta à questão do sentido do ser apóia-se numa compreensão autêntica do tempo – O que pensar disso? Para Heidegger, importa (precisaremos todavia que só temos em vista o "primeiro Heidegger"), como para Kant, conceber o tempo de maneira a não colocar em perigo a idéia de *ser*. Se tudo estivesse "no tempo", seria necessário dizer que, de certo modo, por dissolução e fluidificação de todos os entes, não existe mais nada. Seria o *niilismo*, que resulta da resolução de todas as regiões do "temporal" (no sentido amplo de: envolvido pelo tempo, compreendendo-se ou definindo-se com referência ao tempo) na região do "in der Zeit". A universalidade do tempo questiona (põe em perigo) a idéia de ser, se se trata do tempo que destrói, que aniquila,

consciência de sua condição temporal e da morte como sendo "o senhor absoluto" (o senhor comum do senhor e do escravo, pois se o senhor domina a natureza pelo trabalho do escravo, a natureza, que só lhe deixa a escolha irrisória da *atitude*, domina-o pela morte). O horror da morte não é apenas fundamental no homem, podemos dizer que é o próprio fundamento do homem, aquilo a partir do que é preciso compreendê-lo[12]. Encontramos associados, nos melhores autores, os ter-

---

da compreensão "vulgar". A noção de *temporalidade* permite manter, para o tempo, a sua universalidade (uma vez que tudo o que existe está envolvido pelo tempo, visto sob o ângulo do tempo) preservando ao mesmo tempo a idéia de ser (uma vez que, se o ser é compreendido a partir do tempo, nem por isso é "temporal", no sentido de "in der Zeit"). Mas Kant e Heidegger não dão conta da experiência, primordial em todo homem, da independência do tempo – experiência que diremos *metafísica*, pois não é uma experiência *entre* outras ou *ao lado* das outras, e não é a experiência *disto* ou *daquilo*: é muito mais uma experiência que atravessa todas as outras, que é o *fundamento* de todas as nossas experiências particulares; por ela somos constantemente revelados a nós mesmos como submetidos, assim como qualquer outra coisa, à potência destinal universal que nos arrasta e nos anula. Não é que neguemos a unidade originária dos êxtases temporais, mas o que há para dizer? Simplesmente que não estamos no tempo sem o saber: passamos, e sabemos que passamos, mas isso nada muda em nossa relação de dependência quanto ao tempo (temos, simplesmente, a consciência desta relação e, correlativamente, de nossa impotência para modificá-la). O tempo é independente, ou: o próprio tempo não está no tempo – enquanto os entes são, na medida em que procedem do campo da experiência (isso posto para excluir os entes objetos de *crenças* de origem cultural), como atingidos em si mesmos por uma precariedade essencial, e fadados, pelo fato mesmo de estarem aí, a não mais estar. Mas se tudo é levado pelo tempo, não "existe" mais *nada*? Sim, mas isso significa não que seja preciso contestar a experiência primordial da potência destinal do tempo, mas antes nos convida a ver, na própria idéia de "ser", uma ilusão da cotidianidade. A cotidianidade liberta desta ilusão seria aquilo a que chamamos "Aparência" (cf. cap. 11).

12. Hegel não faz decorrer, do medo que tem o escravo perante a morte, o processo da "hominização"?

mos "horror" e "morte". Por exemplo, em Pascal: sem Jesus Cristo, diz ele, a morte "é horrível, é detestável, e o horror da natureza"[13]. Ou: "é uma coisa horrível sentir esvair-se tudo o que possuímos"[14] – porque é continuamente que morremos, que nossa substância se esvai sem retorno. Assim também, em Descartes, no *Tratado das paixões*: "o horror é instituído na natureza para representar, para a alma, uma morte súbita e inopinada" (art. 89). Sem dúvida, sentimos horror por muito mais coisa além da morte. Porém todo horror não é, no fundo, horror da morte, da destruição? Descartes observa muito bem isso a respeito dos horrores específicos; se algumas pessoas sentem horror ao contato de um verme (ou, podemos acrescentar, à vista de uma serpente, de uma aranha, etc.) é porque se sentem repentinamente como se estivessem sendo roçadas pela morte: "mesmo que, às vezes, seja apenas o contato de um bichinho, ou o ruído de uma folha que treme, ou a nossa sombra que nos faça sentir horror, sentimos a princípio tanta emoção como se um evidentíssimo perigo de morte se oferecesse aos nossos sentidos..." (*ibid.*). Deixando de lado os horrores específicos (ou, neste caso, circunstanciais), de quê temos horror? Do disforme, do monstruoso; da desordem, do confuso, do irracional, da noite, das misturas, do que é obscuro, equívoco, indeterminado, incerto, do mal e, particularmente, do crime, do criminoso (Rousseau fala de seu "horror" por Catilina). Observemos também o horror que inspiram as grandes calamidades, as grandes catástrofes, os desastres, os empreendimentos de destruição (como houve – como há! – em nosso tempo). Vemos, pois, que o que causa horror é aquilo que destrói, e, em particular, aquilo que destrói a forma, a determinação. Ser é sempre ser aquilo que somos – e somos, pelo limite, pela forma, pela determinação. Todo ser quer pre-

---

13. Carta de 17 de outubro de 1651 (*Pensées et Opuscules*, Éd. Brunschvicg, p. 98).
14. *Pensées*, fr. 212 (Br.).

servar sua forma, pela qual ele é aquilo que é. Daí o horror, não só da morte pura e simples, mas daquilo que destrói ao deformar, ao fazer desaparecerem os contornos, os limites. O horror é, em última análise, horror daquilo que nos destrói, ou seja, da morte, no sentido amplo. E semelhante horror da morte, do aniquilamento, da dissolução de nosso ser é realmente fundamental em nós.

III. Uma vez que o tempo significa a dissolução de seu ser, ou a morte, de que o homem tem horror, não haveria, no homem, um ressentimento contra o tempo? E o homem não deveria compreender-se por inteiro como o inimigo do tempo, o ser que luta contra a morte? Foi Nietzsche que falou de "vingança" e de "ressentimento para com o tempo", em seu *Zaratustra*, em passagens sublinhadas e comentadas por Heidegger[15]. O que importa, diz ele em *Das tarântulas*, é "*que o homem se liberte da vingança*"[16]. Mas ele ainda não está livre. Ainda está, pois, fundamentalmente determinado pela vingança. Ora, em que consiste essa vingança? Zaratustra o diz no capítulo *Da redenção*:

"Isto, e apenas isto, é a vingança *em si mesma*: o ressentimento da vontade contra o tempo e seu 'foi'.

A que se deve, segundo Nietzsche, o 'ressentimento da vontade contra o tempo'? Ao fato de que o tempo condena a vontade a não poder querer tudo: ela só pode querer aquilo que ainda não existe, portanto somente o que está do lado do futuro, não do lado do passado. O que está adiante, não o que está atrás. O passado e sua imutabilidade, o 'foi', a impossibilidade de fazer que aquilo que existiu não tenha existido e que aquilo que existiu exista marcam o *limite* que a vontade não pode transpor.

---

15. Cf. *Qui est le Zarathoustra de Nietzsche?* (em *Essais et conférences*, trad. fr. A. Préau, Gallimard).
16. Sublinhado por Nietzsche.

'Foi': é assim que se chama o ranger de dentes e a mais solitária aflição da vontade. Impotência em relação a tudo o que foi feito – a vontade é, para tudo aquilo que é passado, um perverso espectador."[17]

Heidegger sublinha: "o ressentimento não vai contra o puro e simples passar, mas contra o passar que só deixa o passado existir como passado, que o deixa assim petrificar-se na rigidez do definitivo"[18]. Existe ressentimento contra o tempo não enquanto fluxo, enquanto passagem, mas enquanto acorrenta o homem a um passado solidificado, imutável, enquanto, por meio do passado, ele acorrenta a vontade.

No que nos diz respeito, se existe ressentimento da vontade contra o tempo, não o entendemos desta forma. É verdade que o homem dominado pelo espírito de vingança é um homem prisioneiro de seu passado. Mas não podemos dizer que a vontade, por não poder querer em retrocesso, experimenta necessariamente ressentimento contra o tempo que a acorrenta com seu "foi". Porque ele não a acorrenta. De fato, o passado *já não existe*, só existe na medida em que me lembro dele, posso, pois, libertar-me dele pelo *esquecimento*. Os epicuristas não viram o segredo de uma vida feliz no governo da memória? Para querer vingar-se, ainda é preciso lembrar-se. O esquecimento liberta da vingança. A vontade não está necessariamente acorrentada a um passado que limita seu poder. Porque se o passado não existe para ela, ele não limita seu poder. Poderão objetar que não esquecemos conforme a nossa vontade. De acordo, mas não podemos acusar disso o próprio tempo. O que mais se revela é o caráter libertador do tempo, na medida em que nos *separa* daquilo que nos atava, nos pesava – de forma que, para que sejamos liberados, basta não o reter pela memória, basta deixá-lo no seu nada.

---

17. *Ainsi parlait Zarathoustra*, "De la Rédemption", trad. cit., p. 162.
18. *Qu'appelle-t-on penser?* (trad. fr. A. Becker e G. Granel, p. 78, PUF).

O "ressentimento da vontade contra o tempo" está ligado àquilo contra o que a vontade nada pode, isto é, não o "foi", de que ela pode se dissociar pelo esquecimento, mas o rápido fluxo de todas as coisas, o passar, a fuga, o aniquilamento, a dissolução – donde resulta a nulidade de todos os seus objetivos. A vontade não pode querer senão coisas futuras – que se tornam presentes – que se tornam passadas. É este o deslocamento inelutável de um não-ser a outro que o tempo opera e contra o qual a vontade nada pode. Ela só pode querer aquilo que logo será como se nunca tivesse existido; ou: ela não pode querer senão o nada. Então, coloca-se a questão do sentido da vontade; que sentido há em querer? O ressentimento da vontade contra o tempo provém do fato de que o tempo a questiona em seu próprio ser: o tempo significa a vaidade de querer. O ressentimento da vontade vai traduzir-se pela luta contra o tempo. Dessa luta do homem contra o tempo parecem resultar os traços fundamentais de seu ser.

IV. Por que a memória? (entenda-se: do passado como tal)? Por que a história (a memória que os homens têm de um passado que é comum a eles)?

O animal vai esquecendo progressivamente e o homem inveja-lhe a felicidade: "Por que não me falas de tua felicidade? Por que te limitas a me olhar?" O animal gostaria de responder e dizer: "É porque esqueço sucessivamente o que queria dizer. Mas ele já esqueceu essa resposta e se cala."[19]

O homem não só é temporal, mas tem consciência do tempo. O passado se reflete na consciência presente pela memória, e o futuro, por antecipação. De onde vem o fato de ter surgido, no homem, a consciência do futuro e do passado? No que diz respeito ao futuro, podemos encontrar uma resposta em Georges Bataille:

---

19. Nietzsche, *Considérations inactuelles*, II, trad. fr. Bianquis, p. 201 (Aubier, Col. bilíngüe).

"Nunca será demais sublinhar o fato de que, antes do início da Idade da rena, a vida humana, enquanto diferente da vida animal, só era diferente pelo trabalho... Não era senão pelo trabalho da pedra que o homem se dissociava, então, de maneira absoluta, do animal. Dissociou-se do animal na medida em que o *pensamento* humano lhe foi outorgado pelo trabalho. O trabalho situa no futuro, antecipadamente, aquele objeto que ainda não está fabricado e em vista do qual, simplesmente, se efetua o trabalho. Existem, então, no espírito do homem, duas espécies de objetos, uns estão presentes e os outros estão por vir. O objeto passado completa imediatamente este aspecto já duplo, e assim a existência dos objetos se perfila, de um extremo a outro, no espírito."[20]

O produto do trabalho é aquilo que *ainda não* existe. Não é possível trabalhar sem pensar no que ainda não existe, mas tem de existir. E pensar no que tem de existir é pensar naquilo que *existe*, não no presente, mas no futuro. Compreendemos, a partir do trabalho, que tenha surgido, para o homem, a dimensão do futuro. Mas, se a explicação é satisfatória quanto ao futuro, ela não satisfaz quanto ao passado. "O objeto passado completa imediatamente aquele aspecto já duplo", diz Bataille. Não. Isso não é evidente. O trabalho não implica, de modo algum, a lembrança do passado *como tal*, pois trata-se aí de uma memória *inútil*, que até vem mais incomodar, entravar a ação. Seria possível que o tempo contemporâneo do trabalho tenha tido apenas duas dimensões: havia o que *devia ser feito* e o que *estava feito* – mas não se procurava saber *quando* aquilo fora feito. A memória do passado como tal não existe, uma vez que há somente trabalho, ação orientada para o futuro, e a explicação que vale para uma dimensão do tempo não vale para a outra.

A explicação da presença, no homem, de uma memória inútil, como a do passado como tal, deve ser encontrada em

---

20. *Lascaux ou la naissance de l'art*, Skira, 1955, p. 28.

outra parte. Vemo-la no esforço para conservar um simulacro de ser para aquilo que já não existe. O que ainda não existe, depois de ter existido, já não existe: essa é a lei do tempo. E o que significa "não mais existir"? Ser destruído, aniquilado. A vontade de conservar o passado supõe a consciência de que, quando não o conservamos, ele nos escapa, e que finalmente, por isso, *tudo* nos escapa, de sorte que não somos mais nada. É o grau extremo dessa consciência heraclitiana que se encontra expresso nesta frase de Pascal (*Pensées*, Br. 194):

"Só vejo infinidades por todos os lados, que me cingem como um átomo e como uma sombra que dura somente um instante sem volta."

Sem dúvida a consciência de nosso caráter efêmero, radicalmente insubstancial, e principalmente a consciência de fluir, de perecer continuamente e de estar como rodeado de nada, não se encontra em todos no mesmo grau que em Pascal (ou Marco Aurélio). Mas o sentimento da precariedade da vida não deixa de ser no homem um sentimento fundamental. Somente o homem se rebela contra a lei do tempo. Conserva o passado que já não existe e dá a ele, pela memória, a vida precária do presente. Isso explica o desenvolvimento da memória do passado como tal (ou seja, a memória inútil), e da história, pela qual a humanidade procura preservar seu passado, procura impedi-lo de desaparecer – lembramo-nos da primeira frase do primeiro livro de *História* que chegou até nós: "Heródoto de Túrio expõe aqui suas pesquisas a fim de impedir que, com o tempo, aquilo que os homens fizeram se apague da memória...."[21] Trata-se de dois aspectos da luta da vontade contra o tempo. Mas existem outros aspectos desta luta, como a religião e a metafísica.

V. Por que a religião e a metafísica (entendendo aqui por esta palavra – num sentido estrito – toda filosofia que opõe o mundo do ser ao mundo do devir)?

---

21. Citamos a tradução francesa de Legrand (Les Belles Lettres).

A vontade não quer enxergar aquilo cujo conhecimento comportaria o risco de destruí-la intimamente, revelando-lhe sua própria insensatez. A vontade, como tal, opõe-se à tomada de consciência da vaidade do querer, portanto à tomada de consciência do tempo enquanto significa destruição, aniquilamento. A religião e a metafísica são os obstáculos fundamentais a essa tomada de consciência, pelo homem, do aniquilamento universal, do nada, porque implicam uma ilusão sobre o tempo, ou sobre a relação do Ser e do tempo. Ou elas não vêem o caráter destruidor do tempo (dissimulam-no), ou depreciam o tempo, fazem dele uma coisa exterior, acidental ao Ser.

Considerada em sua origem, a religião é, ao que parece, contemporânea dos ritos fúnebres. Mas o que significam os ritos fúnebres? Alguns apóiam-se no fato de que a prática da inumação já era conhecida no fim do período paleolítico médio para inferir que os homens da pré-história tinham consciência da morte. Isso é um erro. Eles temiam os mortos, o que é diferente, pois, para eles, os mortos eram vivos. Sabemos que, nas sepulturas neandertalenses, pode-se observar, ao lado do morto, a presença de um mobiliário funerário. Por exemplo, o homem de La Chapelle-aux-Saints dispunha de sílex cortados, especialmente de um ralador de sílex preto. E ele tinha, principalmente, o que comer:

"Perto da mão encontrava-se uma pata de bovídeo, com os ossos ligados, prova evidente de que fora colocada com a carne aderente ao osso, e que se tratava de um alimento colocado ao alcance do morto, insuficientemente liberto da humanidade para prescindir de alimentos."[22]

É a prova de que o morto não era pensado como se tivesse deixado de existir. Alimentava-se, estava vivo. O neandertalense não tinha, pois, consciência da morte como aniquilamento.

---

22. Piveteau, *L'origine de l'homme*, Hachette, 1962, p. 96.

O mesmo ocorre entre os primitivos atuais:

"A etnografia nos revela que as populações primitivas manifestam uma crença numa vida futura que não seria diferente da vida presente; dispõem, junto ao morto, armas, alimentos, etc."[23]

O homem das primeiras épocas da história também não tinha consciência da dissolução de seu ser. Citaremos Fustel de Coulanges:

"De acordo com as mais velhas crenças dos italianos e dos gregos, não era num mundo estranho a este que a alma ia passar sua segunda existência; ela permanecia perto dos homens e continuava vivendo debaixo da terra." E, a respeito dos ritos funerários, Fustel acrescenta:

"Os ritos fúnebres mostram claramente que, ao se colocar um corpo no sepulcro, acreditava-se, ao mesmo tempo, estar ali colocando uma coisa viva... Acreditava-se tão firmemente que um homem estava vivendo ali, que nunca deixavam de enterrar com ele os objetos que supunham lhe serem necessários, roupas, vasos, armas."[24]

No Ocidente, foram os etruscos e os egípcios que mais fizeram pelos mortos. Os etruscos investiam uma parte considerável de seus recursos na construção de tumbas gigantescas ou em forma de oferendas enterradas, e as tumbas eram concebidas de modo a permitir ao morto continuar sua vida tão confortavelmente quanto possível sob a terra.

Portanto o homem do universo religioso *não morre*, simplesmente vive duas vidas diferentes, e a morte não é senão passagem de uma vida a outra. Mas, como o cadáver parece sem vida, terminaram por dissociar dele, sob o nome de "alma", o princípio vital. A alma (de qualquer modo que a concebamos) é principalmente aquilo que sobrevive. E a religião está ligada à crença na sobrevivência. Semelhante crença, ainda

---

23. *Ibid.*
24. *La cité antique*, reed. Hachette, 1957, pp. 8-9.

hoje, obnubila o pensamento da morte (como nada), portanto abafa o "sentimento trágico da vida"[25], e, se não exclui uma certa felicidade, impossibilita aquilo que Nietzsche chama de a "grande forma da felicidade", a felicidade trágica.

Mas é o homem que acredita. Se, então, torna suas as crenças que lhe prometem uma não-aniilação, que lhe representam a morte como coisa bem diferente da dissolução do seu ser, é porque, para ele, o pensamento do nada é o mais detestável de todos, o mais difícil de suportar. Como diz Nietzsche: "É o temor profundo e desconfiado de cair num pessimismo incurável que, há milênios, obriga a não descartar uma interpretação religiosa da existência."[26]

Ora, se as representações religiosas são ilusões vitais, é preciso dizer que essa ilusão é, fundamentalmente, ilusão sobre o tempo. O ressentimento da vontade contra o tempo se traduz por um não-reconhecimento do tempo. Não reconhecemos que o tempo destrói – isto é, que, a longo prazo, todas as coisas são aniiladas, dando lugar a outras. No caso contrário, a angústia (ou seja, aquilo que o homem sente com relação à sua própria aniilação enquanto algo que inevitavelmente deve sobrevir) seria forte demais. Ela é recalcada, sufocada pela vitalidade.

VI. A idéia de sobrevivência implica a idéia de um tempo não destruidor. Essa idéia, que lhe é legada pela religião, é pensada, pela metafísica, da seguinte forma: o tempo só destrói aquilo que não existe verdadeiramente. O que é que não existe "verdadeiramente"? Aquilo que é temporal, que não faz senão passar. E uma vez que, a partir do momento em que é temporal, aquilo que existe não existe verdadeiramente, há mesmo uma espécie de incompatibilidade entre o tempo e o

---

25. Mesmo que a expressão seja de um cristão (cf., sobre Unamuno, o livro de Alain Guy, Éd. Seghers).

26. *Par delà le bien et le mal*, § 59, trad. fr. G. Bianquis (Aubier).

Ser. A metafísica ocidental está apoiada na depreciação ontológica do tempo, do temporal, do que passa. Implica a dissociação da realidade em mundo aparente-mundo verdadeiro, aparência-essência, exterior-interior, aquilo que é percebido pelos sentidos-aquilo que não é percebido senão pelo pensamento. Kant não acabou com o desdobramento característico da metafísica: o mundo numênico não é conhecido, mas é pensado; por conseguinte, permanece a cisão entre os dois lados do real.

Como diz Heidegger: "O ressentimento para com o tempo deprecia o passageiro. As coisas terrenas, a terra e tudo o que está ligado a ela constituem aquilo que, para falar claro, não deveria ser e que, no fundo, também não tem de ser verdadeiro."[27] A partir de certa idéia do ser, recusamos o ser àquilo que vem a ser. O *ser* serve de medida para depreciar o devir, o temporal. A noção de ser, na qual se apóia toda a metafísica, seria então, o fruto do ressentimento? Seria Parmênides o filósofo do ressentimento?

O que diz Parmênides? Que "aquilo que é (*to on*) é". Mas o que é "aquilo que é"? Para nos fazer entender, Parmênides utiliza apenas noções *negativas*: ingênito, imperecível, sem partes, contínuo (sem solução de continuidade), que nunca "foi", nem "será", imóvel, inabalável, sem começo nem fim, sem defeitos; até a "presença", observa Kojève[28], é "definida pela *ausência* de um passado e de um futuro". Noções não só negativas, mas, na maioria, temporais. O que está designado é o mundo do devir, mas para excluir todo devir. Sobre o ser, Parmênides nada diz de positivo, senão que "ele é". O que sabemos sobre "o que é" é, de forma negativa, que não tem relação com o que quer que seja que implique o tempo. Assim, a noção de *ser* serve simplesmente para *subtrair o ser* àquilo

---

27. *Essais et conférences*, trad. cit., p. 135.
28. *Essai d'une histoire raisonnée de la philosophie païenne*, t. I, p. 229 (Gallimard, 1968).

que julgamos de imediato ser o mundo real, ou seja, negar a realidade do mundo instável e temporal que é o nosso. Em outras palavras, não serve senão para transformar este mundo, onde se passa nossa vida, num mundo aparente, ilusório – aparente no sentido de "ilusório".

Mas, se a idéia de ser resulta do ressentimento da vontade contra o devir e o tempo, contra o caráter fugaz do tempo, contra o fato de que tudo passa, contra a aniilação, ainda há que compreender o próprio Parmênides. Certamente faltam elementos para uma psicologia de Parmênides. Mas sabe-se que tinha estado em contato íntimo com os pitagóricos[29] que, na esteira do orfismo, consideravam-se estrangeiros neste mundo e aspiravam, por meio de "purificações, a libertar a alma dos males da condição mortal, particularmente da transmigração, pela qual, ela – imortal – estava sujeita a ir de um corpo perecível para outro corpo perecível, de uma prisão para outra prisão. Isso implica um pessimismo radical (não admitiam os pitagóricos, depois do orfismo, uma espécie de culpa original?), uma desconfiança em relação ao devir e à vida, portanto também em relação ao tempo. No texto de Aristóteles, mencionado acima, a respeito do tempo destruidor (§ I), encontra-se indicada essa hostilidade dos pitagóricos em relação ao tempo: "toda mutação, por natureza, é destruidora; e é no tempo que tudo é engendrado e destruído; então, alguns o chamam de muito sábio, ao passo que, para o pitagórico Paron, ele é muito ignorante, pois é no tempo que nos esquecemos, e Paron é que está certo" (trad. cit.). Por outro lado, entre os pitagóricos, a importância dos exercícios de memória dá provas de um ressentimento e de uma luta contra o tempo. Mas Parmênides não esteve apenas "em contato íntimo" com os pitagóricos. Segundo Estrabão (Diels, *Vors*, 28 A 12), e também segundo Jâmblico, Proclo, Fócio (*ibid.*, 28 A 4), ele próprio foi

---

29. Diógenes Laércio diz (IX, 21) que fora "convertido à vida filosófica" pelo pitagórico Ameinias.

pitagórico, Cébio (provavelmente o cínico citado por Ateneu, 156 d) fala de uma "forma de vida pitagórica e parmenidiana"[30]. Atualmente, Zafirópulo viu, na escola de Eléia, um simples "ramo" da escola de Pitágoras[31]. Talvez Parmênides se tenha formado numa comunidade pitagórica; segundo G. Thomson, "é muito provável que ele próprio tenha sido membro da Seita"[32]. No Poema de Parmênides estaria expressa uma natureza religiosa e pessimista, inicialmente hostil àquilo que muda. Quanto à *racionalização* parmenidiana, é provável que, no plano da produção das idéias, ela seja proveniente (cf. Platão, *Sophiste*, 242, ce) da distinção de Xenófanes entre o divino uno e único e as múltiplas idéias que dele se fazem. Então, como falar do divino? "Certamente *a contrario* e por negações", diz P.-M. Schuhl[33]. Não há mais do que o ser puro, de que só se pode dizer o que quer que seja introduzindo nele diferenças, e ele deixaria de ser uno.

Com a noção de ser, estava aberto o caminho para a metafísica, entendendo por essa palavra aquele exercício da razão (da função de justificação) pelo qual o homem deprecia, desrealiza este mundo onde tudo muda e no qual ele vive, opondo-lhe um mundo subtraído à mudança e no qual ele não vive[34].

---

30. Ritter e Preller, *Historia philosophiæ græcæ*, 7ª ed., 91 c.

31. *L'École Éléate*, Les Belles Lettres, 1950, p. 11.

32. *Les premiers philosophes*, trad. fr. M. Charlot, Éd. Sociales, 1973, p. 308.

33. *Essai sur la formation de la pensée grecque*, 2ª ed., PUF, 1949, p. 275.

34. Com certeza, não se trata de limitar-se à reificação do mundo e das coisas do mundo que caracteriza a atitude natural: do mundo e das coisas do mundo há que revelar o nada, mas não em relação a (ou a partir de) um *ser* absolutizado, pois, neste caso, é nossa própria vida, tal como se passa neste mundo, que se encontra fundamentalmente depreciada, como se houvesse outra vida possível, e em relação a essa outra vida (aquela em que, ao nos afastarmos do mundo, ao renunciar-

VII. Deixando de lado o homem da religião e da metafísica, vamos considerá-lo sob outro aspecto (sendo esses diferentes aspectos entre si como pontos de vista irredutíveis): como o ser preocupado em ser-para-o-outro. Perguntemos pois: por que a necessidade de ser "reconhecido"? Podemos discernir, por trás dos comportamentos humanos que visam ao "reconhecimento", a luta da vontade contra o tempo? Antes de responder a esta questão, convém lembrar, em linhas gerais, a concepção de Hegel e a crítica de Nietzsche.

---

mos a ele, olharíamos para a "verdade" e para o "ser"). Há que distinguir aparência de ilusão. Nossa vida se passa na aparência, nem por isso na ilusão. A ilusão consiste mais na reificação daquilo que chamamos de "ser". Neste sentido, a ilusão ontológica, antes de ser a do filósofo, é a dos "mortais". É a ilusão comum tal como tem seu conteúdo analisado na segunda parte do Poema de Parmênides. De onde vem a ilusão ontológica dos mortais (*brotoí*)? Do fato de darem o ser ao que não é. Tudo é feito de *luz* e de *escuridão*, tudo se resume, pois, a dois princípios contrários, um dos quais é, em relação ao outro, como o não-ser em relação ao ser, e que, por conseguinte, não têm uma positividade igual. Mas, na atitude natural, *damos a eles uma positividade igual*, e, assim, consideramos como real, como *existente*, pura e simplesmente, aquilo que não existe. De fato, dizemos: "*eu existo*", "*existe* isto ou aquilo", *esquecendo* continuamente o nada e a morte. Parmênides quis irrealizar, transformar em nada o mundo em que vivemos, cunhá-lo com uma inconsistência ontológica, fazer passar, através de tudo o que julgamos *ser*, um sopro de nada. Questionou, pois, o ser dos entes – dos pretensos "entes" da vida cotidiana. Mas não questionou a *própria idéia de ser*. Não perguntou se a idéia de ser como tal não seria uma ilusão da cotidianidade. Não suspeitou que, na primeira parte do Poema, não fazia senão absolutizar o conceito fundamental da ontologia comum. Mas, na segunda parte (que expõe as "opiniões dos *mortais*" – e a palavra *brotoi*, que se repete quatro vezes no Poema, não foi suficientemente sublinhada pelos comentaristas), faz-nos sentir profundamente *o vínculo entre a questão do ser e a questão da morte* (uma vez que a reificação dos pretensos "reais" supõe um esquecimento do não-ser, o qual se faz lembrar constantemente a nós pela *morte*), e portanto *entre a questão do ser e a questão do homem*.

"A luta pelo reconhecimento e a submissão a um senhor, diz Hegel, é o fenômeno de onde proveio a vida coletiva dos homens, enquanto começo dos Estados. A violência, que é a base desse fenômeno, não é, por isso, fundamento do direito, ainda que seja o momento necessário e legítimo na passagem do estado em que a consciência de si está mergulhada no desejo e na individualidade, ao estado da consciência de si universal."[35] Na origem da vida social, portanto (uma vez que o homem só é homem entre outros homens) na origem do próprio homem, existem a luta e a violência do homem (virtual) contra o homem (virtual). Os animais humanos, homens em potência, só se revelaram homens de fato quando provaram, uns para os outros, num combate em que o que está em jogo é viver ou morrer, que são capazes de arriscar a própria vida, de expor-se ao risco da morte, manifestando, dessa forma, sua independência radical em relação à vida animal que existe neles. A luta dos animais entre si tem somente uma significação vital, ao passo que a luta dos animais humanos (dos animais candidatos à humanidade) tem uma significação espiritual, uma vez que o elemento no qual entram, enquanto consciências de si livres, é o elemento do espírito, embora não o saibam ainda. Quanto à *justificação* da luta pelo reconhecimento para a passagem ideal do animal ao homem, a geração do homem, ela se encontra no conceito de consciência de si. Porque "a consciência de si é em si e para si quando e porque ela é em si e para si para uma outra consciência de si; ou seja, ela só existe enquanto ser reconhecido"[36]. "Penso", diz Descartes. Isto é: penso que penso. Ou: sou um eu para mim. Mas, diz Hegel, só sou verdadeiramente um eu para mim se, para mim, sou um eu para outro eu. Não existe eu senão ao refletir-se em outro eu, por aquilo que é a operação comum de um e do outro. Deste ponto de vista compreende-se, e por-

---

35. *Encyclopédie* (1830), § 433, trad. fr. Gibelin (Vrin), modificada.
36. *Phénoménologie de l'Esprit*, trad. fr. Hyppolite (Aubier), t. I, p. 155.

tanto justifica-se, a luta pelo reconhecimento. Enxergamos o sentido dela, um sentido que os protagonistas não enxergam. Aliás, é necessário que assim seja, porque se estivessem conscientes do sentido de sua luta, não poderiam procurar, cada um, a morte do outro, uma vez que cada qual veria no outro a sua própria condição. Mas, no seu combate "auf Leben und Tod", os antagonistas só enxergam o prêmio aparente (a vida). Eis por que podem realmente matar-se um ao outro sem se dar conta de que, se todos fizessem como eles, não haveria história (não haveria, pois, *sentido*: seu combate continuaria sem significação). Mas houve uma história, já que estamos aí. Então, um dos adversários teve de ceder ao outro. Por se encontrar não só diante do risco, mas diante da certeza da morte, não tendo outro recurso para afirmar sua liberdade senão inutilmente na morte, e tendo de escolher entre a liberdade ao preço da vida[37] e a vida ao preço da liberdade, preferiu viver, ainda que na escravidão em relação à vida. O resultado da luta violenta foi, pois, a relação desigual entre vencedor e vencido, entre "senhor" e "escravo". O escravo é aquele que ficou prisioneiro da vida, de seu desejo animal de viver. De onde resulta que existam o senhor e o escravo? Do fato de assim se constituírem em sua relação mútua. O escravo reconhece aquele por quem sabe não ser reconhecido, e o senhor sabe que é reconhecido por aquele a quem não reconhece. O senhor é o ideal para si mesmo, mas é também o ideal do escravo. É aquele que ele, escravo, queria ser: um homem "livre". Na relação senhor-escravo, o reconhecimento ainda é unilateral apenas. A luta pelo reconhecimento deve, pois, prosseguir sob outra forma.

É neste ponto que Nietzsche intervém. Por que a luta pelo reconhecimento deve prosseguir? Porque nem o senhor nem o escravo estão satisfeitos, uma vez que tanto um como outro

---

37. Uma liberdade que não é nada sem a vida: é preciso haver o estar-ali vital para que a liberdade tenha de negá-lo.

aspiram, quer saibam, quer não, ao reconhecimento recíproco universal. Ora, de um ponto de vista nietzschiano, a necessidade de ser "reconhecido", de modo geral, a tendência a nos valorizarmos a partir do julgamento que fazem sobre nós (julgamento do outro) procedem de uma mentalidade de escravo, e a interpretação da história humana, a partir do "desejo de reconhecimento", é a interpretação do escravo. O escravo vale, para si, aquilo que vale para o senhor, e atribui a si o valor que o senhor lhe atribui. Precisa do louvor, da aprovação, e interpreta o homem em geral como semelhante ao homem que ele é, ao escravo. A necessidade de ser "reconhecido" é atribuída ao senhor pelo escravo. Já para a alma aristocrática é muito difícil representar-se essa mentalidade de escravo que, até no juízo que faz de si mesmo, é dependente do julgamento do outro: "A alma aristocrática é obrigada a violentar-se e recorrer ao auxílio da história para conseguir se representar que, desde tempos imemoriais, em todas as classes sociais, por pouco dependentes que sejam, o homem comum jamais teve outro valor além daquele que lhe é atribuído; este homem, nada habituado a fixar valores, não se atribuiu nenhum outro valor além dos que seus senhores reconheciam nele; criar valores é o verdadeiro direito do senhor. É preciso, talvez, considerar resultado de um prodigioso atavismo o fato de que, ainda hoje, o homem comum comece por *esperar* a opinião que têm dele, para depois, instintivamente, conformar-se a ela, quer seja essa opinião 'boa' ou má e injusta."[38] Uma das coisas que, em especial, o espírito aristocrático tem mais dificuldade em compreender é a vaidade, que é essencialmente vulgar. Numa palavra, a necessidade de ser "reconhecido" significa que colocamos em outros (ou naquele Outro que é Deus) a *medida* daquilo que valemos ou não valemos. Somos dependentes de um "senhor" – isto é, de um *juiz* – até no va-

---

38. *Par delà le bien et le mal*, § 261, trad. fr. Bianquis.

lor que nos atribuímos, na estima que temos por nós. É essa a mentalidade, a atitude do escravo, e acreditar que, no fundo, ela é a mentalidade de todos os homens é uma crença de escravo, ou que não faz senão traduzir a mentalidade do escravo.

Talvez. Em todo caso, evitemos vincular a luta pelo reconhecimento à "essência" do homem, e observemos que é altamente arriscado torná-la uma categoria histórica. Contentemo-nos, pois, em observá-la como um fato. Hoje, ela já não consiste no enfrentamento violento de indivíduos no estado natural. Existe um Estado, em cujo interior o indivíduo pode fazer-se reconhecer ao exercer uma atividade reconhecida. É exercendo uma atividade social, realizando o universal (para usar os termos de Hegel), ou seja, produzindo algo que tenha valor aos olhos de todos, portanto pelo trabalho e não mais pela luta violenta, que o indivíduo obtém valor e realidade, e satisfaz seu desejo de reconhecimento. Entretanto apresentam-se dois casos, conforme a possibilidade de a obra ter sido ou não realizada por outro. É somente quando ela traz a minha marca, quando é uma *obra própria* que, pela mediação do universal, minha própria singularidade se encontra reconhecida. Nesse caso, aquele que não *produz* apenas, mas que *cria*, que tem, por sua obra, valor aos olhos de todos, que se faz reconhecer não simplesmente como um *eu universal* (como o trabalhador alienado em seu trabalho – alienado no sentido de não ser ele que decide sobre o *conteúdo* daquilo que faz, de maneira que o produto do trabalho não reflete o trabalhador, uma vez que este não se expressa), mas como um *eu singular*, isto é, em sua diferença, naquilo que o faz ser ele mesmo. Mas, por que a necessidade de realizar obra própria, de criar? Para ser "reconhecido". E por que o desejo de ser reconhecido? Para obter a aprovação deste ou daquele indivíduo, tão efêmero quanto nós mesmos? Essencialmente, não. As aprovações individuais só valem como sinal de uma aprovação, de um "reconhecimento" mais fundamentais, os da própria sociedade. O que significa "ser reconhecido"? Significa que nossa obra *permanecerá*, será armazenada nos arquivos, na memória da sociedade. E, assim, nos preservará da morte. O desejo de criação se explica, pois, como disse Platão no *Banquete*, pelo desejo de não morrer, pelo desejo de imortalidade. Então, o que existe na origem do desejo de criação é o desejo de ser "reconhecido" (porque as obras do indivíduo só têm a garantia de durar quando têm um valor *social*, quando a sociedade as integra em seu patrimônio), e o que existe na origem, na raiz do desejo de ser reconhecido é a luta da vontade contra o tempo, o esforço em sentido contrário ao do tempo, ou, enquanto tudo passa, o esforço para não passar.

Mas a esperança de não passar é completamente inútil. Se considerarmos as durações cósmicas, como não ver que as obras humanas perecerão, que, do homem e de todas as obras humanas, acabará não restando absolutamente nada? O homem que trabalha numa "obra" visando ao "reconhecimento" e à duração vive na *ilusão*. Esta ilusão pertence à imaginação que nos leva a considerar quase ilimitadas as durações das sociedades, das culturas humanas em relação às durações individuais – ao passo que a razão, por sua vez, nos diz que essas durações não são nada. "O que importa o meu livro se ele não suporta ser considerado ao menos *sub specie trecentorum annorum?*", diz Nietzsche. Mas, se trezentos anos são alguma coisa para a imaginação, não representam nada, no tempo infinito, para a razão.

VIII. Vamos propor uma última questão: por que a moral? Em que está ela ligada à luta da vontade contra o tempo? O homem virtuoso merece ser feliz: é esta a convicção comum. E, se Kant diz o mesmo, é porque sua filosofia moral não é senão uma racionalização do discurso moral comum. "A natureza humana não pode fazer mais do que desejar e procurar a felicidade..."[39] Entretanto, nem por isso o homem vir-

---

39. *Doctrine de la vertu*, trad. fr. Philonenko (Éd. Vrin), p. 58.

tuoso é feliz. O que ganha ele em ser virtuoso? Apenas o reconhecimento que, se ele for infeliz, essa infelicidade seja injusta. São os maus que devem ser punidos, não os bons, diz o discurso comum. Então, como tomar a resolução de ser honesto (portanto, de merecer ser feliz), se pensarmos que, pela virtude e pela honestidade, podemos muito bem preparar para nós uma infelicidade injusta? Seria preciso, enquanto homem moral, ter renunciado à felicidade. Assim, trabalharíamos para nos tornarmos *dignos* da felicidade mesmo estando persuadidos de que a honestidade, tanto quanto a desonestidade, nos deixa longe da própria felicidade? Isso seria cair – para usar as palavras de Kant – num *absurdum pragmaticum* e "agir como um insensato"[40]. É por isso que o discurso comum não separa a resolução moral da convicção de que deve existir um criador sábio: "deve, pois, haver um legislador supremo do mundo cuja vontade é moral, e que só pode nos deixar participar da felicidade sob a condição da lei moral, um ser capaz, enfim, de conciliar o bem-fazer com o bem-estar... Sem essa suposição, é impossível que um homem possa tomar a imutável resolução de merecer ser feliz por sua conduta, porque nenhuma criatura pode renunciar à sua felicidade"[41]. Mas a própria idéia de Deus está sempre associada à idéia de um mundo futuro: "Sem um deus e sem um mundo atualmente invisível para nós, mas que esperamos, as magníficas idéias da moral podem mesmo ser objetos de assentimento e de admiração, mas não são móveis de intenção e de execução..."[42] Mas por que não pode haver felicidade num mundo futuro? É que a verdadeira felicidade contém a certeza de sua duração: ela é o contentamento do estado em que nos en-

---

40. *Leçons de métaphysique*, publ. por Pölitz (1821), trad. fr. Tissot, p. 382.
41. *Ibid.*, p. 380.
42. *Critique de la raison pure*, trad. fr. Tremesaygues-Pacaud, p. 547 (levemente modificada).

contramos", diz Kant, mas *"acompanhada da certeza de que é durável"*[43]. Ora, a supor, neste mundo, um estado "feliz", ele exclui a certeza de sua duração. Como já bem o enfatizara Santo Agostinho, a felicidade é impossível nesta vida, é incompatível com a condição temporal – e mortal – do homem. O tempo e a felicidade se excluem. No fundo de tudo aquilo a que chamamos "felicidade humana", está sempre mais ou menos presente o sentimento da nossa precariedade radical e da nossa insignificância final. A felicidade a que a virtude nos dá direito só é, pois, possível num mundo que escape ao tempo destruidor, um "mundo futuro". O tempo, dizíamos, questiona a vontade em seu próprio ser, significa a vaidade de querer. Não quando se trata de uma vontade moral, pensa o homem moral. Pois por ela o homem adquire um *direito* à vida verdadeira, o que significa o direito de ser libertado de sua condição temporal, um *direito sobre o tempo* (e o que implica a fenomenalidade do tempo). Esta é a maneira como a vontade, em sua forma de vontade "moral", luta contra o tempo.

Em vez de "condição temporal" e de "felicidade", é a mesma coisa falar de "morte" e de "vida". Aquele que cometeu uma falta espera um castigo e "sabe" que o merece. Aquele que não cometeu nenhuma falta diz não "ter nada a temer", pois não merece penalidade alguma. Então, qual é a culpa suprema? Infligir a morte. E qual é o castigo supremo? A morte. Inversamente, aquele que agiu bem, viveu bem, que "nada fez" (diz o discurso comum), "merece" que o deixem em paz, tem o direito de viver, o que quer dizer: de viver à sua maneira. Existe uma relação fundamental entre a culpa (e o sentimento de culpa) e a morte, entre a inocência e a vida. Todas as culpas se definem com relação à culpa suprema que é matar. Todos os castigos se resumem na morte, com agravantes (suplí-

---

43. *Doctrine de la vertu*, loc. cit. Ver a definição da felicidade na *Critique de la raison pure*, trad. cit., p. 544.

cios) ou atenuantes (exílio, privação de liberdade, de bens) da morte. (Se é possível existir falta moral no âmbito das relações sexuais, é unicamente porque, no horizonte da sexualidade, há o dom da vida, o problema da vida e da morte; senão, as relações sexuais dependeriam bem mais da sabedoria do que da moral.) No entanto, todos os homens devem morrer. Mas o que é a morte? Considerando a associação falta-morte-castigo, o discurso comum não aceita a morte do justo. O justo viverá. Se não cometeu falta, ou se sua falta foi "redimida", ele não morrerá, será "salvo". Isso supõe que existam "uma Justiça" e um Juiz que seja a própria Justiça, um Deus. A moral (tal como se apresenta no discurso comum) não é muito concebível sem um fundo religioso. "Ingenuidade julgar que a moral permanece quando falta o *Deus* que a sanciona! O 'para além' absolutamente necessário se quisermos conservar a fé na moral."[44] Eis por que Nietzsche, tendo proclamado a "morte de Deus" (como já tendo ocorrido), proclama também a morte da moral *como sendo desde já um fato*: "A moral está, a partir de agora, aniquilada: constatar esse fato!"[45] Mas, então, o homem, por ter perdido sua dimensão supra-sensível, não se torna totalmente presa do tempo, não se reduz a um acontecimento natural?

Objetarão, talvez, a tudo isso, a essa tentativa de interpretar o homem em relação ao tempo, mais precisamente em relação à sua experiência fundamental da *independência* do tempo, que, ao enfatizar "a condição temporal" do homem, mesmo que já não se trate de uma "essência humana", continuamos sendo prisioneiros da velha noção de "homem", esquecendo que o método científico não parte do homem, mas, como diz Marx, "do período social economicamente dado". Sim, mas aqui não se trata de "ciência", e sim de *interpretação*, ou de revelar, através de certo número de traços fundamen-

---

44. Nietzsche, *La volonté de puissance*, trad. fr. Bianquis, t. I, p. 118.
45. *Ibid.*, t. II, p. 17.

tais, mas aparentemente discordantes do ser do homem, uma significação e uma origem comuns. Isso supõe que exista, para falar como Montaigne, uma "humana condição", mas como negá-lo? Há uma "condição camponesa", uma "condição operária", uma "condição proletária", uma "condição burguesa", etc., mas camponeses e operários, burgueses e proletários, etc. têm uma relação, mesmo que não seja do mesmo modo (mas, no que diz respeito ao tempo, deixamos de lado, desde o início, as "variações da experiência do tempo"), com aquilo que chamamos de dor, necessidade, angústia, felicidade, infelicidade, doença, tempo, morte, etc. (senão, por que existiriam essas palavras na linguagem de todos eles?). Ora, por "condição humana", não entendemos outra coisa. Mas por que, entre todas essas experiências, privilegiar a experiência do tempo? Porque é a experiência constante e fundamental. Podemos estar sem dor, sem necessidade, sem prazer, sem alegria, sem amor, sem amizade, sem angústia, sem felicidade, sem infelicidade, etc., mas todos nós sentimos e sabemos que "o tempo, independente de nós, segue na mesma marcha, e nos leva também, quer estejamos dormindo ou acordados, estejamos agindo ou totalmente inativos". Podemos mesmo romper os vínculos da "condição proletária", por exemplo, mas não podemos absolutamente nada contra essa aniilação perpétua e irrecorrível de nós mesmos, e finalmente, de nossa vida (como de toda vida e de toda obra humanas), que é a única significação incontestável do tempo[46]. É por isso que o

---

46. É certo que há processos de gênese, de crescimento, processos evolutivos ou progressivos e processos de produção ou de criação (uma vez que há seres e obras), mas isso não está ligado ao próprio tempo, pois basta "deixar o tempo agir", isto é, esperar o tempo suficiente para que não existam mais os seres, nem as obras, nem os problemas, nem mais nada do que existia. Há outra coisa que, por sua vez, deixará de existir. Os processos de estruturação, de crescimento, de maturação, de criação, etc. existem, mas sempre como processos locais,

particulares, passageiros, provisórios. No conjunto das coisas, não há nenhum processo evolutivo, mas somente o universal devir. A noção bergsoniana de "evolução criadora", por implicar uma acumulação do passado sobre si mesmo, um "progresso contínuo do passado que corrói o futuro e incha ao avançar", é a exata negação da noção de devir. Se o devir implica que *seja pensada* a indissociabilidade dos dois momentos do aparecimento e do desaparecimento, não há, para ser exato, nenhum devir em Bergson. Não que a noção de duração não possa ter um valor para a descrição de certos processos, mas, aplicada ao conjunto das coisas, ao "Todo", como diz Bergson (falando de uma "duração imanente ao todo do universo"), ela só visa a nos levar a pensar o universo como sendo, no fundo, de natureza espiritual – uma vez que as duas ações que se devem distinguir aí, uma que se faz e a outra que, em sentido inverso, se desfaz, são "do mesmo gênero" –, portanto a excluir o materialismo (entendendo, neste caso, por materialismo, uma filosofia para a qual aquilo que já não existe não é, com o correr do tempo, coletado por nenhuma memória, e soçobra enfim fatalmente num esquecimento completo e definitivo).

Observação. A mesma intenção espiritualista e antimaterialista é visível em Kant e parece levá-lo a concluir para além daquilo que suas premissas lhe permitem. De fato, os argumentos desenvolvidos na *Exposição metafísica* e na *Exposição transcendental* dos conceitos de espaço e de tempo mostram (supondo-os admitidos) que o espaço e o tempo são as formas *a priori* da sensibilidade, e por isso, as condições necessárias de toda intuição sensível. Mas o discurso kantiano vai além. O tempo (assim como o espaço) não é somente a condição subjetiva da intuição sensível (o que resulta dos argumentos apresentados): ele não é *senão isso* (o que não resulta dos argumentos). "O tempo *não é senão uma condição* subjetiva de nossa (humana) intuição..., e não é nada em si, fora do sujeito" (*C. R. Pure*, trad. cit., p. 64). Por conseguinte, não podemos falar do tempo (e do espaço) "senão do ponto de vista do homem". Quando saímos da condição subjetiva, a representação do tempo não significa mais nada: quando consideramos os objetos como eles podem ser em si mesmos, diz Kant, então, o tempo não é nada" (*ibid.*). O que sabe ele? Por que esta afirmação que excede as premissas? Ou: por que o tempo, mesmo sendo a forma de nossa intuição, não valeria para as próprias coisas? O que adviria de tão grave se elas estivessem envolvidas pelo espaço e pelo tempo? A resposta procede tipicamente do discurso ideológico: "Na Teologia natural, em que concebemos um objeto que não só não pode ser, para nós, um objeto da intuição, mas que não homem, aqui, não tem outro refúgio senão a ilusão ("ilusão", já que o tempo faz, sobre todas as coisas humanas ou não-humanas, um dia ou outro, valer seu direito[47]).

---

pode ser para si mesmo o objeto de nenhuma intuição sensível, temos mesmo o cuidado de afastar de toda intuição que lhe é própria, as condições de espaço e de tempo... Mas com que direito podemos assim proceder, quando começamos por fazer do tempo e do espaço formas das coisas em si mesmas, e formas tais que subsistiriam como condições *a priori* da existência das coisas quando até faríamos desaparecerem as coisas em si mesmas? De fato, na qualidade de condições de toda existência em geral, *elas deveriam ser também da existência de Deus. Se não quisermos* fazer do tempo e do espaço formas objetivas de todas as coisas, *já não resta senão* fazer deles formas subjetivas de nosso modo de intuição tanto externo quanto interno" (*ibid.*, pp. 74-5, o grifo é nosso). Assim, o espaço e o tempo não podem ser as formas das coisas em si mesmas, pois *convém* salvar a idéia de Deus e o espiritualismo (e a religião e a moral, etc.), e excluir o materialismo. Ora, se, na *Estética transcendental*, Kant (quanto ao ponto que acaba de ser definido) mantém um discurso ideológico, como ela é um de seus indispensáveis pilares do sistema, é todo o discurso kantiano que traz esse caráter (o que não significa que não haverá desenvolvimentos perfeitamente racionais, mas o que significa que os desenvolvimentos, os argumentos não ideológicos, por importantes que sejam, nunca serão senão *parciais*, não serão senão *pontos isolados* num conjunto de caráter diferente).

47. Isto dito conforme a experiência metafísica primordial da "independência" do tempo ou da potência destinal universal como potência destinal do tempo.

7

A sabedoria trágica[1]

O problema da sabedoria trágica origina-se da aporia da sabedoria. É fácil dizer o que se deve entender por "aporia da sa-

---

1. A respeito da criança que sofre, escrevíamos (p. 64): "Impossível pedir-lhe que seja sábia." A sabedoria não é uma coisa para o uso da criança – mas do filósofo. Importa definir essa sabedoria e o "mundo" que é o correlato dela. Esse "mundo", veremos, não pode ser precisamente um *Mundo*, um *Todo*, e por isso, se podemos nos guiar por Heráclito, é só na medida em que ele nos ajuda a encontrar nosso caminho – o caminho que nos separa dele. Porque se a sabedoria comporta a afirmação total (ou seja, não só da alegria, mas da alegria *e da dor*), é preciso compreender que a afirmação *total* não é, de forma alguma, a afirmação *do Todo*. O homem pode ser "filósofo" e "sábio", isto é, pode afirmar *os contrários*, mas a criança não pode (ou, em todo caso, não podemos exigir isso dela), e ninguém tem o direito de afirmá-los por ela. Por conseguinte, os contrários estão unidos na afirmação do filósofo (como afirmação vital), não ontologicamente. A dor *inassociável* da criança é suficiente para quebrar o "Todo", o "Mundo", a unidade ontológica dos contrários. A noção de "Jogo" significa o despedaçamento dos conceitos unificantes da metafísica clássica.

Nota. É bastante comum, hoje em dia, criticarem a noção de "sabedoria". Essa crítica tem por objeto aquela "sabedoria" de convenção, cuja imagem "procede da retórica" (Y. Belaval, *La recherche de la poésie*, Gallimard, 1947, p. 177); certamente ela atinge também uma "sabedoria" bonachona, transigente, de retração, de abatimento "desiludido" sobre si – mas não aquilo que entendemos por "sabedoria", que é uma

bedoria" a partir da palavra de Anaximandro, que Diels[2] assim transcreve:

ἐξ ὧν δὲ ἡ γένεσίς ἐστι τοῖς οὖσι, καὶ τὴν φθορὰν εἰς ταῦτα γίνεσθαι κατὰ τὸ χρεών · διδόναι γὰρ αὐτὰ δίκην καὶ τίσιν ἀλλήλοις τῆς ἀδικίας κατὰ τὴν τοῦ χρόνου τάξιν

e de que E. Bréhier apresenta a seguinte tradução:
"É nas coisas de que vieram que os seres se destroem segundo a necessidade; pagam um ao outro o castigo e a punição de sua injustiça, segundo a ordem do tempo."[3]

Segundo Burnet, o texto original de Anaximandro se reduziria a estas linhas:

κατὰ τὸ χρεών · διδόναι γὰρ αὐτὰ δίκην καὶ τίσιν ἀλλήλοις τῆς ἀδικίας κατὰ τὴν τοῦ χρόνου τάξιν[4].

Heidegger ainda suprime κατὰ τὴν τοῦ χρόνου τάξιν, que, a seu ver, reproduz um som tardio[5]. Está fora de nosso escopo entrar numa discussão filológica. Portanto, vamos limitar-nos ao texto habitual, que traduziremos assim:
"Aquilo de onde os entes tiram seu ser, é para ali que, pela destruição, eles retornam conforme uma lei inelutável. Porque se fazem justiça e reparação, uns aos outros, de sua mútua injustiça, segundo a determinação do tempo."

---

solicitação à mais profunda vitalidade ardentemente assumida, e que não recusa a paixão, mas a contém e supera. A noção de "sabedoria", ou uma noção análoga, parece, aliás, indispensável como significando a necessária unidade da vida e do pensamento.

2. Diels-Kranz, *Vors.*, 8ª ed., 1956, 12 B 1 (t. I, p. 89).

3. *Histoire de la philosophie*, PUF, t. I, p. 47.

4. *L'aurore de la philosophie grecque*, trad. fr. A. Reymond, Payot, 1919, p. 55.

5. *Chemins qui ne mènent nulle part*, trad. fr. Brokmeier, Gallimard, p. 277.

O *fundo* a partir do qual os entes vêm a existir e deixam de existir, aparecem e desaparecem, este não aparece nem desaparece, nem nasce nem perece. Esse fundo, nós sabemos, é τὸ ἄπειρον Ente, em sua noção mesma, aquilo que é *privado* de limite, o *não*-finito, o *não*-ente, é colocado só negativamente a partir do finito. É preciso que existam os finitos, os entes, para que ele possa ser posto. Quando se faz abstração dos entes, ele já não é nada. E, no entanto, só os entes estão sob a lei do tempo. Aquilo que, por conseguinte, escapa a essa lei não é nada que possa ser considerado *à parte* dos entes. Entretanto, também não é este ou aquele ente. Então, não pode existir senão o próprio fato de que existam entes e que sempre possam existir. O domínio inteiro daquilo que existe (dos entes) está sob a jurisdição do Tempo; mas o fato de existir esse domínio está fora dessa jurisdição. Os entes trocam entre si o fato de estarem aí, e essa troca é controlada pelo tempo, mas não depende do tempo haver essa troca. Os seres se alternam no fato de estarem aí, e o desaparecimento de uns é compensado pela vinda dos outros, mas o tempo não tem poder algum sobre esse ir-e-vir, sobre esse devir. Não existe nada do que veio ao ser (ao estar aí), que não esteja fadado a perecer. Um destino inexorável pesa sobre tudo o que existe, quebra-o e carrega-o; mas esse destino dos entes não lhes é impingido de fora, porque se trata de uma necessidade inerente à sua natureza. Não mais existir: essa é, pelo próprio fato de existir, a destinação dos seres. Todo ente traz em si a negação de si mesmo, e esta negação é o tempo. Nada que sempre esteja aí, a não ser o próprio aí: o *aí*, entenda-se, é a clareira do presente. Não é possível existir sem existir *aí*, e por isso não é possível existir sem perecer. Os entes não podem fazer outra coisa senão deixar o existir a outros seres que sucedem a eles no existir-aí. E, entretanto, eles gostariam de apropriar-se do existir, isto é, durar, permanecer na presença. Daí a sua "injustiça".

Injustiça em relação a quem? Alguns compreenderam que se trata de uma culpa em relação ao Fundo, à origem. Toda vinda à existência seria "uma emancipação culposa em relação ao ser eterno, uma iniqüidade que é preciso pagar com a morte"[6]. Tal interpretação deve ser afastada, observa W. Jaeger[7], uma vez que está restabelecida a palavra ἀλλήλοις que estava faltando nas edições antigas. Aliás, a existência em si mesma não pode ser um pecado: "semelhante concepção não é grega"[8].

Trata-se da luta dos entes visando o ser-aí. Anaximandro ficou impressionado, diz Burnet, com a guerra que travam os elementos constituintes do mundo: o fogo, o ar, a terra e o mar etc. "Aqueles adversários estavam em guerra, e qualquer predominância de um sobre outro era uma 'injustiça' pela qual deviam reparação mútua."[9] E, uma vez que se trata dos "constituintes do mundo", a idéia de injustiça concebida como *predominância abusiva* diz respeito a todos os entes. Pelo próprio fato de se limitarem mutuamente, eles se opõem, sendo cada um barreira e obstáculo para os outros. Um ente não pode estar imóvel em si mesmo e em repouso. Ao contrário, ele só continua sendo ele mesmo pela agressividade. Os entes são animados por uma sorte de expansionismo, de vontade de potência. Cada um só continua sendo aquilo que é por uma pretensão inata a ser mais do que é. Arquíloco não atribui o ὕβρις mesmo aos animais? Não são apenas os seres conscientes, mas todos os entes que tendem a predominar uns sobre os outros. Então, como diz Aristóteles, ao falar dos elementos: "se um deles fosse infinito, os outros seriam imediatamente des-

---

6. Nietzsche, *La naissance de la philosophie à l'époque de la tragédie grecque*, trad. fr. G. Bianquis, Gallimard, 1938, p. 50.

7. *Paideia. La formation de l'homme grec*, trad. fr. Devyver, Gallimard, t. I, p. 198. Cf. Burnet, *op. cit.*, p. 56, nota 2.

8. *Ibid.*

9. Burnet, *op. cit.*, p. 56.

truídos" (*Phys.*, III, 5, 204 b, 27-8). O que está em jogo nesta guerra universal é, pois, a existência – por existência, entenda-se o fato de estar aí. Os entes são inimigos em seu ser. Tendem a se destruir mutuamente, tendem a realizar, uns pelos outros, aquilo que é, de qualquer jeito, o seu destino. Ao deixar de existir, dão, uns aos outros, a satisfação de sua morte, e, ao mesmo tempo, o que advém a todos não é senão justo. A universal injustiça é a universal justiça.

Mas, se há no homem, simplesmente enquanto existe (e, por isso mesmo, encontra-se sujeito à destruição, contestado em seu ser), uma tendência a afastar o limite (sempre obstáculo e não limite indiferente), um princípio de ilimitação e desmedida, compreende-se a definição grega da sabedoria. É recomendada a recusa da ilimitação, a escolha do limite (doutrina da sofrosine). Por que o homem grego teria sido exortado a permanecer dentro do limite, se não houvesse existido nele uma tendência fundamental a ultrapassá-lo? É por ser levado a ir além do limite que ele faz da sabedoria, concebida como arte dos limites, seu ideal. Compreendemos também que o aspecto apolíneo e o aspecto dionisíaco tenham sido complementares na alma grega (Apolo e Dioniso eram adorados juntos no culto délfico).

Mas aqui se apresenta aquilo a que chamamos "aporia da sabedoria". Se a "injustiça" é inerente a todos os entes como tais, se, em seu ser, eles são excessivos, agressivos, injustos, dominadores, a sabedoria, que reprime essa pretensão e esse ímpeto, não é a negação do próprio ser, vontade de nada e de morte? Se o ente, a vida mesmo, são vontade de potência, a escolha é entre o ser e o não-ser, entre a vida e a morte. Nesse caso, a sabedoria não é uma escolha da morte? A morte do sábio não é o sinal da incompatibilidade entre a sabedoria e as leis da vida? σωφροσύνη significa *moderação*. Mas uma sabedoria da moderação não aconselha a viver menos intensamente, *a viver menos*? Ser sábio, "razoável", não é ser menos vivo? Esbarramos no problema da paixão. "Tendências e paixões não são nada mais do que a vitalidade (*Lebendigkeit*) do sujeito", diz Hegel[10]. Então, viver sem paixão não é viver uma vida morta, estar como extinto? O que a sabedoria quer moderar não é a própria vida? A sabedoria não está do lado da morte, a paixão do lado da vida? É essa a aporia da sabedoria.

I. Foi Nietzsche que falou de "sabedoria trágica": à sabedoria da quietude, da felicidade calma, ou seja, à sabedoria restritiva ele opõe uma sabedoria "trágica", "dionisíaca".
Como caracterizá-la?
"A nostalgia do nada é a *negação* da sabedoria trágica, o contrário dela."[11]
Essa nostalgia do nada (do imóvel, daquilo que não vive) está no fundo da sabedoria grega clássica. E "os gregos, por causa de seu temperamento superficial de moralistas, ignoraram o trágico"[12].

A sabedoria trágica consiste, pois, na afirmação do ser, isto é, da vida, e o que a distingue é o fato de tratar-se de uma afirmação *total*. O sábio apolíneo, o homem moral, o asceta, etc. afirmam o homem *menos* alguma coisa (a razão sem a paixão, a vontade sem o desejo, o espírito sem o corpo, etc.). Isso porque aprovam apenas uma parte de si mesmos. Cindem o homem em diversos lados e escolhem. Por que não, se, à custa dessa mutilação, atingem a paz, a felicidade? Sim, mas que felicidade? A razão é um estado de frieza e de lucidez. Não há uma grande felicidade sem alguma extrapolação do limite, sem alguma embriaguez.

Uma forma de vida é pensada como o correlato de certo mundo. A "alegria dionisíaca", que afirma a vida sem nada subtrair dela, tem por correlato um mundo de que não se reti-

---

10. *Encyclopédie des sciences philosophiques* (1830), § 475.
11. *La volonté de puissance*, trad. fr. Bianquis, t. II, p. 367. Cf. *Ecce homo*, trad. fr. Vialatte, p. 91: "Antes de mim... faltava a sabedoria trágica."
12. *Ibid.*

ram os aspectos negativos (certos aspectos como negativos). A alegria e a afirmação integrais não são, pois, possíveis se o mundo "verdadeiro" é o do platonismo e da metafísica clássica. Mas a filosofia, em sua linha de proa, não foi, até aqui, platônica? Eis por que "os filósofos estão prevenidos *contra* a aparência, a mudança, a dor, a morte, o corpóreo, o sentido, o destino e o determinismo, contra o absurdo"[13]. Buscamos a felicidade na união com o Ser, chamamos de "nostalgia do Ser"[14] a nostalgia do nada: "A felicidade não pode ter garantia senão no ser; a mudança e a felicidade se excluem. O desejo supremo será, pois, unir-se ao ser. Este é o caminho da felicidade suprema."[15]

O metafísico procede, dentro da realidade, a uma clivagem, colocando o permanente e o instável separados um do outro, e constitui, com o permanente, o mundo "verdadeiro". Mas, com isso, ele não faz senão projetar e hipostasiar um mundo de acordo com seus desejos. Tem necessidade de acreditar no ser porque não tem a força de viver no devir. A crença no ser e a depreciação correlativa do devir podem ser racionalizadas de maneiras bem diversas. Mas o fundo permanece o mesmo: o filósofo só procura tornar possível sua própria vida.

Os filósofos e os sábios conceberam a felicidade como ausência de sofrimento. Esse foi o erro fundamental que os levou a substituir o homem e o mundo reais por um homem e um mundo mais *vivíveis*, é certo, porém fictícios. Porque o homem "virtuoso", o mundo "verdadeiro", etc. não são senão ficções. Importa é ser feliz no mundo como ele é, *ou seja, no*

---

13. *Ibid.*, t. I, p. 45.
14. O Ser de que se trata pode ser o Ser-perfazimento. Nesse sentido, Ernst Bertram entende por "nostalgia do Ser" a nostalgia, segundo ele, "bem alemã", daquilo que está plenamente formado, que "finalizou seu devir" (*Nietzsche, essai de mythologie*, trad. fr. Pitrou, 1932, p. 107).
15. *La volonté de puissance*, trad. cit., t. II, p. 10.

mundo do sofrimento. De modo algum recuaremos diante do sofrimento, nem desejaremos atenuá-lo, esquivar-nos dele ou aboli-lo:

"*A vontade de sofrer*: é preciso que vivais momentaneamente no mundo, ó criadores!"[16]

Uma alma trágica é aquela em que o sofrimento e o triunfo sobre o sofrimento caminham lado a lado. É um lugar onde se reúnem o sofrimento do mundo e o poder de suportá-lo! "Os homens mais grandiosos são aqueles que mais sofrem na existência – mas que também dispõem das maiores forças para reagir."[17] E, provavelmente, Nietzsche se imaginava como não longe desses "grandes homens", ele que confessava: "Em mim, o excedente de sofrimento foi enorme em *todas* as idades da minha vida."[18] O excedente de sofrimento foi enorme (daí a simpatia de Nietzsche por Epicuro, aquele que, em vez de se deixar abater por ele, inventa, a partir do sofrimento, uma nova felicidade). Igual à *vontade* de sofrer ele só teve a vontade *potente*, que governa a relação do eu com o sofrimento, que reverte constantemente a relação.

A vontade trágica não quer uma coisa ou outra *no* mundo, nada quer fora ou ao lado do mundo, quer exatamente aquilo que existe: ela atinge, diz Nietzsche, a "*afirmação dionisíaca* do universo como ele é, sem possibilidade de subtração, de exceção ou de escolha"[19]. Ela encontra, na capacidade de querer o eterno retorno do *idêntico* (isto é, no querer que voltem eternamente *este* mundo e *esta* vida sem modificação,

---

16. *Ibid.*, t. II, p. 360.
17. *Ibid.*
18. Citado por Bertram, p. 172. A respeito do livro de Bertram, convém lembrar o julgamento extremamente digno de nota de Jean Wahl: "livro prestigioso e pernicioso, profundamente inexato, profundamente traiçoeiro" (*Le Nietzsche de Jaspers*, em *Recherches philosophiques*, t. VI, 1936-7, p. 349).
19. *La volonté de puissance*, t. II, p. 229.

sem subtração, seleção, progresso de espécie alguma, portanto em seus aspectos, seus detalhes mais absurdos, mais radicalmente negativos), a exata medida de sua potência, de seu amor pela vida[20].

Mas *qual mundo* é afirmado? Que mundo é o correlato da sabedoria e da felicidade trágicas? Nós, filósofos, não podemos identificar esse mundo?

"Quando empregamos a palavra 'felicidade' no sentido que lhe atribui *a nossa* filosofia, não pensamos primeiro, como os filósofos lassos, ansiosos e sofredores, na paz exterior e interior, na ausência de dor, na impassibilidade, na quietude, no 'ócio dos ócios', numa posição de equilíbrio, em algo que seja um pouco equivalente a um sono profundo sem sonho. Nosso mundo é bem mais o incerto, o instável, o variável, o equívoco, um mundo perigoso, talvez, certamente mais perigoso do que o simples, o imutável, o previsível, o fixo, e tudo o que os filósofos anteriores, herdeiros das necessidades do rebanho e das angústias do rebanho honraram acima de tudo."[21]

Se a sabedoria trágica, dizíamos, é incompatível com o mundo do platonismo e da metafísica clássica, qual é, então, o mundo da sabedoria trágica? A resposta encontra-se neste texto: o mundo da sabedoria trágica é aquele em que não estamos seguros de nada, em que não podemos contar com coisa alguma, em que, de constante, só existe a instabilidade, numa pala-

---

20. Nietzsche viu perfeitamente, aqui, que *repouso* pode-se encontrar no pensamento do aniquilamento de todas as coisas, logo, de todas as fealdades, de todos os horrores, de todos os absurdos do mundo. Esse aniquilamento é a *purificação* pela qual a natureza se renova e esquece (esquece que deu a vida ao homem, e, após o longo delírio humano, retorna a si mesma, volta à sua pureza inicial). Mas, diz o espírito nietzschiano, não *amamos* a vida quando encontramos um *consolo* no pensamento do nada, ou quando a amamos apenas com a *condição* de que ela seja *totalmente diferente* do que é. Observações que, justas ou não, não refutam a atitude.

21. *La volonté de puissance*, t. II, p. 369.

vra, o mundo de Heráclito. Heráclito! Seu contato, diz Nietzsche, "sempre me aquece": "A afirmação do efêmero *e do aniquilamento*, decisiva numa filosofia dionisíaca, o *Sim* dito à antinomia e à guerra, o *Devir* que exclui radicalmente até a idéia de *Ser* – e não posso evitar, apesar de tudo, reconhecer nessa filosofia aquilo que me é mais próximo, dentre tudo o que se pensou até hoje."[22]

II. Se é esse o mundo da sabedoria trágica, convém considerá-la em seus aspectos essenciais, a fim de ver o que o torna um mundo "trágico" e de onde procede o "trágico".

Quando Nietzsche se considera filósofo trágico, coloca-se na companhia de Heráclito. Mas, então, nesse mundo de Heráclito, o que ele enfatiza e o que deve ser enfatizado? Nietzsche nô-lo diz com muita clareza: "Quando me represento o mundo como um jogo divino colocado além do bem e do mal, tenho como precursor... Heráclito."[23] A noção de "jogo", que não tem papel algum nas interpretações hegelianas e marxistas, está, nesse caso, no centro da interpretação. O jogo cósmico não deve ser julgado, está além do bem e do mal, é inocente. A inocência e o jogo levam a pensar na infância: "No nosso mundo, só o jogo do artista e o jogo da criança podem crescer e perecer, construir e destruir com inocência. E é assim, à semelhança do artista e da criança, que se joga o fogo eternamente ativo que constrói e destrói com inocência, e este jogo é o Éon que o joga consigo mesmo."[24]

O último texto nos remete particularmente aos fragmentos 30 e 52 de Heráclito (Diels): este mundo é um "fogo sempre vivo", o tempo é "uma criança que joga". Somos objetos desse jogo. Ocorre o mesmo com qualquer ente. Os entes são, no tabuleiro de xadrez do real, as peças do jogo que o tempo sem limite (Αἰών) joga consigo mesmo. O fogo é apenas o

---

22. *Ecce homo* (trad. fr. Pitrou em Bertram, p. 90).
23. *La volonté de puissance*, t. II, p. 388.
24. *La naissance de la philosophie*..., trad. cit., p. 67.

tempo no elemento do ser (do *Sein*, no sentido hegeliano). É o princípio da criação-destruição de todas as coisas, o princípio absoluto da mutação, digamos mais, o princípio trágico.

O fragmento 30 é apresentado assim por Diels:

κόσμον τόνδε, τὸν αὐτὸν ἁπάντων, οὔτε τις θεῶν οὔτε ἀνθρώπων ἐποίησεν, ἀλλ'ἠν ἀεὶ καὶ ἔστιν καὶ ἔσται πῦρ ἀείζωον, ἁπτόμενον μέτρα καὶ ἀποσβεννύμενον μέτρα.

Podemos traduzir, de modo bem clássico, assim: "Este mundo, o mesmo para todos os seres, nenhum dos deuses nem dos homens o fez, mas sempre existiu, ele é e será um fogo sempre vivo, que se acende com medida e se apaga com medida."

A tradução de κόσμος por "mundo" é habitual. Entretanto, leva-nos, segundo Beaufret, "ao oposto dos dizeres de Heráclito": "Κόσμος evoca muito mais um arranjo, uma disposição das coisas de que se fala. Entretanto não é uma ordem qualquer. Trata-se de uma disposição em virtude da qual elas aparecem no auge de seu brilho."[25] O κόσμος de Heráclito não é o "grande Todo", mas o "cintilar por toda parte da maravilha de ser, ou, se quisermos, do diadema do ser"[26].

Mas não vemos por que κόσμος seria não o mundo, mas "*muito mais* um arranjo, etc.". Por que "*muito mais*"? O mundo é *precisamente* uma ordem, um arranjo, uma estrutura. É preciso que os entes sejam mantidos juntos: formar um mundo é, em Heráclito, a sua maneira de estarem juntos. O mundo não é um ente. É, se quisermos falar metaforicamente, o "diadema" único graças ao qual e sobre o qual brilham os entes. Os entes aparecem e desaparecem, mas sempre haverá entes – que sempre estarão dispostos em mundo*. O que existiu, exis-

---

25. *La naissance de la philosophie*, Guéret, 1968, p. 11.
26. *Ibid.*, p. 13.
* No original, *en monde*, sem correspondente em português. "Mundo" é usado no sentido de "gente", como na expressão "todo o mundo". (N. do E.)

te e existirá não é um ente, nem o Ser, mas o princípio, simultânea e indissociavelmente, do ser e do não-ser dos entes: o fogo. Todas as coisas, cada uma por sua vez, se transformam em fogo, e o fogo, em todas as coisas: o fogo se acende e se apaga – mas com medida, e é por isso que existe um mundo. Se a troca não fosse *regrada*, o fogo devoraria tudo, tornar-se-ia infinito e o mundo se consumiria em sua totalidade. Não haveria mais nenhum ente, não haveria mais ser, nem vida. Mas o fogo cósmico é um fogo "sempre vivo", o que não seria possível se já não houvesse nenhum ente que pudesse deixar de existir, se já não houvesse nada a ser consumido. O fogo não se alimenta de nada. A noção estóica de ecpirose (conflagração universal) é incompatível com o pensamento de Heráclito[27]. Ela se limita a fazer do fogo um ente particular, ao passo que ele é aquilo que faz que os entes existam e não existam, e não pode, de maneira alguma, existir fora do universal aparecimento-desaparecimento dos entes. É que o fogo tem, como parece indicar o fragmento 65, uma unidade dupla: é, *ao mesmo tempo* e na unidade de sua natureza, "necessidade e saciedade"[28]. Os contrários não são colocados em separado um do outro, mas pensados em um.

---

27. É essa, hoje, a opinião de quase todos os críticos. É a argumentação de Burnet (*loc. cit.*, pp. 180-6) que desempenhou, neste aspecto, um papel decisivo.

28. Heráclito, diz Nietzsche, admitiu "que o fim virá pelo fogo... O Demiurgo criança constrói e destrói continuamente, mas, de tempos em tempos, o jogo recomeça com novos valores; um momento de saciedade, depois a necessidade volta a aparecer. Essa perpétua atividade construtiva e destrutiva é uma *cresmosine*; como o artista tem necessidade de construir, a *paidia* é uma necessidade. De tempos em tempos há supersaturação, não resta nada senão o fogo, tudo é absorvido. Não é a *hibris*, mas o instinto do jogo que desperta e impele de novo à *diacomesis*" (em *La naissance de la philosophie...*, trad. cit., p. 68, nota). Este comentário apóia-se numa leitura errônea do que se tornou o fragmento 65 de Diels. Bywater, Diels, Burnet limitam a três palavras o texto que tem pos-

A dupla unidade do princípio se repete em cada ente. Porque dizer que o fogo é princípio não é fazer dele um mero começo, mas atribuir-lhe um poder permanente. O fogo é aquilo em cuja dependência permanece todo ente. Isso significa que o não-existir não acontece aos entes de fora. Em si mesmos, eles existem e não existem. Ou: só existem enquanto mudam, enquanto renovam seu ser, por uma sucessão de mortes e novos nascimentos. O sol, diz o fragmento 6, "é novo a cada dia". Esse fragmento é extraído de uma passagem das *Météorologiques* (II, 2, 355 a 13), em que Aristóteles diz que se o sol fosse análogo a uma chama – a qual, por assim dizer, não permanece a mesma um só instante –, seria um devir, e, nesse caso, não só ele seria novo a cada dia, "como diz Heráclito", mas "sempre e continuamente novo", o que é impossível. Entretanto é esse mesmo o pensamento de Heráclito. Os entes não são senão processos. Mais exatamente: cada ente não existe senão por um processo duplo (dois processos de sentido inverso) de criação e destruição. Desfaz-se e refaz-se incessantemente. É aquilo que foi bem expresso por Plutarco: segundo Heráclito, diz ele, "é impossível tocar duas vezes numa substância perecível no mesmo estado, porque a rapidez da mudança é tal que ela se desfaz e logo em seguida se refaz, ou melhor, não é 'logo em seguida', nem 'mais tarde', mas ao mesmo tempo que ela se reúne e se dissolve, se aproxima e foge, assim, seu devir não termina em ser"[29]. Os entes têm todos um mesmo Fundo: o Fogo, o princípio do perecível. Estão – repetiremos a palavra – num "diadema" de fogo, onde brilham com um fulgor "trágico" porque essencialmente *efêmero*.

---

sibilidade de ser heraclitiano: "necessidade (*cresmosine*) e saciedade". Depois vem a glosa neo-estóica de Hipólito, que Nietzsche aceita como verdadeira: "a necessidade é, segundo ele, ordenação do mundo (*diacomesis*), e a conflagração (do mundo) é saciedade".

29. *Sur l'E de Delphes*, 18, 392 B.

O fogo é ἀείζωον, "sempre vivo". Ἀεί indica a "contemporaneidade" da mudança e do tempo. Se os entes não estão numa relação exterior com o não-ser, mas só existem deixando de existir (criação-destruição), só existem não existindo, isso significa que, no fundo, são temporais, que, na intimidade de sua substância, estão sob o poder do tempo. O fogo não é senão a materialização da potência do tempo. Eis por que o jogo do fogo com os entes (que ele faz e desfaz) é também o jogo do tempo consigo mesmo.

Isso nos remete ao fragmento 52:

Αἰὼν παῖς ἐστι παίξων, πεσσεύων · παιδὸς ἡ βασιληίη

Diels traduz αἰών por *Zeit*, Diels-Kranz, por *Lebenszeit*, Burnet, por *time*. Segundo alguns, αἰών designaria o período entre duas conflagrações. É verdade que a noção de conflagração não é por certo heraclitiana. Entretanto, vamos considerar que αἰών designa a duração da vida do mundo. E, como o mundo não tem começo nem fim, trata-se de uma duração ilimitada. No *Timeu*, 37 d, todos concordam em traduzir αἰών por "eternidade" (o tempo "imagem móvel da eternidade"). Mas a eternidade platônica é "sempre imutável e inalterada". Sobre ela, não podemos dizer "que foi, é e será" (37 e). Ela *é*. E Heráclito (decerto aqui visado por Platão) diz precisamente, sobre o mundo, que ele "foi, é e será um fogo sempre *vivo*". E o αἰών significa a duração da *vida* do mundo. Portanto, designa não uma eternidade fora do tempo, mas a duração sem limite do tempo. O tempo é sem limite: isso significa que nenhuma potência pode dar-lhe fim. Ele é, pois, a potência absoluta. Daí a sua "realeza".

A tradução de πεσσεύω também apresenta dificuldade. Em Platão, πεσσεύω (ou πεττεύω) significa jogar gamão[30]. É as-

---

30. Cf. *Pr. Alc.* 110 e, *Charmide* 174 b, *Gorgias* 450 d, *Répubi.* 333 b, 374 c, 487 b, *Polit.* 292 e, *Lois* 903 d. O *Phèdre*, 274 d, atribui a Theuth

sim que Sócrates é comparado a um hábil jogador de gamão, com o jogo sendo jogado não com peões, mas com raciocínios, e com a dialética refutatória de Sócrates tendo como efeito impedir o interlocutor de movimentar as peças[31]. Alguns preferem traduzir πεσσεύω, em Heráclito, por "jogar dados". Mas Platão, quando, num mesmo trecho, são mencionados, ao mesmo tempo, o jogo de gamão e o de dados, parece destinar o termo ao jogo de gamão[32]. O gamão é um jogo de azar e, ao mesmo tempo, de cálculo. Exige habilidade, do contrário, não restará mais que o azar. Platão insiste na experiência necessária ao bom jogador de gamão[33]. Ele deve, precisa Platão, dedicar-se ao jogo "desde a infância"[34]. Uma criança pode, pois, jogar gamão. Ela não tem a arte de jogar, reduz um jogo que é ao mesmo tempo de azar e de inteligência a um jogo de azar, mas respeita as regras do jogo.

Tudo isso nos leva a admitir a tradução seguinte: "O tempo-sem-limite é uma criança que joga gamão[34 bis]: a realeza de uma criança."

Entenda-se: uma criança que movimenta peões sem a arte de dispô-los convenientemente, que, no quadro de um jogo definido (se não houvesse regras, não haveria jogo), manobra de qualquer maneira. Os peões representam os entes, e o movimento dos peões, a maneira como os entes substituem uns aos outros na condição de entes, o caleidoscópio da morte e da vida. Nenhuma finalidade, nenhuma "Providência" preside à perpétua troca que o fogo opera como a brincar entre os entes. É arbitrária a forma como os vivos tomam

---

(o Tot egípcio) a invenção do jogo de gamão, o que parece indicar que no tempo de Platão ele já se revelava muito antigo.

31. *Répúbl.*, 487 b.
32. Ver *Répúbl.*, 374 c, *Phèdre*, 274 d.
33. *Répúbl.*, 374 c, 487 b.
34. *Ibid.*, 374 c.
34 bis. Hoje não pensamos que seja preciso pensar no jogo de gamão. Cf. Heráclito, *Fragments*, PUF, 1986, pp. 446-9 (*nota* de 1990).

o lugar dos mortos na mesa de jogo, ou seja, no presente vivo. Tudo isso significa que uma casualidade radical preside ao destino dos seres, principalmente dos humanos. Mas o acaso se torna destino a partir do momento em que a sorte foi lançada. Como diz o fragmento 119: ἦθος ἀνθρώπωι δαίμων, "a disposição inicial do homem é seu destino"[35]. O homem, visto como uma reunião de peças, não é senhor do jogo que se joga nele. A sabedoria é tornar-se o jogador desse jogo, aceitando suas regras e a distribuição das possibilidades.

Em todos os entes, repete-se o grande jogo cósmico e, portanto, a diferença entre os dois lados: a regra do jogo – sempre a mesma –, as situações de jogo – sempre instáveis. No âmbito dos entes múltiplos, reina o acaso, mas, uma vez que se trata de um jogo, esse acaso tem as suas leis. Qualquer que seja a desordem entre as partes, a lei assegura a ordem no plano do todo. As dilacerações, as fealdades, as dissonâncias não impedem jamais que haja um mundo. A noção de jogo permite ligar e manter juntos os dois extremos, da ordem e da desordem, sem que jamais um se imponha ao outro, sem que jamais exista à parte. Assim, é possível compreender o fragmento 124: "Das coisas lançadas ali, ao acaso, o mais belo arranjo é este mundo" (trad. Bollack e Wismann).

Os entes não fazem senão aparecer e desaparecer. Só permanece o Jogo. Um jogo em que ninguém ganha, e em que o escopo primordial é quanto ao ser e ao não-ser, é um jogo trágico. Não se pode nem mesmo dizer que haja um Jogador. Há apenas o Jogo se jogando a si mesmo, por conseguinte, na completa "inocência", na completa irresponsabilidade.

III. A sabedoria trágica consistirá em jogar aquele jogo que não escolhemos em caso algum, que é completamente independente de nós. Mas, para isso, ainda há que conhecer a regra do jogo. Esta regra é aquilo que Heráclito chama de

---

[35]. "*Daimôn* é a forma individual de *tychè*" (Burnet, *op. cit.*, p. 158).

logos. O *logos* é a *Regra*: regra do jogo cósmico, regra do discurso daquele que sabe, enfim, para o sábio, regra de vida. É segundo uma regra única que acontece tudo aquilo que acontece: "todas as coisas ocorrem segundo o *logos*" (fragmento 1). Absolutamente nada está fora do jogo. É possível jogar mal, não é possível deixar de jogar. As noções de "jogo" e de "regra do jogo" permitem unir e manter juntos todo o múltiplo, permitem pensá-lo como uno.

O mundo *é* um jogo divino. O jogo não é jogado *dentro* do mundo. É o próprio mundo que é jogo. Por isso, o Jogo é sem começo nem fim, como o próprio mundo. A regra não se preocupa com nenhum ente particular. Ela não faz senão regular a troca entre o fogo e os entes, a maneira como aparecem-desaparecem os entes e o triunfo do fogo (do princípio trágico). Mas o fogo não triunfaria se *tivesse* triunfado. Se houvesse em Heráclito algo como a conflagração universal dos estóicos, ele *teria* triunfado, e, neste caso, já não haveria trágico. Porque não mais haveria o aparecer e o desaparecer dos entes. Já não haveria estes entes que vêm ao mundo *para morrer nele*. O trágico resulta do fato de que os entes não são aniquilados de uma vez, *mas cada um por sua vez*, e isso infinitamente. A noção de *ecpirose* não é de modo algum uma noção trágica, e a interpretação que atribui a Heráclito a idéia de uma conflagração universal é uma interpretação antitrágica.

O que permanece é somente a troca, e a medida na troca, e o Jogo sem jogador. Isso basta para nos fazer compreender que o mundo seja, para os entes, que só têm direito a uma efêmera permanência na condição de entes, um mundo trágico. Mas isso não basta para fundamentar uma sabedoria, pois continua sendo demasiado geral. Sabemos que viver a vida do mundo é entrar num jogo, que a sabedoria será jogar a seu modo o jogo do mundo, mas isso ainda é vago demais. Que jogo? Há que conhecer a regra do jogo, e, na verdade, Heráclito não nos teria ensinado nada se não nos tivesse ensinado esta regra.

Mas os gregos, segundo Fílon de Alexandria[36], concordavam ao dizer que "ele a colocava na linha de frente de sua filosofia, como a resumi-la toda" e que principalmente "vangloriava-se dela como de uma nova descoberta". Não que não tivessem existido, antes dele, homens de uma grande erudição, mas:

"Saber muitas coisas não dá o entendimento (do real). Senão, tê-lo-iam obtido Hesíodo e Pitágoras, e também Xenófanes e Hecateu" (fragmento 40).

Porque, por mais que saibamos, não *sabemos* literalmente nada quando não enxergamos a *unidade dos contrários*. De fato, somente esta idéia permite pensar o conjunto das coisas em sua unidade e colocar a unidade completa no conjunto daquilo que sabemos. É a idéia *que reúne*, ao mesmo tempo, todo o real e tudo o que se pode dizer de verdadeiro, portanto em particular, todas as coisas válidas que puderam dizer os predecessores de Heráclito mas que, até ele, não eram senão materiais.

O fragmento 57 pode ser comparado ao fragmento 40:

"O mestre do maior número de homens é Hesíodo; eles pensam que ele sabia o máximo de coisas, ele que não conhecia o dia e a noite: porque dia e noite são um."

Da Noite, diz Hesíodo, "nasceram Éter e Luz do Dia"[37]. Ele supõe a noite independentemente do dia e, assim, não tem entendimento nem da noite nem do dia, porque, separado do outro, nenhum deles é o que é. O ensinamento de Hesíodo não é senão negativo. Indica aquilo que o devir não é: uma seqüência temporal linear com um início e um fim. Na circunferência de um círculo, "o início e o fim se confundem" (fragmento 103). É assim que, no tempo sem limite, é preciso pensar o devir. O tempo dissocia os contrários: *primeiro* a noite,

---

36. Citado por Diels-Kranz, *op. cit.*, t. I, p. 491. Cf. Burnet, *op. cit.*, p. 161 e Axelos, *Héraclite et la philosophie*, p. 56.
37. *Théogonie*, v. 124 (trad. fr. Mazon).

depois o dia, *primeiro* a vida, *depois* a morte, etc. Mas os contrários são indissociáveis: em si mesmos e para o pensamento (uma vez que Heráclito não separa, mais que Parmênides, o pensamento daquilo que é pensado). O tempo dissocia os indissociáveis, e é por isso que também os associa indefinidamente. A noite é anterior ao dia, mas tanto quanto o dia à noite, a vida é anterior à morte, mas tanto quanto a morte à vida, etc. Opera-se, entre os contrários, uma incessante permuta:

"É um e o mesmo: vivo e morto, desperto e adormecido, jovem e velho, porque estes, ao mudarem de lugar, são aqueles; inversamente, aqueles, ao mudarem de lugar, são estes" (fragmento 88).

O tempo não passa de um ponto a outro. Não existe sentido do tempo. Um processo é sempre com sentido duplo. "O caminho para cima e o caminho para baixo são um e o mesmo" (fragmento 60). Isso não significa que o mesmo caminho leva para cima ou para baixo, conforme o sentido adotado, pois, se assim fosse, poder-se-ia escolher: ir para cima ou para baixo. Por exemplo, escolher o bem *ou* o mal. Mas esse *ou isto-ou aquilo* nos opõe diametralmente ao pensamento de Heráclito. O que ele quer dizer é que não se pode ir para cima *sem por isso mesmo ir para baixo* (o que se concebe perfeitamente na circunferência de um círculo). O ir para o dia é ir para a noite, o ir para o inverno, ir para o verão, o ir para a velhice, ir para a juventude (pois a velhice prenuncia a morte, a renovação), etc.

Na realidade, um contrário não existe jamais sem o outro: o tempo que os separa também os une. Se quiséssemos um dos contrários sem o outro, colocar-nos-íamos fora da realidade e nada teríamos. A sabedoria não trágica, que deseja a felicidade sem a infelicidade, a moral que deseja o bem sem o mal colocam-se fora da realidade, são irreais. Se a regra da unidade dos contrários, que rege o jogo cósmico, tornar-se regra de vida e de sabedoria, esta sabedoria, a exemplo da própria sabedoria cósmica, situar-se-á além da oposição exclusiva da felicidade e da infelicidade, do bem e do mal. Porque "bem e mal são um"[38].

IV. "Bem acima de Schopenhauer, ouvi a música que acompanha a tragédia da existência."[39]

O que é preciso entender por "tragédia da existência"? O fogo é fulminante, e o raio, que "governa tudo" (*ta panta oiakizei Keraunos*, fragmento 64), não tolera nenhuma evasão para fora da lei comum: abate-se sobre tudo aquilo que pretende se colocar à parte (pretensão inerente à individualidade) e consome-o. É essa a tragédia? Não, porque se o que é destruído não vale nada, a destruição nada tem de trágico. Nietzsche fala do "prazer trágico de ver soçobrar o que existe de mais elevado e melhor"[40]. Não pode haver prazer trágico em ver soçobrar o que é nulo e merece perecer. O trágico, dizíamos, deve-se ao fato de que os entes vêm ao mundo *para nele morrerem*. Mas pressupunha-se uma coisa: que, para os entes, existir é melhor do que não existir. Ao que existe, era atribuído um valor. Não há tragédia sem diferenças de valor. E o que há de mais trágico consiste neste fato: o que existe de mais elevado e de melhor é tão inexoravelmente destruído quanto aquilo que não vale nada. E não há responsável em lugar nenhum. A noção de "responsabilidade" permitiria racionalizar o trágico e, por isso mesmo, reduzi-lo. Mas o tempo é uma criança. Portanto não sabe o que faz. Destrói, como a brincar, o que há de mais belo; e, no entanto, é inocente, irresponsável.

Mas, apesar de tudo, o que importa é ouvir "a música que acompanha a tragédia da existência"; em outras palavras, evitar o pessimismo que conduz à negação da vida, ser capaz de

---

38. Hipólito introduz com estas palavras uma citação de Heráclito (que constitui o fragmento 58 de Diels).
39. Nietzsche, *La volonté de puissance*, trad. cit., t. II, p. 366.
40. *Ibid.*, t. II, p. 370.

afirmar a vida – na alegria ou no contrário dela. Mas, para tanto, há que renunciar ao ponto de vista *moral* sobre a existência. Desse ponto de vista, ela é, na verdade, injusta, injustificável. É preciso renunciar ao "Deus moral". Em vez de esse "Deus moral" permitir justificar a existência, é a existência que é a refutação de semelhante Deus – mas não é apenas o "Deus moral" que é refutado:

"A *refutação* de Deus: no fundo, só o Deus *moral* é refutado."[41]

Falar do mundo como "jogo divino" supõe uma noção não moral do "divino". Um "Deus moral" não joga. É um Deus utilitário e que nada faz em vão – ao passo que quem joga joga *inutilmente*. O deus desse "jogo divino" Nietzsche chama de Dioniso. Dioniso não é um deus unilateral como o Deus moral, é um deus de todas as formas. Traz em si a contradição, afirma a unidade dos contrários. É o deus não da vida ou da morte, mas da afirmação indissociável da vida e da morte – "Hades ou Dioniso, é o mesmo", diz Heráclito (fragmento 15) –, o deus da alegria inerente à vida mortal, da vitalidade e da cruel destruição:

"*Dioniso*: sensualidade e crueldade. A instabilidade das coisas... interpretada como o gozo de uma força que gera e destrói, como uma criação perpétua."[42]

A vida só se renova ao se dilacerar, ao destruir-se a si mesma. A alegria dionisíaca é uma alegria trágica.

Heráclito marca, como Nietzsche, a distância entre o princípio do mundo e o Deus moral:

"O Uno a única Sabedoria, quer e não quer ser chamado pelo nome de Zeus" (fragmento 32)[43].

O Uno-Sábio não quer ser chamado pelo nome de Zeus. De fato, Zeus ainda é um Deus moral, não completamente

---

41. *Ibid.*, p. 150.
42. *Ibid.*, p. 368.
43. Para as outras leituras e interpretações possíveis deste fragmento, ver principalmente Kirk, *Heraclitus, the cosmic fragments*, pp. 392-7.

indiferente ao destino dos homens: ou melhor, Zeus, na qualidade de deus do direito e da justiça, mantenedor da ordem jurídica e moral, é apenas o deus-dos-homens. Mas o Uno quer ser chamado de Zeus, porque Zeus também é, e em primeiro lugar, a *potência* suprema. Ora, o que há no fundo das coisas, em última análise, é apenas isto: o desencadeamento de uma potência sem nenhuma justiça (moral), sem nenhuma bondade. Convém lembrar aqui o fragmento de Nietzsche: "Deus é a *Potência suprema*: isso basta! Daí resulta tudo, daí resulta... o mundo!"[44] Mas, imediatamente antes, Nietzsche escreveu: "Afastemos, do conceito de Deus, a Bondade suprema; ela é indigna de um Deus. Afastemos dele também a suprema Sabedoria." O Uno é Sábio, mas sua sabedoria não é a do Deus bondoso, do Deus moral. É a sabedoria trágica do fogo, do princípio criador-destruidor. E é nesse sentido que "Heráclito chama sábio ao fogo (*frônimos*)", conforme relata Hipólito (fragmento 64).

A sabedoria cósmica é a sabedoria dos contrários. É isso que não compreendia Homero, ele que desejava que se extinguisse a discórdia. Segundo Aristóteles[45], Heráclito censura-o por ter dito: "Possa a discórdia (*éris*) extinguir-se entre os deuses e os homens" (*Ilíada*, XVIII, 107), porque "seria o desaparecimento de todas as coisas" (οἰχήσεσθαι γάρ φησι πάντα, relata Simplício)[46]. A ἔρις, a discórdia de que fala Homero, tem tão pouco um efeito puramente negativo que é, ao contrário, aquilo por que todas as coisas se produzem: πάντα κατ'ἔριν γίνεσθαι, "todas as coisas ocorrem por discórdia" (fragmento 8). É por ela que existe algo em vez de não existir nada. É ela que mantém todos os entes na condição de entes. Se ela os faz virem a existir e deixar de existir, não é de um modo exte-

---

44. *La volonté de puissance*, t. II, p. 387.
45. *Ethique à Eudème*, H 1, 1235 a 25, em Diels-Kranz, A 22, (t. I, p. 149). Cf. Kirk, *op. cit.*, pp. 242-3.
46. Diels-Kranz, *ibid.* Cf. Burnet, *op. cit.*, p. 152, nota 3.

rior, mas porque ela é principalmente aquilo que os constitui em seu ser, aquilo que os faz estarem aí.

Neste ponto, chegamos ao segredo da constituição do ente. O ente é um ajustamento, uma estrutura que não subsiste senão pela tensão entre os opostos. É assim com o arco, que só desempenha seu papel de arco, só é arco "em ato", pela tensão oposta da corda e da madeira. E se temos um arco tenso, isso significa que as forças contrárias estão em certa *proporção* entre si. É quando uma limita a outra que elas constituem o arco em sua função de arco, o arco como tal. A palavra ἁρμονία, que designa o acordo dos opostos, significa "estrutura" e "justa proporção". Ora, a estrutura só existe pela justa proporção. A identidade de um ser real, de um ente, não é a identidade morta da lógica. É uma identidade viva, que contém a diferença, a oposição. O ente contém a oposição a si, mas como ele existe e simultaneamente é ele mesmo, é porque está de acordo consigo: "aquilo que se opõe a si mesmo está, ao mesmo tempo, de acordo consigo" (fragmento 51). O acordo consigo daquilo que se opõe a si mesmo, é essa a ἁρμονία, é esse o sentido propriamente heraclitiano.

De que procede essa "harmonia"? É importante que se compreenda bem isso. Para que existam entes, é preciso que reine certa *medida* no interior da própria oposição e da luta. Sem a discórdia, sem a guerra, não haveria nada; mas, por outro lado, se a guerra não fosse intimamente *regrada*, também nesse caso todas as coisas deixariam de existir: "Ainda mais que um incêndio, há que extinguir a desmedida (*hybris*)" (fragmento 43). O filósofo do fogo não é um filósofo do incêndio. O fogo heraclitiano traz em si a medida (e é por isso que não vai jamais até a conflagração universal). Mas a que se deve essa medida – ou proporção – sem a qual não haveria ente algum nem mundo algum? É aqui que a comparação do arco retesado não deve nos enganar. Porque no caso do arco – como no da lira – a proporção é introduzida, de maneira *exterior*, pelo arqueiro ou pelo músico. Ora, o pensamento cósmico de Heráclito é que o acordo e o desacordo são, como tais, indissociáveis. É uma lei imanente que faz do desacordo um acordo.

A que se deve isso? Não à oposição como tal, mas à natureza dos opostos. Os opostos são *contrários*. Isso significa que cada termo coloca seu outro para opor-se a ele. A negação de um dos termos seria a negação do outro. Sem o dia, a noite já não é noite, a justiça, sem a injustiça, já não é justiça, o bem, sem o mal, já não é bem, etc. Fala-se de "dialética", e com razão, porque cada termo se nega quando considerado isoladamente, separado de seu oposto. Em Hegel, temos exatamente a mesma coisa: o ser que só é ser (que não é ser nem de uma coisa nem de outra, mas ser *puro*, separado de todo ser determinado, e, portanto, uma vez que toda determinação é unidade do ser e do nada, separado do nada), ou o ser sem o nada, não é mais o ser, etc. E, entretanto, a diferença entre Hegel e Heráclito é radical: porque a dialética de Heráclito não comporta a *superação*. Não se constrói um par de contrários a partir de outro par por síntese de um de seus termos. É por isso que, enquanto em Hegel o devir é *superado*, de forma que são possíveis uma evolução, um progresso, em resumo, uma história pela qual o homem deixa de ser um joguete da natureza e do tempo e vive em mundos sensatos (históricos), em Heráclito ficamos limitados ao *devir*, isto é, à vida natural, em que o homem ainda não encontrou, na sociedade e na memória que ela guarda de si mesma, o meio de operar a negação daquilo que o nega (negação do tempo) e de dar à existência humana (que certamente não tem sentido particular por si mesma) um sentido humano. A dialética de Heráclito é uma dialética trágica[47] porque limita-se à indissociabilidade da vida e da morte, portanto ao ser natural do homem e ao malogro inevitável de toda vida, sem nenhuma solução.

---

47. A expressão é empregada por K. Axelos, *op. cit.*, p. 70.

Há, por certo, uma sabedoria cósmica, a sabedoria artista do fogo, mas que faz ela senão assegurar a vida do mundo pela unidade dos contrários, sem preocupação com os indivíduos e, como se trata de uma sabedoria não moral, sem preocupação com os homens? É por isso que a sabedoria daquele que entende viver humanamente segundo a sabedoria da natureza é uma sabedoria trágica, pois a oposição do humano e do não-humano não está superada, é conservada, e o homem, então, nada mais é do que uma parcela da natureza destinada à morte.

V. Fomos buscar em Nietzsche a noção de "sabedoria trágica". E Nietzsche nos remeteu a Heráclito. Nietzsche e Heráclito orientaram, até aqui, a nossa reflexão. Atingimos a sabedoria trágica? Mas não é verdade que certas noções presentes em Nietzsche e Heráclito, noções com ressonância estética ou religiosa, produzem, por isso mesmo, um som trágico? Elas não teriam contaminado o discurso precedente? E não convém, então, eliminá-las, afastá-las como associações exteriores, para conservar apenas a noção de "sabedoria trágica" em sua pureza lógica? Mas elas não foram, dentro do que até aqui dissemos, identificadas como tais, assinaladas, separadas das outras. Como reconhecê-las? Temos de saber exatamente em que condições temos o direito de falar de "trágico".

E em primeiro lugar, para que haja trágico, não basta que, em virtude da indissociabilidade do ser e do nada, todo ser finito seja perecível, e que a jurisdição do tempo destruidor se estenda a tudo o que existe, ao domínio inteiro do ente. Decerto, se a condição não for preenchida, como diz Bergson, para quem duração significa memória, e memória, conservação integral do passado, não pode haver pensamento trágico. Mas é apenas uma condição necessária. Em Hegel, o finito é proposto como inseparável de seu nada, e no entanto a dialética hegeliana não é, de modo algum, uma dialética trágica. Porque é o entendimento que faz do nada das coisas finitas um atributo absoluto, e isso porque coloca, entre o finito e o infinito, uma oposição exclusiva, uma vez que as coisas finitas pertencem integralmente ao domínio do perecível e estão completamente fora do infinito. Então, importa saber, diz Hegel, "se a caducidade, se o próprio caráter transitório do finito não é perecível e transitório"[48]. Quando o infinito é pensado não de forma unilateral (infinito *finitizado*), mas como verdadeiro infinito, o finito não desaparece pura e simplesmente: é suprimido-conservado dentro do infinito.

Quando, deixando a linguagem das puras categorias lógicas, fazemos intervir o tempo, isso significa que as coisas da natureza, enquanto coisas finitas que permanecem em mútua exterioridade, e também o homem, enquanto ser natural, são passageiros e temporais, aparecem e desaparecem. O tempo, no caso, não faz senão brincar de procriar e destruir. Mas o Conceito, como negatividade absoluta – enquanto livre e infinito –, escapa ao poder do tempo. O Conceito, a Idéia, o Espírito são *eternos*, ainda que esta eternidade não esteja nem fora do tempo, nem venha depois dele. O homem, em seu ser empírico, é fugaz, mas enquanto espírito ou ser racional, participa, com direito, da verdadeira realidade. Quanto ao lado perecível de si mesmo, ele não é, precisamente, senão aquele que merece perecer. Não existe nenhum trágico no desaparecimento dos indivíduos enquanto indivíduos, porque, enquanto não participam da realização do racional não entram em conta. O único trágico verdadeiro seria o perecimento da razão. Mas, nesse caso, seria uma filosofia totalmente diferente – o materialismo em sua forma extrema.

Um pensamento realmente trágico é o pensamento para o qual aquilo que tem *o máximo de valor* é também aquilo que está *inelutavelmente* fadado a perecer. Há diferentes maneiras de escapar ao trágico: 1º atribuir o mais alto valor ao

---

48. *Science de la logique*, trad. fr. Jankélévitch, t. I, p. 130 (*W.L.*, Éd. Lasson, t. I, p. 118).

A SABEDORIA TRÁGICA

que não perece: o Espírito, a Razão, a Idéia, Deus (formas diversas do espiritualismo e do idealismo); 2º negar o valor daquilo que o tempo destrói, daquilo que apenas passa, precisamente porque passa apenas – e, se não há nada mais e nada além da existência fugidia, considerar, então, que tudo é vão: é o niilismo; 3º afastar de si a idéia de valor, a consideração do *valor* da existência e das diferenças de valor entre as maneiras de ser e de viver, por exemplo, não considerar que uma existência "autêntica" vale mais que uma existência "inautêntica"; 4º admitir como inelutável, com o correr do tempo, o aniquilamento de todos os seres e da própria humanidade sem que reste deles a mínima lembrança e, entretanto, viver no esquecimento do nada, agir no tempo diminuto da história (principalmente sob as categorias otimistas dos filósofos do progresso); 5º dissimular o caráter *fugidio* da existência, procurando, por exemplo, conferir eternidade àquilo que existiu e àquilo que passa pela idéia de eterno retorno.

Se assim é, não teria, afinal, o próprio Nietzsche deixado escapar o trágico? É verdade, 1º que ele afirma ao mesmo tempo o universal devir e o "valor da existência", gabando-se até de unir estes dois pensamentos "de maneira decisiva"[49]; 2º que reconhece, entre os indivíduos, extremas diferenças de valor, medindo-os (da maneira mais geral) por sua capacidade de viverem estados de alma *elevados*: não tem senão desprezo pelo gozo sem horizonte, pelo estúpido bem-estar, pelo parvo contentamento de viver, e o homem, para ele, só conta enquanto é capaz de *ser diferente de si mesmo rumo ao alto*; 3º que compreende a alegria trágica como alegria de viver e de *morrer*, portanto como comportando a alegria do *aniquilamento*[50]. – Mas, por outro lado, é incapaz de manter, numa proximidade absoluta, a grandeza do homem e da vida, e seu

---
49. *La volonté de puissance*, trad. cit., t. II, p. 286.
50. *Ecce homo*, trad. fr. Vialatte, p. 91.

caráter radicalmente fugaz e efêmero. Ele foge da contemplação do fugidio. Dupla fuga para o futuro e para a eternidade:
1º Para o futuro, pois o super-homem lhe serve para dar um "sentido" à presente existência humana[51] – serve-lhe até para recuperar todo o passado humano: "Justificaremos, retrospectivamente, todos os defuntos e daremos um sentido à sua vida se, desta argila, conseguirmos modelar o Super-humano e dar, assim, um *objetivo* a todo o passado."[52] O problema do "sentido da existência" é pensado aqui na forma tradicional, a das religiões e das metafísicas. O sentido da existência é dissociado da própria existência. Damos, à vida, um "objetivo" que projetamos num outro lugar (neste caso, o futuro). Nietzsche raciocina exatamente como ideólogo religioso: *a)* a existência deve ter um sentido; *b)* para ter um sentido, ela deve ter um objetivo; *c)* quando não tem um objetivo, é *absurda*. Nietzsche, a exemplo de Schopenhauer, repele a resposta cristã, mas mantém a questão: "uma vez que repelimos assim esta interpretação cristã, uma vez que a rejeitamos como uma moeda falsa, vemos erguer-se diante de nós, de forma terrível, a questão de Schopenhauer: a existência tem, pois, um sentido?"[53]. Mas, para o filósofo trágico, é a questão colocada dessa maneira que é absurda: ele vê nela o *reverso* da afirmação religiosa, a questão que os ideólogos religiosos devem propor para, em seguida, atirarem sobre nós a solução religiosa. Porque "a" existência não tem de ter um sentido: a existência *bem vivida* é suficiente. O que tem um sentido é *uma forma particular* de existência (por exemplo, a existência do filósofo, pois conduz à sabedoria), não "a" existência. A existência do existente perfeito, que é o sábio, não tem sentido,

---

51. "Quero ensinar aos homens o sentido de sua existência: quem é o Super-homem, o relâmpago que surgiu da tenebrosa nuvem que é o homem" (*Ainsi parlait Zarathoustra*, Prologue, § 7, trad. fr. M. Betz).
52. *La volonté de puissance*, t. II, p. 262.
53. *Le gai savoir*, § 357 (trad. fr. Vialatte).

ela é o sentido. A significação da vida não pode encontrar-se em outro lugar que não nela mesma, numa certa maneira de viver – e isso deixando de lado qualquer "além" (até mesmo o super-homem como "além-do-homem").

2º Para a eternidade, porque a idéia de eterno retorno entra em conflito com o caráter efêmero da existência. Importa, diz Lou Andreas-Salomé, "elevar a evolução acima do efêmero imprimindo-lhe o movimento circular do eterno Retorno"[54]. Mas por que elevar a vida acima do efêmero? O que precipitou Nietzsche nesta doutrina, diz ela, "foi a necessidade de conferir às coisas um valor mais profundo"[55]. Assim, não é operada a *dissociação*, essencial ao pensamento trágico, entre o *valor* das coisas e a *duração* delas. Ao contrário, acreditamos aumentar o valor das coisas fugazes conferindo-lhe, pelo Retorno, certa forma de eternidade.

Nietzsche se opõe a Marco Aurélio, mas seu pensamento não é mais do que o do imperador romano, um pensamento trágico: "Certo imperador tinha constantemente no espírito a fragilidade de todas as coisas a fim de não lhes atribuir demasiada *importância* e de ficar em paz no meio delas. A mim, ao contrário, parece que tudo tem importância demais para poder ser tão fugaz; procuro eternizar a menor das coisas. Deveríamos lançar no mar os mais preciosos bálsamos? – Meu consolo é que tudo o que foi é eterno; o mar torna a lançá-lo na praia."[56] É verdade que o homem trágico tem presente no espírito a fragilidade das coisas, mas nem por isso dá a elas menos importância e valor. Ao contrário, mesmo reconhecendo-lhes o valor e a importância, não fica cego ao seu caráter radicalmente fugaz. Sabe que as grandes coisas deixam marcas por certo tempo, mas que, a longo prazo, todas as marcas se apagam, de forma que, de tudo o que de mais nobre e de

---

54. *Nietzsche*, trad. fr. Benoist-Méchin, p. 263.
55. *Ibid.*, p. 261.
56. *La volonté de puissance*, t. II, p. 387.

mais belo existiu, não resta absolutamente nada. Fiel à tradição da religião e da metafísica, Nietzsche alia *valor* e *duração*, *valor* e *eternidade*. Certamente sua eternidade não é a eternidade cristã ou hegeliana. Entretanto ele não faz senão substituir uma eternidade por outra.

Ora, se o pensador trágico é aquele para quem aquilo que tem o mais alto valor é também aquilo que perece inelutavelmente como todo o resto (sendo que o trágico vem do fato de que o tempo destruidor não faz diferença alguma entre o que *vale* e o que *não vale*), torna-se evidente que o próprio Heráclito, que, na verdade, representa para nós o destino de todos os entes, e especialmente dos humanos, numa luz trágica, não chega ao mais radical trágico, pois para ele, o que tem mais valor é o *logos*, que é eterno. Heráclito, que era grego e poeta, e que "vivia na proximidade do sagrado"[57], não podia evitar declarar a beleza do mundo. Os entes particulares não fazem mais que aparecer e desaparecer, mas o *cosmos*, como totalidade bela sempre permanece. Há o ponto de vista da parte e o ponto de vista do Todo. O não-sábio se coloca no ponto de vista da parte, o sábio, no ponto de vista do Todo. Vê todas as coisas à luz do divino, e, para ele, tudo o que existe é exatamente como deve ser. Isso é evidenciado no fragmento 102: "Para Deus, todas as coisas são belas, e boas, e justas; mas os homens consideram que algumas coisas são injustas e que outras são justas." Neste ponto, o pensamento se perde num otimismo religioso e artista. Prevalecem os elementos antitrágicos.

Na verdade, o filósofo persuadido de que todas as coisas, mais dia menos dia, não podem deixar de ser irreversivelmente destruídas, e que aquilo que tem o mais alto valor também é radicalmente efêmero, que ademais, não procura de modo algum dissimular esse caráter efêmero de todas as coisas por algum mito, esse filósofo leva um nome que não se apli-

---

57. Como diz K. Axelos, *op. cit.*, p. 29.

ca nem a Nietzsche nem a Heráclito: o de *materialista*. Com a condição de admitir o valor da vida e das mais elevadas manifestações da vida (e não de encontrar em sua fugacidade uma razão para atribuir-lhes menos importância), o materialista é por excelência o filósofo trágico. Consegue chegar ao trágico *absoluto*, uma vez que ele, que tem, como filósofo, vocação de *pensar*, julga ter de admitir o caráter perecível até deste pensamento (uma vez que, com o tempo, o que afinal prevalece é o princípio de dissolução – a matéria), ou seja, daquilo que, a seus olhos, constitui principalmente o valor da vida.

VI. O sábio à maneira de Heráclito está na escuta do Ser (trata-se menos de *theôria* do que de *acousis*), e o que ele ouve é uma *única* harmonia: "Se não sou eu que escutais, mas o *logos*, é sábio reconhecer que tudo é um" (fragmento 50). Mas o materialista não está na *escuta* da harmonia cósmica, porque esta é, acha ele, uma noção imaginária. O Conjunto é discordante. Não forma uma totalidade harmoniosa e bela. Joga-se um Jogo (os dados governam o destino dos entes, os dados governam o homem), mas esse jogo nada tem de "divino". Não existe Deus moral e menos ainda Deus artista. Noções tais como "Deus artista", "gênio artista de Deus"[58], "totalidade bela", "harmonia universal" são apenas noções fáceis, noções *frágeis*, que só servem para escamotear a dureza do real. O materialista pensa o Conjunto como uma *soma* intotalizável: há tantas partes quantas quisermos, mas não há Todo. A fealdade da parte não se resolve na beleza do conjunto. Ao contrário, a fealdade da parte *exclui* a beleza do conjunto. As comparações estéticas devem ser descartadas. Há que pensar mais num cálculo em que um só erro adultera o resultado.

O próprio pensamento de Nietzsche permanece *habitualmente* na dependência da idéia do Todo. Acreditaríamos estar lendo, por vezes, um texto estóico ou leibniziano. Este é um

---

58. *La volonté de puissance*, t. II, p. 387.

exemplo: "procurar 'aquilo que deveria existir, mas não existe', ou 'aquilo que deveria ter existido' é condenar o curso total das coisas. Porque ele não comporta nada isolado, o mínimo detalhe implica o Todo, tua pequena injustiça sustenta todo o edifício do futuro, a mínima crítica dirigida a um detalhe condena o conjunto"[59].

As definições nietzschianas da sabedoria não raro são impuras. Assim, o texto seguinte, que pretende caracterizar a atitude trágica, põe em ação três noções que nada têm de trágico, são até decididamente antitrágicas, as de "sentido da vida", de "justificação" e de "divinização da existência": "o problema que se levanta é o do sentido da vida: um sentido cristão, ou um sentido trágico? No primeiro caso, ela deve ser o caminho que conduz à santidade; no segundo caso, a existência parece bastante santa por si mesma para justificar também uma imensidão de sofrimento. O homem trágico afirma até o mais acerbo sofrimento, tanto ele é forte, rico, capaz de divinizar a existência"[60].

O materialista e o filósofo trágico à maneira de Heráclito ou de Nietzsche concordam naturalmente na recusa das sabedorias unilaterais e das morais que, nos aspectos opostos do real, operam uma escolha, querem um dos lados sem o outro: a felicidade sem o sofrimento, etc. Neste sentido, a afirmação trágica é uma afirmação total, mas uma afirmação *total* não é uma afirmação *do Todo*! Porque não há Todo. Num jogo de azar, os lances são independentes. No grande Jogo do devir, jogam-se múltiplas partidas independentes. Devo aceitar a re-

---

59. *Ibid.*, p. 152. É verdade que Nietzsche diz muito bem: "O Todo traria de volta sempre os mesmos problemas: 'Como o mal é possível?', etc. Portanto: não há Todo." (*ibid.*, p. 153, sublinhado por Nietzsche). Mas ele mesmo, com igual determinação, não se permitira negar o Todo: "não se pode julgar o Todo, nem avaliá-lo, nem compará-lo, nem, *principalmente, negá-lo*. Por que não? Por cinco razões: todas acessíveis, mesmo a inteligências modestas; por exemplo, porque nada existe fora do Todo..." (*ibid.*, p. 143, sublinhado por nós).

60. *Ibid.*, p. 345.

gra do jogo, e meu quinhão na distribuição das oportunidades, mas, depois disso, *resta-me jogar*. Daí, dois aspectos da sabedoria trágica que Heráclito e Nietzsche confundiram:

A) *A unidade dos contrários*. O trágico está ligado ao fato de que tudo só existe para desaparecer, por belo que seja, considerando-se a independência e a universalidade do tempo. Mas aquele que, porque o aniquilamento está à espera de todas as coisas, mergulha no niilismo prático do "para quê?" é o contrário do homem trágico. O sábio trágico fica feliz por ver aparecerem, elevarem-se as coisas belas e nobres, mas também por vê-las desaparecerem. Sabe realmente que umas não existem sem as outras, e que jamais se deve pretender a perenidade para o que quer que seja. Nietzsche fala do "prazer trágico de ver soçobrar aquilo que existe de mais elevado e de melhor"[61]. Diz ele: "o maior esplendor da morte deveria ser... fazer-nos sentir prazer em todo o devir, portanto também no nosso próprio desaparecimento"[62]. À "felicidade insignificante" ele opõe a "grande forma da felicidade": a felicidade trágica ou "dionisíaca", entendendo por isso "a felicidade que encontramos no devir"[63]. A felicidade das sabedorias não trágicas e das morais supõe um esquecimento do nada e uma espécie de fuga. Tentamos escapar ao tempo – valendo-nos da eternidade, do futuro, ou até do presente (o presente intemporal da ataraxia). E vimos que há, no próprio Nietzsche, essa fuga diante do fugaz. Mas a felicidade trágica é felicidade que encontramos *no próprio devir*, na mudança e no tempo, considerado tanto como destruidor quanto como criador.

O homem trágico não é nem otimista nem pessimista. Não afirma a vida porque seria "boa". Ela é igualmente má. Nem porque seria "sensata". Ela é igualmente absurda. Não efetua a soma algébrica dos lados "bons" e dos lados "maus" da vida

---

61. *Ibid.*, p. 370.
62. *Ibid.*, p. 378.
63. *Ibid.*, p. 369.

(de que resultaria o otimismo ou o pessimismo). Recusa qualquer racionalização, qualquer justificação do mundo e da vida. Não dirá jamais que o mundo é "bom", que a ordem das coisas é "razoável", que a vida é "justa". Ao contrário, do ponto de vista *moral*, isto é, do ponto de vista do que é razoável e justo, não vê nenhuma espécie de justificação para o mundo e para a vida. O mundo está bem mais para o *intolerável*. É o lugar das contradições quase insustentáveis, dos contrastes mortais. O trágico não pode, de maneira alguma, ser racionalizado. Mas o trágico é essencial à vida. Isso significa que a opção pela vida, de preferência à morte, não pode de modo algum ser *fundamentada*. Mas, então, por que afirmar a vida? simplesmente, *por vitalidade*.

A vida não é afirmável pela razão (a afirmação não se fundamenta numa filosofia afirmativa). Não é afirmável senão por si mesma. No homem trágico, é a vida que afirma a vida – *e a morte*. O homem trágico quer a unidade dos contrários, isto é, ao mesmo tempo, os dois lados de tudo o que o torna vivo: o amor e o fim do amor, a amizade e o fim da amizade, a obra e a destruição desta obra, o momento feliz e o fim do momento feliz. Em geral queremos conservar, *guardar*: quando amamos, deve ser para "sempre", etc. Mas o homem trágico sabe que a significação daquilo que está vivo não poderia durar. Procura dar a um amor, a uma amizade, a uma obra, etc. a mais alta qualidade possível, mas dissocia completamente o valor e a duração, e, em tudo o que constitui, para ele, o valor da vida, já discerne o sinal daquilo que vai perecer.

Uma amizade tem seu início, seu crescimento, sua plenitude e seu fim, como um ser vivo. Um dia ou outro, chega (ou chegaria – se vivêssemos o bastante) o momento de pôr-lhe termo. E um aspecto essencial da arte trágica de viver é a arte de *pôr termo*. Nada deve, ou não deveria, durar além de sua significação real (não deve sobreviver além do tempo em que as palavras, os gestos, etc. têm seu sentido pleno): o homem trágico destrói continuamente em si os ramos semimortos deixados pela vida, se não com a "eterna alegria do devir" (como diz Nietzsche), em todo caso sem dar importância à sua dor, se a sentir.

B) *A arte combinatória*. O homem não escolhe a regra do jogo, nem os valores do jogo, nem as possibilidades iniciais de que dispõe. Mas compete a ele *jogar*. O que é jogar? Como definir o jogo trágico? Jogar não é nada mais que exercer uma potência combinatória. O homem se encontra diante de coisas e de estados de coisas ou diante de palavras (ou ainda diante de sistemas praticamente indecomponíveis de coisas ou de palavras, que têm o valor operatório de elementos simples). Ele tem um *poder*, e isso significa que nem todas as combinações já estão efetuadas. Dispõe de certa liberdade para combinar coisas (ou estados de coisas, situações, etc.) ou palavras. Ou, em outros termos, de certas possibilidades de ação ou de fala. Poderíamos achar que as combinações de palavras têm menos importância do que as combinações de coisas. Mas não é nada disso, uma vez que o homem vive entre outros homens. Porque, dentre todos os outros seres, os homens têm a propriedade de serem conduzidos por palavras.

O jogo trágico tem isto de particular: o fato de considerarmos *todas* as combinações realmente possíveis. Não deixamos que combinações de palavras sejam obstáculo a combinações de coisas ou a outras combinações de palavras. Tudo o que é possível é permitido. Não conhecemos outro obstáculo senão a dura e inflexível realidade. Isso não significa que, na prática, não agiremos "moralmente", mas não será por moralidade. A arte trágica de viver, uma vez que repele tudo o que é baixo (como *merecendo* perecer e anulando, pois, o trágico), não pode conduzir à imoralidade. Simplesmente não dá lugar às *motivações* morais.

O ponto essencial é escolher, entre todas as combinações, as mais nobres e as mais belas, aquelas que têm em si, no mais alto grau, o valor da vida. Então, o sábio é aquele em quem a vida tem sua mais elevada intensidade, uma vida que está, ao mesmo tempo, na maior proximidade e no maior contraste com a morte. A grande paixão, violenta e imoderada (incompatível com a sofrosine) tem ali o seu lugar, pois nada tem de baixo; bem mais que isso, liberta-nos de tudo o que é baixo (e está aí, talvez, a verdadeira vida: na profundidade, na seriedade da paixão extrema?). A sabedoria assim reconciliada com a vida (aquilo que merece este nome), podemos dizer que pela noção de "sabedoria trágica" resolve-se a "aporia da sabedoria"[64].

1971

---

64. Talvez nos perguntem: "a sabedoria trágica é uma sabedoria da alegria?" O que dizer? Em nossa época de extrema miséria humana, uma sabedoria da alegria seria um tanto incongruente. Não se trata de ser alegre, mas apenas de existir e de viver, e para isso (uma vez que o homem, afinal, vive de palavras) importa *pensar* de modo a encontrar uma significação para essas palavras (entenda-se: preencher o vazio de significação de onde nasceu a necessidade da filosofia). Naturalmente o mais importante não é ser triste. A noção de felicidade trágica se coloca além da oposição alegria-tristeza. Ela traduz a maneira como o sábio trágico *sente* seu poder próprio (isto é, o poder do pensamento nele).

8

A-teísmo e a-cosmismo

Se Nietzsche viu com exatidão, o problema de Deus (isto é, do homem) é o problema filosófico de maior importância para nossa época. Não a questão de saber se Deus "existe" ou "não existe", mas a de saber até onde vai chegar a derrocada agora que "Deus morreu" (e que o homem julga já não precisar de Deus para se compreender), e saber o que terá de ser atacado e que promessas inauditas vão erguer-se por entre as ruínas (cf. *Le gai savoir*, § 343, início). Se considerarmos que as figuras de proa da filosofia, quer se trate de Platão ou Aristóteles, de Descartes ou de Spinoza, de Kant ou de Hegel, do espiritualismo ou do idealismo, do teísmo ou do panteísmo (ou do panenteísmo), do idealismo transcendental ou subjetivo, ou do Idealismo[1] especulativo (doutrina das Idéias), Deus é o sustentáculo da concepção do real, mesmo quando, depois de ter sido privado de certos atributos da religião e da filosofia populares, chamaram-no "Natureza" ou "Pensamento do Pensamento", ou "Idéia Absoluta". Ou melhor, o que significa ele, senão que há, para a realidade, um sustentáculo, que há uma unidade real do real? Se Deus não existe (ou se a noção de "Deus" perdeu a credibilidade), como conceber o real em seu conjunto? Como conceber o mundo? Ou melhor, o que

---

1. Escrevemos "Idealismo" (com maiúscula) para designar a doutrina da Idéia-Realidade (Platão, Hegel).

é feito da noção de "mundo"? Quando Deus deixa de ser o alicerce do homem, o homem perde a sua essência. O que chamamos de "mundo" não vai perder a sua unidade, e o "mundo", único diante da unidade divina, não vai pluralizar-se, dissociar-se? Não existe, entre as idéias de "Deus" e de "mundo", uma correlação tal que a subversão atinge a ambas ao mesmo tempo? Que filosofia, então, vai nos permitir pensar o real em seu conjunto? Voltamo-nos para a filosofia que parece ter maior afinidade com o a-teísmo (com o a-monoteísmo): o materialismo, e em sua forma moderna, o marxismo. Mas os materialistas, pelo menos na época moderna – e este é um traço comum entre eles e os cépticos (nem o materialismo nem o cepticismo modernos têm a radicalidade do materialismo e do cepticismo antigos) –, geralmente não chegam ao extremo de seu materialismo e de seu ateísmo. Fazem uso de conceitos cuja origem teísta, espiritualista, não é percebida, e se satisfazem com um materialismo impuro, eclético (é freqüente dizerem, sobre a natureza, aquilo que se dizia sobre Deus). No caso do materialismo marxista, isso é diferente? Não parece. Engels conserva a noção de "mundo", afirma a "unidade real do mundo"[2], Lênin fala "da" natureza, "do" mundo, etc. (*Matérialisme et empiriocriticisme, passim*). Wolff, que falou pela primeira vez de "monismo" (opunha-o ao "dualismo"), dividia-o em monismo "idealista" e monismo "materialista"[3]. A classificação foi utilizada novamente no ensinamento de inspiração marxista: a filosofia de Hegel é um "monismo idealista", o marxismo é um "monismo materialista"[4]. Idealismo e materialismo têm, pois, uma base comum. Defrontam-se num mesmo terreno. É possível que seja de outra forma? O parágrafo I deste capítulo res-

---

2. *Anti-Dühring*, trad. fr. Bottigelli, Éd. Sociales, 1950, p. 75.
3. Cf. A. Lalande, *Vocabulaire technique et critique de la philosophie*, 5ª ed., art. "monisme", sentido A.
4. Cf. Rosenthal e Ioudine, *Petit dictionnaire philosophique*, Moscou, 1955, art. "monisme".

ponde negativamente a esta questão: o materialismo marxista continua sendo, em nossa época, um materialismo *reativo*, traz em si a relação com os conceitos do adversário, e ainda não encontrou – e, segundo ele mesmo, ainda não pode ter encontrado – sua forma afirmativa (fim do § I). Por sua própria natureza de filosofia de combate, permanece na dependência daquilo a que se opõe. Então, é preciso criar novos olhos para novas paisagens, deixar – em certo nível – de se opor e de combater[5], a fim de, sob uma luz nova, explorar e viver. Em outros termos, justamente porque chegaremos até o extremo do "a-teísmo", teremos abandonado, com o "teísmo", o próprio "a-teísmo", e teremos encontrado *outra coisa*. Mas, se o materialismo é uma filosofia reativa e de oposição, uma filosofia de luta e de rejeição, ele não é, também, uma filosofia que olha para trás? Se, então, importa pensar, quanto ao real em seu conjunto, as últimas conseqüências especulativas da morte de Deus, ou seja, aquilo mesmo que, nas profundezas do presente, espera ser pensado, certamente será conveniente buscar uma nova orientação (§ II).

I

Mas a "dificuldade de ser" é própria do materialismo (e do cepticismo)? Não podemos dizer também que o teísmo, o espiritualismo, o idealismo raramente se apresentam sob uma forma pura? Não pensamos assim. Ao contrário, parece-nos que as grandes doutrinas clássicas nos apresentaram estas possibilidades filosóficas em sua forma pura. Porque podiam fazê-lo.

---

5. Depois da revolução, tudo será diferente, dizem. Mas... enquanto isso? Será preciso deixar a vida em suspenso? Será preciso deixar em suspenso o pensamento, enquanto ele pode, ao menos para nós, mudar a face das coisas? Porque a filosofia é como uma revolução que cada um opera para si.

Por serem filosofias dominantes, expressavam o espírito de sua época e, por isso mesmo, se desenvolviam num elemento de liberdade. Mesmo que, muitas vezes, sua originalidade, sua audácia, a potência e a probidade de seu pensamento os fizessem ser qualificados como espíritos preocupantes, mesmo que tenham sido até acusados de ateísmo porque o deus deles não era o deus do povo, os filósofos teístas, espiritualistas, idealistas, puderam, de modo geral, pensar livremente, isto é, sem correr riscos pessoais muito grandes. É verdade que, até agora, a possibilidade de defender *qualquer* pensamento não existiu em parte alguma: entretanto, podemos falar de "liberdade de pensamento" (mesmo que se trate da liberdade de um pensamento "falso" – segundo o adversário) para aquele cujo pensamento, em conformidade com a ideologia dominante ou compatível com ela, não comporta, por si mesmo, nenhum risco grave. Entretanto, esse não era o caso para os ateus, para os materialistas (e para aqueles cujo pensamento se parecia com o ateísmo e com o materialismo). Eles se encontravam, naturalmente, às voltas não só com a opinião pública, mas com as instituições repressivas (instituições eclesiásticas ou estatais). Se não quisessem correr o risco de morte – morte pura e simples, ou morte atenuada (porque, para o filósofo que entende viver a vida do pensamento, ser proscrito da vida social, a miséria, os trabalhos penosos, não muito compatíveis com a meditação, equivalem a uma espécie de morte) – deveriam, ou renunciar a falar, publicar (e a ter, como filósofos, uma realidade social), ou fazer (mais ou menos conscientemente) concessões no plano do pensamento, desenvolver idéias de transigência, ecléticas, em último caso, compatíveis com a sobrevivência social. É por isso que a confusão ideológica, o ecletismo de certos escritos filosóficos se devem às condições nas quais foram elaborados.

Mas a razão essencial da não (ou da difícil) pureza do materialismo está ligada àquilo que foi, até agora, a própria natureza dessa filosofia como filosofia *dominada*. Porque, em razão disso, o pensamento dos filósofos materialistas era fundamentalmente determinado, embora negativamente, pela ideologia dominante. Seu pensamento era um contrapensamento, isto é, um pensamento que se desenvolvia dentro da problemática, e, em grande parte, até mesmo dentro da terminologia[6] do adversário, ou que as pressupunha. Os marxistas não estão muito fora dessa situação. Marx, Lênin se utilizam da linguagem do idealismo (ou do empirismo), ainda que para opor-se a ele. Marx, quando utiliza o "palavreado filosófico"[7], fala de "essência", de "alienação", enquanto não pode existir, para ele, "essência humana" – uma vez que quem diz "essência" diz "relações de direito", quem diz "essência humana" diz "homem de direito" –, nem alienação "do ser humano"[8]. Lênin concebe o conhecimento como *refletindo* o objeto conhecido, o que é uma tradução, em linguagem empirista, da identidade aristotélico-hegeliana da inteligência e do inteligível, e, para Lênin, um meio, diante da identidade especulativa (que Hegel distingue da identidade "abstrata"), de afirmar, como materialista, dentro da identidade dialética, o momento da diferença *real*, aquela que só pode ser preenchida por uma prática real, a prática científica; e assim Lênin realiza a proeza de abrigar uma nova concepção da dialética (a concepção marxista) no invólucro de conceitos antigos, voltando contra o adversário seus

---

6. Podemos tomar, como exemplo significativo, a palavra "universo": um materialismo que fale (em filosofia) do "universo", entendê-lo-á, na linha epicurista, como um conjunto sem verdadeira unidade, como uma coleção, enquanto a palavra vem de *unus*, um, e de *vertere*, girar: reunido, feito um (Littré). – Eis por que J.-M. Gabaude, para designar o universo pluralista de Epicuro, usa o termo *multivers* (*Le jeune Marx et le matérialisme antique*, Éd. Privat et Subervie, Toulouse et Rodez, 1970, p. 94 e *passim*).

7. *Manifeste Communiste*, em *Œuvres*, ed. cit., t. I, p. 187.

8. "... a noção de alienação – salvo no sentido sociológico do *Capital* – é estranha à concepção que Marx faz do homem", observa Sidney Hook (*From Hegel to Marx*, The University of Michigan Press, 1968, p. 6).

próprios conceitos. Se os marxistas não propõem uma definição da matéria[9], é precisamente porque o materialismo (a exemplo do ateísmo) não pode ser compreendido senão como filosofia de reação, de negação, portanto de luta, de combate. O materialismo é, e ainda hoje parece não poder ser outra coisa senão uma filosofia *de combate*. Supõe um adversário, e se define em relação a este adversário. Aquilo que o outro afirma (a causalidade da Idéia, ou da Inteligência, do Espírito), ele nega (voltaremos a falar desta inversão). Em filosofia, diz Lênin (seguindo os passos de Engels), não há senão duas "*tendências*"[10], as mesmas que já se confrontavam no tempo de Demócrito e de Platão. Essas tendências são antagonistas: cada uma quer a morte da outra. Como poderia ser diferente? Para o materialismo histórico, o confronto especulativo não é senão o transporte da luta de classes para o âmbito da especulação, a contradição entre os dois tipos de filosofias não é senão o reflexo da contradição, dentro da própria sociedade, entre aqueles que têm motivos de estarem satisfeitos com a ordem existente, pois ela os favorece, e aqueles que não têm motivos de estarem satisfeitos com ela, porque são desfavorecidos. De um lado, "ordem", do outro, "des-ordem". O ateísmo e o materialismo são, à primeira vista, a negação de Deus e do Espírito como causas do mundo e da ordem do mundo. Mais profundamente, são a negação, *em pensamento*

---

9. Os discípulos de Mach caem no absurdo "quando exigem dos materialistas uma definição da matéria que não se reduza a repetir que a matéria, a natureza, o ser, o físico é o dado primeiro, ao passo que o espírito, a consciência, as sensações, o psíquico é o dado segundo" (Lênin, *Matérialisme et empiriocriticisme,Œuvres*, t. 14, Moscou e Paris, 1962, p. 151). A matéria só é definida funcionalmente, pelo fato de representar, na economia do real, o papel inverso daquele que o idealismo lhe atribui.

10. Depois de dizer que "existem, em filosofia, uma tendência materialista e uma tendência idealista", Lênin acrescenta: "e, entre elas, diversas nuanças de agnosticismo" (*op. cit.*, p. 151), mas, por outro lado, ele nos ensina que o agnosticismo está do lado do idealismo (*ibid.*, p. 371).

(por não poder ainda ser prática), da ordem existente, a destruição do discurso do adversário, prelúdio à sua destruição real. Como bem sentiu Platão, o ateísmo e o materialismo são destruidores da "boa" ordem social. E é por isso que, a seu ver, os ateus e os materialistas devem ser persuadidos ou punidos. Porque as idéias não são inocentes. Estabelecemos oposição entre "discurso" e "violência", mas, se todo discurso filosófico desempenha um papel na luta de classes, a não-violência do discurso não passa de um ardil da violência. Aquele que se decide por falar escolhe simplesmente uma outra forma de destruir o adversário. Por exemplo, levando-o a se destruir a si mesmo. No horizonte das lutas filosóficas, há sempre o velho combate pela vida ou pela morte.

Estamos vendo: hoje, o materialismo não pode, segundo ele mesmo (porque nos limitamos, no nosso caso, a pretender compreendê-lo a partir dele mesmo, e não de fora), fazer outra coisa senão *opor-se*. Para avançarmos agora na análise de sua natureza – limitando-nos sempre à sua forma própria do nosso tempo, o marxismo –, convém primeiro precisar-lhe a definição. Em virtude das considerações precedentes, ele se definirá por aquilo a que se opõe. A que se opõe o materialismo? A oposição justa segundo a filosofia universitária não é a oposição mais justa segundo o marxismo. A "filosofia dos professores" opõe espiritualismo e materialismo, idealismo e realismo; o marxismo opõe idealismo e materialismo. Ora, esta última oposição (que, aliás, pertence a Leibniz[11] e é, pois, tomada emprestada do idealismo) é, sem sombra de dúvida, a mais profunda. Porque não se trata, aqui, de um simples idealismo transcendental ou subjetivo (que são apenas formas particulares do idealismo), mas da Doutrina das Idéias. É por isso que Lênin resume a oposição que atravessa toda a história da filosofia pelos nomes de Platão e Demócrito: há a "linha

---

11. Lalande, *op. cit.*, art. "idealisme". Vimos que a oposição leibniziana já era retomada por Wolff.

de Demócrito" e a "linha de Platão"¹². Mas, qual é a posição do espírito na filosofia de Platão? Uma posição segunda. No Livro X das *Leis*, Platão coloca, no princípio da ordem e do movimento do mundo, uma alma inteligente, pensante, razoável – um espírito. Mas no *Timeu*, acima da Alma, há o Demiurgo, acima da Alma e do Demiurgo estão as Formas ou as Idéias. A Idéia do Bem, origem do real e de sua inteligibilidade, não é Deus, é "mais que Deus", como diz A. Diès¹³. O espiritualismo de Platão não é senão um aspecto segundo de seu idealismo. O mesmo ocorre com o de Hegel. E, evidentemente, o idealismo de Platão ou de Hegel não se opõe em nada ao realismo: é um realismo da Idéia.

Agora, em que se opõem o idealismo e o materialismo? Não é na maneira de conceber a "questão suprema da filosofia" (como diz Engels), mas em suas respostas a esta questão. Importa saber, diz Engels, "qual é o elemento primordial"¹⁴. Ora, aquilo que, para o idealismo, vem em primeiro lugar, para o materialismo está em segundo, e vice-versa. No nível relativamente popular, em que o idealismo é tido como "espiritualismo", a oposição é a da natureza e do espírito: "para os materialistas, a natureza é primeira e o espírito, segundo; para os idealistas, é o inverso"¹⁵. Engels disse: em filosofia, convém "*voltar continuamente*" às produções do povo grego¹⁶. E é o que fazem os marxistas: retornam à posição grega do problema. Os pré-socráticos propunham a questão de saber qual é a substância primordial: o que é que, antes de todo ser parti-

---

12. "As hipóteses de Epicuro e de Platão, dos maiores materialistas e dos maiores idealistas... ", dizia Leibniz (citado por Lalande, *ibid.*): o que é a mesma coisa.

13. Introdução às *Lois*, p. LXXIX (Les Belles Lettres).

14. *Ludwig Feuerbach et la fin de la philosophie classique allemande*, cap. II, Idealisme et matérialisme, início.

15. Lênin, *op. cit.*, pp. 30, 100.

16. *Dialectique de la nature*, trad. fr. Bottigelli, Éd. Sociales, 1952, p. 52.

A-TEÍSMO E A-COSMISMO

cular, finito, está sempre ali (e, depois do desaparecimento de qualquer ser determinado, ainda continua ali)? Ou: qual é o princípio do universal devir que não está, ele próprio, em devir? E respondiam: a natureza[17] – entendendo, pelo termo, "o que é primário, fundamental e persistente, em oposição ao que é secundário, derivado e transitório"[18]. Platão vai em sentido contrário ao ponto de vista deles no Livro X das *Leis*: o que é mais antigo, primeiro ou primitivo não pode ser a natureza cega e ininteligente. Porque, como explicar o mundo e sua organização (revelada pelas mais recentes descobertas astronômicas[19]) a partir de fatores de que a inteligência está ausente? Somente a alma (e a inteligência, o espírito) é que pode estar em primeiro lugar. É a ela que pertence o direito de "primogenitura": é a "primogênita, anterior a todos os corpos, causa eminente de todas as suas mudanças"[20]. Os físicos materialistas se tornam culpados de um *hysteron proteron*: colocam na frente o que, lógica e metafisicamente, só pode vir depois, e colocam depois o que vem antes. Ou: tomam o efeito pela causa. Esta é a censura que lhes dirige Platão. Mas os materialistas irão voltá-la contra os platônicos. Assim faz Lucrécio, ao argumentar contra os partidários das causas finais: "Interpretar os fatos desta maneira é fazer um raciocínio que inverte a relação das coisas, é colocar, em toda parte, a causa após o efeito."[21]

Se considerarmos o idealismo não sob seu aspecto de espiritualismo (nível relativamente popular, no qual se colocam Platão nas *Leis*, Engels, Lênin, mas também as metafísicas cria-

---

17. Excetuando-se os eleatas, para quem, para ser exato, não há natureza (fazem do devir e do perecer uma aparência).
18. J. Burnet, *L'aurore de la philosophie grecque*, trad. fr. Aug. Reymond, Payot, 1919, p. 13.
19. *Lois*, VII, 821 b-822 a.
20. *Lois*, X, 892 a (trad. fr. A. Diès).
21. *De rerum natura*, IV, 832-3 (trad. fr. A. Ernout, Les Belles Lettres).

cionistas de inspiração cristã, ou o ateísmo como a-espiritualismo), mas em si mesmo, como doutrina das Idéias, o que significa essa inversão? Pensemos na oposição entre o Platão dos grandes diálogos, Aristóteles e Hegel, de um lado, e Marx, do outro. De um lado, as Idéias como substâncias, como essências, como causas; do outro, as idéias como acidentes, como fenômenos, como efeitos. Platão, nas páginas do *Fédon* sobre a causalidade (96a-101c), opõe, às causas mecânicas dos físicos (simples condições necessárias), as verdadeiras causas, as Idéias. Uma coisa bela parece bela por causa de sua cor, de sua forma, etc.; na realidade, ela é bela por causa do Belo de que participa. O Belo não é um simples predicado das coisas belas, é substância, é mais real do que as coisas belas. Estas, como todas as coisas do mundo sensível, não têm senão uma realidade mínima. As Idéias são aquilo que é verdadeiramente real, são as causas dos seres enquanto existem e de sua inteligibilidade. Aristóteles é, acima de tudo, platônico. Na verdade, as idéias não são – para empregar a linguagem aristotélica – "separadas" das coisas sensíveis, são imanentes, integradas na matéria, mas são a substância, a realidade do real, e, das quatro causas que Aristóteles distingue – a matéria, a forma, o agente e a finalidade (por exemplo: os materiais da casa, a noção de um abrigo protetor, o arquiteto, a habitabilidade) –, três se concentram na forma; o papel do agente é apenas produzir a forma (a casa se pressupõe a si mesma como casa em idéia na mente do arquiteto; na geração natural o homem é engendrado por um homem já em ato), e a forma em ato, como termo do processo (casa habitável, o homem adulto) é também o seu fim-realização, o *telos*, é ela que dá ao movimento como um todo sua unidade específica, define-o, encadeia-lhe as fases, etc. Uma vez que a matéria só tem um papel passivo, todo o lado ativo da causalidade pertence à forma (essência ou Idéia). A natureza é teleológica. É aspirando à forma (à determinação) que ela faz tudo aquilo que faz; quando a forma está atualizada, a operação da natureza pára.

Os movimentos naturais não podem ser compreendidos a partir das condições exteriores, mas somente a partir da ordem, da estrutura que tendem a realizar, isto é, da forma e do fim (a subida da seiva a partir da fruta madura). A forma suprema e principal, Deus, ou melhor, no neutro, o Divino[22], é a causa de todo o movimento do mundo. Em Hegel, é exatamente igual: "O *Noûs*, e, numa determinação mais profunda, o *Espírito*, é a causa do mundo."[23] Todas as coisas são consideradas num movimento ascensional para o mais alto grau da verdade e do ser, o Espírito Absoluto ou a Idéia da Idéia (pensamento que sabe que, ao pensar a si mesmo, pensa toda a realidade). Aquilo que, no plano especulativo, Hegel acrescenta a Aristóteles é a concepção da dialética como forma da Idéia (e nisso, de certa forma, ele está mais próximo de Platão): uma idéia, tornando-se algo de contraditório, quando é tomada à parte e isolada das outras (o ser *puro* é nada, a causa sem efeito já não é causa, etc.), e exigindo, assim, não ser posta à parte, é possível, a partir de uma idéia (de uma essencialidade), reconstituir a totalidade do inteligível e, portanto, encontrar o fundo e a substância de todo o real.

Em que consiste a inversão operada por Marx? Naquilo que Nietzsche chamará de "inversão do platonismo". Porque a "ilusão de Hegel", como diz Marx, que consiste em fazer "dos pensamentos, idéias, representações" as essências e as causas, os princípios determinantes do "mundo real"[24], não é outra coisa senão a ilusão de Platão. Porque o filósofo desconhece o vínculo entre seu discurso e sua vida material, entre a produção das idéias e a produção da vida material numa dada sociedade, ele imagina desenvolver um pensamento autôno-

---

22. E. Weil, *Essais et conférences*, Éd. Plon, t. I, 1970, p. 102.
23. *Encyclopédie des sciences philosophiques*, ed. de 1830, § 8. Convém lembrar que a *Encyclopédie* se encerra com uma citação do livro Lambda da *Métaphysique* de Aristóteles.
24. *Idéologie allemande*, trad. fr., Éd. Sociales, 1968, p. 40.

mo quando essa autonomia não existe. "São os homens que são os produtores de suas representações, de suas idéias, etc., mas os homens reais, atuantes, tais como condicionados por um desenvolvimento determinado de suas forças produtivas e do modo de relações que lhes corresponde..."[25] Mas porque o enraizamento das idéias na vida concreta dos homens é esquecido, as idéias são substancializadas, reificadas. Platão as transforma na substância das coisas, na própria realidade, no que é permanente, enquanto o mundo sensível em que os homens agem e trabalham não faz mais do que passar. Mas as idéias não são, de maneira alguma, aquilo que é independente, substancial, não são senão produtos, efeitos, portanto radicalmente insubstanciais. Longe de ser absolutas, eternas, são relativas e transitórias. Para Platão, a ascensão ao mundo das Idéias era uma ascensão ao real, à vida verdadeira. Para Marx, era o contrário: "O problema: descer do mundo das idéias para o mundo real se resume ao problema: passar da linguagem à vida."[26] O desafio a Platão (e a Hegel) é manifesto: o confronto fundamental diz respeito ao que se deve entender por real. O pretenso "real" do idealismo não existe senão na linguagem. Mas a linguagem supõe indivíduos que estão em certas relações entre si, e isso não em outra parte que não seja este mundo, que é o único que merece ser dito "real". Aliás, "os filósofos só teriam de transpor sua linguagem para a linguagem normal, da qual ela é abstraída, para reconhecer que ela não é senão a linguagem deformada do mundo real, e se dar conta de que nem as idéias nem a linguagem formam em si uma esfera à parte, de que não são senão as *expressões* da vida real"[27].

Mas se a Causa (a causa primeira e final do mundo) já não é o Espírito ou a Idéia, o que é ela? Vamos voltar, pura e

---

25. *Ibid.*, p. 50.
26. *Ibid.*, p. 489.
27. *Ibid.*, p. 490.

simplesmente, à natureza e à causalidade material dos físicos que Platão combatia? De forma alguma. O materialismo de Marx é *histórico*, o que significa que, diferentemente do materialismo abstrato, e do de Feuerbach, por exemplo, em quem "história e materialismo são completamente separados", convém não colocar a natureza e a história (humana) cada uma de um lado, "como se houvesse duas 'coisas' desunidas", mas considerá-las em sua *relação*; porque o homem se encontra sempre "diante de uma natureza que é histórica e de uma história que é natural"[28]. Sem dúvida, a natureza material já existia antes do homem, e como não precisa do homem para existir, existe em si mesma, independentemente do homem, do espírito e da história. Mas qual é essa natureza que "precede a história dos homens"? É simplesmente *aquilo que*, antes do homem (e da história, do espírito, da consciência), já existia. Como não é senão o *pressuposto* do espírito e da atividade humana, ela só pode ser determinada *negativamente*. Uma vez que *precede* o espírito, não tem os caracteres do espírito, é não-espírito, ou matéria. Mas como representar-se essa natureza material? Toda representação determinada é histórica (e historicamente relativa), inclusive em particular as representações *reais* (e não: religiosas, imaginativas, poéticas, fantásticas) que podemos fazer-nos por meio da prática científica. O "mundo sensível" que rodeia o homem "não é um objeto dado diretamente para toda eternidade e constantemente semelhante a si mesmo, mas o produto da indústria e do estado da sociedade, e isso no sentido em que é um produto histórico"[29]. Isso vale não só para os produtos fabricados ou modificados pelo trabalho humano, mas também para o céu, por exemplo. Nosso céu, nosso sol, nossa lua são o correlato de nossa técnica e de nossa indústria. A natureza – uma natureza em unidade com o homem – apresenta-se de maneira diferente em

---

28. *Ibid.*, pp. 57 e 55.
29. *Ibid.*, p. 55.

cada época, "segundo o desenvolvimento maior ou menor da indústria"[30]. Quando o materialismo pretende nos dar uma representação determinada dos processos da natureza, ele se coloca na dependência das ciências e, deste ponto de vista, "com toda descoberta que faz época no domínio das ciências da natureza, ele deve inevitavelmente modificar sua forma"[31]. A natureza é histórica, mas esta historicidade, em Marx, é a do homem. A causa do mundo (do mundo sensível ou mundo humano, com toda a riqueza de seu conteúdo) não é nem Deus (ou o Espírito ou a Idéia) nem a natureza, mas o homem atuante.

É preciso entender que a natureza desempenha apenas o papel passivo da causa material: ela é a matéria (no sentido de Aristóteles) da atividade informadora do homem. Encontramos aqui, retomada por Marx e reinterpretada num sentido dialético, a concepção aristotélica da causalidade. Aristóteles havia distinguido a matéria e a forma como aquilo em que se analisa toda substância sensível (singular). Ele reconhecera a relatividade da matéria com relação à forma, sendo matéria e forma correlativos, todavia não reversíveis, de maneira que a matéria é posta pela forma: é através de sua relação com uma forma (cama ou estátua) que aquilo que já tem forma de uma coisa ou de outra (madeira ou bronze) torna-se matéria. A matéria-prima (sem nenhuma forma) é, pois, posta pela forma. Do mesmo modo, em Marx, a natureza é o pressuposto de toda atividade humana como atividade de produção, de imposição da forma. A dialética consiste no fato de que a matéria, quando foi informada pela atividade humana (a saber, o mundo sensível que uma sociedade se proporcionou – opôs-se a ela – como seu correlato), volta imediatamente a ser maté-

---

30. A palavra é entendida aqui no sentido amplo, em que se fala, por exemplo, de uma "indústria paleolítica" (de fato, Marx diz que a unidade do homem e da natureza existiu "*sempre*" na indústria).

31. Engels, *Ludwig Feuerbach...*, cap. II (em Marx e Engels, *Études philosophiques*, Éd. Sociales, 1961, p. 29).

ria, tão logo adquire sua nova forma. Ou: a natureza, em unidade com o homem numa figura do mundo sensível, volta imediatamente a se opor ao homem (volta a ficar frente a frente com ele como natureza "exterior" ou objeto), isso pelo próprio fato de fornecer um novo ponto de apoio à atividade humana, retomando, com isso, seu papel passivo, seu papel de matéria. Depois disso, a unidade dos dois extremos se reconstitui uma outra vez, e assim sucessivamente. A dialética está na identidade do homem com a natureza como identidade viva, isto é, também como diferença, ruptura, oposição.

Mas em cada nível, ou etapa, já não é o mesmo "homem" nem a mesma "natureza". A natureza se deixa penetrar cada vez mais profundamente pela forma do espírito (porque a ação humana traz em si razão e pensamento – ou espírito), e o homem, ou o espírito, ao formar cada vez mais a substância da natureza, torna-se, relativamente a ela – relativamente à natureza "exterior" – cada vez mais livre. Marx pensa a história como dialética. O materialismo "histórico" é, pois, indissociavelmente dialético (com demasiada freqüência falamos do Materialismo Histórico *e* do Materialismo Dialético como se estivessem simplesmente colocados lado a lado). Se o homem estivesse numa natureza imutável, imodificável, não haveria história, não haveria dialética. É ao dar (ao impor) forma à natureza e ao seu mundo – e através de sua mediação – que o homem, reciprocamente, forma o homem. Porque não há homem fora de uma sociedade humana determinada e de um mundo humano (não há "homem" em geral), não há mundo humano fora de uma natureza, não há natureza-para-o homem fora da atividade humana, do trabalho humano. A natureza é o termo estranho real sem o qual a dialética seria irreal. Longe de existir qualquer contradição entre "dialética" e "materialismo", ao contrário, só pode haver dialética *real* dentro do materialismo e pelo materialismo. Ou melhor, existe mesmo, de qualquer modo, uma dialética real, mas só o materialismo (a filosofia materialista) permite pensá-la. Em Hegel, a dialética não é senão a forma da Idéia, desenvolvendo-se a Idéia a si mesma: "a própria Idéia é a dialética" (*Encyclopédie* de 1830, § 214), "ela é essencialmente processo" (§ 215). Mas é "eterna" (§ 577). Sendo o resultado adquirido antecipadamente (de tempos imemoriais), o processo não é um processo real. A dialética da Idéia é apenas uma dialética em idéia desenvolvendo-se somente no espírito de Hegel. Hegel não fez senão *conceber* a dialética. Para que exista dialética real, é preciso que o espírito esteja em relação essencial com sua negação real, a natureza como não-espírito, ou seja, como matéria, como exterioridade. Se não houvesse a matéria, se houvesse somente a Idéia de matéria, não haveria, para usar os termos hegelianos, "a dor, a paciência e o trabalho do negativo"[32]. Mesmo quando se alienasse em natureza, isto seria por sua operação e ela estaria em relação só consigo mesma. Uma vez que a não-Idéia não faz mais do que provir da Idéia, só teríamos ainda a Idéia da não-Idéia. Só a matéria, como termo estranho (fundo inumano das coisas) possibilita uma dialética real. A natureza, como matéria, significa exterioridade, destruição, morte, desaparecimento, esquecimento, portanto negação do homem e do espírito, mas o homem, na história, nega aquilo que o nega, transforma correlativamente a natureza e ele mesmo, e, impondo a tudo o que o cerca a forma do pensamento, faz de tudo isso um mundo. A partir do momento em que o homem é o ser que, realmente e sempre, em vez de *sofrer* a destruição, combate aquilo que o destrói (e conquista sua grandeza humana nessa luta), a dialética é essencialmente destruição daquilo que destrói, e, por isso, ela é "essencialmente crítica e revolucionária"[33]. Mas porque em todo mundo sensível (como unidade da natureza e do homem) há o momento da matéria (da natureza como matéria), haverá sempre, num mundo humano, o lado do inumano (qualquer que seja a manei-

---

32. *Phénoménologie de l'esprit*, trad. fr. Hyppolite, t. I, p. 18.
33. *Le capital*, Éd. Sociales, t. I, p. 29.

ra como se manifesta neste nível), haverá sempre aquilo que destrói, e é por isso que, contrariamente ao processo natural em Aristóteles, a dialética, ou o processo da história, é sem termo. Ele não segue rumo à realização de uma forma, de uma essência humana (cuja noção é expressamente rejeitada por Marx). Por certo, o inumano assumirá formas bem diferentes, segundo as sociedades; poderá, nas sociedades mais razoáveis (não só racionais, mas justas), ser reduzido a uma sorte de mínimo, mas existirá sempre, nem que seja somente porque os indivíduos, tanto em boas quanto más condições (distinção não desprezível), de qualquer maneira, envelhecem e morrem e porque as civilizações são, como todo o resto, destinadas à morte. Indestrutíveis, independentes de nós, há o tempo, a morte e a matéria; e porque, com eles, o mundo humano comporta, em todos os casos, um aspecto absolutamente negativo, inelimínavel, e do qual não sai nada, um elemento de puro absurdo (já na época de sua tese de doutorado, Marx denunciava o moralismo que, por reflexões devotas, justifica até o desaparecimento trágico de um povo[34]), a dialética de Marx é uma dialética aberta e uma dialética trágica (nos dois casos, diferentemente da de Hegel). A matéria, como *irredutível* ao espírito, como o que existe tanto antes como depois da história, é o que mantém, ao mesmo tempo, esta abertura e este trágico. Na expressão "materialismo histórico e dialético", as três noções são indissociáveis.

Mas como Marx prova a não-validade do idealismo (mais precisamente, daquilo que, num plano relativamente popular, é o teísmo ou o espiritualismo, em que a Causa é Deus ou o espírito, no sentido das religiões ou das metafísicas do entendimento, num plano mais profundo, é o Idealismo propriamente dito, em que a Causa é a Idéia, ou Deus, mas no sentido especulativo, como Pensamento que se pensa a si mesmo,

---

34. *Œuvres philosophiques*, trad. fr. Molitor, Éd. Costes, Paris, 1927, p. 73.

como Idéia da Idéia)? Porque dizer que a filosofia espiritualista, ou idealista, é de natureza ideológica, é depreciá-la fundamentalmente do ponto de vista da verdade. Uma ideologia não é verdadeira no sentido em que ela mesma pretende sê-lo. O idealismo pode ser "verdadeiro" no sentido em que, como a religião, é a verdade de um mundo falso, mas não é verdadeiro no sentido em que refletiria a natureza das coisas. Uma filosofia pode ser "ideológica" se, e somente se, ela for falsa neste último sentido (no sentido em que, justamente, pretende ser verdadeira). Fazer do idealismo uma ideologia supõe, ao que parece, que a falsidade tenha sido estabelecida. É necessário que a existência de Deus, a anterioridade do espírito sobre a matéria, a concepção das Idéias como essências, como substâncias e verdadeiras causas, que essas teses, digamos, tenham sido refutadas. Mas é mesmo isso que quer Marx?: engajar-se numa discussão de natureza filosófica com o idealismo e refutá-lo apenas no plano das idéias? De maneira alguma. É certo que podemos dedicar-nos a analisar o discurso idealista como discurso ideológico, dar-nos ao trabalho de fazer surgirem de dentro suas impossibilidades, colocando-nos no ponto de vista do adversário. Isso é bastante fácil no plano das metafísicas do entendimento, entenda-se, das filosofias relativamente populares, como as metafísicas criacionistas ou o idealismo subjetivo. Podemos reconhecer, na argumentação de São Tomás, como nas de Descartes, de Kant, o círculo vicioso ideológico – que consiste em ter apresentado antecipadamente o que "provamos" depois. Não é um trabalho vão (uma vez que a luta ideológica não é vã), na medida em que os argumentos da antiga metafísica são, de maneira mais ou menos modernizada, apresentados ainda hoje como "provas", em particular nos manuais didáticos, em que se encontra comercializada a ideologia dominante, e pode constituir uma tarefa para os filósofos proceder à *análise ideológica* das grandes obras do idealismo clássico, e, para começar, avaliar os critérios e os métodos de semelhante análise.

Mas, segundo Marx, a prova decisiva da não-validade do idealismo e de sua natureza ideológica não pode ser administrada desta forma. Porque, neste caso, permanecemos no plano das idéias, o que significa:

1º Que o discurso do adversário (e sua linguagem, seus sistemas, suas obras) é, à primeira vista, levado a sério (se o refutamos, fazemo-lo colocando-nos em seu próprio terreno), isto é, considerado inicialmente como tendo a significação que ele se atribui (ele tem uma ou várias, mas que não são aquela que se atribui). Não o tratamos como um objeto, por conseguinte, não entramos numa relação real com ele, por uma prática científica, portanto não o *conhecemos*. Reconhecemos nele os caracteres do discurso ideológico, mas não sabemos por que seu conteúdo é aquilo que é: por que Descartes se "engana" precisamente daquela maneira, etc.

2º Que o absurdo do teísmo e a inconseqüência das metafísicas espiritualistas fossem, pela argumentação dialética (no sentido de Aristóteles) provadas cem vezes, como a argumentação se desenrola no plano dos efeitos sem modificar as causas, uma vez que estas permanecem as mesmas, os mesmos efeitos irão reproduzir-se, ou seja, surgirão novos filósofos idealistas que manterão o mesmo discurso sob formas aparentemente novas.

A refutação decisiva do idealismo não pode vir senão da prática. De uma forma geral: "a questão de saber se o pensamento humano pode chegar a uma verdade objetiva não é uma questão teórica, mas uma questão prática. É na prática que o homem precisa provar a verdade, isto é, a realidade e a potência, o lado concreto de seu pensamento"[35]. De que prática se trata?

1º Em primeiro lugar, da prática científica. Como observa Lênin[36], mesmo as observações astronômicas, em que o obje-

---

35. Marx, *Thèses sur Feuerbach*, II (em Marx e Engels, *Études philosophiques*, ed. cit., p. 61).
36. *Op. cit.*, p. 143.

to não sofre, contudo, modificação real alguma por causa de nossa observação, procedem da prática. Uma ciência, diferentemente de uma ideologia, fundamenta-se numa prática: não nos limitamos a desenvolver ou trocar idéias, colocamo-las à prova. Uma prática é, neste caso, uma forma de dar um sentido de verdade a um discurso por uma relação efetiva com um dado. Ora, a ciência da história, apoiando-se na prática do historiador, estudando os discursos dos homens (e suas crenças, etc.) como fenômenos e efeitos que dependem da explicação histórica, e levando em conta o fato de que esses discursos não podem ser validados por nenhuma prática que os ponha em relação com seus objetos (seus pretensos objetos), por isso mesmo os apresenta como tendo um outro sentido que não aquele que pretendem e parecem ter, ou seja, não um sentido de verdade, mas um sentido funcional numa determinada realidade social. É somente a abstração que, ao isolar o discurso dessa realidade, pode deixar subsistir a ilusão de que um discurso separado de uma prática pudesse ser verdadeiro.

2º Em segundo lugar, trata-se da prática revolucionária. De nada adianta saber que um campo produz ervas daninhas, se não o lavramos; o fato de sabermos não vai alterar nada. É a revolução que, ao modificar o terreno onde nascem os idealistas, fa-los-á desaparecer. A contradição entre o idealismo e o materialismo reflete uma contradição real na sociedade. Por conseguinte, ela não pode se resolver de maneira meramente especulativa (no plano das idéias), mas apenas pelo movimento real[37]. A credibilidade, a autoridade, o poder da filosofia idealista (e do método idealista em filosofia) repousam sobre o poder da classe dominante. É a revolução que, ao destruir esse poder, produz um mundo em que a religião e a metafísica caem por si mesmas, em que os velhos conceitos tornam-se vazios de sentido. Então, o próprio ateísmo fica ultra-

---

37. *Le capital*, ed. cit., t. I, p. 113.

passado, uma vez que "teísmo" já não significa nada, e o materialismo deixa de ser uma filosofia reativa, uma filosofia de combate, torna-se uma filosofia inteiramente afirmativa.

Mas, ainda hoje, essa filosofia não pode ser antecipada, porque não é possível antecipar um mundo. Porque o materialismo na sua forma afirmativa supõe não só a revolução, mas também um mundo pós-revolucionário, e nós continuamos na fase crítica, fase de combate, de destruição. Permanecemos no período da luta contra o idealismo e suas formas (teísmo, espiritualismo, Idealismo especulativo); isso porque o encontramos ainda vivo nos atos, nas palavras, na alma e no espírito de nossos contemporâneos – porque o homem ainda não está mudado. É somente num novo mundo humano, quando o materialismo não esbarrar mais constantemente no idealismo como seu *limite*, que ele perderá seu caráter reativo, negativo. O erro de alguns é querer edificar desde já uma filosofia afirmativa enquanto o mundo não se presta a isso. Ficam reduzidos a *falar* de "afirmação", de "criação", de "alegria", etc., mas isso continua sendo uma filosofia no papel, que não muda nada no mundo, nem no homem, nem neles mesmos (pois são homens como os outros), que não muda nada em nada. O próprio empreendimento procede de um erro sobre a natureza da filosofia – porque esta não é senão uma forma de tomar consciência daquilo que é o mundo e daquilo que somos, pode-se até dizer, de registrar certo estado de coisas.

II

A "morte de Deus": "o acontecimento é excessivamente grande, demasiadamente distante, demasiadamente fora das concepções das massas para que tenhamos o direito de considerar que a *notícia* desse fato – digo simplesmente a notícia – tenha chegado até os espíritos, para que tenhamos o direito de pensar, ainda mais, que muitas pessoas já tenham percebido precisamente o que ocorreu e tudo o que vai desmoronar agora que se encontra minada aquela fé que era a base, o apoio, o solo nutriente de tantas coisas. Devemos, doravante, ficar na expectativa de uma série, de uma longa abundância de demolições, de destruições, de ruínas e de convulsões..."[38]. Mas, continua Nietzsche, "quem poderia adivinhar o bastante desde já para ensinar esta enorme lógica"? Voltamo-nos para a filosofia contemporânea daquilo que Nietzsche designou (*ibid.*) como "o maior dos acontecimentos *recentes*": o marxismo. O materialismo marxista não registrou a morte de Deus? e, correlativamente, a morte do homem (do homem-essência)? Entretanto, pareceu-nos, desde o início, que ele continuava preso às redes do adversário: é assim que ele se mostra como – em linguagem wolffiana – um "monismo", admite a unidade do real, enquanto, se a noção de "Deus", em última análise, não significa nada mais que a unidade real do real, o que seria preciso pensar é a não-unidade (estrutural) do real em seu conjunto, o caráter irredutível da multiplicidade dos seres. O materialismo marxista não vai além da visão da unidade. Isso se deve, nós o vimos, ao seu caráter *reativo*: é uma filosofia crítica e de oposição, e isso porque ele é, no fundo, uma filosofia de combate (de forma que não poderia renovar-se radicalmente a si mesmo senão por uma renovação revolucionária de todo o mundo humano). O caráter reativo do materialismo se traduz na noção de "inversão". O materialismo se define pela inversão dos papéis respectivamente concedidos pelo idealismo ao espírito e à matéria na economia do real. Ele se define, pois, funcionalmente por sua oposição ao idealismo. A matéria, não o espírito, é o que é "primeiro". Eis o que é dar uma resposta inversa *ao mesmo problema*. A questão resolvida pelo materialismo (a da relação do pensamento com o ser) não é outra senão a "questão fundamental de *to-*

---

38. *Le gai savoir*, § 343 (trad. fr. A. Vialatte).

da filosofia"³⁹, em outras palavras, a questão do idealismo. O materialismo resolve a questão do idealismo. Buscar o que é "primeiro" é admitir a unidade do real. Ora, por que considerar como evidente que existe uma unidade do real? E por que considerar como evidentes as noções de "real", de "mundo", de "natureza", etc.? Aquilo que consideramos real é assim tão "real"? Existe mesmo um único mundo estruturado? (existe mesmo algum sentido em admitir uma estrutura *do Todo*?). Não basta dizer que estas questões não interessam aos marxistas (porque o que os preocupa é a tarefa revolucionária de destruir a sociedade capitalista naquilo que ela tem de destruidor e de realizar uma sociedade sem classes antagonistas, isto é, uma sociedade *de desgraça mínima*). Eles não podiam se questionar a esse respeito, não só porque a luta contra o idealismo supõe, como terreno comum, o entendimento a respeito da unidade do real⁴⁰, mas também porque a discussão da unidade do real os teria levado a questionar a unidade da história (existe *uma* história?) e, portanto, o próprio fundamento da política e da prática política⁴¹.

---

39. Engels, *Ludwig Feuerbach...*, ed. cit., p. 24.
40. Como deve reconhecê-lo L. Althusser, a totalidade hegeliana e a totalidade marxista têm em comum o fato de admitirem a "unidade das coisas" (*Pour Marx*, Maspero, 1965, p. 208). O monismo é isso.
41. Sem dúvida certa concepção da unidade da história é perfeitamente compatível com o pluralismo (com uma visão pluralista do real em seu conjunto), mas a concepção da unidade da história *particular ao marxismo* não é compatível com o pluralismo (eis por que, ao questionar a existência de uma unidade do real, éramos levados a questionar a unidade da história). Pois, a que está ligada a unidade da história no marxismo? Evidentemente não está ligada ao fato de que um mesmo esquema de desenvolvimento iria impor-se a todos os povos (cf. Marx, *Réponse à Michaïlovski*, 1877, em M. Rubel, *Pages choisies pour une éthique socialiste*, Marcel Rivière, 1948, p. 75), nem ao fato de que há, para "todos os eventos históricos importantes", como diz Engels, uma mesma "causa primeira", um mesmo "grande motor" (*Le matérialisme historique*, em Marx e Engels, *Études philosophiques*, ed. cit., p. 123), nem ao

ORIENTAÇÃO FILOSÓFICA

A filosofia marxista repele o passado para abrir o futuro: por isso mesmo ela mantém o passado – para repeli-lo – e abre o futuro *do passado*. Colocando-nos num ponto de vista marxista, considerávamos, no fim do parágrafo precedente, a filosofia como uma espécie de tradução, em palavras, daquilo que é o mundo em que vivemos, uma expressão da quintessência deste mundo, numa palavra, uma forma de tomar consciência daquilo que está aí, e de "registrar um certo estado de coisas". Na verdade, admitimos isso. Mas a filosofia marxista tem, hoje, realmente esse poder? Ela se renovou como o próprio mundo? O mundo de hoje se reflete nela em sua novidade e em sua heterogeneidade? Para que assim seja, não seria preciso que ela fosse fecundada em sua vida, em sua vitalidade, por uma espécie de relação perpetuamente ingênua com o mundo (com aquilo que faz continuamente dele um novo mundo)? Mas há nela lugar para qualquer relação ingênua? Desse ponto de vista, não está ela situada ainda do lado dos sistemas (porque o que se requer para acolher plenamen-

---

fato de que todos os fatores determinantes, desde o fator determinante "em última instância" até os diferentes elementos da superestrutura, estão em unidade real (dizer isso não seria de modo algum *suficiente*). Não: a unidade da história está ligada à própria dialética. E, por certo, trata-se de uma dialética *materialista*, portanto profundamente diferente da dialética hegeliana, mas que, *como dialética*, é necessariamente totalizante de todo o real – não, será preciso dizer?, no sentido de que permitiria construí-lo ou deduzi-lo, mas no sentido de que *qualquer* fenômeno ou aspecto particular do real, qualquer fato fornecido por qualquer ciência empírica, em resumo, qualquer *dado* não pode ser percebido em sua racionalidade senão por este método, de maneira que não há *nada* que não proceda da dialética, e de uma dialética que, ao negar a abstração que isola, acaba, afinal, ligando tudo a tudo. (Dirão que o pluralismo não é incompatível com a dialética. Certamente, com a condição de admitir *dialéticas*. Mas, para Hegel e Marx, a dialética é *uma*; não há outra dialética além da dialética da contradição: a contradição "de Hegel" é a "origem de toda dialética", diz Marx, *Le capital*, ed. cit., t. III, p. 37).

te a vida, toda vida, numa relação ingênua, é talvez algo como o pirronismo, que não conhece outra atitude constante além da disponibilidade do não-saber)? A filosofia marxista nasceu na época da linha-dura de uma oposição ao idealismo. Não está ela vivendo sempre a mesma vida de oposição – e isso até a revolução, em que idealismo e materialismo trocarão seus papéis? Compreendemos, neste caso, que o materialismo não possa se permitir "caminhar sempre em frente" com o adversário? Uma vez que ele se define mesmo por sua oposição, é preciso que ele preserve o terreno que possibilita a oposição. Esse terreno é o da unidade do real. E para preservar a unidade do real, o materialista conserva a noção de "mundo" – como conjunto dos entes.

Para o idealismo – o termo "idealismo", no sentido amplo do marxismo (e que fazemos nosso), que engloba o teísmo, o espiritualismo realista, o idealismo subjetivo, o idealismo especulativo, etc. –, o "Real" compreende: Deus, o mundo (ou a natureza) e o homem (seja Deus distinto do mundo ou não, seja o mundo distinto do mundo do homem ou não). As três noções, "Deus", o "Mundo", e o "Homem" foram pensadas em correlação desde a origem; constituíram-se como noções correlativas. Sendo rejeitada a noção de "Deus", a noção do "Homem" como correlato de Deus – a noção de uma "essência do homem" – e a noção de "Mundo" como unidade total e orgânica dos existentes finitos também devem ser rejeitadas. Deixando de lado, aqui, a "questão do homem" (cf. cap. 3), limitamo-nos à noção de "mundo". Mas o marxismo, neste aspecto, não pode nos ajudar. Ele rejeita a noção de "homem" (de homem-essência), não a noção de "mundo": "Que o mundo representa um sistema uno, isto é, um todo coerente, isso é claro", diz Engels[42].

Mas, não é necessária uma palavra para designar a totalidade? Se não há Deus, não é a noção de "mundo" que, natu-

---

42. *Anti-Dühring*, ed. cit., p. 388.

ralmente, parece dever designar o conjunto das coisas (fazendo o homem parte do mundo)? Mas ela é, na realidade (ao menos numa perspectiva a-monoteísta), absolutamente imprópria para este uso, e vamos vê-la dissolver-se. Porque a noção de Deus implica, no que diz respeito aos existentes finitos em seu conjunto, certo número de caracteres que, sem ela, não podem subsistir. E esses caracteres são os que fazem deste conjunto um "mundo". Por conseguinte, não deve ser mantida a noção de "mundo", para designar o conjunto das coisas. Se não há Deus, não há mundo (no singular).

Não queremos dizer que a noção de "mundo" tenha uma origem religiosa. O que está ligado à noção de Deus não é a noção de mundo como tal, mas certo uso desta noção – como designando o conjunto das coisas (dos entes). "Mundo", em grego, diz-se *cosmos*, isto é, *ordem*. Primitivamente, o *cosmos* é ou o conjunto dos corpos celestes, o céu – e *cosmos*, então, é sinônimo de *ouranos* (como é o caso, diversas vezes, em Platão e Aristóteles[43]) –, ou o conjunto formado pelos corpos celestes e a terra (o céu e tudo o que há no interior do céu). Portanto: o conjunto do céu ou o conjunto do céu e da terra (o conjunto do visível). O conceito de mundo é, pois, inicialmente, um conceito fenomenológico que traduz a experiência fundamental que o homem tem do espetáculo da natureza como espetáculo ordenado. Este espetáculo deve ter sido, no início e principalmente, o espetáculo do céu estrelado. Nesse caso, a origem da noção de mundo está na ilusão de óptica, que apresenta as estrelas como fixas umas em relação às outras, e como se formassem a "abóbada" celeste. Para a extensão do termo *cosmos*, deve ter sido decisiva a identificação do céu noturno ao céu que ilumina a claridade do dia[44].

---

[43]. Platão, *Timée*, 28 b 3, 40 a 6, 92 c 7, *Épinomis*, 977 b 2, 987 b 6; Aristóteles, *De Cœlo*, I, 10, 280 a 21, *Météor.*, I, 2, 339 a 19, *Métaph.*, K, 6, 1063 a 15.

[44]. Cf. o fragmento 99 de Heráclito: "Se o Sol não existisse, os outros astros formariam a noite" (trad. Bollack e Wismann, *Héraclite ou la*

A *ordem* que entra na significação deste termo não é, em todo caso, uma ordem verdadeira, mas apenas aparente. Não se trata de verdadeiras relações entre os corpos da natureza, mas da aparência que as coisas visíveis, em seu conjunto, constituem para o homem. Nada autoriza a pensar que a totalidade dos existentes finitos forma um "mundo", isto é, um Todo que tem uma unidade estrutural. Por conseguinte, nada permite passar de um uso fenomenológico – em que a palavra "mundo" traduz a experiência que o homem tem do conjunto das coisas tal como este conjunto se apresenta a ele – a um uso ontológico da noção de "mundo" (único).

No entanto, é essa passagem que se efetua uma vez que é admitida a noção de "Deus". Deus, quer seja ele o princípio imanente ou transcendente, está em certa relação com o conjunto das coisas. Então, semelhante conjunto, para entrar, com Deus, numa correlação que corresponde à noção de "Deus", é necessariamente uno, único, ordenado, harmonioso, razoável, belo e bom. Porque Deus é o seu organizador (entre os estóicos, por exemplo, Deus se define por sua função cósmica ordenadora) ou o criador, o que não seria o caso se este conjunto não fosse um todo estruturado, isto é, um mundo. Desde a Antiguidade, a existência de Deus foi amiúde "provada" a partir da ordem do mundo. Naturalmente, essa "prova" não tem valor, uma vez que, como dizíamos, nada permite supor que as noções fenomenológicas de "mundo" e de "ordem do mundo" sejam válidas para o conjunto dos entes finitos (as noções de que podemos fazer uso só têm sentido – para o conhecimento – dentro dos limites de nossa experiência, e são, portanto, noções locais), mas é uma ótima indi-

---

séparation, Éd. de Minuit, 1972, p. 284). A mente humana acaba de perceber que, durante o dia, o céu é salpicado de estrelas como à noite. Se o Sol não existisse, haveria de imediato a noite e suas estrelas. Assim, o dia é unidade de si mesmo e de seu contrário, é dia ao apagar, em si mesmo, a noite.

cação da correlação Deus-Mundo: de fato, tudo o que ela significa é que a posição (ontológica) de uma dessas noções acarreta a posição da outra. Quer Deus constitua, ou não, uma unidade com o mundo, não existe Mundo sem Deus (ou sem divinização do Mundo: Se não há senão o Mundo, o Mundo é o Todo, e se ele é o Todo, ele é Deus).

Segue-se que, se rejeitarmos Deus, não podemos deixar de rejeitar, ao mesmo tempo, Deus e o Mundo. Todavia, se a noção (monoteísta) de Deus é pura e simplesmente rejeitada, a noção de mundo é rejeitada somente num de seus usos. Não será admitido que ela valha para a realidade (ou para a realidade natural) em seu conjunto (o conjunto das coisas), ou seja, que todos os existentes (finitos) se encontrem reunidos num só e único mundo, mas nada obsta que haja *mundos*. Não existe um Mundo, existem mundos, e mesmo uma infinidade. Encontramos aí a oposição entre Platão e Epicuro. Tanto para um como para outro, o mundo é o conjunto do visível (como conjunto organizado, estruturado). Mas, para Platão, este mundo é o Mundo (sensível), o Todo (cf. *Timeu*, 31 ab); para Epicuro, o mundo visível, inclusive os astros, é apenas um mundo dentre uma infinidade de outros. Não só este mundo não é o todo, mas não há nenhuma medida comum entre este mundo, que não é senão o nosso mundo, e o todo. Para Platão, o Mundo é o Todo (estruturado) – e há apenas um Mundo, porque só pode haver um Todo. Para Epicuro, há estruturas no todo (um mundo é uma estrutura última), mas não há estrutura do todo[45]. A realidade em seu conjunto (universo) não tem nem estrutura, nem unidade, é apenas uma soma de um número infinito de elementos, um conjunto que não pode ser reunido. É bastante fácil transpor a concepção epicurista considerando a representação moderna do universo: basta fazer a correspondência entre o universo da cosmologia relativista e um

---

45. Quando o todo não tem uma unidade real, não grafamos este termo com maiúscula.

mundo de Epicuro. De fato, nada autoriza a identificar tal "universo" ao todo da realidade material: é possível que o universo da cosmologia moderna seja, em relação à Imensidão, como uma gota no oceano (porque o que são alguns bilhões de anos-luz? na imensidão, são o mesmo que nada.) Entretanto, não pretendemos seguir este caminho, porque, no nível em que nos colocamos, os conceitos científicos (como "universo da cosmologia relativista") não devem intervir.

Convém mais voltar ao sentido fenomenológico da noção de mundo. A palavra "mundo" significa inicialmente que, para o homem, os dados de sua experiência não são discordantes e sem vínculo, mas se unificam num único conjunto: há uma estrutura de toda a experiência. É por isso que, em particular, a realidade se apresenta como um espetáculo (espetáculo da natureza). Podemos dizer, de maneira geral, que todo existente que não é um mero agregado, ao surgir no seio do real, organiza-o em mundo. Todo ser, em torno de si mesmo, define *seu* mundo – pelo menos na medida em que todo ser é *um* ser. Há um mundo do homem (e de certa espécie de homem e de certo homem), um mundo da mosca, um mundo do camaleão. Mas é claro que, se cada mundo tem sua unidade, não pode haver uma unidade-superior. Ora, a noção de Deus significa que há, como diz Leibniz, uma "unidade dominante", quer seja a do Mundo, ou, correlativamente, a de Deus. Porque é simplesmente absurdo supor que o mundo da mosca possa ser aquilo que é para outro ser que não a mosca (mesmo que fosse Deus esse ser); os diferentes mundos são *diversa*, são incomensuráveis entre si e sem relação. É absolutamente impossível que se integrem numa estrutura mais englobante; cada um é algo de último, de impermeável a qualquer outro e absolutamente isolado. A sua incomensurabilidade não significa, aliás, nada mais do que a ausência de medida comum entre os seres (sendo cada um considerado na totalidade de seu ser e de seu mundo) e de relação (não podendo nenhuma "comunicação" reduzir a solidão ontológica – porque ninguém pode viver ou morrer em lugar de outro). Se a realidade é, assim, composta de mundos em número ilimitado, cada um dos quais, ao fechar-se sobre si mesmo, exclui os outros e exclui toda integração num conjunto único, ela é essencialmente discordante e não pode ter verdadeira unidade. Por conseguinte, o panteísmo (ou o panenteísmo) é excluído, bem como o teísmo. O que importa a substituição de Deus pela natureza, se damos à natureza os caracteres de Deus? E é o que faz Spinoza. Seu Deus conserva os caracteres essenciais do Deus da tradição: um, perfeito, infinito, eterno. Se Deus não é diferente da natureza, é porque a natureza spinozista não é diferente de Deus (concepção teológica da natureza). A unidade da natureza, em Spinoza, vem do teísmo: a infinidade de substâncias diversas que existem conduziria mais facilmente ao pluralismo, se a unidade não lhes tivesse sido imposta como do exterior em virtude da unicidade necessária da substância divina, isto é, da noção de Deus[46]. A unidade conferida à natureza não é diferente da tradicional unidade de Deus. Mas, se a mútua exclusão dos atributos em Spinoza concorda com a unidade da substância divina, a mútua exclusão dos mundos, precisamente porque se trata de *mundos*, isto é, de unidades estruturadas que existem, de certa forma, *por si mesmas* (e que não podem, por princípio, senão auto-revelar-se), é absolutamente incompatível com uma unidade qualquer do real (entenda-se: uma unidade englobante, uma unidade real de *todo* o real, em que os seres não seriam considerados somente por um viés, sob um aspecto de si mesmos – *enquanto* corpos, por exemplo –, mas na plenitude de sua realidade, ou enquanto *existem*). A realidade é inteiramente discordante. Isso exclui toda concepção teísta, panteísta, espiritualista, idealista, etc., não concordando também com o "monismo materialista" (a unidade material dos seres não seria uma unidade *real* – e não constituiria, como diz Engels, "a unidade real do mundo" – senão se os se-

---

46. Cf. M. Gueroult, *Spinoza*, Aubier, t. I, 1968, p. 227.

res se *reduzissem* à materialidade, mas, neste caso, eles não seriam nem mesmo seres).

No entanto, uma vez que a unidade de um mundo exprime a unidade de um ser, todos os seres, a despeito do que têm de incomparável, não têm em comum o fato de serem "seres", e não é a noção de "ser" que faz a unidade do real? Não é o "ser" que faz *existirem* todos os entes, mesmo que nosso pensamento se limite habitualmente *àquilo que é* (o ente), no "esquecimento" do ser? Os entes *são*. Não têm eles isso em comum – o fato de *serem*? Sim, com a condição de acrescentar que isso significa exatamente que eles *nada* têm em comum. Os seres vêm a ser e deixam de ser cada um por si. A morte divide. O *ser* é muito mais aquilo que separa, aquilo que isola, do que aquilo que une, não aquilo que nos faz estar presentes, juntos, no mesmo mundo (porque não é o mesmo mundo, nem o mesmo sol, se eu sou mosca, ou caracol, ou homem, se sou pintor, astrônomo ou trabalhador rural), mas o que nos confina em mundos heterogêneos e sem vínculo. Porque existir à maneira da mosca é totalmente diferente de existir à maneira do caracol ou do homem, e o "existir-Silva" e o "existir-Sousa" são absolutamente distintos (mas são ambos marceneiros? não os consideramos enquanto marceneiros, mas enquanto seres). Para "saber" o que significa "ser" no caso da mosca, seria necessário ser mosca; para saber o que é "existir-Sousa", seria necessário que eu fosse Sousa. Não há, pois, sentido em procurar uma significação do ser válida para todos os seres. Seria eliminar as irredutíveis diferenças nos atos e nas maneiras de existir, e aplainar o real sob um olhar que tudo conhece, anular a diversidade da realidade, subordinando-a a um único olhar (o de Deus). O ser é irredutível ao conhecimento. Não há nenhum meio, para o homem (ou para Deus), de viver, nem por um minuto apenas, no mundo da mosca, de viver a realidade como mosca, portanto, de conhecer a mosca enquanto ela *é* (e existe). Por conseguinte, dizer dos seres que eles *são* é dizer que, de certo ponto de vista (enquanto são), eles não têm absolutamente nada em comum. Sendo, por isso, completamente isolados e livres (no sentido em que o animal é livre), encontram-se, em sua existência, abandonados unicamente a si (e nesse nível, ninguém pode nada por ninguém). Numa palavra, se entendermos por "ser" aquilo que os seres têm em comum enquanto *são*, o ser não é *nada*; e se entendermos por "ser" aquilo que nenhum ser divide com outro, o ser é indizível. Nos dois casos, somos conduzidos a reconhecer a multiplicidade dos seres como *irredutível*, ou como sendo o próprio fundo do real.

É verdade que podemos dar muitas respostas à pergunta: que significa "ser" para aquilo que é? Por exemplo: ser é estar no mundo (resposta que, em todo caso, não vale para o mundo), é estar aqui e agora, é agir, é viver, é estar aí (na presença), é estar na dependência de um lance de dados, é estar fadado a deixar de existir, é ser inesgotável (e propor ao pensamento uma tarefa infinita), etc. E trata-se, nesse caso, daquilo que está ligado ao ser daquilo que é, que pertence ao ente enquanto é. Sim, mas a cada vez o ente é posto em relação com outro termo: o mundo, o espaço e o tempo, a ação, a vida, o presente, o acaso, o devir, o pensamento, etc., e é estabelecida apenas uma *correlação*. Não se trata, pois, do ser, mas do *ser-para* (em-ligação-com). O próprio ser não é "algo" de comum aos entes (ou aquilo que é comum a eles é isso mesmo: o fato de não terem, de certo ponto de vista, nada em comum). É muito mais a diferença pura (poderíamos dizer: o *insubstituível* – aquilo que faz todo ser, pelo fato de existir, *ser* ele mesmo, "em pessoa"; podemos muito bem substituir qualquer ser para ser isto ou aquilo, não para existir – em seu lugar). Precisamente porque os entes *são*, eles se isolam e se repelem, e não há uma unidade real do real.

Se não há uma unidade real do real, aquilo que se dissolve ao mesmo tempo que a unidade é, no plano da realidade em seu conjunto, a ordem, a harmonia, o sentido, o conhecimento, a verdade, o discurso, o absoluto. Os seres não podem, todos eles, ser considerados numa única e mesma ordem, ser os elementos de uma mesma harmonia. As noções de onisciência, de verdade de todo o real, de discurso total, de absoluto (no singular), noções ligadas ao teísmo, não têm sentido fundado. Há linguagens, mas, por princípio, nenhuma linguagem pode falar de tudo; há verdades, mas são verdades locais, não há *a* verdade. Cada ser, na reclusão do seu mundo, é um absoluto, mas não há *o* Absoluto.

Tudo isso é bastante para indicar a riqueza exorbitante do real, riqueza que exclui, por princípio, qualquer visão de conjunto, mesmo que fosse de um Deus. Podemos propor aqui um *princípio de exclusão*: só podemos "enxergar" as coisas de uma determinada maneira *não* as "enxergando" de outra maneira. Só podemos enxergar uma casa por um lado não a enxergando por outro, só podemos observar uma haste no microscópio se não a olharmos em visão normal, só podemos reconhecer um rosto se não o reduzirmos a uma soma de células ou de órgãos, etc., só podemos pensar o arco-íris como físico se não o pensarmos como poeta, só podemos ter, sobre as flores, a visão da abelha não tendo a do homem, do cão, etc., só podemos viver e pensar como aristocrata não vivendo e pensando nem como burguês nem como proletário. Toda vez que reunimos tudo o que, de certo ponto de vista, pode ser reunido, excluindo tudo o que, desse mesmo ponto de vista, não o pode ser, temos aquilo a que chamamos um "mundo". Exemplos: o mundo da mosca, o mundo do homem de Neanderthal, o mundo da arte, etc. (para citar exemplos desconexos). Então, o princípio de exclusão está ligado à estrutura do real (considerado aqui não em seu conjunto, mas na maneira como é composto). A idéia de um olhar que olhasse de todos os lados ao mesmo tempo (olhar de Deus) é, pois, absurda. É por isso que a riqueza, a profusão do real é, por princípio, não unificável; um "Deus" é sempre algo demasiado simples para a complexidade do real. Os seres são fundamentalmente complementares: nenhum deles pode tornar os outros inúteis (uma espécie de animal a menos corresponde a um empobrecimento do nosso mundo – assim como, com a morte de um amigo, nosso mundo se encontra empobrecido pelo simples fato de que ele já não está mais ali para ver, também ele, aquilo que vemos).

O que é a realidade-em-seu-conjunto? É o inenglobável (portanto o não-cognoscível e, evidentemente, o não-estruturado, o não-acabado). Como designá-la? Dizendo "o Mundo"? O termo não é apropriado, vimo-lo, pois evoca um Todo real. "A natureza"? Mas ela é, com demasiada freqüência, pensada com os caracteres de Deus: unidade, perfeição (Spinoza), potência criadora. Para algumas filosofias da natureza, há uma "essência" da natureza (ou Idéia); mas, para quem repele o Idealismo, no âmbito da realidade em seu conjunto, não há "essência". Ademais, a palavra, em seu uso habitual, designa apenas um setor do real (opomos: homem e natureza, natureza e história, etc.). Por essa mesma razão, o termo "matéria", noção regional (ela se opõe ao espírito, que é, também este, real – no homem), não é mais apropriado. Seria necessário, neste caso, um termo novo (na falta dele, diremos simplesmente: o Conjunto), um termo que exprimisse (em superdeterminação): a espessura do real; seu caráter inextricável; o fato de que tudo o que é leve, luminoso se afoga em outra coisa; o caráter da inteligência e da razão, que embora constituam a luz do mundo do homem, não estão à altura do conjunto, e se é que podemos dizer, o caráter local da zona humana; a não-espiritualidade do real considerado em massa; a ausência de qualquer dimensão religiosa no real (a menos que se admitam os deuses locais); o prêmio que a "ordem" das coisas concede à tolice e à morosidade (notadamente na forma da potência material); a ausência de "graça" (entendendo pelo termo aquela espécie de favor que nos oferecem as coisas – mas é preciso sempre conquistar, "merecer", devolver, etc., e não há quase nenhum meio de escapar às leis de um tipo de mercado universal); o triunfo, com o correr do tempo inelutável, do pesado e da morte (uma vez que o que permanece é a matéria e o que finalmente sobrevive é a morte). Irão censurar-nos por uma tão sombria e opressiva representação do real? Isso seria o mesmo que nos pedir para ver as coisas como elas não são. Dirão que nos afastamos do racionalismo, enquanto há, desde os gregos, uma espécie de pacto entre a filosofia e o racionalismo? Não queremos romper o pacto, mas o racionalismo não consiste em dizer que é razoável aquilo que não é. Esta operação (de racionalizar o não-razoável) é precisamente a operação teísta. Porque, o que é Deus? O ser perfeitíssimo e boníssimo, em outras palavras, a razão suprema. Ou: o ser graças ao qual nada é sem razão. Se Deus existe, nada é, em última análise, desarrazoado, nada é, em última análise, absurdo, nada é, em última análise, injustificado. Deus é o Grande Justificador, e toda filosofia teísta (ou espiritualista, idealista, etc.) é uma justificação do real. Isso equivale, em particular, a negar a absolutez do mal – e é por isso que, inversamente, basta render-se à evidência desta absolutez do mal para empreender uma redescoberta do real que o teísmo ilusionista falsificara fundamentalmente. Nem sempre a razão tem causa ganha antecipadamente. Ao contrário, há uma precariedade da razão que exige que, em vez de nos confiarmos a uma razão que governa o mundo, nos sintamos responsáveis pela própria razão. A negação de Deus (de uma Razão suprema) e da Idéia como causas, afastando a tentação de repousar sobre uma razão que já fosse atuante em todo o real, eleva o homem (em princípio) para a grande responsabilidade. O otimismo de certo pseudomarxismo (a tranqüila segurança a respeito de uma revolução que se fará sozinha, pela força das coisas, e não deixará de ocasionar um mundo melhor) não passa de uma sobrevivência da teodicéia hegeliana. A dialética marxista, como dialética trágica, exclui toda predeterminação do futuro. A história é apenas o lugar das possibilidades dadas ao homem (as situações oferecem possibilidades, mas uma possibilidade tem de ser aproveitada – o que significa que ela pode *indefinidamente* não o ser).

Mas, no seio do Conjunto, abrem-se mundos, *abrem-se*, se podemos dizer, mundos *fechados*. O que temos de considerar agora é o mundo do homem, a zona luminosa que o homem obtém na opacidade do real. Os seres vivem nos seus mundos mutuamente exclusivos e, deste ponto de vista, são impenetráveis ao nosso conhecimento, mas, por outro lado, se dão a nós, são fenômenos para nós e se entregam ao conhecimento. Enquanto conhecidos ou cognoscíveis, os seres são, para nós, corpos: corpos simplesmente materiais, corpos vivos, corpos falantes (homens). O que é um corpo? Aquilo que é divisível, composto de partes (ou melhor, que se deixa decompor em partes). Um corpo humano, um corpo de mosca, um rochedo são também divisíveis. O que é divisível tem extensão no espaço; o que tem extensão no espaço é "material". Assim, os seres são cognoscíveis enquanto materiais, e, por isso mesmo, integralmente cognoscíveis. Porque conhecer é, no sentido mais amplo, desvelar. Mas a matéria é, por princípio, o não-velado. Na extensão, ela está ali inteira, expõe todas as suas partes. Não é senão o que parece, ou: é a própria fenomenalidade. A matéria é, por princípio, aquilo que não pode ser outra coisa em si (pois não tem interioridade). Engels está coberto de razão em dizer que uma substância química é (por direito) integralmente cognoscível, e não pode ser, de modo algum, "coisa em si"[47]. Mas, nesse aspecto, ele está, mais do que imagina, próximo de Kant. Porque, para Kant, os corpos, por serem apenas fenômenos e nada mais, são inteiramente transparentes ao conhecimento; o fenômeno não tem interior[48].

Não estamos dizendo que os seres são integralmente cognoscíveis, mas a matéria, ou os corpos, ou os seres enquanto corpos. O que significa integralmente cognoscível? Puramente

---

47. *Ludwig Feuerbach*..., ed. cit., p. 27.
48. "... não há interior dos fenômenos que não seja ele mesmo fenomenal" (E. Weil, *Problèmes kantiens*, Vrin, 1963, p. 54).

fenomenal, ou: que se esgota no seu parecer. Ou ainda, se considerarmos que conhecer não é outra coisa senão estabelecer relações: que consiste exclusivamente em *relações*. Os seres, enquanto se fecham em si mesmos e em seu mundo, são sem relação entre si, mas, enquanto materiais, são inteiramente *relativos* uns aos outros, e a sua materialidade é isso mesmo. No seio do Conjunto, ainda não há, entre eles, nenhum vínculo, nenhuma unidade (não há passagem possível de um mundo ao outro), mas, por outro lado, enquanto materiais, eles estão ligados uns aos outros como partes de um único mundo, o nosso, como mundo do conhecimento. Por um lado, este mundo é fechado – fechado pela própria natureza do conhecimento; este, por consistir e só poder consistir em apreender relações, tem domínio relativo: então, o absoluto (os seres enquanto absolutos), por princípio, escapa a ele, não porque o conhecimento seja "relativo" – ele é (por direito) absoluto –, mas seu objeto é somente o relativo – ou o mundo, como conjunto de relações. Por um outro lado, o mundo é indefinidamente extensível. O conhecimento, ao estabelecer novas relações, pode continuamente integrar ao mundo novos corpos e novos seres. Um novo elemento, uma nova estrela, etc. vêm acrescentar-se ao mundo como conjunto daquilo que sabemos. Há um termo para isso? Não. As fronteiras do mundo são variáveis. Não que se possa dizer que o mundo é, em si, indefinido, pois não há mundo "em si": não podemos, em caso algum, quanto ao mundo, fazer abstração de sua relação a nós. Mas o processo de alargamento do mundo, ou seja, de ampliação do conhecimento (o que é exatamente a mesma coisa) é um processo indefinido.

Distinguimos, portanto:

1º O Conjunto (realidade em seu conjunto) que compreende tudo, mas não é um Todo, não tem estrutura, nem unidade real. Como não tem sentido (porque onde não há unidade, não há sentido), não é compreensível, nem mesmo interpretável: qualquer interpretação consistiria em colocar uma unidade onde não há unidade, consistiria em supor um texto legível onde não há texto.

2º Os seres e os mundos (vitais) – porque cada ser vive em seu mundo e não em todo o real, quer se trate do homem ou da mosca.

3º O universo como conjunto da realidade material. A ciência, por não ter relação alguma com o *conjunto* da realidade material, é absolutamente impotente para nos dar uma imagem deste universo. É certo que ela nos dá uma imagem de uma porção ou parte deste universo, mas não pode saber o que existe *no resto*, e portanto que relação há entre essa parte e o todo. É possível conhecer o universo? Ele é material, e a matéria, como tal, é integralmente cognoscível. Mas isso não implica que o universo seja cognoscível *enquanto conjunto*. Porque todo conhecimento do universo está relacionado a um ser situado *dentro do universo*. Portanto é parcial e, por assim dizer, local. Podemos imaginar seres inteligentes como o homem distribuídos no universo. Cada um conheceria apenas uma parte dele. E decerto, se o universo não tem, assim como a realidade em seu conjunto, verdadeira unidade, e não forma um Todo, se, pois, são possíveis conhecimentos *parciais*, podemos pensar que, para obter o conhecimento total, bastaria *somar* todos os conhecimentos parciais. Mas, como todo ser inteligente é um ser inteligente *finito*, nenhum ser pode, por princípio, efetuar esta soma. O universo é, pois, insuperavelmente fragmentado em partes que não podem, nem por direito, ser reunidas. Ele é o Irreunível.

4º O mundo do conhecimento científico. É de tal mundo que faz parte, por exemplo, o "universo da cosmologia relativista". O conhecimento é uma espécie de integração do desconhecido no conhecido, uma espécie de "mundanização". Mas, conforme o que foi dito anteriormente, o mundo-para-a-ciência não pode jamais igualar-se ao universo (no sentido filosófico).

5º Os outros mundos humanos: o mundo da vida real, que exprime certo estado da sociedade humana (por exemplo, o mundo do aristocrata como sendo um mundo diferente do do burguês e do camponês), os mundos imaginários (mundos religiosos, etc.).

Por outro lado, há que distinguir o que é fenômeno e o que é coisa em si (o relativo e o absoluto). O conhecimento, em seu domínio, não encontra, por direito, nenhum *limite*. Para ele, há somente o que ainda não é conhecido. Nunca tem, pois, relação com a coisa em si. Mas também é fato que ele nunca tem relação com os seres enquanto existem – e vivem no mundo que lhes é próprio. Os mundos são fechados ao conhecimento. É possível conhecer o corpo da mosca e o comportamento desse corpo, mas não é possível entrar no mundo da mosca. O mundo da mosca é coisa em si. O sociólogo, o historiador podem mesmo estudar uma sociedade aristocrática, mas não podem entrar no mundo do aristocrata (a menos que eles mesmos *sejam* aristocratas, e neste caso, não têm de entrar no mundo do aristocrata, pois *estão* nele). Diremos que, no caso do homem, existe certa compreensão que permite colocar-nos no lugar daqueles que vivem num mundo diferente do nosso. Mas – além de "colocar-se no lugar do outro" ser apenas um modo de falar (não passamos para um mundo que não é o nosso porque não podemos viver nos dois ao mesmo tempo) – essa compreensão nada tem a ver com o conhecimento; e é por isso que a história e a sociologia descartam metodologicamente qualquer "compreensão" para serem ciências. Poderá causar espanto ver-nos considerar "coisa em si" o mundo do aristocrata. Mas se, a exemplo de Kant, entendermos por "coisa em si" simplesmente o *incognoscível* (que se deve distinguir do pensável, do compreensível, etc.), não há nisso nada que não seja natural. O conhecimento, que só escolhe relações, deixa de lado os outros *seres*, pois estes, enquanto existem e vivem, cada um por si, sua própria vida, são absolutos irredutíveis. Dirão que estamos fixando barreiras para o conhecimento? Não é verdade. Barreiras supõem que, de cada lado do limite, encontra-se uma realidade de mesma natureza. Mas a ordem da vida não é a mesma do conhecimento. Por isso, mesmo quando seres que vivem e pensam são conhecidos (enquanto materiais), o mundo do conhecimento permanece separado dos mundos vitais. O conhecimento nunca nos faz passar de um lado para outro. No entanto, ele não é, por direito, limitado; porque a vida e o conhecimento não têm fronteira comum.

Nossa maneira de ver – pluralista – opõe-se tanto ao idealismo quanto ao materialismo (como a "monismos"), mas não da mesma forma. Contra o idealismo, materialismo e pluralismo estão, por assim dizer, "do mesmo lado", porque o pluralismo tem afinidades com o materialismo: ele não faz mais do que ir mais longe na mesma direção. Qual é, realmente, a situação do espírito? Alguns seres vivem no mundo do espírito, mas, exatamente, o espírito só tem realidade no plano dos mundos (e, ao que sabemos, dos mundos humanos), não tem nenhuma no plano da realidade em seu conjunto. Qual é a situação da Idéia? Para todo o real, ela não é, de forma alguma, a substância e a causa. Simplesmente, os homens têm idéias (que são a expressão de sua vida real). Em compensação, o que dizer da matéria? Diversamente do espírito, a matéria vale para todos os seres. Todo ser tem sua ancoragem na materialidade (a materialidade é aquilo sem o que não existiria nada). E isso significa que, nesse aspecto, eles são todos cognoscíveis, mas também que, por estarem fixados na universal relatividade, são destinados a perecer. Quando as relações que definem a sua base material se modificam além de certos limites, eles são todos aniquilados. Para existir, é necessário um corpo. Mas os corpos são dissociáveis, e, quando são dissociados, a base material do ser já não existe, e o que existia deixa de existir. Por certo não pretendemos que os seres se *reduzam* à materialidade. Ao contrário, os corpos puramente materiais (um rochedo), por não terem verdadeira unidade (por serem somente agregados), não são nem mesmo seres. Com eles, no seio do real, não se forma nenhum mundo (há o mundo da mosca, não há o mundo do rochedo). Mas é precisamente por terem sua base, sua condição *sine qua non* naquilo que não tem verdadeiro ser, que os próprios seres são fadados a perecer. É certo que um corpo organizado e vivo tem uma unidade, mas esta unidade é apenas um *acidente* em relação aos elementos que o compõem. A matéria é eterna, diz Engels. Sim, mas tudo o que isso significa é: nada é eterno. Não vemos o que nos permitiria dizer que os átomos, os nêutrons, os prótons, etc. são as formas *eternas* de existência da matéria; digamos que, no espaço do universo e no lapso de tempo que nosso conhecimento abrange, é isso que nos interessa. Mas não seriam eternas as leis "da natureza"? Por que o seriam? Com maior probabilidade, as leis de Galileu, Newton e outros só traduzem uma situação, um estado de coisas locais e transitórias. Os eruditos levados à extrapolação (no tempo e no espaço – lembramo-nos, por exemplo, dos sumários metafísicos que se apoiaram no segundo princípio da termodinâmica e o estenderam à totalidade do universo), os filósofos cientistas esquecem a limitação original, de natureza e de escala, de toda prática científica real – donde resulta que não podemos, em caso algum, estender seus resultados através de palavras como "sempre" e "por toda parte". Com seu archote, iluminam um arbusto e imaginam enxergar a floresta. De onde vem sua ilusão? Certamente está ligada à própria origem da ciência moderna. Os cientistas que a fundaram, Galileu, Kepler, etc., eram crentes persuadidos de estarem descobrindo as leis impostas à natureza pelo próprio Deus[49] – ou

---

49. "Compreendemos mesmo que Kepler se surpreendesse que esta graça insigne lhe tivesse sido concedida pelo Senhor, e que tenha cabido a ele a glória de revelar ao mundo os mistérios da Criação. Mas os caminhos da Providência são imperscrutáveis, e Kepler só pode render graças a Deus..." (Koyré, *La révolution astronomique*, Hermann, 1961,

tentando. Era pois preciso que essas leis fossem válidas, e para sempre, para o conjunto da natureza criada. Aqueles, homens de ciências ou filósofos, que hoje imaginam piamente conhecer, pela ciência, o universo em sua totalidade, continuam inconscientemente na dependência do teísmo e do dogma da criação.

---

p. 345). A linguagem matemática é, segundo Galileu, a própria linguagem da natureza – de Deus na natureza. Falam, bastante impropriamente, de um "anticosmologismo" de Galileu (P.-H. Michel em *Dialogues et lettres choisies* de Galileu, Hermann, 1966, Introdução, p. 35). Galileu acredita, a exemplo de Aristóteles e do Idealismo, num mundo ordenado, num cosmos [sem maiúscula, para distingui-lo do Cosmos no sentido estrito – Cosmos antigo e medieval], mas trata-se de um cosmos matemático (não hierarquizado, etc.). Ele rejeita o movimento inercial em linha reta porque "desorganizaria o universo" (*ibid.*, p. 345, cf. p. 118). O mundo galileano é um Todo – embora a sua compreensão dita "extensiva" tenha sido reservada unicamente a Deus. Já Newton vê "a manifestação da presença e da ação de Deus no mundo" na força de atração (Koyré, *Du monde clos à l'univers infini*, PUF, 1962, p. 267). Quanto à constância das leis da natureza, ela é, para os homens de ciência clássicos, o correlato da imutabilidade divina (a respeito da não-constância das leis naturais, H. Poincaré observa que ela só pode ser inaceitável para o homem de ciência, mas concorda que continue sendo um problema para o filósofo: cf. "L'évolution des lois", *Dernières pensées*, Flammarion, 1963, p. 48). A. Koyré escreve: "O Deus de um filósofo e seu mundo correspondem sempre" (*Du monde clos*..., p. 99). É reconhecer a correlação necessária das noções de "Deus" e de "Mundo". Aquele que acredita em Deus faz, por essa mesma razão, do universo, um Todo (para Deus), isto é, um Mundo (quer seja este mundo finito, infinito [ou indefinido], ou finito num espaço infinito, quer a ordem seja criada, incriada, ou a ordem criada seja submetida a uma ordem incriada – como em Leibniz, cf. Y. Belaval, *Leibniz critique de Descartes*, 1ª ed., Gallimard, 1960, p. 455); mas aquele que deixa de acreditar em um Deus pode muito bem conservar o Mundo que era o correlato da unidade divina: vemo-lo em Laplace (na suposição que faz de uma inteligência onisciente que apanha, "na mesma fórmula", todos os movimentos do universo: "nada seria incerto para ela, e o futuro, assim como o passado, estaria presente diante dela", *Essai philosophique sur les probabilités*, Éd. Chiron, 1920, p. 7), Engels, etc.

A-TEÍSMO E A-COSMISMO

O teísmo, o espiritualismo, o idealismo enxergam a realidade como menos complexa, menos opaca do que é; os homens de ciências (na medida em que reduzem o real ao objetivável) e um certo racionalismo fazem a mesma coisa. Importa devolver ao real toda sua espessura inextricável. Consideremos, por exemplo, o sol. Nem mesmo é *um* ser – embora tenha *ser* (não é nada). No entanto, há uma riqueza inesgotável do sol. A ciência conhece sua constituição, e sem dúvida não acabará jamais de completar esse conhecimento. Mas, além da *constituição*, que é uma, há ainda os *aspectos*, que são inúmeros e continuamente se renovam. Ao lado do sol da ciência, há o sol sensível, o sol não só para o homem, mas também o sol para o elefante, para a abelha, etc., e para o homem da pré-história, para o homem grego, para o homem do Renascimento, etc.; depois, há o sol da religião, o sol da poesia, o sol da filosofia, etc., e o sol de Juliano, o Apóstata, o de Platão, o de Hugo, o de Monet, etc., e o sol para vocês, o sol para mim. A cada aspecto corresponde um ponto de vista ou uma perspectiva sobre o sol, e a uma interpretação da significação "sol". Porque, no interior de cada mundo, os seres (que, por sua parte, têm cada qual seu mundo) e os corpos (entenda-se: os simples corpos, as coisas materiais) apresentam-se em seus aspectos (com exceção do mundo da ciência, em que se apresentam em sua constituição). Se, por exemplo, o sol existe para a mosca (suponhamos, como aquilo em relação a que ela se orienta), isso significa que o mundo da mosca envolve uma perspectiva sobre o sol. Assim, cada ser, ou corpo, se reflete em inúmeros mundos, fragmenta-se em miríades de aspectos. A diferença entre os seres e as coisas materiais (como o sol) é que os seres têm uma profundidade própria, uma interioridade (o seu mundo), ao passo que as coisas materiais são todas em exterioridade (todas por fora), não sendo nada mais do que são relativamente às outras coisas, aos outros seres. Mas a profundidade de um ser, o seu mundo, não é cognoscível, sendo um absoluto sem exterior. Quanto aos aspectos, ou reflexos múltiplos de cada ser (ou coisa) nos outros, eles não só não podem ser reunidos em virtude do princípio de exclusão (só é possível ter, sobre o sol, a perspectiva da mosca não tendo a do elefante, ou a do homem, ou a do pintor, etc.), mas *só* existem porque não podem ser reunidos. Para cada ser, há mil aspectos, mil perspectivas, mil olhos, porque não há um Ser acima da multiplicidade dos seres, e porque esta é irredutível.

A redução teísta – e idealista – para a qual há aquilo que um ser é, "na verdade", sua essência, ou aquilo que ele é para Deus (porque todas as outras perspectivas se encontram igualmente depreciadas enquanto procedem da aparência[50]), constitui um extremo empobrecimento do real[51]. Só haveria *um* modo – o verdadeiro – de dizer a realidade. Para o pluralismo, ou para uma visão pluralista, há múltiplas, há mil e uma linguagens – e tantas outras maneiras, para os indivíduos (todo ser é um indivíduo), de se refletirem mutuamente (de se exprimirem mutuamente). A realidade está dispersa em mundos

---

50. Donde resulta que, para o homem, conhecer será (ou seria) igualar-se a Deus: assim pensam Platão (*Théétète*, 176 b), Santo Agostinho, Malebranche, Leibniz (para quem "os cálculos dos matemáticos e dos físicos são a repetição dos cálculos de Deus, e por isso, a reedição do pensamento de Deus", diz G. Martin, *Science moderne et ontologie traditionnelle chez Kant*, trad. fr. Piguet, PUF, 1963, p. 73), Hegel, etc.

51. Semelhante asserção pode parecer surpreendente se pensarmos, por exemplo, no universo leibniziano. Quem soube representar, mais e melhor que Leibniz, a infinita riqueza do real? No entanto, o sistema repousa em certo número de decisões restritivas e empobrecedoras. Assim: de todos os mundos possíveis, só existe "o melhor", as mônadas, através da infinita diversidade de seus pontos de vista, representam o *mesmo* universo, elas se distinguem *somente pelo grau* de distinção de sua percepção do universo, os seres estão colocados hierarquicamente dentro de *uma mesma* escala, da materialidade até Deus, não ocorre nada de verdadeiramente novo, porque Deus dispôs tudo antecipadamente, etc. Ora, todas essas posições estão evidentemente ligadas ao teísmo, à tese do Deus-medida.

(que não podem, em caso algum, formar *um* Mundo), multiplica-se infinitamente em aspectos. Há a incompatibilidade entre, de um lado, a realidade em seu conjunto, e, de outro, a unidade e todo princípio de unidade – quer seja ele não Deus, mas o Ser, a Idéia, a Natureza, a Vontade, etc. A realidade traz em si a dissociação. Não existem *um* texto e *um* sentido, mas textos e sentidos múltiplos, irremediavelmente. E se fosse diferente, se não fosse prerrogativa do que é real o fato de não poder, por princípio, ser visto de uma única maneira, de nunca, em caso algum, entregar-se a um olhar único, a realidade não seria nada mais que o Mundo da filosofia religiosa, e o fato de que Deus seja dito "morto" ou "ausente" não mudaria absolutamente nada. Porque, ao deixar de acreditar em Deus, ainda não teremos feito nada enquanto não modificamos radicalmente uma concepção da realidade em que esta é apenas o correlato da unidade divina.

Mas, se não existe unidade do real, se a totalidade não é um Todo, se a ordem não pode jamais ser uma ordem universal, qual é, então, a situação da razão? Ela já não está à altura do conjunto. Há *razão*, mas já não há a Razão que governa o Mundo – isso porque as esferas, as zonas, os pontos esparsos de racionalidade não podem, em caso algum, fazer com que sejam esquecidos, apagados ou abolidos os outros aspectos das coisas, entre os quais o mal, o irracional, o absurdo. Para o teísmo, para o espiritualismo clássico (racionalista), para o Idealismo, para o panteísmo, certamente a desrazão, o absurdo, o mal podem encontrar-se no real, mas a razão (o racional e razoável, isto é, o bem) se encontra sempre no plano da totalidade. A realidade se acha, pois, *justificada* em seu conjunto. Por isso, essas doutrinas estão todas ligadas ao idealismo como *ideologia da justificação*. É essa a sua unidade profunda. Sua significação é afirmar o primado da ordem, como ordem razoável já realizada *grosso modo* no real, de forma que o homem só tenha, como ser racional, de consentir ao real, à ordem do mundo e, *entre outras*, à ordem social. O pluralismo, ao contrário, não coloca, de modo algum, a razão e a unidade (que é indissociável da razão) no plano da realidade em seu conjunto (senão já não seria um "pluralismo") e exclui qualquer idéia de uma justificação do real. A realidade que emerge, para a ciência, no estudo da natureza, não é a racionalidade do real, mas somente do fenômeno. A ciência nunca encontra nenhum obstáculo epistemológico que não supere, porque não encontra jamais os seres. Só encontra o que é racional e racionalizável, precisamente porque se apóia numa escolha do racional, ou seja, em certo número de escolhas iniciais pelas quais decidimos só levar em consideração o racional, deixando de lado o resto. O objeto da ciência é apenas um lado da realidade porque a razão científica é apenas um lado da razão. A razão é concreta (completa) no mundo humano concreto, histórico. Não existe, entretanto, nenhuma garantia de que o mundo caminhe por si mesmo, pela força de uma razão imanente, para mais justiça e razão. Sempre é possível haver mais razão ou menos do que havia. A cisão, em nossa época, do razoável e do racional (dos dois aspectos da razão concreta) questiona a idéia de progresso. Podemos falar "do" progresso? Há uma unidade do progresso? Porque há que perguntar se o progresso é possível *simultaneamente em todos os domínios*, ou se, ao contrário, um progresso em certos aspectos não ocorre sem uma estagnação ou regressão em algum outro ponto de vista, e nesse caso, nunca podemos senão *escolher* entre diversas formas do razoável, sem possibilidade de ter, *ao mesmo tempo*, tudo o que é razoável (e, por isso mesmo, bom). Todavia, o pluralismo (ontológico) não se opõe, como tal, à idéia da unidade do progresso, bem como à idéia da unidade da história. Basta-lhe que a unidade (coerência) do progresso ou a unidade da história não tenham, de modo algum, de ser fundadas numa unidade qualquer do real.

Objetar-nos-ão, talvez, que o discurso pelo qual negamos a unidade do real é ele mesmo um discurso uno. Sem dúvida, mas é que nós separamos o que o idealismo confunde: a unidade lógica e a unidade ontológica. As exigências da razão (de unidade, de coerência) valem para o discurso, não para a realidade. Podemos falar, com ordem e coerência, da desordem e da incoerência. É verdade que um discurso coerente não seria possível se a realidade fosse totalmente incoerente. Mas ninguém pode pensar, quando é filósofo, em negar que haja *algo de* coerência, *algo de* sentido, *algo de* razão no real. Porque no caso, uma vez que seu discurso é real, isso seria o mesmo que negar que o que diz é sensato. Mas aquilo que o filósofo a-monoteísta (lógico consigo mesmo) pode negar, e nega, é que haja unidade, ordem, sentido, razão no plano da realidade em seu conjunto. E, certamente, quando falo do Conjunto, englobo todo o real, mas a unidade não está nas coisas, está só no meu modo de falar. E é verdade também que nenhum filósofo pode evitar justificar o que diz, isto é, apresentá-lo como fundamentado. Mas a justificação idealista vale não só para o discurso, mas também para o objeto do discurso, para o pensamento e para a realidade. A justificação lógica é justificação ontológica (é o que o conceito de *logos* significa). Ao contrário, separamos as palavras e as coisas. Fundamentar o nosso discurso a respeito da realidade (apresentar as razões daquilo que dizemos) não é, de modo algum, encontrar um fundamento para a própria realidade. O que devemos recusar desde o início é que essa exigência de fundamento valha não só para o discurso, mas também para a realidade (para a realidade como tal em seu conjunto, toda realidade), porque essa exigência, segundo a qual nada é sem razão, isto é, sem justificação, sem porquê (no sentido de Aristóteles, de Leibniz, de Hegel), conduz, queiramos ou não, à idéia de Deus. Porque pressupor, *a priori*, que a realidade seja razoável em sua totalidade é pressupô-la divina. O mal absoluto é sem porquê, é puro absurdo. Ele é, pois, suficiente para constituir a realidade em seu conjunto como injustificável, irracional, absurda (uma vez que o comporta) – em seu conjunto, mas não em todas as suas partes: a razão é um fenômeno local.

1970

9

Ordem e desordem

Toda filosofia é uma representação da ordem do mundo (mesmo que só veja nele uma ordem de fato, sem *fundamento*; mesmo que suprima a noção de uma ordem universal e a pluralize em ordens parciais ou locais). Certas filosofias são, mais particularmente, filosofias da ordem. Entretanto a noção de ordem, exceção feita às contribuições de A. Carnot e de Bergson, não foi muito analisada em si mesma. Para quê, aliás, se, como diz A. Lalande em seu *Vocabulário*, "não se pode dar uma definição que a torne mais clara"?

A etimologia não explica muita coisa (se é que a etimologia pode por acaso "explicar" algo). Em latim, *ordo* significa precisamente *fileira*. Mas a ordem linear, a sucessão regular dos termos são apenas uma forma particular da ordem: limitando-nos demais ao que ensina a etimologia, correríamos o risco de tomar a parte pelo todo. No *Timeu*, 30 a, em que Platão opõe a ordem à desordem, ele emprega a palavra *taxis* em oposição a *ataxia*. O sentido geral de *taxis* é "arranjo", "disposição". Entre os trinta termos daquele pequeno vocabulário filosófico constituído pelo livro Δ da *Metafísica* de Aristóteles, não encontramos *taxis*, mas *diathesis*, disposição. Ora, Aristóteles define a *diathesis* como uma *taxis*, ela é o "arranjo (*taxis*) daquilo que possui partes" (Δ, 19, 1022 b 1). Podemos encontrar aí uma idéia diretriz para a análise: o problema da ordem ou do "arranjo" se apresenta quando nos vemos diante de uma multiplicidade de elementos ou, mais precisamente, de partes. A análise das noções correlativas de "ordem" e de "desordem" pode encontrar sua orientação quando a ordem e a desordem são consideradas sob a categoria do todo e das partes.

I. A análise assim concebida pode ir da ordem à desordem, ou da desordem à ordem, mas se movimenta necessariamente na *correlação* das duas noções. Não tem a ver, ao menos de imediato, com a noção de desordem pura e absoluta, porque esta é, como tal, alógica e necessariamente expulsa pelo *logos*. Certamente falar assim da desordem é dizer alguma coisa, mas esta continua sendo negativa. Isso em nada permite nos assegurarmos da legitimidade desta noção e não nos fornece o meio de reconhecer, dentro da realidade, algo como uma "desordem pura". Se essa noção deve se tornar operatória, e se a sua legitimidade deve ser estabelecida, só será possível fazê-lo obliquamente e de maneira indireta: a desordem que definirmos em relação à ordem será uma desordem *relativa*, mas, então, deverá ser possível definir a desordem *absoluta*, conservando o quadro da análise, mas fazendo abstração de qualquer relação.

Por enquanto, só podemos falar negativamente. As desordens de que falamos de maneira positiva (e que designam aspectos identificáveis do real) são, de ordinário, desordens apenas *parciais*, são desordens somente sob certo ponto de vista. Uma classe em desordem: ainda é só uma desordem *escolar*. Os estudantes, do ponto de vista orgânico, biológico, podem estar em perfeita saúde: não há "desordem" nesse aspecto. Para que houvesse uma "perfeita" desordem, seria preciso que nada de fixo subsistisse, que qualquer coisa se transformasse em qualquer coisa sem regra alguma, ficando entendido que cada "qualquer coisa" não fosse nem mesmo qualificável, que nem mesmo fosse possível dizer o que é. Não podemos dizer nada sobre o que está absolutamente desordenado. Aquilo que está em completa desordem não é uma coisa em vez de outra, não é assim em vez de ser de outra maneira, não é alguma coisa em vez de não ser nada. Vemos, pois, que os princípios da razão e as questões fundamentais da metafísica já se atribuem um estado de coisas de onde está excluída a pura desordem.

Não podemos enxergar, na matéria do *Timeu*, uma imagem da pura desordem. Ela é absolutamente instável, não regrada, propícia para receber todas as formas sem ter nenhuma. Não é ela qualquer coisa, e apta a tornar-se qualquer coisa? Sim, mas, assim como o excipiente úmido com que se preparam os perfumes é isento de todo odor a fim de poder receber qualquer fragrância, se ela está "fora (*ektos*) de todas as formas" (51 a), é a fim de poder recebê-las todas. Está, pois, *em relação com* as formas, e *desempenha um papel* no sistema do mundo, o de receptáculo. Por isso mesmo, ela não pode ser completamente alógica. Tem uma natureza, *phusis* (50 b), e permanece fiel à sua natureza de porta-caracteres. Qual é a sua natureza? "A matéria é o Outro", diz Brochard[1], pelo qual se deve entender o Outro do *Sofista*, isto é, o não-ser relativo. "A matéria é, pois, um gênero que participa do Inteligível" (*ibid.*). Efetivamente, o *Timeu* diz que ela é "uma espécie (*eidos ti*) invisível e amorfa, que tudo recebe e participa do inteligível de maneira (é verdade) muito confusa e difícil de entender"[2].

A pura desordem, o "estado" daquilo que não é uma coisa em vez de outra, pode ser pensada, na medida do possível, por meio do *ou mallon* (não mais... que) em que reconhecemos, em outro trabalho[3], a chave especulativa do pirronismo.

---

1. *Études de philosophie ancienne et de philosophie moderne*, Vrin, 1926, p. 109.
2. *Timée* 51 a, trad. fr. A. Rivaud (Les Belles Lettres).
3. Cf. o nosso estudo *Pyrrhon ou l'apparence*, § XIV.2 (Éd. de Mégare).

Os discípulos de Pirro, diz Enesidemo, citado quase textualmente por Fócio[4], estão "livres de qualquer afirmação fixa": "Nenhum deles absolutamente disse que todas as coisas são incompreensíveis, nem que são compreensíveis, mas que elas não são mais (*ouden mallon*) uma coisa do que outra, ou que elas são ora compreensíveis, ora não, ou compreensíveis para um, não compreensíveis para outro, e para outro ainda, não são nem um pouco; nem que todas juntas, ou algumas delas, são atingíveis, ou que são inatingíveis, mas que não são mais atingíveis do que inatingíveis, ou que ora são atingíveis, ora já não o são, ou que são atingíveis para um, e não para outro. E é certo que não há nem verdadeiro, nem falso, nem provável nem improvável, nem ente, nem não-ente, mas o mesmo, por assim dizer, não é mais verdadeiro que falso, mais provável do que improvável, mais ente do que não-ente, ou ora isto, ora aquilo, ou tal para um e não tal para outro." Trata-se de todas as coisas (*panta*). O que se pode dizer? Não mais uma coisa do que outra, nada de fixo, de definido e de estável. Não é que elas estão nas garras de uma desordem universal? Mas, então, o que é feito de sua realidade? Elas ainda têm *ser*? Aquilo que está (e é o caso das coisas em seu conjunto) numa completa desordem não é mais ente do que não-ente. Portanto não se opõe ao ser como um não-ser. Não se opõe a nada. Naturalmente, não podemos pensá-la sob a categoria do ser, mas também não, em maior grau, sob a do não-ser. A categoria que convém utilizar é mais a do *phainomenon*, da *aparência*, como nem aparência-*de,* nem aparência-*para* (para um "sujeito"), mas aparência-totalidade, que é a categoria essencial do pirronismo.

Mas a noção de uma pura desordem encerra aquilo que deve ser chamado de uma "verdade"? Em outros termos (porque é evidente que não podemos entender por "verdade" uma

---

[4]. *Bibliothèque*, codex 212, 169 b 38-170 a 11. Cf. *Pyrrhon ou l'apparence*, pp. 111-2.

simples exatidão exterior), ela nos permite alcançar, de certa maneira, o "fundo" das coisas? Ainda não sabemos. Na verdade, há que considerar o seguinte: o *ou mallon* é entendido pelos pirrônicos *universalmente*, e a aparência pirrônica é uma categoria da *totalidade*. Mas o homem não tem de tratar de imediato com a realidade. Se a noção de desordem absoluta tem um fundamento no plano da realidade (ou pretensa "realidade") considerada em seu conjunto, semelhante pensamento sobre a totalidade só pode se justificar se a desordem absoluta tiver sido encontrada, em um de seus aspectos ou em seu fenômeno, no plano e dentro dos limites da experiência humana. Mas, para encontrar a desordem absoluta dentro dos limites de nossa experiência, há que ser possível reconhecê-la. Isso supõe que tenhamos dela uma definição real e aplicável. E, para chegar à tal definição, não existe outro meio senão determinar primeiro o que é a desordem relativa.

II. Deixando, pois, de lado, por enquanto, a desordem pura, vamos tentar fornecer definições utilizáveis da ordem e da desordem consideradas em sua correlação.

Já o indicamos: ordem e desordem dizem respeito à relação do todo com as partes (ou do uno com o múltiplo) nos conjuntos de elementos. Estamos num mundo em que há uma imensa quantidade de coisas, mas estas coisas se agrupam em certas classes, conjuntos, categorias, espécies: existem os homens, os lógicos, as bicicletas, as nebulosas, etc. Elas não são desvinculadas umas das outras: a supô-las sem vínculo algum entre si, teríamos a multiplicidade pura, de que nada poderíamos dizer, porque falar de alguma coisa é não a deixar em seu isolamento, mas pensá-la em seu universal e fazer dela um elemento de um conjunto. Se não estivessem inseridas em conjuntos, as coisas individuais não poderiam ser pensadas nem ditas. Mas um estudante faz parte de uma classe, um soldado, de um exército, um operário, de uma fábrica, uma célula, de um organismo, o Sol, do conjunto dos corpos celestes. Então, quando é que há desordem numa classe, num exército, num organismo, etc.? Quando o estudante, o soldado, a célula se comportam como se a classe, o exército, o organismo não existissem, quando se recusam a representar seu papel, a aceitar sua inserção num conjunto e, *em vez de submeter-se à lei do conjunto, atuam separadamente*. Em outras palavras, num conjunto formado de uma multiplicidade de elementos, há mais desordem na medida em que os elementos se comportam com maior independência em relação aos outros. Há mais ordem quando as relações entre os elementos se estreitam, há mais desordem se as relações se afrouxam.

Então, há desordem quando um elemento de um conjunto recusa a lei do conjunto. Entretanto, não haveria desordem escolar se os estudantes deixassem de ir à escola, nem desordem na fábrica se os operários deixassem de ir para lá, etc. Portanto: há desordem quando os elementos de um conjunto, mesmo fazendo parte desse conjunto, *comportam-se como se não fizessem parte dele*, em outros termos, quando existe contradição dentro do conjunto.

Mas, neste ponto, apresentam-se dois casos.

Temos, de fato, de considerar que os elementos não podem chegar a ficar sem relação alguma uns com os outros, pelo menos enquanto continuarem a fazer parte do mesmo mundo. Em geral, quando, num determinado conjunto, eles deixam de se comportar como elementos desse conjunto, comportam-se, ainda assim, como elementos de outros conjuntos. Por exemplo, estudantes que recusassem a classe não estariam, com isso, recusando a família, o convívio com os colegas, etc. Mesmo que um indivíduo recusasse todo vínculo social, continuaria a digerir, dormir, etc.; não estaria, pois, recusando com isso a ordem biológica. Quando a desordem se instala na fábrica, é possível que os operários estejam se comportando como membros de um sindicato, de um partido, etc.

Assim sendo, digamos que há dois casos a distinguir. Os elementos podem comportar-se como se não fizessem parte de um conjunto 1) seja como elementos reduzidos a si mesmos e que se comportam como individualidades puras, 2) seja como se fizessem parte de *outros* conjuntos. No primeiro caso, o conjunto tende a desagregar-se, a reduzir-se a poeira de elementos. Falaremos, então, de desordem negativa ou de desordem-destruição. No segundo caso, se os elementos de certo conjunto recusam a ordem desse conjunto, fazem-no enquanto parte de outro conjunto ou em nome de outra ordem. Uma desordem assim não é senão o conflito de duas ordens: por exemplo, em história, a ordem "antiga" e a "nova" ordem. Falaremos, então, de uma desordem positiva ou de uma desordem-criação. Evidentemente, a desordem positiva consiste somente na substituição de uma ordem por outra. É uma falsa desordem. Mas, o que ocorre com a desordem negativa? Poderemos dizer que ela também substitui uma ordem por outra?

III. Para esclarecer este ponto, temos de olhar agora para o lado da ordem, porque se a desordem negativa deve consistir na substituição de uma ordem por outra, é necessário que existam dois tipos de ordem, sendo uma negativa em relação à outra.

Há "ordem" quando os elementos não estão desvinculados, mas têm, entre si, um princípio de unidade que os faz participarem, ao mesmo tempo, de um conjunto único. Por "princípio de unidade" deve-se entender uma forma qualquer de colocar em relação elementos diversos. Quando são de natureza completamente diferente, é possível fazê-lo simplesmente contando-os: então, o princípio de unidade é o número.

De maneira geral, o princípio de unidade pode ser exterior ou interior ao conjunto: quando é interior ou imanente, temos uma *estrutura*, quando é exterior, temos uma *soma*. Suponhamos um segmento de reta dividido em duas partes iguais. Do ponto de vista geométrico, o conjunto formado pelas duas metades é uma soma. Mas, por outro lado, as duas metades do segmento fazem parte de uma estrutura perceptiva em que sua igualdade não é necessariamente conservada (como na figura de Müller-Lyer). Um organismo é formado por uma multiplicidade de células, cada uma das quais depende biologicamente das outras, está ligada às outras por uma relação real. Trata-se de uma estrutura. Mas consideremos uma tabela real, uma tabela imaginária e um número primo. Temos aí três "alguma coisa" que estão diante umas das outras sem nenhuma relação real. Aproximam-se somente pelo pensamento e de maneira exterior. O conjunto que formam é uma soma.

Podemos considerar que, relativamente a uma estrutura, uma soma, por não ter unidade interna alguma, é uma ordem mínima ou uma desordem. É neste sentido que os epicuristas, a partir da desordem inicial dos átomos, explicam a ordem do mundo. Um mundo é a maior das estruturas, mas o universo, isto é, o conjunto dos átomos, é apenas uma soma. Os mundos nascem em número infinito no universo da desordem mecânica dos átomos, porque, no tempo infinito, todas as combinações possíveis se produzem pelo efeito do acaso, viáveis (os mundos) e também não viáveis.

Vimos que há desordem quando os elementos de um conjunto atuam separadamente. Vamos deixar de lado o fato de que podem fazer parte de outros conjuntos e assim se comportar, caso em que a desordem é conflito de duas ordens ou falsa desordem. Limitemo-nos à desordem "negativa" ou desordem apenas.

Agora, podemos dizer que, nesse sentido, há desordem quando as estruturas se desfazem, quando tendem a não ser mais do que simples *somas*, isto é, quando já não são organizações, nem sistemas, mas montes. O limite da desordem é a simples soma, que só dá lugar a uma aproximação puramente exterior, e o limite da ordem é a estrutura relacional, em que os elementos não são absolutamente nada além daquilo que suas relações mútuas os fazem ser, em que, por conseguinte, para sermos exatos, já não há elementos, mas somente relações. De um lado, os elementos sem relação, de outro, as relações sem elementos.

Portanto o princípio da desordem está no próprio elemento, uma vez que ele não se resolve em suas relações. Ou, num nível superior e mais concreto: o princípio da desordem está no indivíduo. É por isso que as possibilidades de desordem vão aumentando à medida que os elementos são mais "fechados em si mesmos", têm mais autonomia em relação aos conjuntos, têm mais individualidade. Para a ciência, um fragmento do sol não é nada de autônomo e livre relativamente aos outros fragmentos do sol. As partes de um organismo, ao contrário, têm, até certo ponto, uma vida própria e independente, uma vez que um ou outro órgão podem estar enfermos sem que os outros estejam. Enfim, numa sociedade, a autonomia dos indivíduos é bem maior.

Mas, se o princípio da desordem está no elemento, de forma que o risco aumenta à medida que o elemento, ou mais concretamente, o indivíduo, conquistam mais autonomia em relação ao sistema, a *própria desordem é desestruturação* – até aquele limite que seria a simples soma. Ou, em outros termos: a principal manifestação da desordem no mundo é a destruição. Na verdade, o que é destruir, senão substituir as estruturas por somas? Um carro torna-se um monte de ferros velhos, um organismo vivo torna-se um monte de carne, etc.

Assim, a análise da ordem – e a distinção das duas maneiras pelas quais a unidade pode chegar a conjunto – conduz-nos a definir a desordem (a desordem "negativa") como desestruturação, *processo que tende a substituir a estrutura pela soma.*

Posto isto, não conviria responder de maneira positiva à pergunta feita acima (§ II): a desordem negativa consiste na substituição de uma ordem por outra?

Já vimos que esse é o caso da desordem "positiva", a cujo respeito falamos de "falsa desordem", e que não é senão o conflito de duas ordens. A revolução, por exemplo, é uma desordem, mas é também a criação de uma outra ordem. A violência é uma desordem, mas desempenha um papel na história. Desse ponto de vista, é uma desordem fecunda. Naturalmente, sempre é possível, quanto a uma desordem fecunda, fazer abstração de seu lado positivo, ou negá-lo, e, neste caso, ela não passa de uma desordem negativa.

Esta consiste num processo de desagregação da estrutura, de desaparecimento da ordem. Enfim, a estrutura é substituída pela soma. Mas a soma não representa a desordem completa. Os átomos do universo acósmico e intotalizável de Epicuro têm propriedades comuns, agrupam-se em espécies, etc. Simplesmente, o conjunto que formam é sem unidade real, natural: nenhuma "natureza" (como potência de unificação universal) os une.

Podemos concluir que toda desordem (toda desordem relativa: deixando de lado a desordem "absoluta" do parágrafo I) consiste, afinal, apenas na substituição de uma ordem por outra.

IV. Assim sendo, o que acontece com a diferença entre as duas desordens (a positiva e a negativa)? Não se confundem numa definição comum? Como manter, entre elas, a oposição entre o positivo e o negativo?

A resposta parece óbvia, uma vez que, primeiro, a diferença entre as desordens só pode originar-se de uma diferença entre as ordens, e de uma diferença que chega até a oposição; segundo, a distinção entre a estrutura e a soma, por ocasionar a distinção entre uma ordem de estruturação e uma ordem de somação, parece colocar, na noção geral de ordem, a diferença e a oposição necessárias. A desordem positiva e a desordem negativa consistem de fato, ambas, na substituição de uma ordem por outra, mas, no primeiro caso, uma ordem de estruturação é substituída por outra ordem de estruturação, e no segundo, uma ordem de estruturação é substituída por uma ordem de somação.

Há que acrescentar que essas noções não devem ficar cristalizadas em oposições fixas. Convém pensá-las relativamente (no sentido em que, em Aristóteles, forma e matéria são correlativos) e dinamicamente. Existem *processos de ganho e de perda de ordem*.

Ao falar de "ganho e de perda de ordem", convém, em primeiro lugar, definir estas noções fazendo abstração de toda consideração de valor. Há "ganho de ordem" quando uma ordem que não existia vem a existir, e há "perda de ordem" quando uma ordem que existia deixa de existir. Devem-se considerar, então, três casos: 1º há ganho de ordem sem perda de ordem – neste caso não podemos falar de desordem; 2º há ganho de ordem com perda de ordem, mas a nova ordem que substitui a ordem antiga é equivalente ou superior a ela: falaremos de "falsa desordem" ou de desordem "positiva", "fecunda", etc.; 3º há perda real de ordem, ou porque o ganho não basta para compensar a perda, ou porque não há ganho algum: falaremos, então, de "desordem verdadeira", de "desordem negativa", "destruidora", etc.

Imaginemos que operários instaurem o poder operário nas fábricas e na sociedade, substituindo uma ordem política por outra ordem política. Deixando de lado, como já dissemos, as considerações de valor, há substituições de equivalentes. Agora, uma "ordem moral" junta-se à ordem política (até então ausente, suponhamos). Do simples ponto de vista da ordem, existe ganho, uma vez que um novo domínio de ordem vem juntar-se aos que já estavam ordenados. Suponhamos, ao contrário, que uma sociedade venha a sucumbir na anarquia política. Desta vez há perda pura e simples de uma ordem que existia anteriormente, sem ganho algum. Desapareceu certa forma de ordem. Estamos vendo que há, realmente, duas desordens: 1º, a "falsa" desordem, ou desordem positiva, é a substituição de uma ordem por outra de mesmo tipo (com acréscimo ou não de uma ordem de novo tipo), 2º, a desordem negativa é o desaparecimento da ordem de certo tipo: certa forma de ordem estava representada, e agora já não está[5].

Pelo efeito da desordem positiva, não há, afinal, perda alguma de ordem, pode haver ganho; pelo efeito da desordem negativa, há, definitivamente, perda de ordem. A desordem positiva deixa sua riqueza para a realidade, ou a torna mais rica e mais concreta, eleva-a a um nível superior; a desordem negativa torna a realidade menos rica em determinações, mais abstrata, fá-la passar de um determinado nível para um nível inferior. Pelo efeito da desordem positiva, todas as formas de ordem representadas na realidade são mantidas; podem juntar-se a elas outras, novas. Pelo efeito da desordem negativa, formas de ordem até então representadas desaparecem, e sem compensação.

---

5. Podemos trabalhar sobre o exemplo proposto por Bergson: o que se deve entender por um quarto "em desordem"? (*L'évolution créatrice*, 62ª ed., p. 233). Suponhamos que os móveis, especialmente a cama, estejam *virados*. *É fato que não podemos utilizá-los*. A idéia de "desordem" que exprime esse fato incontestável é, pois, inteiramente objetiva (apesar de Bergson). A cama já não desempenha seu papel de cama, *já não é* cama. E a noção de desordem exprime precisamente o fato de que as coisas não estão se comportando como deviam para poder desempenhar seu papel em conformidade com sua natureza. Mas a que se deve essa desordem? Deve-se simplesmente ao fato de que a cama está virada? Não: quando a cama é transportada pela empresa de mudança, ela pode muito bem ser virada, e isso é normal. A desordem se deve ao fato de estar a cama virada para baixo *dentro de um quarto*. Vemos que, para falar de "desordem", há que considerar a relação do conjunto (o quarto) e do elemento (a cama). Quando os móveis estão no lugar e na posição adequada, eles formam um conjunto que não é uma simples soma, mas uma estrutura (os elementos são o que são – cama, poltrona, etc. – por sua relação com conjunto). Quando os móveis estão virados, não passam de blocos ou pedaços de madeira ou tecido ao lado um do outro, só têm entre si vínculos exteriores, e temos uma soma. A desordem consistiu na substituição de uma ordem por outra *com perda de ordem*.

V. Depois de fazer a abstração da consideração do valor, convém reintroduzi-la. Todavia, não se trata de reintroduzi-la de maneira exterior, e de trazer de fora apreciações sobre as diferentes espécies de ordem. É preciso que a ordem se diferencie em si mesma, conforme traga ou não, em si, a consideração do valor. A referência ao valor deve ter um caráter estrutural, e por isso, numa ordem de somação, ela está necessariamente ausente.

Num campo de concentração, reina a ordem e, neste sentido, reina o racional, mas não o razoável. Um regime tirânico pode fazer reinar uma ordem rigorosíssima, e, se tudo o que desejamos é a ordem, podemos dar-nos por satisfeitos; mas se toda ordem é racional, nem todas são razoáveis. A distinção entre o racional e o razoável supõe a distinção entre dois aspectos da razão: existe a razão "lógica", ou "científica", ou "técnica" e existe a razão que Kant chama de "prática", a razão moral, digamos, ou, segundo o caso, "ética". A diferença entre ambas é que a primeira – a razão como faculdade do racional – *faz abstração do bem e do mal*, enquanto a segunda – a razão como faculdade do razoável – enxerga, ao contrário, a distinção fundamental. A razão, faculdade do racional, pode ser dita razão *abstrata*, uma vez que faz abstração do concreto por excelência, e a razão, faculdade do razoável, razão *concreta*. É verdade que, no âmbito da razão técnica, podemos empregar o termo *bom*. Diremos: "é uma boa solução", "é um bom meio", etc. Mas, com isso, queremos dizer apenas que estamos de posse de um meio *apropriado* para atingir certo fim, deixando de lado o caráter do fim.

A crise de civilização que nossa época atravessa pode ser definida pela *cisão* do racional e do razoável. O império do racional está imensamente desenvolvido: tudo parece racional ou racionalizável, e o mundo está dominado pelo racional. Mas a razão racional faz abstração do bem e do mal. Em outras palavras, a razão, faculdade do racional, *faz abstração do homem*. E assim, o mundo humano é dominado, atravessado, intimamente governado por uma razão que faz abstração do homem. O razoável, por estar ausente do mundo humano, tende a se refugiar na razão individual. Daí, a analogia entre a nossa época e a época helenística, e a validade da noção de "sabedoria" hoje.

No entanto, somente o razoável tem importância *absoluta*, enquanto o racional não tem senão importância *relativa*. Porque *não existe justificação a não ser pelo razoável*. O que é racional se explica, mas não se justifica por si só – mas apenas a partir do razoável. Na verdade, só existe justificação a partir do Bem. E só o que é razoável é bom absolutamente, e não relativamente. Estamos vendo a diferença entre a ordem racional e a ordem razoável: a primeira é uma ordem *de fato*, e a segunda, uma ordem *de direito*. Num regime injusto e tirânico, reina a ordem, mas é apenas uma ordem de fato, porque o "direito" não faz mais do que exprimir que aqueles que têm o poder são os mais fortes. As palavras que falam de "justiça", de "liberdade", etc. são, então, palavras ocas. Porque há épocas em que as palavras têm um sentido pleno, outra épocas em que as mesmas palavras são vazias de sentido. Isto está na dependência da substância e do espírito da época; as leis da linguagem são então inúteis.

É verdade que, quando falamos de ordem razoável, não estamos querendo dizer que ela não seja racional: queremos dizer que ela não só é racional, mas que é *boa*. Em Platão, a realidade suprema é o Uno-Bem. O Uno representa o lado do racional, e o Bem, o lado do razoável. Porque, para Platão, o mundo não só é suscetível de explicação devido à sua racionalidade, mas também de justificação, uma vez que existe, substancialmente, como deve existir, e é bom. Esta bondade do mundo traduz o caráter fundamentalmente sensato da cidade grega, do mundo humano. Mesmo que a cidade *de fato* seja imperfeitamente real, imperfeitamente boa, a forma do razoável e do concreto foi, em princípio, plenamente atingida, de uma vez por todas. A Cidade razoável não tem de ser realizada, pois já é real. Falta-lhe somente a presença empírica, mas a empiria não passa de uma falsa realidade. A cidade platônica não é, de modo algum, uma visão do espírito, uma utopia, etc., mas, ao contrário, a cidade grega reduzida à sua realidade inata, à sua essência, à sua forma tradicional. A identidade platônica entre o Ideal e o Real exprime a plenitude do homem grego, que forma um só com seu mundo e que não tem de procurar o Sentido, porque já o encontra ali.

Mas, hoje, o racional está separado do razoável. A razão humana faz abstração do homem. O mundo está racional, mas desumanizado. O homem não está como "em sua casa". Não se trata, pois, verdadeiramente, de um mundo, isto é, de um Concreto. O sentido está ausente. O mundo permanece aberto, abstrato e vazio. Muita ordem, certamente, mas uma crise do razoável, do bem e do mal, e como conseqüência, em que pese toda a ordem do mundo, uma desordem fundamental (que atinge o fundamento).

VI. Nos parágrafos precedentes (§§ II a V), tratamos da desordem em relação à ordem, ou seja, da desordem relativa. Mas o relativo opõe-se ao absoluto. Então, não seria possível, a partir da desordem relativa, mas fazendo abstração de toda relação à ordem e de todo caráter de ordem, definir uma espécie de desordem absoluta?

Suponhamos um conjunto estruturado e os elementos desse conjunto. Quando os elementos se tornam indiferentes à lei do conjunto, a estrutura tende a dar lugar à soma, e temos uma desordem. É uma verdadeira desordem, uma vez que há perda de ordem. Mas não é uma desordem absoluta. Para que se opere de fato a passagem da estrutura à soma, ainda é preciso que a ruptura entre o elemento e a lei do conjunto se efetue *ao mesmo tempo* para *todos* os elementos, o que supõe uma lei de desorganização. Quando o pânico se instala numa tropa, são todos os soldados que perdem o sangue-frio ao mesmo tempo. Quando um ser vivo morre, são todos os órgãos, todos os tecidos, todas as células que são atingidas simultaneamente em sua vitalidade. A desestruturação, a decomposição, a destruição, a morte se operam segundo certas leis, portanto segundo certa ordem. Existem leis da desordem: diremos que uma desordem "verdadeira", ou desordem negativa, nem por isso é uma desordem absoluta.

A desordem absoluta apareceria se um elemento do conjunto recusasse não só a lei do conjunto, mas a lei de qualquer outro conjunto, e, geralmente, qualquer lei. Mas como seria isso possível? Esse elemento já não teria relação com coisa alguma, porque não existe relação sem lei (uma relação sem absolutamente nenhuma constância, e também uma relação absolutamente inconsistente é uma não-relação). Isso é impensável no plano dos fenômenos materiais e vitais em que os elementos estão presos em tecidos fechados de relações. Mas o que é impensável no plano da matéria e da vida é pensável no plano humano, em que surge o *eu*, potência de isolamento puro. O indivíduo humano faz parte, objetivamente, de certos conjuntos ou de outros, mas enquanto é um *eu*, um sujeito, separa-se deles. Por um lado, desempenho um papel neste ou naquele conjunto; por outro lado, sou um "eu", e não me identifico com nenhum de meus papéis. O que sou enquanto eu? Não poderia *dizer-me* senão enquanto elemento de um conjunto, senão caindo sob um universal. Por conseguinte, não posso dizer-me. Porque dizer "eu sou eu" não é dizer nada. Se o real é o inteligível, eu nada sou, sou um nada lógico. O *eu* procede não do discurso, do *logos*, mas da experiência vivida.

Mas, no plano da experiência vivida, não seria possível que eu estivesse relegado ao isolamento de tudo e numa absolutamente total ruptura de ordem? O que faz no mundo um elemento que não se insere em ordem alguma, sempre demais, que não tem seu lugar em parte alguma? não representa ele, por si só, um caso de desordem pura? É verdade que, em geral, estou engajado em relações vivas com outras pessoas, nas quais entro em conta simplesmente porque eu sou eu, porque *sou eu*. A totalidade familiar, a totalidade das relações de amizade, a totalidade das relações amorosas, etc. me preservam de meu isolamento, me tornam participante de uma ordem viva. E se, contudo, eu fosse incapaz de estabelecer uma relação satisfatória com as outras pessoas? Se nenhuma totalidade viva me tirasse da minha solidão? Não se deveria ver, nesse caso, a desordem pura, *no fato de não poder inserir-se em nenhum conjunto vivido, na solidão?* Haveria absoluta desordem, uma vez que, enquanto precisamente eu mesmo, eu seria um elemento para o qual não haveria lugar em conjunto algum.

Contudo, vem à mente uma objeção: o eu não pode ser, a contragosto, obrigado a ficar isolado de toda relação, uma vez que é, em si mesmo, uma potência relacional. Estamos falando de "elemento", de "relação", de "conjunto": mas o eu não é um "elemento" como os outros, ele mesmo é produtor de relações, gerador de conjuntos (e, se considerarmos os conjuntos mais ricos em diferenças e os mais altamente estruturados: gerador de mundos). Como o eu, mesmo se estivesse enclausurado em si mesmo pela solidão, poderia representar um caso de desordem pura, ele que é muito mais um princípio de antidesordem, de antiacaso? Quando se encerra e se fecha em si mesmo, não pode ser por uma operação exterior, mas por sua própria operação. Assim sendo, mesmo quando se coloca isolado de tudo, conserva o poder de voltar a ligar-se a tudo, de reconciliar-se com tudo.

Sim. Ainda resta o caso da *solidão sem saída*, em que o eu perdeu a iniciativa relacional: o enclausuramento do eu já não é um enclausuramento só perante os outros, mas perante si mesmo, o eu fica separado de seu próprio poder, o eu já não é um eu. Em outras palavras, há que distinguir o sadio e o doente: a solidão sem saída é a solidão da loucura. Isso supõe que estejamos colocando, entre o sadio e o doente, uma diferença radical, uma diferença de natureza. Mas como negar essa diferença?

Todavia, convém sermos precisos. Concordamos que só seja possível haver diferenças de grau nas condições quantitativas da loucura. Vejamos o que entendemos por isso. Em toda vida humana, encontra-se certa soma de atribulações, de fracassos, de desventuras, etc., numa palavra, *certa quantidade de dor*. O homem normal "digere" os pesares que lhe sobrevêm na vida e os supera. Pode ficar "abatido", "deprimido", até mesmo "desesperado", mas conserva essencialmente um poder de "recompor-se", uma capacidade de iniciativa relacional, porque os pesares de que sofre permanecem entre certos limites normais, isto é, fazem parte dos pesares que podem ser considerados possíveis de ocorrer *bastante provavelmente* na vida. Em oposição ao normal, o doente é o que não é capaz de "digerir" uma quantidade de pesares que permanecem nos limites da normalidade. Mas o normal, se estivesse colocado em situações extremas, como se as pudesse conceber um espírito demoníaco, e em que a quantidade de pesares fosse desmedidamente excessiva, poderia, por mais forte que fosse, ser finalmente levado a perder a razão. Quando consideramos as situações da vida, definidas pelas quantidades de pesares que determinam, há então apenas uma diferença quantitativa ou de grau entre as condições compatíveis com a saúde mental e as que provocam a enfermidade.

Mas isso não impede que exista uma diferença de natureza entre o estado de saúde e o estado de doença. Com uma imagem, esta diferença poderá ser melhor compreendida. Podemos considerar que nossa saúde mental admite altos e baixos. Ora está melhor, ora não tão boa. A ira, dizem, é uma breve loucura, etc. Quando a saúde não está tão boa, quando nosso estado piora, é como se descêssemos uma ladeira. Quando degringolamos ao descer uma ladeira, há um momento em que ainda conseguimos segurar-nos e outro em que já não o conseguimos. O sadio é aquele que, por "pior que esteja", ainda consegue "segurar-se", o doente é o que não consegue segurar-se, que se entrega de uma vez e que sucumbe. O instante em que a evolução se torna *irreversível* (salvo no caso de um tratamento terapêutico) introduz, evidentemente, uma diferença radical. O eu sofre uma modificação que o separa de si mesmo, que o separa de seu poder. Daí em diante, o indivíduo humano ficou fora da totalidade humana e viva. Encontra-se num estado de total dependência em relação aos humanos. Enclausurado numa solidão sem saída, já não tem poder de diálogo. Torna-se necessário que os humanos o mantenham no meio deles com pulso forte. Mas aquilo que tiram assim do inumano não passa de um "doente", de uma sombra de ser humano, não é realmente um eu. Considerando-se a população dos asilos e o "conjunto" que formam os doentes, o que eles representam? um não-conjunto fadado à desordem absoluta, porque os elementos só estão ali na medida em que não têm entre si ponto comum (enquanto eu), não estariam ali se admitissem pontos comuns entre si, enquanto eu (se pudessem estabelecer ligações de amizade, etc.). Os médicos e a administração hospitalar não têm alternativa senão colocar lado a lado elementos que têm como único sentido (uma vez que o eu é relacional) o fato de não se reduzirem a um simples lado a lado. Cada eu, como tal, não faz parte de nenhum conjunto, está completamente isolado no abismo de uma solidão sem saída.

VII. Assim, a partir da desordem relativa, foi-nos possível definir a desordem absoluta, e encontramo-la de forma concreta no quadro da experiência humana. Entretanto, com a loucura (o enclausuramento mental), a pura desordem se apresenta ainda apenas como um fenômeno local no interior da totalidade. Como passar da parte ao todo? Qual é a repercussão da desordem absoluta numa das partes no âmbito da totalidade? Quando a absoluta desordem se encontra em algum ponto do conjunto das coisas, e sendo ela inelimínável, essa desordem não se instala inevitavelmente no plano da totalidade? e, então, como pensar a totalidade?

Um conjunto de loucos é um não-conjunto, absolutamente desordenado. Os loucos não podem integrar-se em nenhuma totalidade viva. Estão, cada um deles isoladamente, excluídos de tudo. Diremos que o conjunto que formam é pelo menos uma soma. Nós os contamos. Mas o que é que contamos? Aquilo que é suscetível de ser contado: "doentes", "internos", "unidades", etc., não os *eus*. Porque um eu só se liga a outros em virtude de seu poder relacional, ou não se liga. Os eus não são suscetíveis de ligações externas. Não existe meio-termo, para eles, entre as ligações internas e o não-vínculo. Quando, pois, eles perdem, uns em relação aos outros, o poder relacional, caem completamente fora um do outro, e ficam numa exterioridade absolutamente total. Se, por conjunto *discordante*, entendermos um conjunto que não comporta espécie alguma de ordem, um conjunto de loucos é um conjunto discordante. Para sermos mais exatos, não existe *conjunto*, e quando falamos de "conjunto", não pretendemos reunir os loucos enquanto loucos. Porque a loucura é uma enfermidade do eu, ou, quando falamos em termos de "conjunto", e de "elemento", a loucura é uma enfermidade do elemento pela qual este se exclui de todo conjunto. Então já não há nem "elemento" nem "conjunto", mas a discordância.

O pseudoconjunto dos loucos não é o único exemplo de conjunto discordante. Podemos pensar no conjunto formado pelos homens, pelas mulheres e pelas crianças nos vagões lacrados que partiam para a Alemanha, ou naquelas crianças de Varsóvia (agosto de 1942) que Mary Berg viu caminhar em filas, duas a duas, e muito em ordem, com seus aventais brancos e suas trouxinhas, rumo ao cemitério onde foram fuziladas (*Journal*, p. 196), ou naquele caminhão que Elie Wiesel viu despejar sua carga de criancinhas no fosso de onde subiam as chamas (*La nuit*, p. 57), etc. Se fizermos abstração do bem e do mal, esses conjuntos são "ordenados"; o que, porém, constitui uma absoluta desordem é o fato de ter sido e de ser possível existirem semelhantes conjuntos. O carregamento de um caminhão é algo de normal, mas um carregamento *igual* ao que acabamos de evocar, em que pese o que tenha de racional, constitui uma desordem e uma absoluta desordem. Porque o racional não é nada, o razoável é tudo. E o racional, quando está a serviço de uma razão desarrazoada, que faz abstração do homem, causa horror. Estamos falando de "absoluta desordem": por que "absoluta"? Porque fatos iguais a esses que acabamos de evocar (e poderíamos também escolhê-los num passado menos remoto, ou num passado recente, ou no presente) estão *fora de qualquer ordem razoável possível*: é impossível conceber uma ordem (razoável e boa) em que eles caibam, em que se integrem. Objetar-nos-ão que subsiste uma ordem racional, nem que seja, afinal, pura ordem de somação: as crianças dos campos de concentração tinham número? Não, não podemos *objetar* isso. A ordem puramente racional, diante da ordem razoável, não conta. Construir uma ordem somente racional no caso em que, por se tratar de seres humanos, a única ordem que possa ter um sentido é a ordem razoável, é construir a desordem, é construir o absurdo. Porque, como diz Pascal, há ordens "que diferem em gênero" (Br. 793). A razão puramente racional faz abstração do razoável, mas, conforme os casos, ela tem ou não o direito de fazê-lo. Quando faz abstração do razoável enquanto não tem direito a isso, é uma razão instauradora não da ordem, mas da desordem, é uma razão absurda, uma razão louca: como a racionalidade nazista nos campos de concentração... Quando a desordem se instala na razão, quando a própria razão está esquecida do razoável, do bem e do mal, não temos uma desordem relativa, mas sim uma absoluta desordem.

Mas é preciso ver as conseqüências da existência de uma "desordem absoluta" para a visão do mundo do filósofo. O filósofo, como tal, fala daquilo que existe, da totalidade do que existe. O filósofo, não como tal, mas como filósofo por excelência (pelo menos conforme a imagem clássica do filósofo), chega à (ou tende para a) visão de conjunto em que ele entende o conjunto dos entes à luz do Princípio. Admite e vê que, uma vez que nada é sem razão de ser, o mundo é uma totalidade sensata que tem seu fundamento em Deus – a Razão eterna, o Razoável por excelência. Todavia, com isso, ele pressupõe que não possa existir pura desordem. Porque se existisse uma desordem absoluta, isso significaria que alguma coisa não teria razão de ser, não teria justificação possível. Haveria alguma coisa que, em nenhum caso, poderia encontrar lugar num mundo sensato e razoável. Ora, para falar *do* mundo, é necessário pressupô-lo sensato. Já não seria possível chegar à visão de conjunto, porque já não haveria um único conjunto (estruturado). Pelo fato de que um elemento de desordem ficasse excluído da totalidade, a totalidade deixaria de ser totalizável. Não mais haveria discurso uno da realidade, nem "logos", nem "ordem do mundo", nem "Deus", nem "mundo". Já não haveria Deus, pois a noção de "Deus" significa precisamente que tudo tem sua razão de ser, e que não pode haver nem mal, nem desordem absolutos. Não haveria "mundo", se entendermos por mundo um conjunto sensato de que participam todos os entes finitos.

A noção de uma desordem absoluta conduz a recusar a logicização filosófica do mundo, tal como a encontramos em Aristóteles, Leibniz, Hegel, etc. É certo que esses filósofos enxergaram só de certa maneira. Pensar filosoficamente é pensar do ponto de vista do razoável, não simplesmente do racional, e nisso, a filosofia, como tal, ou (para empregar uma linguagem possível em certas épocas, não na nossa) a Ciência, difere em natureza *das* ciências, que permanecem necessariamente abstratas e particulares. Ou, em outros termos, a filosofia não pode fazer abstração do homem; ao contrário, sempre é secretamente guiada pela questão do homem, do sentido do homem. Por outro lado, não há por que dirigir a esses filósofos a menor "censura", pois pensaram o mundo exatamente como o mundo, em sua época, devia ser pensado. Mas a nossa época é diferente. E o filósofo tem de ser contemporâneo de sua época, e não de outra. Deve expressar a verdade de sua época, ou conformar-se à maneira de ver as coisas que sua época torna possível. Do contrário, o mundo em que vive não é o nosso, mas o de Aristóteles, de Santo Tomás, etc. Na época da cidade grega, o razoável e o racional estão unidos, conciliados; ao vir ao mundo, o homem vem para o sentido. Mas o que se passa hoje? O racional está separado do razoável, a racionalidade que invade tudo faz abstração do homem, dos fins e do sentido do homem, o mundo que ela constrói para nós é desumanizado, abstrato e vazio. Não que a nossa época não tenha analogia com essa época anterior, mas mais do que à época da cidade grega, é à época helenística que ela se assemelha, não à de Platão e Aristóteles, mas à de Pirro, de Arcésilas, de Epicuro.

A desordem absoluta, que, em nossa época de barbárie racional, tornou-se impossível negar (não poderíamos negá-la senão com as palavras de Santo Tomás, de Leibniz, etc., isto é, com palavras que já não são adequadas), obriga a ver o mundo, ao menos de um ponto de vista filosófico, como sem unidade, nem sentido, nem ordem verdadeiros e, se "mundo" (cosmos) significa "ordem", não mais como mundo, mas como um conjunto discordante. E é preciso observar que a noção de uma absoluta desordem não destrói somente a idéia de um Princípio ou de uma Substância razoáveis do mundo, assim como a possibilidade de um discurso absolutamente coerente da realidade (porque a desordem absoluta é essencialmente alógica e antilógica), mas também a pretensão do mundo (ou do quase-mundo) e dos entes mundanos de serem reais e a própria idéia de ser. De fato, não é possível existir sem ser isto em vez daquilo, assim em vez de assado, etc. Mas, quando reina a desordem, nada é isto em vez daquilo, assim em vez de assado, etc. Encontramos o *ou mallon* pirrônico e a categoria da aparência-totalidade, da aparência universal ou absoluta. Irão dizer: as coisas não são aquilo que são? uma casa não é uma casa e não uma gaiola? cem reais não são cem reais? os juízes não são juízes? os médicos, médicos? os professores, professores? os culpados não são culpados e os inocentes, inocentes? e as pessoas honestas não são reconhecíveis, os crimes não são crimes? o bem não é o bem e o mal não é o mal? Mas esses exemplos, precisamente, deixam uma dúvida. As coisas são aquilo que são se fizermos abstração daquilo que valem, daquilo que significam. Mas as coisas, se fizermos abstração de seu valor, do bem e do mal, são somente coisas abstratas: seres matemáticos, etc. Para as coisas concretas, que fazem parte do nosso mundo humano e vivo, o ser e o valor (ou a significação) não se separam. Portanto a crise do valor, do bem e do mal, não diz respeito só ao valor, mas ao ser. Porque a ordem apenas racional nem por isso é real. Essa ordem pode reinar também num universo de sombras, de imagens, de figuras abstratas, de aparências. Só o razoável é real, e a crise moderna do razoável é uma crise do real. As coisas já não têm uma natureza estável em que possamos confiar. Qualquer que seja a ordem racional, instala-se por toda parte uma desordem mais profunda. Não há mais do que aparências, e cada um as julga como entende. Assim, a desordem absoluta obriga a uma nova visão, uma visão acósmica, do mundo. Ela revela a desordem universal de um mundo em que é possível a desordem absoluta, o caráter ilusório da pretensa "ordem do mundo" e também de toda logicização. Porque a desordem absoluta não pode referir-se somente a esse conjunto discordante particular, ela repercute necessariamente na Totalidade, e constitui a totalidade como conjunto discordante. Não é possível termos, por um lado, a desordem absoluta circunscrita, limitada, e as considerações que a ela se referem, e por outro lado, a ordem razoável do mundo, pensada num discurso uno. Já não há unidade, nem totalidade una, nem discurso uno, uma vez que um aspecto das coisas permanece fora da totalização, numa disparidade inassimilável. A realidade em seu conjunto, pensada a partir da desordem absoluta que está nela, já não se apresenta a nós com toda a racionalidade e toda a "ordem" de que se vangloria, só se apresenta como ilusória, inconsistente, irreal.

Podemos citar aqui os dizeres de Enesidemo: "a razão (*logos*), em seu uso pirrônico, é uma espécie de memória (*mnèmè*) das aparências ou dos objetos de pensamento de qualquer espécie, graças à qual todas as coisas são comparadas a todas, e se revelam, por esta confrontação, cheias de irregularidade (*anômalia*) e de desordem (*tarachè*)"[6]. Ser razoável é, para o filósofo como tal, ter memória, é *lembrar-se de tudo*. É, diante dos lados bons e razoáveis do real, não esquecer, não negligenciar os lados maus, mas operar uma comparação, uma confrontação, de onde resultará, quando temos um lado de mau e de desordem absolutos, que o lado mau não pode, de modo algum, ser anulado, compensado pelo outro, de modo que não há ordem razoável que os englobe a ambos ao mesmo tempo. Então a totalidade se mostra realmente quebrada e discordante, "cheia de irregularidade e de desordem". E, se aquilo que não comporta a ordem constitutiva do ser e da essência não *é* verdadeiramente, a pretensa "realidade" não tem verdadeiro ser: na linguagem de Enesidemo, ela não é mais (*ou mallon*) do que não é, ela se esgota na aparência.

1973

---

[6]. Diógenes Laércio, IX, 78. Cf. *Pyrrhon ou l'apparence*, p. 153.

10

A noção de "ordem do mundo"

"Este mundo sobrepuja, em perfeição, todos os outros", diz Leibniz (*Théodicée*, § 416); ele realiza a melhor ordem possível. Mas o que vale a própria noção de uma ordem universal, de uma "ordem do mundo"? É isso que nos propomos examinar aqui.

Em primeiro lugar, vamos definir a ordem considerada em seu grau de perfeição segundo Platão, e vamos compará-la à ordem *mínima*. Depois, chegaremos aos problemas filosóficos essenciais que esta noção suscita (entendendo, por problemas "filosóficos", aqueles que se apresentam quando consideramos a realidade em seu conjunto). No § IV refletiremos sobre estas questões mesmas, sobre a maneira como convém que sejam propostas hoje e sobre a espécie de verdade que podemos atingir. No § V, diremos, enfim, no que consiste, a nosso ver, a ordem do mundo. "Mundo", "ordem (universal)": veremos que estas palavras são excessivas. Porque, hoje, a meditação é a meditação de um irrazoável absoluto – que, na verdade, é a meditação por excelência da razão que chamamos de "moderna" (que deveria, talvez, ser chamada de "pós-moderna"), a que vê, enfim, o mal (a desordem absoluta) como ele é, a saber, como injustificável. Uma vez que nosso ponto de partida foi a consideração sobre a ordem racional e a ordem razoável, portanto sobre a ordem completa, mas segundo Platão, ou seja, segundo a razão antiga, poderíamos julgar oportuno definir uma nova ordem razoável, um novo *cosmos* segundo a razão moderna; mas o irrazoável absoluto, por ser ineliminável, não pode remeter a uma nova ordem razoável. Portanto, não é possível considerar a totalidade das coisas como realizando essa ordem: toda ordem razoável (assim como a racional) é necessariamente *parcial*. Será esse o "resultado" de nosso trabalho.

I. A ordem é o objeto da razão, mas é também o seu ideal.

"Ao empregar a palavra *razão* (no sentido subjetivo)", diz Cournot, "pretendemos designar a faculdade de perceber a razão das coisas, ou a *ordem* segundo a qual os fatos, as leis, as relações, objetos de nosso conhecimento, se encadeiam e procedem uns dos outros" (*Essai sur les fondements de nos connaissances*, § 17). Esta definição da razão e da ordem que é o seu correlato é não falsa, por certo, mas incompleta; assim sendo, permanece irremediavelmente intelectualizada, científica e abstrata. A razão das coisas não é só a "noção de um *vínculo abstrato* em virtude do qual uma coisa está subordinada a outra que a determina e que a explica" (§ 13), e a razão subjetiva é, na realidade, outra coisa além de "a faculdade de perceber as *relações* que fazem que as coisas dependam umas das outras e sejam constituídas de um modo e não de outro" (§ 16). Porque os homens – e este é um fato que a meditação do filósofo não pode deixar de levar em conta –, os homens, digamos, aspiram, com todas as forças, a não viver no abstrato, ou num mundo (pseudomundo) que não seria senão uma rede ou uma trama de "vínculos abstratos", mas num mundo verdadeiro, *razoável*, isto é, num mundo sensato, num Concreto. A razão, diz Cournot (§ 16), não é apenas a faculdade pela qual o espírito percebe o "como" das coisas, é aquela pela qual percebe o "porquê" delas. Sim, mas ele desenvolve assim: o porquê das coisas, ou seja "a explicação de sua maneira de ser e de suas dependências mútuas". Mas quando um homem morre e pergunta "por quê?", a palavra soa bem diferente e de maneira muito mais profunda. O homem que vai morrer sabe que morre *porque* está demasiado velho ou doente, etc., e que os cientistas explicitam isso considerando todas as espécies de "dependências mútuas". Mas ele pergunta: por que tem de existir toda essa racionalidade? Há um ponto de vista sob o qual a morte pudesse não só se explicar (por causas ou motivos racionais), mas também justificar-se, isto é, mostrar-se como razoável e boa, a nós e àquele que vai morrer, e que interroga, enquanto ser razoável? Há um ponto de vista sob o qual os mortais possam compreender que é melhor que a morte exista?

Cournot (§ 17, nota 1) cita Bossuet: "A relação entre a razão e a ordem é extrema. A ordem pode ser colocada nas coisas somente pela razão, e só por ela pode ser entendida; é amiga da razão e seu próprio objeto" (*Traité de la connaissance de Dieu et de soi-même*, I, § 8). Esse texto faz parte de um belo desenvolvimento em que Bossuet estabelece uma relação entre a ordem e a beleza, a qual, diz ele, "não consiste senão na ordem, isto é, na boa disposição e na proporção". Todavia, é menos significativo que este: "Tudo o que mostra ordem, proporções bem estabelecidas e meios próprios para criar certos efeitos, *mostra também um fim expresso*; por conseguinte, um desígnio formado, uma inteligência organizada e uma arte perfeita" (*ibid.*, IV, § 1), texto imediatamente seguido de uma admirável definição da natureza: "pelo nome de natureza, entendemos *uma sabedoria* profunda que desenvolve com ordem, e de acordo com regras exatas, todos os movimentos que vemos". No § 396 do *Essai*, Cournot retoma e desenvolve a frase de Bossuet que citara no § 17. A ordem, diz ele, deve satisfazer "às condições de simplicidade, de unidade e de harmonia que, segundo a nossa razão, constituem a perfeição da ordem". Contudo, o mal-entendido com Bossuet subsiste. Os termos "finalidade", "sabedoria", "bondade", que marcam a diferença e a passagem do racional ao razoável, não aparecem. Na realidade, encontramos em Bossuet uma concepção mais rica e mais completa da ordem. Entretanto, não há razão para nos determos mais nesse orador: é melhor voltar a Platão, o seu primeiro autor. De fato, é em Platão que encontramos a concepção completa e concreta da ordem, que não separa o lado racional, científico, da finalidade e do sentido. Porque existem dois aspectos da razão: a razão que podemos chamar de "racional" ou "intelectual", e a razão "razoável", que não deixa de lado os valores, o bem e o mal, nem o homem; e existem dois aspectos da ordem: a ordem racional, em si indiferente ao bem e ao mal, e que pode, pois, encontrar-se a serviço tanto de um como de outro, e a ordem razoável, e por isso mesmo, boa.

Mas a questão é saber o que a ordem exige quanto ao racional e ao razoável, quanto à separação dos dois aspectos ou quanto à subordinação de um ao outro. A esse respeito, o ensinamento de Platão baseia-se nisto: primeiro, o racional não deve ser dissociado do razoável, depois, deve estar subordinado a ele. Porque a inteligência não deve atuar à parte; e as ciências não têm seu fim em si mesmas. Trata-se de uma nova orientação da vida, e de volver o olhar para outra direção, diferente daquela a que estamos habituados. Somente a idéia do bem "comunica a verdade aos objetos cognoscíveis, e ao espírito, a faculdade de conhecer" (*Rép.*, VI, 508 e); só "dispensa e proporciona a verdade e a inteligência", esta mesma idéia do bem, "que é necessário ver para se conduzir com sabedoria, quer na vida privada, quer na vida pública" (VII, 517 c). O que dizer, senão que a inteligência puramente racional ou intelectual, como é a inteligência que atua na ciência moderna, não tem a verdadeira inteligência de tudo aquilo que conhece? A ciência moderna deixa a razão insatisfeita, da mesma forma que as explicações dos físicos deixavam insatisfeito o Sócrates do *Fédon*. Porque uma "explicação" não explica quando não apresenta a razão suficiente. E apresentar a razão suficiente é mostrar por que é *melhor* que as coisas sejam assim, e não de outro modo, é mostrar, no mundo físico, uma ordem não só racional, mas também razoável. Isso é possível, admitindo, com Anaxágoras, diz Sócrates (*Phédon*, 97 c), que foi o Espírito (*noûs*) que "pôs todos em ordem" e que é "causa de todas as coisas"; é preciso também mostrar que "cada coisa em particular" se encontra no quadro da realização da ordem universal, disposta "da melhor maneira possível", o que Anaxágoras não faz, e que será objeto da dialética "descendente" de Platão. Então, somente se o mundo é um *cosmos*, isto é, uma ordem não só racional, mas bela e boa, é que podemos dizer que a "ordem *vale* infinitamente mais do que a desordem" (*Timée*, 30 a). Mas, se fizermos abstração do valor, não haverá razão alguma de dizê-lo. O mundo, nesse caso, ainda que fosse um sistema perfeitamente racional, não "vale" mais do que a desordem. Para que a causa do mundo deva ser concebida como "divina", é preciso que ele constitua uma ordem bela e boa.

Essa é, pois, a noção completa da ordem, como a encontramos em Platão. Podemos dizer que a noção de *cosmos* é a de uma ordem *máxima*. E convém analisá-la sucintamente. Em seguida, passando para o outro extremo, tentaremos definir a noção de uma ordem *mínima*. Um *cosmos*, diz o *Górgias*, é o que realiza um artesão que exerce bem o seu ofício: ele dispõe todos os elementos de seu trabalho "com uma ordem (*taxis*) rigorosa", um em relação ao outro, de maneira que o conjunto tenha certa forma (*eidos ti*), isto é, uma estrutura (503 e). É assim que a disposição das partes de uma casa e sua "proporção" (*cosmos*, 504 a) constituem a qualidade própria e o valor dela como casa; e é assim também com um navio, com o corpo, em que a ordem e a proporção produzem a saúde, ou com a alma, na qual a "ordem e a harmonia se chamam a disciplina e a lei, que fazem os bons cidadãos e as pessoas honestas – e é isso que constitui a justiça e a sabedoria" (504 d, trad. fr. A. Croiset). Assim, a qualidade própria, ou virtude (*arétè*), de uma coisa qualquer resulta da realização da ordem específica dessa coisa. Esse *cosmos*, em que o todo não é o simples resultado do jogo mútuo ou da interação das partes, mas subordina a si as partes, determina-lhes a estrutura e a proporção, é, por isso mesmo, um sistema de razões finais – razoável e não apenas racional. É por isso que Platão pode dizer: "uma alma em que se encontra a ordem que convém à alma *vale mais* do que aquela de que essa ordem está ausente" (506 e). Há subversão da ordem, e desordem por subversão da ordem, quando o racional não está submetido ao razoável, quando, por exemplo, o homem desenvolve ilimitadamente seus conhecimentos e seus meios de ação sobre a natureza sem ter o cuidado de se ater à justa medida de conhecimentos e de técnicas necessárias para tornar a vida melhor. Toda desproporção acarreta uma desordem, e toda busca infinita envolve uma desproporção e uma insensatez. Naturalmente, para Platão, o *cosmos* por excelência é o Mundo, o Todo absoluto que contém todos os todos parciais.

Tentaremos agora determinar a condição mínima para que possamos falar outra vez de "ordem". A pergunta: "como definir a ordem *mínima*?" pode ser entendida, em princípio, referindo-se à ordem razoável ou à ordem racional. Entretanto, como se trata de determinar a ordem como tal, convém deixar de lado tudo aquilo cuja abstração ainda deixa subsistir uma ordem qualquer. Descartaremos, pois, o aspecto de finalidade e de razoabilidade. Descartaremos também, pela mesma razão, a noção de primazia do todo sobre as partes, de subordinação das partes ao todo. O todo orgânico e estruturado dá lugar à totalidade aditiva, à simples soma, ao amontoado. Ainda existe ordem num monte de lixo? Heráclito teria escrito, se aceitarmos uma restauração discutível de Diels: "Qual um monte de lixo jogado ao acaso, a mais bela ordem, o mundo (*cosmos*)!" (fr. 124 Diels-Kranz), texto que se compreende claramente como polêmico e irônico, até mesmo sarcástico: a mais perfeita ordem, o *cosmos*, o mundo, ordem absoluta que engloba todas as ordens parciais, seria o resultado de elementos reunidos ao acaso, que absurdo! Se recusarmos a correção de Diels, leremos: "De coisas espalhadas ao acaso, a mais bela ordem, o mundo." Tanto numa leitura quanto na outra, ao *cosmos* estão opostos a desordem e o acaso. Deve-se ver, em um "monte de lixo" ou num conjunto de "coisas espalhadas ao acaso", isto é, em qualquer dos casos, num conjunto de objetos heteróclitos, jogados confusamente, uma pura desordem? Assim sendo, pode ela, contudo, ajudar-nos a definir uma ordem *mínima*? É certo que um monte de lixo pode dar ocasião a operações de triagem, que obedecerão a regras: por exemplo, retiraremos, do monte de lixo, todas as cascas de vegetais e faremos um monte; ao lado, haverá um monte de aparas, depois o monte de cacos de louça, o monte de medicamentos inutilizados, o monte de papéis velhos, que poderá, por sua vez decompor-se em monte de jornais velhos, monte de cartas velhas, monte de livros de orações obsoletos, etc. Assim, aquilo de que se compunha o monte de lixo são apenas componentes do próprio mundo. Qualquer coisa pode ser colocada entre os refugos. Ela deixa, então, de desempenhar seu papel, de exercer sua função no mundo, isto é, de ser o que era. Perde a qualidade e a natureza próprias, está sem essência, já não é nada. Louça quebrada já não é louça etc. Não podemos selecioná-la para fazê-la funcionar como louça, mas só para fazer um monte. O *cosmos*, então, como a mais perfeita ordem, é um sistema de ordens subordinadas e parciais, enquanto o monte, ao qual se reduz o mundo quando os seus elementos são colocados entre os refugos, não contém senão montes. Com o monte de lixo, temos a pura desordem como negativo da ordem, o que significa que a ordem se deixa reconhecer nele como negada. Se fizermos abstração dos valores, da razoabilidade, não parece que poderemos nos ver diante de uma desordem mais perfeita do que a miscelânea *que pode ser triada*. A miscelânea que não podemos triar não tem os caracteres de uma desordem. Os elementos já não estão privados de qualidade própria, transmudam para outra natureza, a do esterco, por exemplo. A miscelânea *triável* mostra a ordem como *não mais existindo*; mas se a confusão é tão total que se torna fusão, não falamos, e não há razão para falarmos, de desordem. Ora, se a miscelânea designa um estado de desordem, a operação da triagem vem colocar, nesse estado, um mínimo de ordem. Não cria nenhuma estrutura, mas divide o monte inicial, em que tudo se embaralhava, em montes homogêneos. É certo que a louça quebrada, os papéis velhos, etc. só são bons para desaparecer; não são nada, sendo o que são: têm de desaparecer, de ser transformados, para que possam voltar a participar da vida do mundo. A triagem não lhes altera a natureza (a não-natureza), não lhes acrescenta nenhuma qualidade própria, nenhum valor; entretanto, constitui montes, ou seja, conjuntos que têm uma unidade – se bem que exterior, e negativa.

Com o monte, ou mais geralmente, com o conjunto homogêneo, como correlato da operação de triagem, isto é, de separar e reunir os análogos, temos, ao que parece, um mínimo de ordem, ao passo que, com a confusão, ou o conjunto de objetos heteróclitos, passamos da ordem à desordem. Segundo o texto de Heráclito, a miscelânea é constituída de coisas na verdade não realmente reunidas, mas jogadas, "espalhadas ao acaso", isto é, sem regra alguma, enquanto a constituição de um monte homogêneo supõe que sigamos a regra de colocar juntas as coisas que se assemelham. Portanto, a ordem mínima se caracteriza pela *regra*, por parte do sujeito que estabelece a ordem, e por parte do objeto, pela *unidade* que resulta do fato de ter sido estabelecida a ordem. A ordem, de maneira geral, pode ser definida como aquilo que constitui a unidade de uma multiplicidade, quer se trate de uma unidade real inerente às próprias coisas, ou de uma unidade relativa à nossa maneira de pensar.

II. Tentamos definir a ordem; mas quer se trate da ordem perfeita em seu gênero de um *cosmos*, ou da ordem absolutamente perfeita do *cosmos*, ou, rudimentarmente, da ordem mínima de simples somação, temos sempre duas ordens frente a frente e em correlação. A ordem está do nosso lado e do lado das coisas. Então, neste ponto, apresenta-se uma primeira questão filosófica, que é a de saber qual ordem é a primeira. A ordem "das coisas" não é apenas uma projeção, nas coisas, da ordem que é nossa, mas que colocamos nelas? Ou a ordem nossa é, de direito, segunda e ordenada por uma ordem independente de nós, a ordem do ser? Numa palavra, qual é a relação da ordem com o ser? Podemos tomar como ponto de partida o fato incontestável de que existe uma ordem que vem de nós: procuramos a verdade segundo um método, segundo certa ordem metódica, apresentamos aquilo que sabemos segundo uma ordem de exposição, agimos ordenando a nossa conduta de acordo com o objetivo que queremos atingir, toda prática supondo o pensamento da ordem na qual fazemos sucederem-se nossos atos, etc. Ora, parecia evidente a Platão e a Aristóteles que até a possibilidade do pensar como *logos* e do comportamento como orientado e ordenado segundo o sentido era fundamentada na realidade ontológica de uma ordem estável. Como questionar, responder, discutir, ou, em todo caso, provar, demonstrar, se não houver uma natureza das coisas, uma realidade imutável das formas, das estruturas? A condição de toda verdade, teórica ou prática, é que haja uma ordem no próprio ser. O conhecimento é verdadeiro porque revela uma ordem, a das próprias coisas.

Essa concepção realista tem, a seu favor, a experiência do conhecimento: conhecer é conhecer alguma coisa *outra*. Por isso, o homem de ciência moderno é tão espontaneamente realista. A ciência procura enxergar, entre coisas múltiplas, alguma razão de unidade, especialmente classificar os seres de acordo com o seu parentesco real, ou unificar fenômenos aparentemente discordantes sob leis simples. Isso significa que não basta estabelecer, entre essas coisas múltiplas, uma unidade qualquer, de qualquer maneira que seja. Quando unificamos de maneira arbitrária, não fazemos mais do que substituir uma confusão (a que a inteligência percebeu inicialmente como remetendo a uma tarefa de esclarecimento) por outra. Confundir, numa mesma classe, o tatuzinho e a centopéia porque enrolam o corpo em bola, ou o ouriço e o porco-espinho por serem recobertos de espinhos, não é conhecer, porque não é unir (e separar) como convém. Não se deve substituir uma razão real de unidade por uma razão de unidade imaginada por nós. Isso só pode dissimular a ordem verdadeira ou natural, retardar a percepção dela. Não somos, pois, livres no modo pelo qual podemos passar da desordem dos dados imediatos à ordem inaparente: quando não respeitamos as razões reais de unidade inscritas nas próprias coisas e em sua natureza, permanecemos no pensamento confuso, mesmo que a confusão deixe de ser percebida. Essa é a concepção ingênua do homem de ciência. Ele visa à inteligibilidade do real, e pensa alcançá-la na medida em que percebe os estratos, as rupturas, as organizações, os parentescos, as leis que estão na própria realidade (ao menos aproximativamente). Parece-lhe necessário recortá-la em partes segundo suas articulações naturais, como o bom cozinheiro de Platão. A filosofia espontânea do homem erudito, ou do homem que sabe, pela experiência direta, o que é o conhecimento, encontra uma expressão exemplar na concepção positivista da superposição objetiva das ordens: "ordem exterior, primeiro material, depois, vital", em seguida "ordem humana, primeiro social, depois, moral" (ver A. Comte, *Catéchisme positiviste, troisième et quatrième entretiens*). E, assim como o homem de ciência procura perceber a razão de unidade de domínios particulares do real, também é preciso, para A. Comte, desistir de procurar a "estéril realidade exterior", como fizeram em vão todos os filósofos, diz ele.

Por outro lado, para o idealismo moderno (o platonismo é mesmo um idealismo, mas como realismo da Idéia), as coisas e a ordem nelas que as faz cognoscíveis só são aparentemente independentes do espírito, do entendimento que as conhece dentro da ciência. Os objetos, na experiência aparentemente *dados*, sem que o saiba o eu empírico que os constata e os encontra diante de si, são na realidade construídos, na forma de seu parecer, e postos pelo eu universal, ativo e organizador. A ordem da natureza, pelo menos como fenômeno relativo ao sujeito finito, isto é, à ordem que conhecemos na natureza, não é senão aquela cujo princípio está em nossas próprias faculdades de conhecimento. Mas a ordem que *conhecemos* não é senão a ordem racional, pois a ciência ignora a linguagem dos fins. Mas tal ordem não se basta a si mesma, e deve ser pensada como subordinada a uma ordem razoável. O homem é razoável: tem, como ser moral, a faculdade dos fins, ou melhor, de um fim que não é outro senão a própria razão. A razão não está construída: é exigência, e não execução; é finita no homem, na forma da absolutez de um *dever*. Mas semelhante exigência da razão, de se tornar realidade, só é razoável quando a realidade, em seu fundo, se presta a tal realização. A razão só pode tornar-se realidade quando a realidade já é, em si, razão. Assim, no idealismo relativo de Kant, a ordem cinde-se em ordem racional cognoscível e em ordem razoável somente pensável, mas na qual a primeira encontra sentido e fundamento.

O idealismo absoluto de Hegel revoga essa cisão num racionalismo superior. A razoabilidade já não é um mais além. Está ali, em unidade concreta com o real: porque "aquilo que é razoável é real, e aquilo que é real é razoável" (podemos dizer "racional" em vez de "razoável", uma vez que um já não se opõe ao outro). A filosofia, cuja tarefa é compreender aquilo que existe (a razão como realidade, *Wirklichkeit*, e a realidade como razão), pode cumprir-se, cumprimento esse possibilitado pelas novas condições históricas nascidas da Revolução Francesa, que constituiu politicamente a razão (a razoabilidade) e, deste ponto de vista, pôs termo à história universal anterior. A ordem, racional e razoável, é uma e única, quer se mostre na fenomenalidade na forma das figuras determinadas da consciência (*Fenomenologia*), quer se desdobre organicamente em sistemas de conceitos determinados. Não há senão um saber, que já não é, como em Kant, um saber do entendimento, e portanto do finito, mas um saber da razão pela razão, infinito e absoluto.

Perguntávamos se a ordem está, em primeiro lugar, de nosso lado ou do lado das coisas, e acabamos de indicar duas posições extremas e duas posições intermediárias. Todavia, os dois extremos coincidem: quer a ordem esteja inteira do lado do Objeto (cf. E. Weil, *Logique de la philosophie*, cap. VI: "L'objet"), quer esteja inteira do lado do Sujeito, como Sujeito-Substância absoluto, trata-se da mesma ordem, a do Conceito ou da Idéia. Para Platão, e também para Hegel, a razão é, e o ser é razão; todo o desdobramento, ou o desenvolvimento, sensato do mundo funda-se numa ordem eterna e imutável, ou que se engendra eternamente a si mesma.

III. Distinguimos a ordem perfeita, como *cosmos*, e a ordem *mínima* (a soma ou o monte). Neste ponto, pode apresentar-se uma segunda questão filosófica: de que espécie é a ordem do mundo? Ou melhor (porque se o conjunto das coisas não tem o caráter de um todo orgânico e estruturado, ele não constitui, para sermos exatos, um "mundo"): que espécie de ordem é a da realidade em seu conjunto? Já encontramos, ainda agora, uma resposta: a totalidade das coisas forma um *cosmos*, um mundo razoável, em cujo interior o homem pode orientar-se, ou melhor, já se encontra sempre orientado, uma vez que o Sentido já existe aí.

Todavia é bom que consideremos agora essa solução sob sua mais extrema forma e a coloquemos diante do outro extremo. Porque o racionalismo superior de Platão e de Hegel não é um racionalismo integral. Segundo Hegel, e também segundo Platão, nem tudo é racional-razoável, mas somente o real, ou o que existe na medida em que é real, não sob todos os seus aspectos. Portanto há lugar para a contingência e para a desordem. É certo que, para Hegel, a vontade do indivíduo que recusa o Real-razoável é vontade má, que não pode ser legitimada, e a multidão das desgraças inúteis que oprimem os indivíduos e os povos não pode ser justificada. Este injustificável, por não ser *atuante* (por não ter um efeito que resista à potência aniilante do tempo) – e por ser "injustificável" por esta razão mesma –, é puramente aparecente-desaparecente e, uma vez que não faz nada, não conta, não é nada: a vontade má, isto é, a que recusa a Substancialidade da época presente, destina-se a si mesma ao nada e ao não-valor, e a dor sem significação (porque não está ligada ao dilaceramento da realização), por não ser senão puramente infeliz, é também sem verdadeira realidade. Também é certo que o que é assim lançado para fora da Razão-Realidade e da Ordem é o indivíduo como tal, em sua derrelição. Seu problema, o da salvação do eu individual como tal (que ainda tinha uma solução no kantismo, em que a alma era reputada imortal), e sua desgraça não têm solução no sistema. O que irá ele escolher? Contentemo-nos com aquilo que de fato ele escolheu: a religião, a revolta – ou a sabedoria.

Esta última palavra nos remete, da posteridade de Hegel à posteridade de Platão, ou melhor, àquilo que vem depois de Platão e Aristóteles mas que não é a sua posteridade. Porque, se Kierkegaard, Stirner e Marx se definem em relação a Hegel a partir do modo de oposição antidogmática, da virada ou da inversão, o estoicismo, por sua vez, representa um momento em que a filosofia recomeça autenticamente. A razoabilidade do mundo é, agora, integral: a razão toma forma na imediatidade do sensível – que já não se opõe ao racional – e no mínimo e mesmo ínfimo detalhe da vida individual. A Razão-Providência penetra destinadamente toda coisa e toda vida, excluindo totalmente o acaso e a desordem e fazendo que jamais aconteça nada diferente do que deva acontecer. Tudo é ordem, tudo é bom, a cada instante o mundo é tudo aquilo que deve ser, e a justiça não tem de ser perpetrada no mundo, uma vez que já se encontra nele e que nada escapa à atividade totalmente penetrante da razão. Nada pode nos suceder que não seja razoável e justo, e nada que não devêssemos querer, não com reticência ou resignação, mas com uma aprovação sem reserva. Existem fatos ditos "contra a natureza", mas que estão de conformidade com a natureza universal; existem males, mas não é ruim que eles existam, pois comportam sua inevitabilidade (o bem e a virtude sendo seus contrários) ou sua utilidade (devendo isso ser demonstrado nos diferentes casos particulares). Entretanto, se tudo é ordem, se tudo é bom, conforme acabamos de dizer, isso é *para o sábio*. Como nem todos os homens são sábios, ainda que razoáveis por direito, o que existe não é verdadeira desordem, mas um *efeito de desordem*. A razão é uma só e mesma razão que assegura a coerência dos pensamentos e a sucessão dos acontecimentos, de maneira que a harmonia que existe no universo só pode ser percebida por um pensamento que realizou a harmonia em si. O insensato, em quem a paixão dasarrazoada (ela mesma efeito de uma razão desarrazoada) traz o distúrbio e a desarmonia, não consegue enxergar o mundo como um sistema bom, harmonioso, e no qual nada existe para ser mudado. Ao contrário, imagina que há, ou que haveria, algo a ser mudado, principalmente quando está sofrendo, quando está mutilado, doente, quando é vítima de alguma violência, etc. Então, não é de livre e espontânea vontade, mas constrangido e forçado, que ele consente ao destino; e o destino se mostra a ele como uma força que se opõe à sua liberdade. Já o sábio, ao contrário, enxerga a identidade de sua liberdade com o destino. Se tudo é ordem, como é possível que ocorra um efeito de desordem? Essa é, com certeza, a grande dificuldade do estoicismo. Como, no homem, a razão universal é capaz de desrazão? Como pode o julgamento julgar mal? De onde procede que, com relação à "sensata" razão, possa produzir-se um *desvio*? De onde procede que haja ocasião para uma redução da "tensão" (*tonos*) que assegura a ordem orgânica de qualquer todo mantendo a coesão ou a coerência das partes? Decerto, as mazelas, como desordens, só são mazelas para os maus. Mas, mesmo assim restaria, é preciso repetir, compreender que possa existir um efeito de desordem no seio da ordem. Essa é uma questão que parece marcar bem o limite com que depara a solução estóica.

Os epicuristas representam o outro extremo, e, para eles, o problema se apresenta de maneira inversa: não mais efeito de desordem sobre fundo de ordem, mas efeito de ordem sobre fundo de desordem. A totalidade das coisas nada tem de "cósmico", é uma "soma" (*summa*), uma "soma de somas" (*summa summarum*, Lucr., III, 816), uma totalidade aditiva de um número infinito de elementos, portanto intotalizável. Por princípio, não pode haver uma "visão de conjunto" do conjunto de todos os conjuntos. Ele está além de toda visão, divina ou humana; é o anexador infinitamente vasto – infinitamente vazio, infinitamente povoado – de todos os sistemas ou ordens parciais: mundos, corpos compostos (*concilia*), de todas as espécies, seres vivos mortais, seres vivos imortais. É verdade que o mundo visível (a terra e o céu, até o limite que a vista pode alcançar) apresenta o aspecto de um arranjo estruturado, de um *cosmos*: há um *efeito de ordem*. Aliás, não estamos falando de "efeito de ordem" exatamente do mesmo modo que, ainda há pouco, falamos de um "efeito de desordem". Para os estóicos, é a visão do insensato que é visão da desordem, que, no seio da ordem infalível do *cosmos*, faz surgir a desordem como correlato objetivo do desregramento subjetivo da razão. Mas, para os epicuristas, a ordem é real: os corpos compostos, o mundo, os seres vivos e especialmente os homens (os corpos humanos) *existem*, pura e simplesmente, pois se oferecem a nossos sentidos, e a sensação é critério do existir. Aliás, é por ser real que a ordem deve explicar-se por causas objetivas. Ora, para os epicuristas, a única explicação possível da existência, no campo da experiência sensorial, de sistemas ordenados perecíveis (desorganizáveis), e, no campo da experiência quase sensorial (mental), de sistemas ordenados imperecíveis (os corpos dos deuses apreendidos pela quase-sensorialidade mental), é a explicação atomística. De fato, toda hipótese que se apóia em princípios contrários colide, por suas conseqüências observáveis, com o desmentido da evidência (*enargeia*) sensível. Essa é a hipótese estóica do pleno: porque se não existisse o vazio, o movimento atestado pela sensação não deveria existir. Há que supor que o mundo (a ordem) visível não seja senão uma parte do universo infinito, invisível aos sentidos, vazio, mas povoado de átomos em eterno movimento, sendo inconcebivelmente grande o número de formas atômicas e infinito o número de átomos de cada espécie – como se o mundo visível (o nosso mundo) fosse um texto com um sentido que o acaso tivesse produzido a longo prazo, combinando de todas as formas possíveis as letras de um alfabeto (nesta hipótese, assim como há 21 letras no alfabeto latino, haveria um número inconcebivelmente grande, porém finito, de letras, sendo infinito o número de átomos que têm a forma de uma determinada letra). Em *De natura deorum*, de Cícero (II, XXXVII, 93), o estóico Balbus objeta: "Posso ver, sem surpresa, um homem persuadido de que corpúsculos sólidos e indivisíveis, que obedecem às leis da gravidade, dão origem, por seu encontro fortuito, a um mundo em que reina tão bela ordem? Não concebo por que alguém que admite a possibilidade desta geração não admitisse também que os vinte e um caracteres do alfabeto, reproduzidos em inúmeros exemplares, em ouro ou em qualquer outro material, possam, se os jogássemos ao chão, dispor-se de maneira a formar um texto perfeitamente legível dos Anais de Ênio. Quanto a mim, duvido muito que o acaso possa agrupar esses caracteres de maneira a formar um verso apenas" (trad. Appuhn). Esse argumento, retomado pelos partidários das causas finais, é, do ponto de vista do epicurismo, fácil de responder. Tomemos o primeiro verso do *De natura rerum*:

A NOÇÃO DE "ORDEM DO MUNDO"

Aeneadum genetrix, hominum diuomque uoluptas,
e suponhamos que as letras estejam associadas unicamente pelo acaso. A probabilidade de que a série das 39 letras que compõem o verso seja obtida unicamente por efeito do acaso é, calcularíamos hoje, de $\frac{1}{21^{39}}$. Se, na infinidade do tempo, forem experimentadas todas as combinações possíveis, essa série não pode deixar de ser finalmente obtida. Ou melhor, ela o será necessariamente uma infinidade de vezes, e assim será para os Anais de Ênio, para a *Ilíada* de Homero e todos os livros possíveis. As associações com sentido, ordenadas, razoáveis não podem deixar de se produzir como casos particulares entre inúmeras outras associações sem ordem e desprovidas de sentido. Seria espantoso se elas não se produzissem. "A ordem", escrevíamos há tempo (*Lucrèce*, p. 49), "não é senão um caso particular da desordem." Na verdade, se nos colocarmos na escala humana, "os fenômenos extremamente improváveis não se produzem jamais"[1], e essa é, se quisermos, a lei antropológica do acaso. Mas os epicuristas se colocam na escala da natureza. Então há que dizer que os eventos não rigorosamente impossíveis não podem deixar de se produzir um dia ou outro, portanto, se produzem necessariamente com o correr do tempo, e até uma infinidade de vezes[2]. Por essa razão, diz Lucrécio, "se voltarmos os olhos para a imensidão do tempo passado, e pensarmos na variedade infinita dos movimentos da matéria, chegaremos facilmente à convicção de que os mesmos elementos de que somos formados já foram dispostos na mesma ordem que ocupam atualmente" (III, 854-8), que,

---

1. Émile Borel, *Le jeu, la chance et les théories scientifiques modernes*, Gallimard, 1941, p. 98.
2. "A reconstituição da Biblioteca nacional por um exército de macacos datilógrafos não pode ser declarada impossível, mas apenas altamente improvável" (E. Borel, *Le hasard*, reed. Félix Alcan, 1938, p. 295). Se tal reconstituição não é impossível, não é possível que *indefinidamente* ela não ocorra.

por conseguinte, devemos já ter existido, embora sem ter conservado lembrança alguma. Naturalmente, a "necessidade" de que falamos em nada contradiz o antinecessitarismo de Epicuro. O que é necessário não é que um acontecimento específico, tal como a reconstituição de uma ordem que já existiu, ocorra num momento determinado do tempo, mas que se produza num momento *ou em outro*. Ou seja: segundo os epicuristas, a desordem, em sua fecundidade, produz a própria ordem. A ordem é somente um acidente da desordem (os sistemas ordenados – e, em particular, o homem, a história e as ações humanas – não são senão acidentes dos átomos e do vazio).

IV. E hoje, o que se passa? Voltando a considerar as duas questões precedentes, podemos tentar responder a elas? Começaremos pela primeira: a ordem é em si independente de nós? Ou a ordem resulta de nossa ação organizadora (que, contudo, só é possível quando a natureza das coisas não é contrária a ela)? No primeiro caso, a causa da ordem é a arte, quer se trate da arte divina ou da arte imanente da natureza (que, para os estóicos, por exemplo, é "uma força que participa da razão e da ordem, observa um método e se propõe um fim", Cícero, *De natura deorum*, II, XXXII, 81), ou, como acabamos de ver, o acaso. Então, o homem, para orientar sua vida, ordenar seu comportamento, só tem de se pautar pelo que já existe: pelos produtos de uma arte muito mais potente e inteligente do que qualquer arte humana, ou pelos mais belos êxitos do acaso – no epicurismo, os deuses, que, na precariedade e na instabilidade universais oferecem modelos de equilíbrio e de paz. No segundo caso, a causa da ordem (pelo menos da ordem que nos diz respeito) é a arte, quer se trate da arte transcendental de um sujeito constituinte (arte de que conhecemos apenas os produtos), quer de uma arte propriamente humana, a de um indivíduo, ou de indivíduos unidos, produtores de instituições, produtores de mundos, produtores de história.

A NOÇÃO DE "ORDEM DO MUNDO"

Depois, vem a segunda questão: que tipo de ordem é a ordem do mundo, ou a que existe no mundo? A totalidade das coisas constitui um conjunto ordenado? Podemos dizer: no plano do todo, ou do absoluto, só existe ordem; a desordem só diz respeito ao que não tem verdadeira realidade, nem importância, ou está só nas partes indevidamente consideradas em separado (não no todo). Ou: o todo não é senão desordem, soma não estruturada, incapaz até de totalização; a ordem é apenas parcial, local, precária.

Ora, para tentar responder a essas questões, parece-nos necessário primeiro inverter-lhes a ordem. Porque, para que haja um sentido em perguntar se, originariamente, a ordem é nossa ou não nossa, e para, correlativamente, perguntar qual é a causa dela, é preciso, antes, que haja ordem e é preciso, antes, saber de qual ordem se trata.

Ademais, antes de dar uma resposta, é bom precisar que tipo de resposta podemos prever.

Foi-se o tempo em que podíamos responder absolutamente, ou seja, foi-se o tempo das respostas dogmáticas. Platão, Aristóteles, Epicuro, Crisipo, Descartes, Kant, Hegel, ou tantos outros dogmáticos que quisermos (percebe-se que não empregamos o termo "dogmático" no sentido kantiano), revelam-nos uma verdade insuperável e insubstituível, revelam-nos, pois, *a* verdade. E hoje sabemos – ou julgamos saber – que uma verdade filosófica não pode ser senão a verdade de um mundo (perecível) e, em suma, a lembrança não parcial, mas *total*, que temos o direito de guardar deste mundo depois que tiver perecido. Nenhuma verdade filosófica pode afirmar-se numa abstrata independência em relação ao mundo em que surgiu; nenhuma pode se desligar da forma do tempo para depois apoiar-se numa sorte de intemporalidade como num abrigo definitivo. Entretanto, a verdade filosófica não é superável (e seria ridículo pretender, em filosofia, ter "superado" os gregos), porque todo mundo humano pode encontrar, no plano da filosofia, uma expressão verdadeira e autêntica, mas ela é *substituível*, como o é o próprio mundo de que é a verdade. Quando certo mundo humano, com suas maneiras de ver e de sentir, com suas ignorâncias e seus saberes, desmoronou, sua verdade permanece, não como uma verdade simplesmente, mas como verdade de um mundo que já não existe: a verdade, isto é, aquilo que tornou possíveis vidas de homens (ou de seres que, para viver, precisam de um sentido).

Por outro lado, no entanto, o tempo não é o do relativismo, do idealismo subjetivo ou do cepticismo fenomenista (que se deve distinguir do de Pirro!) O *Cogito*, que, nas filosofias da representação, tem a significação de nos *separar* das coisas fora de nós (porque estaríamos, imediatamente, diante das idéias representativas, não da realidade, ou ainda do objeto, não da coisa em si), assumiu uma significação diferente. São as *próprias* coisas que se mostram, se oferecem na evidência, sem outra realidade além da de sua aparência, e indissociáveis de um olhar. Toda pretensão a absolutizar, isto é, a reificar verdades independentes, abstratamente isoladas da plenitude viva do presente, dissolveu-se, e entretanto o que se exprime é a absolutez de um mundo e sua essência, não intemporal, mas imperecível como a lembrança. A história é a memória dos eventos do mundo, mas a filosofia é a memória do próprio mundo.

Deus, como princípio da ordem razoável do mundo, era a máxima potência. Mas "Deus morreu"[3]. O destino (*Moira*, de *méros*, parte) é aquilo que faz que cada ser só tenha uma duração limitada de vida, durante *uma parte de tempo*. Mais potente que Deus foi o destino, não deixando a Deus senão uma parte de tempo. Podemos falar de um "destino" de Deus, uma vez que Deus era, por excelência, o ser, a verdade e a ordem, de um "destino" do ser, de um "destino" da verdade,

---

3. Entenda-se que "Deus morreu" *para a razão*. As religiões estão bem vivas, mas são apenas casos de tradição e de fé, e a própria fé não é mais do que uma convicção sem discurso.

de um "destino" da ordem. O que é que se passa hoje com a ordem universal? Não seria de modo algum suficiente dizer que a morte de Deus (= da Ordem) significa, universalmente, a desordem. Porque, se é essa a verdade na qual se resume essencialmente o nosso mundo, como tal e na totalidade (mundo que, neste caso, já não merece o nome de "mundo" – *cosmos* –, mas que é somente um quase-mundo), é preciso ainda descobri-la por uma meditação interior ao próprio mundo, como o vivemos e como o sentimos hoje e que não pode ser concluído de fora.

V. Se as categorias filosóficas, no sentido de Éric Weil, são conceitos organizadores do discurso filosófico, a noção de ordem é a categoria das categorias. O homem de ciência procura perceber a razão da unidade de uma esfera particular do real, o filósofo busca perceber um princípio de unidade para a totalidade das coisas. Se, contudo, não existe esse princípio de unidade, e se as coisas não têm, entre si, vínculo suficiente para formar um mundo, isto é, um conjunto estruturado, mas constituem somente um conjunto discordante, então, o conceito organizador do discurso filosófico não será outro senão a idéia de desordem – conceito "organizador", porque, para dizer que não há ordem universal (isto é, que englobe absolutamente todos os aspectos daquilo que consideramos "real"), não falaremos de um modo qualquer e sem ordem. Mas, por si mesmo, nosso discurso implica somente uma ordem particular, e não negamos que existam ordens particulares. É respeitando a particularidade de uma ordem, a do discurso, que negamos que haja uma ordem universal à qual tudo seria "conforme", como diz Leibniz (*Discours de métaphysique*, § 6).

A desordem, ou a falta de ordem, correlativas da inspeção da inteligência que busca e exige a ordem, a fim de, em última análise, abranger as coisas todas sob uma visão única, têm um caráter relativo. A inteligência pode, na verdade, encontrar-se em presença de uma desordem que não lhe oferece nenhum meio de ação, como a representada por uma quantidade de pontos marcados ao acaso numa folha de papel. Entretanto, o fato de que ela não consiga introduzir nenhuma unidade na confusão não permite, de modo algum, que se possa falar de desordem "absoluta". Porque o poder de uma inteligência, como capacidade de perceber relações, não é a medida do poder de todas as inteligências. No caso presente, é possível encontrar-se uma inteligência, diz Leibniz (*ibid.*), capaz de formar a noção de uma linha que passe por todos os pontos na mesma ordem em que a mão os marcou. Em resumo, há desordem "relativa" quando a razão de unidade que deve existir entre os elementos de uma multiplicidade para que eles participem de uma "ordem" não é percebida, mas *pode* sê-lo, quer por nós, em virtude do nosso esforço de conhecimento, ou pelo homem, mais tarde, graças ao progresso científico, quer por uma inteligência divina, por hipotética que seja.

Quando a desordem se mostra a nós como não podendo, por princípio, situar-se em ordem alguma, nem integrar-se em nenhum sistema ordenado, convém falar de desordem "absoluta". A razão de ser não só é impossível de ser percebida: ela está ausente. A desordem "absoluta" é inconcebível na natureza. Certamente não porque a natureza deva ser necessariamente concebida como um princípio de ordem, de desenvolvimento ordenado; a palavra "natureza" não designa talvez nada mais do que a incoerência elementar e o acaso. Mas, precisamente, a inteligência não pode se representar a desordem fundamental sem forjar modelos que obedeçam a regras precisas. Consideremos o modelo proposto por Epicuro. Ele permite pensar não só a desordem de agitação, em virtude da independência das séries cinéticas umas em relação às outras, mas também a desordem dos começos, graças à noção de *clinamen* dos átomos[4]. Mas as noções de "vazio", de "áto-

---

4. Cf. *Épicure: Lettres et maximes*, PUF, 1987, p. 86.

mo", de *clinamen*, etc. são elaboradas segundo regras precisas do método epicureu, e não temos liberdade alguma para concebê-las de um modo e não de outro. Um átomo tem forma e grandeza imutáveis, move-se numa velocidade insuperável no vazio, etc. Em resumo, os epicuristas têm dele uma concepção perfeitamente determinada, e a própria desordem é definida e concebida com muita precisão. A desordem inicial, que se reproduz continuamente, é tal que todos os sistemas naturais e ordenados nascem dela: a desordem que gera a ordem só pode ser uma desordem relativa a essa mesma ordem que se origina dela pela articulação das leis do acaso. (E quanto ao monte de lixo de que falamos, este ainda se presta à triagem.)

A desordem absoluta existe quando nada mais une os elementos de um conjunto, quando entre eles se instala a desunião absolutamente total, ou ainda, quando um elemento se encontra separado de qualquer conjunto e no cúmulo do isolamento. Nada está isolado na natureza, não no sentido em que tudo agiria sobre tudo (as concepções quânticas estão mais a favor da discrição epicurista do que da *sympatheia* estóica), mas no sentido em que nada escapa às leis da natureza; e é por isso que a inteligência, que não faz senão apreender relações, fica perfeitamente à vontade na natureza e na concepção da natureza, em que nada está fora de uma relação qualquer. Mas, no mundo humano, a que chamaremos aqui o das consciências, ou das almas (hoje, podemos arriscar o termo sem incorrer na censura de admitir alguma psicologia racional), podemos ter tanto o extremo da união como o extremo da desunião. Entre esses dois extremos existe todo o movimento das consciências – ou das almas. Ora, quando o homem está isolado dos outros pela sua maldade, pela sua infelicidade ou sua loucura, quando está na não-unidade completa com os outros, deve-se mesmo falar de desordem "absoluta", uma vez que, precisamente, o separado é o separado. Kant falou de "mal absoluto" – e de "desordem absoluta" – a respeito do mal moral[5], Nabert, a respeito da perversão da vontade[6]; eu mesmo falei, a respeito da desgraça das crianças ou do enclausuramento mental, da solidão sem saída da loucura[7]. O separado não pode ser percebido pela inteligência, uma vez que a inteligência só pode apreender algo negando a separação. *O coração é a função da razão pela qual percebemos o separado como tal* (Pascal opõe o "coração" à "razão", mas entende, então, por "razão", apenas a faculdade do racional). Porque o puro irrazoável (a "desordem moral", diz Kant) só pode, evidentemente, ser percebido, reconhecido pela razão como pura exigência de ordem e de unidade. A razão de que estamos falando é o fogo vivo da pessoa, na medida em que esta tem a virtude de unir, de conciliar. A benevolência, a piedade, o amor espiritual são formas da razão ativa. Ao falar de ordem, é preciso evitar enxergar, de maneira demasiado exclusiva, o lado do racional, negligenciando o lado do razoável, dos valores e dos fins. As ciências se vangloriam do racional, mas não há *sentido* (finalidade, se preferirmos) em matemática nem em física, e um mundo meramente racional, privado de razoabilidade e de bondade, é um inferno (o inferno – estamos falando do "inferno dos campos de concentração nazistas", etc. – corresponde, considerando-se o razoável, ao que é a miscelânea considerando-se o racional).

O Uno-Bem de Platão significa, no fundamento do universo platônico, a indissociabilidade do racional e do razoável; por isso, tal universo é um mundo sensato, essencialmente possível de viver para o homem, que nele está "em sua casa" assim como está "em sua casa" na Cidade grega (porque esta não é de modo algum contestada em seu princípio, mas so-

---

5. *Sur l'insuccès de tous les essais philosophiques de théodicée*, pp. 141-2, da trad. fr. Festugière (em *Pensées successives sur la théodicée et la religion*, Vrin, 1931).
6. *Essai sur le mal*, p. 88.
7. Cf. o nosso ensaio "Ordem e Desordem", §§ IV e V, p. 313.

mente em sua realidade empírica, inigual a sua Idéia – Platão não é, pois, um "utopista"). O mesmo se passa quanto ao universo de Santo Tomás de Aquino ou o dos grandes metafísicos da época do classicismo europeu. Segundo Leibniz, nada do que pode sobrevir a um indivíduo está fora da ordem universal, tanto racional quanto razoável. Mas os sistemas da ordem universal e da bondade do mundo caem por si mesmos em descrédito quando a época tornou os homens – e os filósofos (em quem encontramos o máximo grau da sensibilidade de uma época) – mais receptivos à condição e à infelicidade do indivíduo. A razão razoável se separa então da razão puramente racional, e, como razão, exige certamente a unidade e a ordem, mas, antes de tudo, na forma absolutamente concreta da união e da harmonia dos seres humanos. A razão tem agora a percepção de um irrazoável absoluto, uma vez que o indivíduo (mesmo que se trate de um único) se coloca, ou é deixado, fora da comunidade.

Podemos considerar datando de Kant o momento do nascimento, no plano da filosofia, da razão moderna, ou seja, da razão puramente moral, que considera, enfim, o mal como aquilo que ele é. É ela que o faz reconhecer, ao mesmo tempo, a desordem absoluta e a inconciliabilidade do mal na criação com a sabedoria divina. Permite-lhe também marcar os limites de toda filosofia da história. Por certo um ser razoável deve, como condição da razoabilidade de sua ação, postular uma orientação razoável da história, ter confiança num progresso moral. Mas a história é a da espécie humana; a angústia e a infelicidade do indivíduo não encontram nela a sua solução.

Em outros termos, mesmo se o mundo fosse mudado de tal maneira que fossem abolidas "todas as condições sociais nas quais o homem é um ser aviltado, escravizado, abandonado, desprezível"[8], a ordem assim obtida pela realização, re-

---

8. Marx, *Critique de la philosophie du droit de Hegel*, citado por M. Rubel, *Pages choisies pour une éthique socialiste*, Paris, Éd. Marcel Rivière, 1948, p. 175.

volucionária ou não, da razão, não poderia ser, por princípio, universal, e não o será jamais. Porque sempre haverá almas separadas, vontades perversas que se separam, crianças doentes ou vítimas que não queriam morrer (a extrema dor e a morte separam), seres humanos enclausurados em sua solidão. A reforma deseja melhorar a ordem antiga, a revolução pretende instaurar uma nova ordem: no entanto, a diferença entre elas, apesar do que possa parecer, não é radical. Porque, de qualquer modo, trata-se de criar e estabelecer apenas ordens parciais, novos oásis de razoabilidade, e não de instaurar uma ordem universal – à qual se opõe a dependência radical em que se encontra o indivíduo empírico em relação às circunstâncias e ao acaso.

Kant sabia muito bem disso. O que é diferente de Kant é que hoje já não há Deus para cuidar do indivíduo – após a vida terrestre. Porque, na nossa época, o indivíduo, pela primeira vez desde o período helenístico e romano, morre verdadeiramente. A morte é *não-vida*, como dizia Epicuro. Aliás, essa é a condição para que a infelicidade do indivíduo seja irremediável, irrecorrível. Se, num dia histórico e de júbilo popular, ele fica sabendo, por exemplo, que seu filho está acometido de câncer, então, a história o deixa ver seu nada e ele descobre que ela é tão vã, impotente e, numa palavra, está tão "morta" quanto Deus. Podemos rogar a Deus, podemos agir na história, mas há um nível em que nada mais podemos dizer nem fazer: aquele em que se manifesta o destino. E, na verdade, o "destino", hoje, não pode ser a razoabilidade inexorável dos estóicos: é somente um outro nome do acaso, quando concentra eventos improváveis num determinado indivíduo – que, então, se espanta e pergunta: "por que eu?".

A razão moderna é sensibilidade objetiva ao mal e à desgraça (os do indivíduo como tal), e revelação de um irrazoável absoluto, do injustificável, daquilo que é sem razão. Está muito presente, por exemplo, em Renouvier, no centro de sua inspiração, e entretanto recusada. Está presente pela importância que Renouvier atribui à meditação sobre o mal, à reflexão da razão sobre o irrazoável; é recusada, recalcada, uma vez que, para ele, importa sempre "procurar resolver o problema do mal", "propor-lhe uma solução", "compreender o mal". Ele não pode se reduzir a ver a significação do mal, a saber que o fundo das coisas é desordem (por racional que seja essa desordem, uma vez que existem "leis" do acaso). O mal é sem porquê: está aí por nada, pelo efeito da causalidade cega e do acaso. Mas Renouvier se indigna: "Estaríamos assim penando a procurar razoavelmente a razão das coisas que seriam sem razão! Isso é impossível. Não posso, não quero acreditar. O homem seria o mais absurdo dos animais, a quem pertenceria a razão sem que pudesse fazer dela um uso razoável. E como faria ele uso razoável dela, se o mal não pudesse ser explicado, se *a natureza das coisas fosse essencialmente desarrazoada?*"[9] Entretanto, ela assim o é. Porque se a desordem relativa pode ser anulada, ou compensada pela consideração do todo ou do lado bom das coisas, a desordem absoluta é tal que ela não pode, por princípio, integrar-se em nenhuma ordem razoável possível. O conjunto que ela constitui com os aspectos razoáveis da realidade, com as ordens razoáveis parciais, é, pois, necessariamente um conjunto sem unidade real, irrazoável, discordante. O todo da realidade, quando nada é deixado de lado, e em particular o vão e inútil sofrimento das pessoas que não contam, quando não "negligenciamos" nada, mas quando nos lembramos de tudo, é uma desordem, a Desordem. A partir do momento em que não fizéssemos abstração do mal dito "absoluto", o mundo se apresentaria como o pior dos mundos possíveis, se fosse um mundo, mas não é nem mesmo um "mundo", mas sim um conjunto discordante.

---

9. *Les derniers entretiens*, compilados por L. Prat, Paris, Vrin, 1930, pp. 61-2.

E, na verdade, o irrazoável só se revela à razão. Parece, pois, que deveríamos colocar, diante da absolutez da desordem, a absolutez da ordem razoável como o ideal da razão (moderna). Não poderia essa ordem ser objeto de crença, de uma crença que se fundaria sobre "a razão num sentido superior" (como diz Renouvier)? Há que responder negativamente. Semelhante ordem não pode ser objeto de crença razoável, uma vez que ela é impossível, por ser ineliminável o irrazoável absoluto (uma vez que, precisamente, ele é absoluto). O que concluir de tudo isso, senão que toda ordem, não só racional (que é parcial porque deixa de lado o razoável) mas razoável, é necessariamente parcial. De modo algum isso exclui a existência de belas totalidades, de totalidades felizes, mas que são totalidades parciais: existem, e sempre existirão, aqueles que ficam para fora.

1977

11

A aparência

Dizer que a filosofia se ocupa com totalidade do real não nos diz nada do real nem da totalidade. Ou, em outros termos, quando *pressupomos* certa idéia do real e do Todo, é possível que não haja nada de "real" e que não haja "Todo". Mas a filosofia não se propõe pensar tudo como uno? E para que haja a possibilidade de um discurso uno, não é necessário que haja um só Mundo, um só Todo? É verdade que a filosofia é um empreendimento da razão, que é, pois, guiada, animada por uma vontade de coerência, mas que há que distinguir unidade lógica (no discurso) e unidade ontológica. A coerência e a unidade buscadas podem estar no discurso sem estarem na realidade; mas, aliás, não sabemos se poderá ser alcançada uma completa coerência no discurso e, com maior razão, não sabemos se a realidade é um Todo coerente. A filosofia é pesquisa: o que não significa que ela se limite a visões parciais; ao contrário, seu objetivo contínuo é a visão de conjunto, e ela o busca constantemente, mas não tem garantia alguma de chegar a constituir um discurso verdadeiramente científico e estável.

Cada filósofo não tem, então, outra tarefa senão conseguir obter sua visão própria, isto é, uma visão das coisas-em-seu-conjunto, a seu ver não arbitrária. Os preconceitos, as "opiniões" são aquilo por que todos os homens começam. O filósofo não constitui exceção. Mas, nele, o livre funcionamento da razão permite-lhe abandonar as opiniões recebidas e tudo aquilo que não satisfaz à razão. Enfim, do conjunto de suas crenças, talvez não lhe reste mais nada a que ainda possa aderir. Mas, pouco importa: se for necessário para que viva em paz consigo mesmo, ele está pronto para fazer o voto de pobreza. Por "evidência" entendemos aquela sorte de paz da razão que encontrou a verdade – não a verdade toda, mas, sobre certo ponto, a verdade. Os preconceitos são coisas que partilhamos com outros, são coisas que denotam nossa origem, nosso meio, etc.; por nossas próprias evidências, ao contrário, colocamo-nos geralmente a distância, afastamo-nos (de uma tradição, de um meio, de um grupo, etc.). Por que, afinal de contas, dar-se esse trabalho de repensar o mundo? Sem dúvida porque essa é, apesar das aparências, a coisa mais sensata que se possa fazer. Tenho de viver orientando-me na vida. Então (se tenho escolha – mas não a tenho sempre, ao menos quando estou pronto a pagar minha escolha com a própria morte?), por que viver deste modo e não de outro, fazer uma coisa em vez de não a fazer, ou fazer uma coisa em vez de outra? Há e haverá sempre respostas prontas, e elas nunca deixarão de me ser dadas. Mas, como se trata da minha vida, não é compreensível e sensato que eu queira conhecer, no que me diz respeito, o *princípio* de todas as respostas a fim de poder, a cada vez, fornecer a mim mesmo *a minha própria* resposta?

Qual é a relação que tenho com o todo, com a realidade em seu conjunto? À primeira vista, uma questão assim pode parecer totalmente insolúvel. Como falar da totalidade? Não é evidente que, para tanto, seria necessário ser Deus, o ser em quem a totalidade compreende a si mesma? Mas, a princípio, uma das possibilidades que a lógica filosófica tem de reconhecer é de que o homem seja Deus – na verdade, não aquele homem enquanto indivíduo empírico, mas o homem enquanto razão (realizando-se na história universal). Engels disse mesmo que, para Hegel, humanidade e divindade são, em essência, idênticas[1]. Ademais, não se pode esquecer que a totalidade me compreende nela: nela eu penso, eu existo. Por isso mesmo, sei, por exemplo, que seria falso reduzi-la à materialidade. Descartes, tendo se certificado de si mesmo, entende concluir, a respeito da totalidade, que ela é um Todo, que tem em Deus a sua unidade e o seu princípio; para tanto, ele se apóia na desproporção entre a minha realidade e a minha idéia do absolutamente real: o fato de que se possa encontrar em mim essa idéia que tanto me supera só pode ser compreendido a partir do próprio absolutamente real. O caminho seguido por Kant é em princípio o mesmo, mas baseando-se no Cogito prático: ele conclui pela necessidade de postular a realidade do razoável, ou a identidade entre o ser e o bem (Deus), sob pena de que perca todo sentido a exigência que se apresenta a mim mesmo, em meu foro íntimo, como absolutamente incontestável e como fundando a minha própria vida – enquanto vida razoável. Segundo Descartes e Kant, haveria insensatez ou absurdo para o homem, como *imagem* de Deus, em limitar-se ao homem, em não reconhecer sua dependência do *original*, ou seja, em não se elevar até Deus; e, em suma, o mesmo se encontra em Hegel: o finito é, em si, contraditório; como não podemos nos limitar à contradição, não podemos nos limitar ao finito (ficando entendido que um infinito que deixa para fora de si o finito – um Deus que deixa para fora de si o mundo – é também finitizado, finito, contraditório). Por que, sendo uma parte, não poderia eu falar da totalidade? Não sou simplesmente uma parte, mas uma parte pensante, e que não pensa somente uma coisa ou outra no todo, mas o todo (no todo). Sou, no plano humano, no plano do finito, a presa de todas as contradições: exis-

---

1. "Como se Daub não tivesse partido dos mesmos princípios que Hegel, a saber, que, em sua essência, a humanidade e a divindade são idênticas" (Carta a Friedrich Graeber, janeiro de 1840, em *Correspondance Marx-Engels*, Éd. Sociales, tomo I, 1971, p. 177).

tem o mal, o sofrimento, o desacordo dos espíritos, etc. Ser-me-ia possível ver todas essas contradições se resolverem, ou saber que elas se resolvem, ou ter esperança na sua resolução? Ou: ser-me-ia permitido pensar a totalidade como sensata? A idéia de Deus não significa nada mais que o caráter sensato da totalidade. Mas, nesse caso, a totalidade nada tem de uma totalidade discordante: ela é um Todo (o Todo). Como diz Descartes em sua linguagem, "não devemos considerar uma única criatura separadamente, quando olhamos se as obras de Deus são perfeitas, mas geralmente todas as criaturas juntas, porque a mesma coisa que talvez pudesse, com um pouco de razão, parecer muito imperfeita se estivesse só no mundo, não deixa de ser muito perfeita ao ser considerada como parte de todo este universo" (*Méditation Quatrième*). Quando uma contradição qualquer parece insolúvel, é somente pelo fato de limitar-se ao finito, considerado à parte e absolutizado em sua própria finitude, de forma que uma contradição só parece insolúvel para um pensamento, na realidade, contraditório.

O próprio caminho trilhado por Descartes, Kant, Hegel, ou seja, pelos pensadores da época burguesa venturosa, não é senão o reflexo de um mundo satisfeito consigo mesmo. O mundo de Descartes é o da confiança, o de Kant, o mundo da esperança, o de Hegel, o mundo da realização – entenda-se que, pela Revolução Francesa, a razão que governa o mundo e a história universal se constituiu, pelo menos em princípio e politicamente. Mas, assim como hoje não pode haver, segundo Hegel, "platônicos, aristotélicos, estóicos e epicuristas"[2], menos ainda pode haver hegelianos (ou cartesianos, kantianos). Mas, não há hegelianos? Certamente (pelo menos alguns), mas são os contemporâneos de Hegel, e não nossos contemporâneos, o que significa que é bem possível encontrar uma linguagem comum com eles, mas com a con-

---

2. *Leçons sur l'histoire de la philosophie*, Introdução, trad. fr. Gibelin, Paris, Gallimard, 1954, p. 71.

dição de fazer abstração dos caracteres próprios do mundo de hoje (e, como eles vivem na abstração em relação a seu mundo, na realidade, não são hegelianos). O que há com o mundo de hoje? O mundo de hoje já não pensa a si mesmo em Deus. Os cristãos, apesar de seu grande número, estão como que isolados. A sua fé, que traz em si o caráter da época, tem algo de desesperado. Seria, então, irrisório querer cristalizar o discurso que pôde satisfazer Descartes, Kant, Hegel, num tipo de sobrevivência artificial: "*múmias* que introduzimos no que está vivo não podem nele manter-se", diz Hegel[3]. Como o discurso da época burguesa venturosa poderia refletir ao mesmo tempo aquela época e a nossa? Se uma época se expressou, se pensou nele, a nossa não pode fazê-lo. Eric Weil notava, em 1950, que Marx, "direta ou indiretamente, funda todo interesse vivo" que temos hoje por Hegel[4]. O marxismo é a filosofia na qual nossa época deve se reconhecer? Entretanto, pareceu-nos (cap. 8) que a filosofia marxista traz em si a relação com Hegel, como com aquilo que ela tem necessidade de repelir para se definir, ela continua oposicionista e dependente: a questão a que responde – a "questão fundamental de *toda* filosofia", segundo Engels – é a mesma a que responde, por seu lado, o idealismo, etc. Na verdade, Marx, preocupado em dar à classe operária o entendimento do mecanismo de sua alienação econômica a fim de possibilitar uma prática revolucionária real (isto é, que tivesse influência real sobre a sociedade e sobre a história) – e foi o que fez –, teve de abandonar os problemas propriamente filosóficos, de forma que aquilo a que chamamos materialismo "marxista" resulta principalmente de certas fórmulas de Engels... Mas nossa época pode, deve pensar-se numa concepção geral do mundo como a de Engels, ou seja, numa filosofia nascida no século XIX e que traz o seu caráter? Todos sabem: Engels não interessa senão em relação

---

3. *Ibid.*
4. *Hegel et l'État*, Vrin, p. 105.

a Marx, e Marx só interessa como aquele a quem levam inevitavelmente todos os caminhos da economia e da política. Mas nossa época não é aquela em que a filosofia tem de se resolver (ou se dissolver) na política? Talvez seja. Segundo Hegel, na Idade Média, em que a filosofia escolástica recebia seu conteúdo como um conteúdo fornecido – e "fornecido pela Igreja" (*Enc.* 1830, § 31, *Zusatz*) – , para falar com exatidão, não houve filosofia. Não podemos excluir que nossa época deve ter sido uma época de eclipse da filosofia – de eclipse, talvez até de morte. Concordo. Admitamos essa solução extrema. O que resulta para nós? O filósofo tem de se comover desmedidamente com a morte da filosofia? Na realidade, para os grandes filósofos clássicos, a filosofia, antes deles (antes que a verdadeira filosofia fosse elaborada por eles), de certo modo, ainda não existia (consistia apenas em opiniões ou hipóteses confusas, eles trouxeram a verdade); ou, no mínimo, as pesquisas incoativas dos precursores só adquirem seu verdadeiro sentido retroativamente, através do próprio conceito da filosofia moderna, em que elas encontram sua realização, seu *telos*. Assim, é com eles que a filosofia obtém sua verdadeira vida. Na verdade, hoje em dia, nenhum filósofo original tem confiança suficiente em suas luzes para ousar afirmar que a verdadeira filosofia tem nele o seu começo e seu fim – nem mesmo que ela está, graças a ele, como para Aristóteles, perto de sua realização[5]. Queiramos ou não, somos pluralistas, admitimos a contingência das abordagens. Mas, então, se a "morte da filosofia" significa o desinteresse *dos outros* pela filosofia, isso não vai resolver a questão para mim mesmo. A filosofia só morre verdadeiramente quando ela morre para mim, *em mim mesmo*. Morre quando não acredito mais naquilo a que chamamos "meditação"; continua viva quando acredito nela. Es-

---

5. Aristóteles declarava, diz Cícero (*Tusc.*, III, 28, 69), que, em pouco tempo, a filosofia estaria completamente realizada (*brevi tempore philosophiam plane absolutam fore*).

taríamos dizendo que o filósofo corre então o risco de solidão? O de ser o "último"? Mas se ele pode temer ser o "último", ou que seu pensamento permaneça sem eco, pode esperar o contrário. Quanto a filosofar na solidão, não é esse o destino de todo filósofo que medita? E em que a sorte, ou o destino da filosofia no mundo mudaria o que quer que seja nas razões de filosofar, que se devem ao fato de que a condição do homem não está clara para ele mesmo, de forma que, a menos que se contente com respostas já prontas, há que tentar vê-la claramente por nosso próprio discurso? (Pois por que a razão, que está profundamente insatisfeita, não tem, também ela, direito à satisfação, a exemplo das outras necessidades – menos fundamentais – do homem?)

Em suma: ao filósofo só resta filosofar. Ele não pode encontrar nenhuma desculpa para se furtar à sua tarefa na consideração do destino e da morte da filosofia. Essa morte, mesmo que fosse real – no plano da sociedade e da história –, não lhe diz respeito, uma vez que ele mesmo faz a experiência contrária: a experiência não da morte, mas da vida. O que é filosofar? É reagir. A filosofia é a reação (porém motivada, refletida, falada, justificada, numa palavra, arrazoada e razoável) do ser humano à condição humana como tal. Ou: é a reação total, mas expressa na linguagem da razão, do ser humano, à falta de clareza que existe em torno do homem. A condição humana é, de certo modo, invariável: se existe algo a fazer contra essa insatisfação, essa angústia, essa forma de dor, de infelicidade ou de morte, não há nada a fazer contra o próprio fato do perpétuo retorno, com o homem, da insatisfação, da dor, da infelicidade, da morte. Já o ser humano é variável: é o produto de certo tipo de sociedade, de um meio, de uma época. Portanto a morte, por exemplo, sempre faz parte da condição humana, mas não significa a mesma coisa. É por isso que as reações (racionalizadas) dos homens de outras épocas aos aspectos fundamentais de sua condição de homem (suas filosofias) só poderiam parecer plenamente justas e válidas ao

homem de hoje com a condição de (pelo menos quando não
há, entre a época deles e a sua, analogias tais que equivalham
a um tipo de contemporaneidade) se fazer contemporâneo
deles, de abstrair-se de seu mundo e de seu "hoje". É, pois,
somente renovando-se como o próprio mundo humano que
a filosofia pode permanecer viva. Cada filósofo tem de filosofar com sua própria visão, e não com a visão de Descartes,
Kant, Hegel ou Engels. Simplesmente sendo ele mesmo, ele
é do seu tempo, e simplesmente sendo do seu tempo, ele é
conduzido a uma filosofia diferente das filosofias históricas e,
se não original (porque a época em que vive, repetimos, pode
ter profundas analogias com certa época anterior), em todo
caso renovada.

Nas grandes épocas da história, a sensibilidade à desgraça e ao sofrimento não se encontrava no mesmo grau que
hoje. Os gregos – pelo menos na idade clássica – eram notavelmente insensíveis ao sofrimento, observa Sélincourt[6]. Colocar
em primeiro plano os problemas do prazer e da dor é sintoma de decadência, segundo Nietzsche. As almas cheias de *virtù*, de força, de valentia, como as que certas épocas produziram quase naturalmente, pensam no empreendimento, no
trabalho, não se preocupam muito com a dor e com o penar,
e não poderiam sequer pensar em ver, na dor, uma objeção
contra a ordem e contra o curso sensato das coisas, contra
Deus. Mas nossa época é mais marcada pela desilusão, pelo
desânimo, não respira a juventude e a fé. Então, dor e prazer,
desventura ou felicidade adquirem, para ela, mais importância. Uma vida de dor, infeliz, seria uma vida malograda, etc.
Não é, pois, de admirar que o problema do mal, que tão pouco preocupava Descartes, Malebranche, Leibniz, e que estes,
tão displicentemente, resolviam, volte à ordem do dia (podemos pensar em Dostoiévski – muito lido atualmente –, em Camus, etc.). Isso corresponde à sensibilidade da época – uma

---

6. *L'Univers d'Hérodote*, trad. fr., Gallimard, 1996, p. 188.

sensibilidade aos estados negativos, uma atenção voltada principalmente para a sorte dos indivíduos. Acreditamos ter visto, no sofrimento das crianças, o mal "absoluto", donde resultava a incapacidade da hipótese teísta para satisfazer à objeção do mal e para abolir as contradições da realidade. Mas, se quisermos, podemos dizer que se o mal se apresenta como "absoluto" e como inconciliável com a hipótese da Bondade fundamental do ser, é porque Deus "morreu" na alma e na mente de nossos contemporâneos (e em nós, como homem deste tempo), porque se a fé em Deus tivesse conservado sua credibilidade, se vivêssemos, pensássemos, olhássemos felicidade e desventura sobre o fundo da confiança e da fé (se não houvesse, entre os incréus, aquela espantosa indiferença, e entre os crentes essa grande dúvida que atravessa a sua fé), a desgraça das crianças, por grande que seja, não poderia, talvez, mostrar-se a nós como "absoluta". Isso, todavia, nada muda no que nos diz respeito, nem na verdade que enxergamos; sabemos somente que, em condições diferentes, e sendo nós mesmos diferentes, teríamos enxergado as coisas de outro modo: isso não altera nada em nossa ancoragem real, nem a natureza de nossa sensibilidade e de nosso olhar.

Tudo o que temos a fazer é pensar, refletir a totalidade a partir de nossas evidências próprias e constitutivas. A totalidade nos engloba, nos compreende: por conseguinte, seja ela ou não um Todo, não podemos dizer qualquer coisa sobre ela. Somos detentores de uma ou de mais verdades parciais: a totalidade deve ser concebida de modo a não contradizer essas verdades parciais, de modo a deixar que subsistam. Não se deve repensar o que nos pareceu verdade em nome daquilo que a totalidade deve ser, mas, ao contrário, formar ou modificar nossa idéia da totalidade de acordo com aquilo que nos pareceu verdadeiro. Neste aspecto, nosso método é aditivo, a exemplo do de Descartes: a verdade do Cogito, do julgamento "penso, logo existo" é independente de qualquer outro julgamento; qualquer coisa que eu seja levado a dizer depois, nada poderá fazer que esse julgamento inicial se torne falso, as verdades obtidas posteriormente se acrescentam à primeira, mas deixando-a subsistir inteira e sem poder algum de modificar-lhe o caráter. Nosso "ponto de Arquimedes" é, tem sido, o fato incontestável do mal absoluto. É essa a nossa "primeira verdade". O método aditivo nos é imposto pelo próprio caráter de nossa primeira verdade, que deve se mostrar tal que nada nem ninguém possa alterar-lhe o que quer que seja. O que viermos a dizer depois só poderá acrescentar-se a esta primeira verdade, sem ter nenhum poder de desmenti-la ou aboli-la. Se a totalidade fosse una, organizada, razoável, se fosse um Todo, certamente o método dialético iria impor-se. Então, seria necessário dizer que a verdade é o Todo, seria necessário recusar-se a absolutizar uma verdade parcial qualquer: cada uma delas não faria mais do que descobrir para nós um lado, um aspecto das coisas, ainda insuficiente, ainda incompleto. Então, o julgamento, por seu caráter unilateral, parecer-nos-ia impróprio para exprimir a verdade. Mas não é assim. Nossa primeira verdade é exclusiva de uma concepção da totalidade como aquela cuja forma de desenvolvimento é o método dialético. De fato, num Todo, cada parte está em relação com o conjunto, e é o que é na dependência do conjunto. Ela tem, pois, um caráter *relativo*. Se a realidade é uma totalidade una, sensata, razoável, no plano das partes só há relativo. Em particular, cada bem ou cada mal não é senão relativo. Então, quando há males absolutos dentro da realidade, por isso mesmo, ela não forma um Todo, e não existe nenhum meio de colocar juntos todos os seus aspectos (num sistema coerente); por conseguinte, o método dialético é necessariamente inadequado. A forma está ligada ao conteúdo; neste caso, o conteúdo é tal que requer a forma aditiva.

Julgávamos não ter nenhum direito de considerar "morta" a filosofia, a partir do momento em que depende de nós que ela viva. Mas, em vez de contribuirmos para a sua vida, não é para a sua morte que contribuímos agora? Importa, para o filósofo, tentar enxergar claramente, dizíamos, isto é, tentar compreender. Mas o que é compreender senão ver desaparecerem as contradições, e, em particular, nos identificarmos com aquilo que constituía para nós obstáculo, que nos detinha, e, para a razão, sentir-se, enfim, real, isto é, sentir-se plenamente bem em seu objeto? Uma razão somente subjetiva é uma razão que ainda não compreende. Ela questiona, mas a realidade, indiferente às suas questões, continua sendo algo de impenetrável, de opaco e de estranho. Compreender é ver todos os aspectos do real unidos num Todo coerente, é perceber a identidade do real e do razoável. Então, ao começar, a título de "primeira verdade", pela tese da absolutez do mal, o que estamos fazendo senão tornar impossível, desde o início, qualquer compreensão total, e portanto tornar a filosofia impossível como sistema? O discurso do filósofo tem de levantar, tem de resolver as contradições que fazem que, num mundo enigmático, o homem reflita, que se interrogue. É preciso ainda que não haja contradição insolúvel. Mas o que encontramos, desde o primeiro passo, é essa contradição insolúvel. O mal absoluto é sem porquê. Mesmo que se pudesse explicar todo o restante, *isso* não poderia jamais ser explicado. Portanto "sabemos" desde o início: que a realidade não forma um Todo coerente, que não há nenhum meio de pensar juntos todos os seus aspectos, que não pode haver um "discurso *uno* da realidade" (daquilo que ainda chamamos assim), que a realidade, como tal e em seu conjunto, não é razoável, mas que o fundo das coisas é desordem. Porque se a realidade não é um Todo coerente, ela é uma soma e, nesse caso, basta uma única parte heterogênea junto às outras para que o conjunto não seja homogêneo. Quando há mil números pares e um único número ímpar, a soma é um número ímpar, quando há milhões de gotículas de água pura e uma só gota de ácido, o todo não será água perfeitamente pura. O que, à primeira vista, parece absurdo e sem razão de ser pode depois mostrar ter sua justificação, sua razão de ser; o desarrazoado, que era assim considerado à parte ou separadamente, pode mostrar-se, depois, fundado e razoável quando está ligado ao conjunto. Então, a coerência e a razão do Todo supera, em si, a desrazão das partes ligando-as ao conjunto. Mas, quando se trata de uma absurdez pura – e no entanto real –, nenhum Todo coerente pode resolvê-la ou absorvê-la, mas, ao contrário, ela constitui esse Todo coerente como *parcial*, como formando com ela um todo que traz em si o caráter da desordem e da incoerência. Por conseguinte, o mal absoluto nas coisas (mesmo que se trate apenas das "coisas humanas") implica incoerência e desordem no plano da realidade em seu conjunto, é suficiente para mostrar que, qualquer que seja a bela ordem dos conjuntos parciais, a desordem é fundamental.

Deve-se dizer aqui que a filosofia, que visava a satisfazer a necessidade de compreender, fracassa e morre? Sim, se os cépticos não forem, como alguns puderam dizer, "verdadeiros" filósofos. Não, se o próprio não-saber é um tipo de revelação – diferente do conhecimento –, se ele não nos deixa na inércia perante a realidade, como um bloco impenetrável, mas quando, ao contrário, dissolve, de certa maneira, a própria realidade, proporcionando-nos então aquele alívio e aquela liberdade que outros, por sua vez, obtêm pelo saber, e enfim, se não resolve as contradições, ao menos fá-las desvanecerem-se na niilidade universal. Mas quando falamos aqui de "cepticismo", não se trata, naturalmente, de um cepticismo que se definiria pela impotência para resolver os problemas *do dogmatismo*. Quando dizemos que é impossível conhecer as coisas como elas são em si mesmas, que nunca percebemos senão o fenômeno, que convém, pois, suspender nosso julgamento a respeito de sua verdadeira natureza, de sua essência, que é preciso limitar-nos a dizer de que modo elas se mostram a nós, etc., estamos conservando todas as categorias do dogmatismo: essência, fenômeno, realidade, etc., não estamos propondo nenhuma nova visão de conjunto que possa libertar a consciência comum da opressão em que se encontra diante da realidade impenetrável; ao contrário, jogamo-la para o lado da religião, incentivamo-la a apostar na fé (porque não é possível para um ser razoável manter por muito tempo uma pura posição de abstenção e de inércia): o cepticismo fenomenista pressupõe o próprio solo do dogmatismo, que ele não questiona de maneira alguma. O cepticismo original, o pirronismo, pareceu-nos ser bem mais uma filosofia da aparência. E se não quisermos continuar a mover-nos somente dentro das categorias do dogmatismo – é verdade que com o risco de fazê-las funcionarem como categorias vazias –, é precisamente a essa noção de "aparência" que somos conduzidos.

Mas a aparência não é, também ela, uma categoria do dogmatismo? Em Hegel, no início da *Lógica da essência*, ela designa o que é o ser, como imediato, em relação à essência. O ser, então, não desapareceu, mas "está rebaixado a um ser somente negativo, a uma aparência"[7]. Como observa B. Bourgeois, "o ser como aparência é aquilo através do que ele aparece (*'scheinen'*: aparecer) como essência", e acrescenta: "a aparência não é, pois, aquilo através do que a essência se dissimula, mas aquilo através do que ela aparece"[8]. Assim, mesmo que a aparência não seja como uma casca ou uma cortina atrás das quais está escondida a essência, ela é inteiramente relativa à essência que revela negativamente ao mostrar-nos a não-consistência e a não-verdade de todas as coisas em seu ser imediato. A esfera do ser é a esfera do *há*, mas, agora, o *há* se dissolve. Fica, então, evidente que as coisas, tais como se apresentam de imediato ao conhecimento, não têm seu fundamento em si mesmas, mas num Outro: na Essência, na Idéia, e é na inconsistência mesmo das coisas finitas que a essência aparece. O cepticismo percebe a pretensa positividade das coisas sensíveis e toda a riqueza multiforme do mundo como

---

7. *Enc.* 1830, § 112, trad. fr. Bourgeois (Vrin, 1970).
8. *Ibid.*, nota do tradutor francês (p. 215).

nada: "'Isso existe': foi o que o cepticismo não ousou dizer"[9]: mas, ao absolutizar a Aparência, ele não reconhece que, ao ver todas as coisas que dizíamos "existirem" caírem na aparência, ele já se coloca na esfera da Essência. É a presença implícita da Essência que, como identidade, estabilidade, fundamento, nos mostra toda a niilidade das coisas sensíveis e finitas. Certamente o cepticismo está coberto de razão em reconhecer a niilidade do finito, isto é, em reconhecer que o limite não é exterior a ele, mas que ele se suprime a si mesmo, uma vez que isso não é senão a dialética do finito, mas erra ao limitar-se àquilo que é apenas um lado da verdade e ao absolutizar o que só vale como momento (o momento dialético ou negativamente racional). Porque o finito não só desaparece, como aconteceria se o finito e o infinito estivessem simples e abstratamente fora um do outro: Deus não é apenas a potência universal diante da qual nenhum finito resiste, é a bondade que acolhe e que salva. Mas o cepticismo, aliás, recusa até mesmo ver, na precariedade dos finitos como tais, a manifestação universal da potência da Essência ou de Deus, como Essência (isso cabe aos maometanos ou aos judeus); ele se atém à aparência, sem enxergar que, ao chegar à aparência, ele já chegou à essência.

Mas, na realidade, o que significa tudo isso? Se a aparência é aquilo através do que a essência aparece, Hegel está totalmente certo. E a aparência assim compreendida nos deixa efetivamente na dependência das categorias tradicionais. Mas a aparência do cepticismo primitivo (em Pirro, Tímon, Enesidemo) não deixa a essência aparecer nela: "a aparência prevalece sobre tudo", diz Tímon (D. L., IX, 105), o que significa que não se pode ir além da aparência, ela é a última palavra. Mas o ser imediato não tem substância verdadeira, não tem fundamento em si mesmo? É verdade, mas também não tem funda-

---

9. *Wissenschaft der Logik*, Éd. Lasson, II, p. 9 (trad. fr. S. Jankélévitch, Aubier-Montaigne, t. II, p. 12).

mento em outra coisa, não se funda, e por isso passa, se desvanece. Para Hegel, nenhuma essencialidade pertence àquilo que está fora de Deus, e em seu isolamento, "isso deve ser considerado como algo que é em si mesmo sem consistência nem essência, como simples aparência" (*Enc.* 1830, Add. § 112, trad. cit.). Mas, se Deus não existe, todas as coisas estão fora de Deus, e assim, todas as coisas, inteiramente corroídas pela morte, não são mais que meras aparências, ou, para falar com precisão, não "são". Então, não há verdadeiramente "conhecimento" delas, porque o conhecimento consiste em ir além daquilo que se apresenta de imediato para o que é mais profundo, mas se a aparência não tem profundidade, "entrar" na aparência será, talvez, descobrir novas aparências, mas permanecer na esfera da aparência, como esfera de que não saímos jamais. A aparência é aquilo com que o movimento do conhecimento se recusa a contentar-se: ele vai além, vai para a unidade, para a estabilidade, para a lei... O cepticismo não nega que existam *saberes*, mas está atento ao fato de que, através de todos os saberes, persiste um não-saber igual a ele mesmo. Certo dogmatismo admitirá isso, entendendo que, quaisquer que sejam os progressos do conhecimento, continuamos sempre igualmente longe da coisa "em si", mas o cepticismo, para o qual não existe "coisa em si", entende, antes, fazer do próprio não-saber um meio de revelação, não do fundo, mas do não-fundo das coisas. De certa maneira tudo está absolutamente presente, debaixo dos olhos de cada um de nós. "Tudo"? até a verdade – não a verdade a respeito de determinado fenômeno físico, da composição química de determinado corpo, etc. (Hegel deseja, com razão, que, nesse caso, falemos de "exatidão", em vez de falar de "verdade"), mas da verdade que nos diz respeito e nos conduz – a verdade: a vida.

Em suma: a noção céptica da "aparência" significa o abandono das categorias fundamentais do dogmatismo. Quando se nega Deus, não é somente Deus que é negado, mas a Realidade, o Fundamento, a Essência. Nas grandes filosofias idealistas, a realidade se distingue da simples empiria: ela é (ao contrário da empiria) o que nos tira do fluxo de aparecimento-desaparecimento, o que nos salva da aparência e da morte. Ao participar do real pela ação ou pelo pensamento, o homem nega a negação abstrata da morte, de certo modo, imortaliza-se. O real é aquilo que permanece, e a noção de "essência" significa precisamente que, através e apesar da mudança que interfere nos aspectos exteriores das coisas, algo permanece. Mas quando nada permanece, quando os traços deixados por tudo o que existiu se apagam, por sua vez, inexoravelmente, quando há, entre os traços mais fugazes (como são os deixados pelos meteoros) e os mais persistentes, apenas uma diferença quantitativa, então temos aquilo que chamamos de aparência pura. Quando a aparência, nesse sentido, é o estofo de todas as coisas, podemos muito bem dizer que nada existe (nada de verdadeiramente real). Niilismo, se quisermos, entendendo pelo termo o reconhecimento da niilidade, da insubstancialidade de todos os pretensos reais. No cepticismo, como niilismo, a Realidade-Razão do Idealismo não se torna, naturalmente, uma aparência (uma vez que a Realidade é, ao contrário, aquilo que contém a aparência como um momento subordinado), mas uma ilusão. A aparência não tem nenhum caráter ilusório, uma vez que agora ela é a própria "realidade", é tudo o que existe; a ilusão consiste em reificar entidades permanentes fora e acima do desenrolar cotidiano da vida (Deus, Idéia, Substância, Essência, Átomo, etc.), consiste também, enquanto tudo se dissolve na vida insuperavelmente efêmera, em crer numa salvação possível pelos traços.

Deus é a essência, é aquilo que funda, que faz que as coisas tenham um ser *de direito* (sua essência). A "essência" opõe-se à "existência": quando as coisas não têm essência, elas não existem exatamente, porque "existir" (*existere*) significa não estar aí simplesmente, mas, como observa Hegel (*Enc.* 1830, Add. § 123), "ser originário de" (originário do fundamento). Como mostrou Platão, a razão de ser última dos existentes não se encontra senão em sua Idéia. As condições empíricas de existência fazem que existam ou não existam, floresçam ou não floresçam as flores empíricas, mas elas não constituem uma explicação suficiente da flor. Ao contrário, supõem que o Princípio "Flor", já *seja*, como aquilo que faz que *possa* haver flores, aquilo que encerra em si a Possibilidade da flor, ou: a lei, a definição da flor, do ser-flor, numa palavra, de sua essência. Mas a Flor não tem sentido isolada do Fruto, e o Fruto teria sentido isolado da Planta? e a Planta, isolada da matéria inorgânica? e o Animal isolado da Planta? e o Homem isolado do Animal? A essência não é isolada, significa que um ser, por sua essência, tem um papel, um lugar que lhe cabe, por direito, na totalidade. As essências formam, pois, um único sistema (mundo inteligível), e têm sua razão de ser nesse sistema mesmo como Todo absolutamente racional e razoável (isto é, divino). Para o homem erudito empírico, há uma constituição do sol e das leis descritivas, mas não há uma essência (que seria a verdadeira *causa finalis*) do sol. Para o filósofo idealista, o homem erudito como tal continua sendo materialista (é também o que observam os marxistas, sem mesmo se dar conta que é exatamente essa a linguagem do idealismo desde Platão): ele conhece apenas as condições exteriores dos seres, não é capaz de dar uma razão suficiente, a explicação completa destes. Na realidade, há uma essência (um ser de direito) do sol (ou uma Idéia do sistema solar): era preciso que houvesse o sol dentro do Todo, há o lugar do sol, definido desde toda a eternidade. Um ser, por sua essência, não está gradualmente vinculado só a outros seres, mas também à totalidade, como possuidora de uma unidade real, como sistema ou como Todo. Se há, pois, uma essência do homem, isso significa que o homem não é somente um ser empírico, ele está ligado ao Todo, tem seu lugar no sistema dos seres, está em relação com o eterno e com o divino. E o seu lugar é, necessariamente, o mais alto, uma vez que ele é o ser que fala de Deus (da totalidade que se pensa a si mesma), que reflete Deus, que se reflete em Deus. Se um ser tem uma essência, ele não é simplesmente algo que está aí: senão como indivíduo empírico, pelo menos enquanto, por sua essência, ele participa do Real, é fundamentado, justificado.

É lamentável, talvez, que semelhante concepção já não esteja no tom de nossa época. Enquanto o homem já não respeita nem mesmo as espécies (uma vez que muitas espécies vivas estão desaparecendo), essa concepção permitiria, em todo caso, fundar o respeito devido às categorias de seres, em particular às espécies (já que não se respeitam os indivíduos). Mas sob pena de estar fora de seu tempo, é preciso pensar segundo o espírito da sua época, segundo a concepção que a época traz em si. Se "Deus morreu" (no sentido que dissemos)[10], as coisas se encontram desprovidas de essência. Isso significa que elas não entram em questão nem antes nem depois do momento preciso em que existem. A essência é eterna: as flores empíricas nascem e morrem, mas o princípio "Flor", que significa a possibilidade de que existam flores eternamente, este é eterno. Se existe uma essência do homem, trata-se do homem de toda eternidade, em Deus mesmo: Deus "criou" o homem, dizem, na linguagem criacionista, mas Hegel não faz mais do que expressar isso mesmo em outra linguagem. A essência é aquilo que precede, logicamente, o aparecimento na empiria e aquilo que sobrevive a ele. É o que faz que o ser não se reduza ao seu aparecer, mas que já esteja sempre além de sua imediação, numa espécie de passado e de futuro intemporais. Uma vez que são sem essência, as coisas são privadas da eternidade, não são nada, nem antes nem depois de seu aparecer, nada as salva do tempo e do nada. Já não há Todo de que elas seriam membros, no qual desempenhariam seu papel, no qual teriam o seu fundamento e o seu direito; estão aí simplesmente, sem direito e sem razão.

---

10. Cf. p. 340, nota 3.

A APARÊNCIA

A aparência é o tecido original das coisas, sua base (sua ausência de base) universal, aquilo que faz que todos os seres, todos os sistemas, todas as realizações, todos os sucessos tragam em si sua derrota íntima, inexorável. A aparência é o todo, e podemos falar de aparência "absoluta", uma vez que não há mais nada. O adversário dirá que toda aparência é relativa: aparência-*de* e aparência-*para*. O ser aparece, mas não se resolve na aparência, pois não pode haver aparência sem nada que apareça; e ele aparece *a* um sujeito, ele se mostra, porque não é preciso que ele *me* apareça para que eu fale dele? Não negamos que exista um sentido em falar de aparência "relativa"; simplesmente o nível em que nos colocamos é o da aparência como categoria universal e última, a aparência absoluta. Um ser, dizem, aparece, não se resolve em sua aparência. De acordo. Não se resolve numa determinada aparência particular, nem em outra; ele se resolve, de maneira geral, na aparência. Mas não há, para a totalidade das aparências, um princípio de unidade? De maneira alguma: elas formam, finalmente, um conjunto discordante; a alguns, o sol se mostrou como um Deus, a outros, como uma pedra[11]; não poderíamos unificar as manifestações do sol senão descartando algumas aparências em prol de outras julgadas mais essenciais. Mas, por que não? Não é o sol uma massa inerte e não um deus? Isso equivale a privilegiar a nossa maneira de ver, a nossa mentalidade moderna, e repelir a maneira de ver de muitos povos: a escolha entre as aparências, distinguindo entre as aparências

---

11. "– Sim, eis o que sustento: é que tu não acreditas em nenhum deus. – [Sócrates] Maravilhosa segurança, Meletos! Mas enfim, o que queres dizer? que não reconheço nem mesmo a lua e o sol, por deuses, como todos? – Não, juízes, ele não os reconhece como tais; ele afirma que o sol é uma pedra e que a lua é uma terra. – Mas é Anaxágoras que acreditas acusar, meu caro Meletos! Na verdade, estimas tão pouco estes juízes, tu os julgas tão iletrados para ignorar que são os livros de Anaxágoras de Clazômenas que estão cheios destas teorias?" (Platão, *Apol.*, 26 d).

fundadas e as puras aparências, entre o verdadeiro e o ilusório (isso relativamente ao "ente", ao *to on*), é inspirada pelos pré-julgamentos (opções, julgamentos prévios) da comunidade (sem dúvida, convém, de qualquer modo, repelir a ilusão, mas ela consiste precisamente, como veremos, em absolutizar, em reificar em *seres* [ontologizar] certas aparências, sendo descartadas outras, ao passo que homens, povos, puderam enxergar nelas sua vida e sua permanência). Se existe uma unidade da significação "sol", é somente dentro dos limites de um mundo particular: o sol da astronomia, o sol de Platão, o da religião asteca, etc. Mas não há certas aparências empíricas que são, de um "mundo" a outro, mais ou menos as mesmas: certa forma no céu, certo calor, etc.? Sim, mas estamos dizendo que não é possível passar dessas semelhanças na aparência a uma unidade essencial. O sol da religião asteca é semelhante ao sol da astronomia: ilumina a terra, aquece e enxuga o solo, etc., mas não é o mesmo "sol" (e não é possível passar inteligivelmente de um ao outro): temos dois sistemas de aparências que não deixam de ter analogias, semelhanças, mas não existe entre eles um princípio de unidade e de identidade essenciais.

Mas, quando falamos do sol-para-a-astronomia, do sol-para-a-religião-asteca, etc., não estamos sendo remetidos ao sujeito? A aparência não é aparência-para? A aparência, no caso, é o dependente; o sujeito, o independente. O sujeito desempenha, então, o papel da essência: é aquilo em relação a que o ser é aparência. Mas o sujeito é, por sua vez, um ser: como tal, ele não escapa à desrealização, ao deslizar na aparência. Em Hegel, a Realidade (*Wirklichkeit*), categoria na qual termina a Lógica da Essência, é, de certo modo, insuperável: é aquilo de que não mais sairemos (uma vez que tudo o que vier depois será somente o autodesenvolvimento da Realidade). Mas, para o cepticismo (como o entendemos nós), o suporte absoluto sobre o qual tudo se desenrola, o todo sem exterior, é a aparência. É bem evidente que ainda não se trata, neste caso, da distinção sujeito-objeto. Os sujeitos ainda não têm valor como "sujeitos", não são senão seres entre outros, que como tais, enquanto não têm fundamento nem em si mesmos nem em outra coisa, se desvanecem em "aparência". Não são mais do que aquilo que se mostra a eles salvos do nada e da morte: sujeito e objeto são constituídos da mesma natureza insubstancial – como vemos nas análises do *Teeteto*, por exemplo. Ou se quiserem: nenhum sujeito tem em si o princípio de verdadeira estabilidade, é totalmente variação, não tem relação alguma com o eterno, mas está inteiro sob o poder do tempo.

Talvez nos lembrem o que Descartes mostrou: aquilo que se mostra a mim não existe senão duvidosamente. Mas eu, a quem aquilo se mostra, e que me mostro a mim mesmo (eu que me mostro existir), com certeza, existo. A esfera total estaria cindida em um lado certo e um lado duvidoso – cisão que, retomada por Descartes, é a mesma que o cepticismo fenomenista opera, e que, em outro trabalho, julgamos incompatível com os textos pirrônicos[12]. A dúvida recairia no *ser* daquilo que aparece, não no aparecimento; ela supõe, portanto, a distinção entre a aparência e o ser, e a aparência como aparência-*de*. Mas, se não há *ser* por trás da aparência, não pode haver "dúvida" a respeito da realidade "objetiva" daquilo que se mostra. Isso significa que não há mais do que a certeza? Mas, se desaparece o *ser* do objeto, desaparece também o ser do sujeito: a esfera da aparência não "pende" mais para um lado do que para outro: ela é anterior à distinção entre os dois lados. Não que não se possa mais "duvidar" ou "ter certeza", mas dúvida, certeza, são estados subjetivos; no plano em que nos colocamos, anterior à distinção do subjetivo e do objetivo, ainda não existe a problemática da dúvida e da certeza. Descartes pode mesmo dizer: penso (alguma coisa), logo

---

12. Cf. *Pyrrhon ou l'apparence*, pp. 49-50, e *passim*.

existo, mas está falando a linguagem comum, que não problematiza o termo "ser", limita-se à intuição comum do existir.

Mas, observaremos, a aparência se diz. E, uma vez que é sempre alguém que fala, a aparência não é sempre a aparência-para-alguém? Na realidade, a aparência, como tal, comporta uma presença muda para ela mesma, é auto-aparência. Não entendemos que a aparência seja relativa-a, a um olhar, porque o olhar é um elemento da própria aparência (senão a aparência seria o objeto para um sujeito). A aparência não se deixa observar a partir de um ponto de vista exterior, deve ser vivida, habitada. A tristeza de minha aldeia à noite nada tem de subjetivo (como se houvesse uma realidade "objetiva", um "ser-verdade" de minha aldeia – porque quem perceberá esse "ser-verdade"? quem, melhor que eu, pode perceber minha aldeia?), pertence à minha aldeia mesma, mas também a mim, porque minha aldeia precisa do olhar dos que nela vivem, e os que nela vivem, quando estão fora dela, se sentem estrangeiros e desterrados. A aparência não é um objeto para um sujeito sem um ponto onde se possa fixar; ela se reflete em outra coisa, mas como esta reflexão não tem nada de indiferente e de exterior, mas pertence a ela por um vínculo interno, podemos dizer que se reflete nela mesma. Minha aldeia se reflete em mim, em meu olhar – mas porque moro nesta aldeia, porque nos pertencemos mutuamente, de forma que minha aldeia se reflete nela mesma (ela deve ter formado lentamente o meu olhar, deve ter dado a sua forma ao meu olhar). E se ela for visitada por um estranho? Será a mesma coisa, mas então, não será a minha aldeia, mas "uma" aldeia. E se for atravessada por uma mosca? Ainda será a mesma coisa, exceto que irá tratar-se de um conjunto de massas que tem valor para a mosca, mas de modo algum de uma "aldeia". E se nela não houver vivalma? A aldeia será pedra, argamassa, pesando sobre o solo, detendo a luz, etc., isto é, refletindo-se ou aparecendo no solo, no ar, na luz, etc., mas a título de massa material, não de "-aldeia". As coisas não são nada mais do que as maneiras diversas como se mostram, não que a aparência se entregue a um termo exterior; ao contrário, a aparência só remete a si mesma, é sem exterior. Se a aldeia, como pedra e argamassa, "aparece" no solo, na luz, etc., isso significa que se deve considerar, como formando a aparência total, não uma determinada coisa material, separada das outras, mas o conjunto das coisas materiais que se refletem mutuamente. Se minha aldeia, como tal, se entrega a certo olhar, não é a qualquer olhar, mas ao olhar cuja definição ela traz em si e que forma um todo com ela.

Mas, desde que a aparência é dita, opera-se uma cisão: há aquilo que eu digo e eu que o digo. O que eu digo parece colocar-se independentemente de mim, e eu me encontro lançado numa sorte de inessencialidade. Os dois elementos da aparência se separam. A reflexão fica do meu lado, e em frente, a aparência, privada de reflexão, se reifica como *ser*. Porque o movimento natural da linguagem é deixar de lado aquele que a pronuncia: ao falar, aquele que fala se deixa de lado. "As laranjeiras estão floridas": ao dizer isso, eu opero uma retirada sobre uma aparência multiforme, reduzo-a a uma abstração, a uma generalidade. O que resta do aroma de campo, da nuança do céu, da suavidade do vento, da nuvem branca que passa...? Porque a aparência é, a cada vez, uma composição de aspectos singulares, inconstantes, de que em breve nada resta, e que, para nós, é o concreto, porque é nela que temos nossa permanência, nossa vida, relacionada não com o Princípio "Flor", mas com estas flores, neste momento, e não com um irmão, um amigo em geral, mas com este sorriso, com esta voz. O importante está sempre ligado à particularidade, a nuanças, a um gesto, a um olhar, a algumas palavras... E, com certeza, o "importante" não é sempre o mesmo; entretanto, até o fim, a vida será feita de composições cambiantes de particularidades. A linguagem comum é impotente para expressar tudo isso (e é esta impotência que convida à misteriosa transmutação de que é capaz o poeta, e pelas quais as coisas ditas já não são sombras, generalidades, mas estão ali, "em pessoa" e vivas). Por certo a linguagem tem mesmo o seu lugar de origem na aparência, mas ela opera a dissociação: a aparência se torna aquilo que se mostra-a, e a reflexão se torna exterior. As laranjeiras estão floridas. Vocês não estão vendo. Eu estou vendo e escrevo para vocês. Não é verdade que, pela linguagem, o que se mostra a mim se mostra também a vocês – a vocês e a qualquer outra pessoa? Aquilo que primeiro era talvez aparência só para mim não se torna aparência oferecida a qualquer pessoa que lê ou que escuta, aparência para ninguém em particular, e para qualquer um? A linguagem recolhe a aparência, guarda-a, transmite-a, e aquilo que a palavra "ser" significa é o aparecer puro ou abstrato – que não é um aparecer para uma pessoa ou para outra, para este ou para aquele, para vocês ou para mim. Mas, nisso precisamente (nessa abstração), está a traição, a dissolução da aparência. A linguagem é precisamente o dito daquilo que se mostra, mas o que é dito não é a aparência, mas um lado apenas, porque o outro lado, o da reflexão, caiu na inessencialidade. "As laranjeiras estão floridas": mesmo em sua generalidade, isso só tem sentido para um olhar (e traz em si a referência a esse olhar); mas dizemos que as laranjeiras "estão" floridas, simplesmente. A linguagem rompe a esfera da aparência, deixa de lado a reflexão, que torna uma questão do "sujeito" (que deverá, se quiser que a aparência seja compreendida como aparência para ele, introduzir-se ele mesmo na linguagem de maneira exterior: "parece-me", "aparece-me que", etc.), reifica, absolutiza o outro lado sob a forma do *ser* e de tudo sobre o que dizemos: "isso é". Mas a noção de "ser" é absurda ou vazia: nada existe senão refletindo-se (aparecendo) e só desse modo pode existir, em si mesmo. Ninguém diz: "o ipê existe", mas: o ipê está na praça da minha aldeia, etc. O ipê, a aldeia, as velhas casas, as colinas, etc. se refletem; e todos eles para serem "ipê", "aldeia", etc. precisam do olhar humano, e um olhar formado para perceber esse ipê como "o" ipê, essa aldeia, como a "minha" aldeia, etc., de forma que as coisas se refletem num determinado olhar como em si mesmas. A aldeia, então, não tem um ser independente do olhar, e o olhar não é o olhar de um simples "observador" que vai de uma coisa para outra, observando ora isto, ora aquilo. Ambos se pertencem. Na esfera da aparência, em que os dois extremos não se mantêm separados, cada um de um lado, como sujeito e objeto, ser e pensamento (ou consciência), não-eu e eu, etc., as coisas são transparentes, oferecem-nos sua simplicidade, se mostram como são em si mesmas. A noção de "minha aldeia", independentemente de mim e dos que, como eu, nela vivem, é coisa absurda. O que seria a minha aldeia "em si"? a minha aldeia "para Deus"? Mas, então, trata-se de uma noção subjetiva? De modo algum: a minha aldeia está ali, em si mesma, absolutamente. Na aparência – na esfera da aparência – se desenrola a vida. A esfera da aparência não tem pólos fixos, ou: a vida está constantemente passando por mudanças. Mas há uma única saída que não é a do objeto ou do fenômeno por um lado, e por outro, paralelamente, a do sujeito, mas uma só e a mesma. Em cada ponto do fluxo, as coisas se oferecem em sua verdade, e o olhar para percebê-las está ali, mas logo elas adquirem outra natureza, e um outro olhar se forma. O olhar que "avança" ou que "atrasa" não compreende, ou já não compreende, mas o olhar que é contemporâneo daquilo que está ocorrendo compreende. Então, as palavras são quase inúteis. Na esfera da aparência, tudo, de certo modo, é linguagem, de modo que os que vivem a mesma vida, que fazem parte da mesma "esfera", não têm necessidade de explicar, de explicar-se.

Mas com a linguagem do ser (que diz o ser), a esfera da aparência se rompe. A linguagem se inscreve na cisão. Na transparência muda da aparência para si mesma, na clareza simples da vida que se limita a viver e a passar, as coisas são elas mesmas, nada dissimulam. Mas, correlativamente à palavra, os objetos tornaram-se opacos, têm agora um ser oculto, propõem uma tarefa ao "conhecimento". A opacidade dos seres tem sua origem no fato de que já não temos o olhar que os tornava elementos naturais de nossa vida. Tornaram-se inertes perante nós, mortos e incompreensíveis, e nós, correlativamente, nos tornamos cegos. Sem dúvida a linguagem tem uma função de revelação (diz aquilo que se mostra), mas agora não pára de revelar: as aparências, sempre iniguais ao ser, remetem indefinidamente a outras aparências. A esfera tornou-se uma linha e é preciso avançar indefinidamente. Mas, perguntarão, o mundo é compreensível? Não é, ao contrário, um enigma, etc.? Ele assim parece, agora, para a linguagem, na medida em que a linguagem visa à coerência, ou seja, para a razão. Porque se quisermos falar dele de maneira coerente, isto é, de modo a fazer manter juntos todos os seus aspectos, o mundo se mostra, então, repleto de contradições. Mas somos nós mesmos que fazemos aparecerem essas contradições por causa de nosso projeto de coerência. Elas são apenas o correlato de nosso projeto de coerência, ainda não existiam, porque, no plano da aparência, ao contrário, não há contradições – isso porque a vida, que se passa na aparência, não comporta o projeto de se pensar a si mesma em todos os seus aspectos reunidos; ela só conhece o pensamento concreto, limitado, que tem um ponto de fixação definido e que não se propõe outros projetos além dos seus objetos naturais, a que está ligada co-originalmente (enquanto o pensamento que se desdobra em discurso está à procura de todos os objetos possíveis, fora de seu horizonte natural e em todas as direções).

As coisas podem mostrar-se, aparecer sob aspectos contrários, mas como não é ao mesmo tempo, nem sob o mesmo ponto de vista (para o mesmo olhar), não há contradição. A contradição vem do fato de querermos que as coisas *sejam* assim (ou não assim), que tenham uma natureza estável determinada, uma essência, porque, então, elas não podem *ser* simultaneamente isto e o contrário, e é preciso escolher. E semelhante ilusão – a ilusão ontológica – provém da própria linguagem, como linguagem do *ser*. O sol se mostra, a alguns, como um deus, a outros, como pedra, ou massa incandescente, etc. Não há contradição nisso, a menos que se queira que o sol *seja* um deus, ou *seja* uma pedra, porque, nesse caso, cada aparência, essencializada, reificada, excluirá a outra. Alguns vêem o sol como um deus; e, ao dizer: "o sol é um deus", confiam essa aparência à linguagem: a linguagem diz o sol em seu aparecer, porque, quando dizemos que ele "é" isto ou aquilo, o que está realmente, autenticamente, sendo significado é apenas que ele se mostra como tal. Mas, porque a linguagem do ser dissociou a aparência, deixando de lado o momento da reflexão, o outro lado se apresenta como valendo por si mesmo e absolutizado, e a palavra "ser" tem imediatamente a significação de ultrapassar a aparência: em "o sol é um deus", *ser* significa não aparecer apenas, tem a significação de se opor à aparência e de excluir a simples aparência. O "ser" não é entendido apenas como só aquilo que tira o aparecer da subjetividade e o deixa desenvolver-se por si mesmo, mas como aquilo que designa bem mais que o aparecer. O sol se mostra como um deus, mostra-se também como uma pedra, mas não pode *ser* um deus e uma pedra ao mesmo tempo – e não "é", talvez, nem uma coisa nem outra. A linguagem comum – e a dos filósofos enquanto falam a linguagem comum – é ontológica: diz o que "são" as coisas, faz a separação entre as aparências ilusórias, "relativas a cada um", "subjetivas", etc. e as aparências essenciais. As linguagens comuns (porque é mais adequado empregar o plural), regidas por princípios de coerência, por não poderem tolerar que coexistam (com igual direito) todas as maneiras diversas como as coisas se mostram, e acolher a riqueza multiforme da aparência, descartam certos aspectos das coisas, eliminam, excluem. Se, ao ver o sol como uma pedra, eu estiver falando daqueles que vêem o sol como um deus, direi que são *eles* que vêem o sol como um deus, que o sol, *para eles*, é um deus. Assim, a aparência originária, ou o lugar de revelação daquilo que se mostra, só é, de um ponto de vista *exterior*, aparência-*para*, e está rebaixada ao posto de aparência subjetiva (relativa ao sujeito). Quanto a mim, transformarei o fato de considerar o sol como massa inerte no centro organizador de meu discurso materialista sobre o sol. Vimos que a aparência envolve a reflexão, ou seja, o olhar para o qual, por não conter em si nenhum canto obscuro, por não ter nenhuma profundidade oculta, ela tem aquilo que podemos chamar de transparência, que é a absoluta leveza da aparência. Podemos dizer que a aparência se auto-revela, auto-revelação que é linguagem (uma vez que as coisas, no seio da aparência, se refletem mutuamente, se significam mutuamente), mas esta linguagem originária (a linguagem muda da vida), pela abstração que rompe a aparência, ao deixar de lado a reflexão e possibilitar a ilusão ontológica, aliena-se nas linguagens comuns que visam à coerência do discurso (isto é, a pensar reunidos os aspectos diversos do mundo); os discursos atingem a coerência pela particularidade (isto é, constituindo como nulas e inexistentes as aparências que obstariam esta coerência e rejeitando-as como ilusão), mas, ao mesmo tempo, ignorando essa particularidade (uma vez que as ilusões não contam) e acreditando-se universais.

Os homens têm sua vida, sua permanência, não entre as essências, entre as verdades eternas, entre as leis, etc., mas na aparência, em que só há coisas singulares que valem pelo que têm de singular – que também é o frágil e o efêmero. O que conta: não o que tem a garantia de durar, como as montanhas no horizonte, o rio, mas o que não vai mais existir, o que se apaga rapidamente: um ser humano, a juventude, estas flores oferecidas, momentos de felicidade... Mas, aliás, as coisas "com garantia de durar" (relativamente) valem pelo que ora significam e fazem parte do mesmo sistema da aparência. Os homens têm assim sua vida, sua permanência em sistemas de aparências que se auto-refletem, se autocompreendem. Os sistemas de aparências – os "mundos" – não se opõem, não se contradizem, pois não se encontram. A razão, em cada sistema, é sempre concreta, no sentido em que cada um traz consigo suas próprias regras (implícitas) de leitura, de compreensão. Entretanto, diferentemente dos animais, que também vivem na aparência (o calor, as alternâncias e os jogos da luz e da sombra, as cores, os odores, etc. comandam seu comportamento), mas estão como enclausurados em mundos fechados, os homens, apesar de suas diferenças extremas, conseguiram falar. Porém como, quando há entre eles (entre os sistemas de aparências em que têm suas vidas e que lêem e interpretam naturalmente) diferenças grandes demais, não há, entre eles, nada que seja evidente, nenhum entendimento tácito e de meias palavras, têm de explicar e explicar-se. Nasce, então – ou manifesta-se –, a razão como função da linguagem coerente, como faculdade e exigência de unidade e de coerência (considerando-se que sempre haverá homens com os quais não teremos nenhum princípio comum exceto os da própria linguagem coerente, a razão não pode, na verdade, definir-se universalmente senão como faculdade de unidade e de coerência). Explicar é mostrar a outros. Eu vejo o sol como um deus; não se trata, nesse caso, para mim, de uma simples aparência que se opõe ao ser verdade do sol: o sol se mostra como um deus, ou, na aparência, mostra-se como aquilo que ele é. Posso explicar, explicitar isso, mas, assim, não direi jamais senão aquilo que se mostra a mim, sem poder, de modo algum, dar lugar, em meu discurso, a uma outra maneira de ver – como aquela segundo a qual ele "seria" uma pedra. Apesar de suas diferenças, os homens se falam. Mas, se nenhum teve sua vida no mundo do outro, no sistema de aparências deste, cada um deles não conhece senão uma versão das coisas, para cada um, só uma é possível: eles não podem fazer outra coisa além de falar a linguagem do *ser*, mas então, emitem discursos que se contradizem, que não formam um único discurso coerente, mas discursos cujo conjunto, ao contrário, é incoerente. Entretanto, cada discurso particular se julga coerente, porque o discurso contrário, por ser "falso" ou "ilusório", nada diz. A filosofia tenta produzir um discurso coerente de toda a realidade e verdadeiramente universal. Todavia ela só se satisfaz por um sofisma: como é muito nítido no idealismo, particularmente em Hegel, ela nos fornece um discurso coerente da realidade, com a condição de entender por "realidade" exatamente aquilo de que pode haver um discurso coerente. O discurso do filósofo não é radicalmente diferente do discurso comum: não chega à realidade senão pela particularidade (não reconhecida como tal). Aliás, a noção de um discurso completamente coerente da realidade é absurda (a menos que se considere, precisamente, o indivíduo como irreal): porque o discurso, como *universal*, deixa de lado o indivíduo como indivíduo (que não pode ser dito); mas por isso mesmo ele é particular.

Os homens, por fazerem parte de esferas diferentes de existência, têm de falar, e, embora muito diferentes, se falam. Podem, aliás, chegar a um acordo, mas só sobre um elemento, um aspecto das coisas: não há – nem pode haver –, entre eles, um acordo universal. Os acordos sempre são parciais (jamais encontraremos um homem com quem possamos estar de acordo sobre *tudo*). Por conseguinte, chega um instante em que o discurso de um se acha negado pelo discurso do outro: cada qual se torna, para o outro, alguém que se iluda, que se engana, etc., numa palavra, nesse aspecto, um nada. As verdades vividas, sentidas na esfera da aparência, agora absolutizadas como valendo para o próprio "ser" e, pode-se dizer, projetadas num mesmo plano, se chocam, se contradizem. A razão, ao fazer que os homens se encontrem, também faz que se oponham. Ao mesmo tempo em que a razão os aproxima, a querela (*éris*), a guerra os divide. Os sistemas de aparências (os mundos) caminham lado a lado, mas não se opõem. A diversidade não é contradição. Mas a razão, ao impor a coerência, afasta aquilo que se opõe ao discurso coerente (qualquer que seja a sua natureza: religiosa ou teológica, política, filosófica, jurídica, etc.): aquilo que dizemos dentro do quadro de um discurso coerente (sempre particular, julgando-se universal) se encontra justificado, o resto não, e aqueles que são capazes de emitir o discurso coerente se consideram, a si mesmos, justificados, e os outros não. Os homens se erguem uns contra os outros, e cada lado confia em sua razão. A guerra não faz senão realizar a razão, abolindo realmente aqueles cujo discurso já foi logicamente abolido (mas como, para cada partido, o discurso do outro estava logicamente abolido, é o sucesso, a vitória, que "mostra" de que lado está a razão).

Não há paz possível pelo acordo de todos sobre tudo – pela adesão a uma mesma verdade, porque não é possível estar de acordo sobre tudo: não há discurso coerente que faça justiça com eqüidade a todas as versões, a todos os aspectos das coisas –, não por qualquer "impotência" em conciliá-los, mas porque a "realidade", sendo constituída de sistemas de aparências heterogêneas (de que cada qual traz sua reflexão em si mesmo, ou só é transparente para si mesmo), exclui qualquer visão de conjunto unitária (mesmo se fosse a de um "Deus"), e no que diz respeito a uma exigência de coerência, é desordem e incoerência. A paz não pode se realizar pelo poder da razão (da razão-discurso): a razão que raciocina rompe, antes, a paz profunda da vida natural e faz levantar-se a discórdia dos discursos antagonistas (e na medida em que os homens agem segundo o exclusivismo de seus discursos, eles introduzem na realidade – como realidade histórica – o dilaceramento e a contradição; porque a reificação não ocorre só no discurso, ela produz a divisão real dos homens em classes, em raças, em Estados, etc. antagonistas, e é o que podemos chamar, de maneira geral, de "estado de guerra"). E de nada adianta tentar resolver as contradições, sonhar com um discurso absolutamente coerente em que todas as contradições se resolvessem. Semelhante discurso seria apenas o discurso-superficial de um intelectual-deus, não teria uma raiz viva numa esfera real de existência. As contradições dos discursos refletem, no plano do "ser", a heterogeneidade, a dessemelhança dos sistemas de aparências (das esferas de vida concreta). Decorrem da própria linguagem, como linguagem do *ser* e da absolutização daquilo que aparece. O que importa não é resolvê-las, mas voltar à aparência, em que a vida ainda não se opõe a si mesma. Se digo que o sol "*é* uma pedra", não posso, ao mesmo tempo, admitir que *seja* um deus: o sistema de aparências em que o sol é visto como um deus não tem valor de verdade, é ilusório. Entretanto, homens, povos, viveram vendo o sol como um deus. Viveram na ilusão? Se acredito que há um ser-verdade do sol, como o sol, evidentemente, não "é" um deus, sou conduzido a afirmá-lo (mas a ilusão está precisamente no fato de rejeitar a versão "sol-deus" como ilusória). Mas se admito que o sol não é um ser, mas um valor, e que vale diversamente segundo os sistemas de que participa, nos quais ele significa, posso admitir que compete ao sol mostrar-se como um deus e também como uma pedra (de qualquer maneira, é verdade que há ilusão, para cada versão, no fato de pretender excluir a outra, e, neste sentido, homens, povos, enquanto viviam numa esfera-da-aparência ontologizada em mundo-verdade, viveram mesmo na ilusão). Assim, a diversidade é deixada tal qual, não se endurece em oposição, em contradição. A aparência universal se divide em sistemas de aparências em que as coisas são indissociáveis de certa maneira de ser recebidas, vividas, de certo olhar, e as vidas e os olhares são irrefutáveis, insuperáveis, insubstituíveis. Por certo eu posso não "compreender" que homens, povos tenham visto, no sol, um deus, contudo, se as coisas se resolvem na aparência, essa versão é tão autorizada quanto uma outra. Porque todas as versões, todas as maneiras de ver são autorizadas, uma vez que não há essência das coisas e Deus-medida, Deus-juiz, porém com a condição de que valham na aparência (ou, uma vez que a vida se desenrola na aparência, que tenham valor de vida).

Perguntarão então qual é o papel da filosofia, se ela não tem de nos libertar da ignorância e nos elevar ao saber. É que só ela nos traz o entendimento da aparência como aparência. Porque vivemos na aparência, mas não sabemos, uma vez que, ao contrário, deixamo-nos levar continuamente a absolutizar aquilo que nos aparece, e, em vez de deixá-lo valer unicamente nos limites da aparência, nós o supomos valendo pelo "ser" mesmo, e pela essência das coisas, o que nos conduz a rejeitar, a "refutar", a abolir as outras versões, que, no entanto, são sentidas, vividas por outros. A filosofia da aparência deve conduzir a uma absoluta benevolência: se "sabemos" que tudo o que dizem sobre a Virgem, mãe de Jesus, não passa de um tecido de absurdos, só podemos lançar um olhar de piedade e de condescendência sobre a pobre velha que acende uma vela numa capela da Virgem, mas, então, não estamos fazendo mais do que adotar um outro aspecto da ilusão de reificação de que é vítima a velha senhora – como se a Virgem tivesse de ter um ser, um estatuto ontológico; se, ao contrário, estivermos atentos àquilo que se mostra à mulher devota em seu gesto de adoração, à Virgem como valor inspirador de atitudes e de vida, como centro de radiação que ilumina e inspira certa esfera de existência, então, longe de nos sentirmos levados à condescendência ou ao desdém, adquirimos um tipo de respeito indireto por essa "Virgem" poderosa e ativa (dentro dos limites de uma esfera de existência), mesmo não sendo nada. Os homens da ciência, os filósofos são levados a conceber uma hierarquia em cujo pico se colocam, e o currículo da educação e da instrução lhes parece dever conduzir, de grau em grau, até esse pico: ser "ignorante" ou ser "erudito" faz, para eles, enorme diferença... Mas, a sua existência é realmente mais rica do que a de uma velha ignorante, se eles perderam o poder de adorar (ou um outro poder: por exemplo, aquela forma de generosidade, aquela humildade, etc.)? Mas, por outro lado, não são eles também vítimas da mesma ilusão de reificação? Porque pensam ter de ir para além da aparência, para o "ser-verdade" e para a "essência" das coisas – enquanto estão vivendo como toda gente, na aparência, em que o que conta, no desenrolar cotidiano da vida, é uma multiplicidade de coisas singulares que o tempo arrasta consigo. Certamente eles teriam, contudo, razão se existisse esse "ser-verdade" – ou "essência" – das coisas (ou qualquer coisa daquilo que hipostasiam acima da vida em seu curso cotidiano), mas para a filosofia da aparência, ao ignorar que a aparência é o todo, não fazem mais do que substituir a aparência pela ilusão.

Em suma, a filosofia tem de nos libertar dessa ilusão, segundo a qual há outra coisa que não a aparência (que não a esfera cotidiana de uma existência vivida no sentimento do nada), ou, simplesmente, segundo a qual *há*. Essa ilusão, antes de ser a do filósofo sistemático, é a do homem comum, uma vez que aquilo que se mostra a ele não se limita a valer: *existe*. O que só a filosofia permite enxergar é que – de certo modo – não há nada (a aparência é o que chamamos habitualmente de "o nada da vida"), que as coisas se esgotam em seus valores no seio da aparência (nas diversas esferas da existência) e não têm de ser reificadas como se pudessem ainda existir, enquanto já não desempenham papel algum. Com isso, ela possibilita um retorno consciente à aparência, uma vida inteiramente vivida na proximidade da aparência (isto é, sem a cisão, a oposição sujeito-objeto, a absolutização, etc.), ou aquilo a que podemos chamar uma vida "no estado bruto"[13]. Mas, para usar um termo antigo, não será uma vida "brutal"? De maneira alguma, porque, uma vez que a visão de todas as coisas sob a categoria da aparência comporta a aceitação de todos os contrários, de todas as dessemelhanças, de todas as esferas de existência (sem que a razão, como função de justificação, tenha de operar uma triagem, de autorizar ou lançar o anátema), trata-se de uma vida vivida em universalidade, e não numa particularidade exclusiva. A única coisa que deve ser rejeitada é aquilo mesmo de que a filosofia deve nos libertar para que nos seja revelada a aparência como aparência: a

---

13. Como Jean Paulhan fala de um pensamento "no estado bruto" ("Note sur la pensée à l'état brut", *Bulletin de la société française de philosophie*, janeiro-março de 1967).

ilusão. Mas a ilusão, ao nos tornar cegos à aparência, e ao subordinar sempre a vida a algum engodo, é precisamente a inimiga da vida.

A ilusão está na própria vontade. De certo modo, ela é a vontade, como vontade de imobilizar, de fixar, de fazer valerem as coisas fora da aparência, isto é, fora das esferas de existência e das composições de singularidades, em que têm seu valor vivo, sua significação, de subtraí-las ao efêmero para fazê-las durarem além de seus limites, até mesmo de lhes conferir uma espécie de substância nelas mesmas e por elas mesmas, mas também como vontade que quer o que é fixo, o que parece sólido, estável, constante. A preservação, na linguagem, daquilo que aparece, a ordenação, o arranjo, pelo discurso unificante, daquilo que foi preservado, são eles mesmos governados por uma vontade profunda, mas profundamente doentia, de dar à vida uma base estável, de alicerçar a vida que foge por todos os lados. A vontade fundamental, como vontade de escapar ao nada (e ao silêncio, ao desprezo, ao não-ser-reconhecido, a tudo o que nos impele para o nada), é antitrágica: recusa a vida, a lei da vida, segundo a qual o que conta é precisamente aquilo que vai se desvanecer – aquele sorriso, aquele gesto de ternura, aquelas palavras ditas fortuitamente... Não: o que conta é aquilo que podemos dizer (e preservar na linguagem), o que é invariável ou que dura, o que nos oferece uma posição de estabilidade, em outros termos, aquilo com que não estamos imediatamente relacionados na vida – não a vida em seu desenrolar, mas naquilo que permanece. Mas, se nada escapa ao poder universal do tempo, finalmente nada permanece, e por conseguinte, depois de afastada toda ilusão, a vida, do princípio ao fim, não é mais do que uma série de composições inconstantes de singularidades. De modo que a vontade e a tensão da vontade não fazem senão nos distanciar daquilo que está mais próximo de nós: a aparência em que vivemos e na qual as coisas, por não terem sentido para um Deus, para uma Providência, por não terem lugar num Mundo ou num Todo, valem por si mesmas, como uma oferenda e como um dom perpétuo (mas que a cada momento definem e tornam necessária uma resposta, um olhar, uma forma da aceitação). Elas impedem a vida de se concentrar em si mesma, na atenção para as significações e a riqueza múltipla da esfera presente, por uma sorte de esperança insensata de atingir um ponto fixo, de deter-se em algo que não seja, como todo o resto, devorado pela morte.

Conquista-se a vida no estado bruto pela simplificação, pela redução ao essencial, pela eliminação de todo o supérfluo, pela ascese, como quiseram os cínicos, os epicuristas, os jansenistas (porque importa mesmo renunciar a querer o mundo, a querer no mundo – e, desse ponto de vista, é preciso aprender a ler os fracassos como vitórias, e as vitórias, como fracassos), etc. Se o homem está preocupado em perseguir bens considerados como tais no mundo, é porque tem necessidade deles para compensar a pobreza, o vazio da sua vida. O movimento pelo qual ele está sempre na frente de si mesmo (ele "é aquilo que não é e não é aquilo que é") é um movimento de fuga – porque, só consigo mesmo, ele não encontra mais do que a derrota e o nada. Mas, assim, ele não escapa à aparência senão pela ilusão, pois, ao querer no mundo, de qualquer maneira, só pode querer o perecível e o nada. O que obtém ele, pois, pela redução à aparência, à simplificação? A disponibilidade, a leveza, a despreocupação, o sentimento da vaidade de toda posição firme (porque, pela afirmação daquilo que *é* ou que não é, daquilo que vale ou não vale, ele provoca a contradição, os discursos e as lutas antagonistas, e, pelo endurecimento, endurece contra si o mundo), a atenção para o presente e para a presença, o maior entendimento dos signos indizíveis, o aprofundamento das relações com os outros na aparência, a capacidade de guardar em si o sabor da vida (há que pensar que a etimologia de "sabedoria" é *sapio*, ter sabor, gosto), a aceitação da diversidade, a benevolência.

A APARÊNCIA

Citamos os epicuristas, os jansenistas; contudo estes não chegaram à absoluta benevolência, porque, não tendo descoberto a aparência, emitiam discursos absolutizantes (dogmáticos). O ponto a que chegaríamos se fôssemos fiéis à lição sobre a aparência (ao que é, para nós, a lição pirrônica) situa-se no mesmo caminho a que outros chegaram pelo amor (pensaremos no Cristo e no "não julgueis", no "Idiota" que Dostoiévski pintou, na Ana do filme *Gritos e sussurros*, de Bergman), mas fica aquém dele: porque o amor universal seria destruidor de nossa própria esfera de existência, e não é isso que importa. Para ter vocação de se dissolver, de se aniilar servindo aos outros, são necessários, por certo, outros pressupostos além dos nossos. O que chamamos de "benevolência" é consentimento à diversidade, aprovação da diferença, sentimento de uma igualdade universal (entre diferentes), mas não implica ingerência (mesmo "bem intencionada") na esfera de existência alheia (porque se os outros têm de ser "ajudados", isso deve ser feito, parece-nos – a menos que participemos de sua própria esfera de existência –, de maneira indireta, impessoal, agindo no jogo anônimo das causas). Importa somente deixar valer a esfera da aparência com toda a sua riqueza multiforme, sem suprimir coisa alguma: cada sistema de aparências, cada forma da reflexão, cada maneira de ver, de acolher, constitui, na totalidade (intotalizável), um elemento insubstituível (ao passo que, segundo a filosofia da essência, haveria, afinal, uma só verdade, uma só medida). De certo modo – se se trata da vida do ponto de vista daquilo que realmente importa –, o homem da ciência, o filósofo, o sacerdote não "sabem" mais do que um homem ignorante, uma mulher ou uma criança. Um olhar de criança é tão "profundo" quanto qualquer outro olhar, porque, "ficamos conhecendo" o mundo tanto ao fitá-lo tal como se reflete através do olhar de uma criança quanto ao enxergá-lo através dos discursos dos filósofos, ou melhor, aprendemos mais (a respeito não do que é olhado, mas da forma do olhar), porque um olhar de criança, que não julga, que não comporta, como o discurso dogmático (na medida em que este condena à nulidade não só outros discursos, mas através deles, outras esferas de existência), o amesquinhamento, a redução que empobrece.

Censurar-nos-ão pela aceitação, em pé de igualdade, de tudo o que vale na aparência, por tudo permitir, por tudo aprovar? No entanto, existe algo que repelimos pelo fato mesmo de nos limitarmos à aparência, de vivermos na aparência: a ilusão. Esta consiste, de modo geral, na substituição da aparência pelo *ser*, seja quanto ao dizer, seja quanto ao querer. A ilusão está na linguagem do ser, em que cada um de nós, ao absolutizar suas próprias evidências (ao passo que elas valem somente nos limites da aparência, enquanto esta constitui esferas concretas de existência), constrói discursos, modelos, que, ou se lançam mutuamente no nada de valor, ou lançam no nada de realidade e de valor o que não é dizível, aquilo de que não há discurso; ela está na vontade como vontade de ser, de atingir o "ser", de conservar firmemente o que é, de realizar aquilo que, para o pensamento, tem valor sólido e estável, ou, enfim, de reificar (pelas aquisições estáveis, as dignidades sociais, as obras, etc.) nossa vida que se desmancha continuamente. Aceitar a aparência em toda a sua riqueza, sua diversidade, não é aceitar tudo: não é aceitar a ilusão, ou seja, a absolutização que conduz a reprovar e a excluir. Qualquer ponto de vista é válido, exceto enquanto ele mesmo quer excluir os outros pontos de vista. Os dogmatismos (e os fanatismos, os sectarismos, etc.) recusam a redução à aparência, procedem da ilusão. São perigosos, particularmente quando entendem realizar no mundo seus modelos de sociedade, de vida (religiosa ou irreligiosa, moral, coletiva, etc.), impor seus sistemas, quaisquer que sejam, e pôr em prática seu exclusivismo. Porque, afinal, tudo se reduz a vidas singulares vividas na singularidade, e é preciso deixar cada qual se definir, não segundo normas universais, mas segundo uma necessidade que seja para cada um a sua própria necessidade, e segundo uma razão singular e concreta. A função de justificação não pode se exercer de maneira exterior; compete a cada um exercê-la no que lhe diz respeito, com base em suas evidências próprias, que talvez ele seja o único a enxergar.

Nosso ponto de partida foi o fato e o problema do *mal*. Na medida em que é "absoluto" e que não pode, por princípio, comportar justificação, nem fazer parte, a qualquer título que seja, de uma ordem razoável, ele nos conduz a abandonar a idéia de uma Razão Suprema (Deus), de uma Justificação final e, por conseguinte, a concepção da realidade como Realidade-Razão, como Todo coerente. Por serem correlativas as idéias de Deus, de homem-essência e de Mundo, as três sucumbiriam ao mesmo tempo. A absolutez do mal e a existência de conjuntos discordantes levariam a concluir pelo caráter sempre parcial e local daquilo que chamamos de "ordem" e de "razão", ao passo que, no plano da realidade-em-seu-conjunto, impunha-se a idéia de desordem, de confusão, de aparência. Para a razão como exigência de coerência, a realidade, *com a condição de não deixar de lado coisa alguma*, não é coerente e não pode ser dita num discurso completamente coerente. Mas então, se os sistemas, as ordens são sempre parciais, o finito não é superável, nada é suscetível de um verdadeiro fundamento que o arrancasse ao poder do tempo e à inevitável caducidade. Nossa vida não se desenrola na aparência apenas por um lado (como se, por outro, o da razão e da vontade, participasse da verdadeira realidade), mas inteiramente na aparência. Então, é vão o esforço que entende nos libertar da cotidianidade da vida e da sucessão das coisas insignificantes de que é feita toda vida. Essas "coisas insignificantes" são o nosso tudo. O que é tudo para mim, aquilo de que não resta nada: é isso a aparência. A aparência é vivida com a reflexão em si mesma, não é um plano para um olhar exterior, mas uma esfera, com dois lados, porém indissociáveis (e que só podem sê-lo pela abstração que absolutiza cada um separado do outro e conduz o homem à ilusão): a coisa olhada se desvelando e o olhar que a coisa olhada põe e pressupõe. A aparência universal incoordenável se dissolve em sistemas de aparências, em esferas de vida concreta. A vida vivida na aparência é vivida no injustificável, pelo menos se concebemos a justificação racional como justificação universal, porque se desenrola inteira entre composições inconstantes de singularidades. Assim, de certa maneira, o injustificável, o arbitrário, são o próprio fundo da vida. Entretanto, falar assim é ver a vida negativamente, a partir não dela mesma, mas da razão e do discurso. É também desse ponto de vista negativo que o mal absoluto, escândalo para a razão, nos fere e nos entristece. Esse ponto de vista é necessário, uma vez que nos leva a recusar a imagem tranqüilizadora da realidade que nos propõem as ideologias e os sistemas tradicionais e a descobrir a aparência como base das coisas e de toda vida. Mas não se deve ficar preso a esse ponto de vista negativo: a vida deve ser pensada e vivida a partir de si mesma. Para tanto, é preciso voltar, aquém da ilusão e das ilusões, para o fundo autêntico da vida vivida na aparência que se auto-revela e na proximidade de si mesma, isto é, na vida no estado bruto. Não é dos sistemas e das doutrinas que pode vir um real ensinamento, mas da cotidianidade da vida, com a condição de voltar a ela pela filosofia da aparência. A própria vida ensina, e o que ensina é a aceitação positiva e benevolente, a aprovação de todas as formas da vida – exceto, todavia, quando repelem as outras formas e se pretendem absolutas e exclusivas.

1973

Origens

O *Prólogo*, as *Preliminares* e o capítulo 11 foram escritos para a primeira edição da *Orientação filosófica* (1974). Os capítulos 4 e 5 faziam parte de *A morte e o pensamento*, Éd. de Mégare, 1973.

Os outros textos foram publicados, numa primeira forma, em coletâneas ou revistas (foram revistos em certas ocasiões em 1973).

"O sofrimento das crianças como mal absoluto" (I) foi publicado em *L'homme et son prochain*, PUF, 1956 (Actes du VIIIe Congrès des Sociétés de philosophie de langue française), pp. 145-8.

"Existência e culpa" foi publicado em *Les Études philosophiques*, em julho-setembro de 1961 (Actes du XIe Congrès des Sociétés de philosophie de langue française), pp. 133-7.

"Existência e culpa" foi publicado em Lausanne, na *Revue de théologie et philosophie*, 1963 – III, pp. 213-26.

Foram publicados na *Revue de l'enseignement philosophique*: "O sofrimento das crianças como mal absoluto" (II) (agosto-setembro de 1958, pp. 1-9); "A questão do homem" (agosto-setembro de 1969, pp. 1-14); "Esboço de uma interpretação do homem em relação ao tempo" (junho-julho de 1970, pp. 1-19); "A sabedoria trágica" (abril-maio de 1971, pp. 1-23); "Ordem e desordem" (junho-julho de 1973, pp. 1-14); "A noção de 'ordem do mundo'", com o título "A noção de ordem" (abril-maio de 1978, pp. 1-16).

Finalmente, quanto a "A-teísmo e a-cosmismo", mencionamos os números 16 (outubro-dezembro de 1970) e 18 (abril-junho de 1971) de *Raison présente*.

Impresso nas oficinas da
Gráfica Palas Athena